지역 창조의 사회학

이 저서는 2008년 정부(교육과학기술부)의 재원으로 한국연구재단의 지원을 받아 수행된 연구임(KRF-2008-320-B00107).

지역 창조의 사회학

지역발전의 새로운 패러다임을 향하여

| 성경륭 · 박준식 · 정동일 편저 |

小花

서문

해마다 1월이면 화천으로 가는 국도는 차량행렬로 장사진을 이룬다. 서울 시내 출근 시간대를 방불케 할 정도의 교통정체다. 산골 도로를 따라 읍내에 진입하면 드넓은 하얀 빙판 위에 빽빽하게 들어선 아마추어 낚시꾼들의 모습이 눈에 들어온다. 한여름 놀이공원을 연상케 하는 인파다. 다소 비싸다 싶은 간식거리를 사 먹기 위해 길게 늘어선 줄들이 여기저기서 얽혀 있다. 행사장에 입장할 때 받은 교환권에 현금을 더하여 구매한 화천 농산품을 자동차 트렁크에 한가득 싣고 아쉬운 듯 떠나는 모습도 간간이 눈에 띈다.

사실 화천 주민들에게 겨울은 농번기 이상으로 바쁜 계절이다. 더 이상 노인회관이나 골방에 모여 앉아 시간의 더디 감을 탓할 여유가 없다. 전국에서 가장 가난한 곳 중 하나인 이곳 강원도 오지가 해마다 겨울이면 거대한 '쇼핑센터'로 변하기 때문이다. 100만 명이 넘는 손님을 맞이하기 위해 이른 아침부터 빙판을 얼리고, 천막을 치고, 농산품을 나르고, 썰매를 만들고, 눈 조각을 다듬다 보면 어느덧 해가 서산에 걸린다.

축제가 시작되면 손님을 안내하고, 낚싯대를 팔고, 음식을 만들고, 낚시 시범을 보이느라 모두들 정신이 없다. 화천 주민들에게 겨울은 단단히 한몫 잡는 계절이다. 경제적 이득만 있는 것은 아니다. 산골 마을에서는 볼 수 없는 생활의 활력은 덤으로 얻는 행복이다.

이것은 가장 성공한 지역 축제 중 하나로 자주 거론되는 화천 산천어 축제의 풍경이다. 사실 방문객들에게 산천어 축제는 지루한 일상으로부터의 탈출구 정도에 불과할지 모른다. 하지만 화천 주민들에게 이것은 스스로의 힘으로 전국에서 가장 낙후되어 있는 지역경제를 되살리고, 끊임없는 인구유출로 사라져 가는 사회적 활력을 되찾아 보려는 필사적인 탈출의 몸부림이다. 화천만의 이야기는 아니다. 전국 각지에서 이런 몸부림이 작은 싹을 틔우고 있다. 아직 성공과 실패를 논하기에는 이르지만 주목할 만한 변화가 감지되고 있는 것이 사실이다.

이 책은 낙후된 지역사회에서 일어나는 이런 변화에 관한 이야기를 담고 있다. 이런 변화가 일어나는 역사적 · 사회적 배경이 무엇인지 이해하고, 이 작은 씨앗이 성공의 열매를 맺기 위해서는 어떠한 전략이 필요한지를 사회학적 개념들을 활용하여 분석한 책이다. 그리고 이러한 분석을 토대로 지역발전과 창조를 위한 새로운 패러다임을 제시하고 있다.

전공 분야가 조금씩 다른 세 명의 사회학자가 의기투합하게 된 것은 우리 삶의 뿌리가 지역사회라는 인식에서였다. 아무리 글로벌화가 심화되고 인터넷과 교통수단이 발달하더라도 우리는 여전히 지역에서 이웃을 만나고 지역에서 쇼핑을 하며, 지역 소재 학교에 아이들을 보낸다. 먼 곳에서 일어난 범죄보다 가까운 지역에서 일어난 범죄를 더 심각하게 받아들이고, 지역 출신 유명인에 대해 커다란 자부심을 느끼며, 인근 지역 부동산 가격의 오르내림을 관심 있게 지켜보고, 지역사회 환경 개선을 위한 집단적 활동에 참여하기도 한다. 이렇듯 지역사회는 우리의 사회적 · 경제적 삶과 불가분의 관계에 있다. 건강한 지역사회는 주민들의 경제적 부를 증가시키고 삶의 질을 높인다. 그리고 주민들의 관심과 자발적인 참여 그리고 공동의 노력은 지역사회의 건강한 발전에 기여한다.

그런데 어느 때부터인가 우리 삶의 기반인 지역사회가 심하게 병들어

가고 있다. 한쪽에서는 부와 인구가 과도하게 집중되면서 일자리의 포화로 인한 실업 문제, 전쟁을 선포해야 할 만큼 심각해진 범죄 문제, 생태계의 자생 능력을 넘어선 오염으로 인한 공해 문제를 비롯하여 자가용의 급증으로 인한 교통체증과 주차전쟁, 빽빽이 들어선 고층 아파트 속에서도 전혀 개선될 기미를 보이지 않는 주택난 등 도무지 해답을 찾을 수 없는 문제들이 쌓여 가고 있다.

국토의 대부분을 차지하는 다른 쪽은 정반대의 의미에서 병을 앓고 있다. 인구의 지속적인 감소, 특히 생산 가능 인구의 대량 유출과 그로 인한 산업 기반의 와해, 소득 정체라는 위기에 직면하여 사회적 삶의 기본 토대를 형성하는 공동체의 존속 가능성 자체를 위협받고 있는 것이다. 60대 어르신이 청년회장을 맡고 있는 인구 초고령화의 현실, 갓난아이의 탄생이 사건이 될 정도로 심각한 저출산의 문제, 늘어 가는 폐가와 폐교에 비례하여 목 좋은 땅이 발빠른 투기꾼들의 먹잇감으로 변해 가는 기현상. 이런 문제들 때문에 국토의 90%를 차지하는 농어촌 낙후지역과 그 주민들의 활력은 급속도로 약화되어 가고 있다. 적어도 지역 문제에 있어서만큼 우리 사회는 포지티브섬도 제로섬도 아닌, 양쪽 모두 불행한 네거티브섬의 사회임이 틀림없다.

이 책을 쓰게 된 계기는 이러한 현실을 개선하기 위해서는 무언가 획기적인 전환이 필요하다는 인식에서였다. 과거의 지역발전 정책 패러다임을 확대하고 정교하게 재구성하는 정도로는 문제가 해결될 수 없다. 지금까지 다양한 이름으로 여러 지역 정책들이 시행되어 왔지만, 이 모두는 근본적으로 지역의 불균형적 발전을 전제한 것들이며, 따라서 이 복잡한 문제들을 초래했거나 적어도 이를 해결하는 데 실패한 정책들이기 때문이다.

산업화 시절 농촌 주민의 소외감을 보듬기 위해 시행되었던 중앙정부의 정책들은 대부분 지역의 맥락이나 주민들의 절실한 현실적 필요와 무관한 획일적·시혜적 성격이 강했다. 또한 선심성으로 이루어지는 각종 정책들은 중앙정부에 대한 의존성을 심화시키고, 나아가 자립적인 지역발전의 기틀을 잘라 버렸다. 중앙정부에서 하향식으로 전달되는 정책들은 서로 다른 역사와 문화, 생태적·사회적 자산을 가지고 있는 지역들에 천편일률적인 발전 전략을 부과하는 우를 범했다.

우리는 이 책에서 농촌과 낙후지역을 바라보는 이러한 기존의 관념에 과감히 도전하면서 근본적으로 새로운 접근의 필요성을 제기한다. 이 책에서 제시하는 새로운 패러다임은 지역의 특수한 실정과 독특한 자산을 근간으로 새로운 아이디어들을 결합하여 이루어지는 창조적 과정의 중요성을 새로운 지역발전 전략의 핵심으로 설정한다. 지역의 사회적 자본을 활성화시켜 다양한 개인과 집단을 연결하고 주민 주도의 아이디어들을 결합하며, 창조적이며 혁신적인 생각들을 구체화시켜 지역민 간의 협력과 민주적 리더십을 통해 이를 실행하는 집단적 창조의 과정이 필요하다는 것이다. "파괴는 창조의 어머니"라는 말이 있듯이, 과거의 패러다임을 파괴하지 않고는 새로운 지역 창조가 불가능하다는 것이 우리의 인식이다. 그런 의미에서 우리는 이런 파괴와 창조의 과정을 '전환'이라고 이름 붙였다.

이 책의 1부에서는 지역발전의 전환을 위한 패러다임 전환에 관한 주장을 담고 있다. 1장은 국가균형발전이라는 큰 틀 속에서 불균형발전을 해소하기 위한 거시적 개혁과 미시적 개혁 과제를 다양하게 살펴보고, 창조적 지역발전, 사회적 지역발전, 생태적 지역발전을 미래의 지역발전 전략으로 제시한다. 2장은 다양한 사회학적 이론들을 활용하여 미시적 차원에서 지역 창조를 위한 새로운 패러다임을 제시한다. 3장에서는 20개 낙후지역에 대한 경험적 자료를 활용하여 이 패러다임의 적실성을 검토한다. 공적인 형태의 사회적 자본과 지역 주민들이 중심이 된 자발적인 참여, 리더십, 지역의 다양하고 복합적인 요소 자원들을 창조적으로 결합하여 새로운 자원과 기회를 만들어 내는 유연하고 창의적인 기획 등이 지역발전으로 이어지는 경로를 경험적 자료에 근거하여 제시한다.

2부에서는 사회적 자본이 창조적 지역발전에 기여하는 과정을 구체적으로 분석한다. 4장에서는 인제군의 마을 리더 교육이 분절화된 지역사회의 사회적 자본을 결합하고, 그 과정을 통해 다양한 배경과 재능을 가진 주민들 간의 협력이 발현되며, 궁극적으로는 집단적 창조의 과정으로 증폭되는 과정을 생생하게 보여 준다. 5장에서는 지역발전의 기틀이 되는 사회적 자본이 자발적 결사체의 참여와 어떠한 관계에 있는지를 분석한다. 사회적 자본이 가질 수 있는 폐쇄성의 위험을 피하기 위해서는 사적 연고단체보다는 공익적 사회단체를 활성화하는 것이 중요하다는 점을 확인할 수 있다. 6장에서는 강원 지역 리더 교육 참여자에 대한 설문조사 자료를 활용하여 리더 교육이 참여자의 개인적 성장을 도울 뿐만 아니라 주변인물과의 네트워크 형성, 나아가 지역사회 수준의 사회적 자본 축적으로 파급되는 과정을 분석한다. 또한 리더 교육을 통해 형성된 사회적 자본이 지역발전에 크게 기여한다는 점을 밝힌다.

3부에 포함된 네 개의 글은 새로운 패러다임과 관련된 국내외의 사례를 소개하고 있다. 먼저 7장에서는 춘천지역 로컬푸드 운동에 포함된 사회적 관계와 네트워크의 특성에 대한 분석을 통해 지역사회의 새로운 사회경제적 순환 구조의 창출과 발전적 대안의 모색이 이루어진다. 8장은 지방의 한적한 중소도시들이 낙후성을 극복하고 새로운 산업과 일자리의 기회를 만들어 가는 과정이 어떠한 방식으로 성공할 수 있는지에 대한 사례 연구이다. 이 장에서는 의료기기 산업의 기반이 거의 없었던 원주 지역이 지난 10여 년 동안 한국의 주요 의료기기 관련 산업을 구성하는 인적자원과 조직 네트워크의 중심 지역으로 빠르게 성장할 수 있었던 과정을 역사적 측면과 혁신 네트워크 형성이라는 두 측면을 통해 접근한다. 또한 9장에서는 지역 대학을 중심으로 그 동안 제대로 분석되지 못했던 지역 대학들의 지역경제 및 사회 발전과의 관계에 대한 사례 연구가 시도된다. 10장에서는 화천 산천어 축제가 지역경제에 미치는 영향을 분석한다. '땅을 파 먹고만 살았던' 농민들이 그 땅 위에 창조적인 아이디어를 더해서 새로운 부가가치를 창출하고, 새로운 일자리를 만드는 과정이 생생하게 그려진다. 화천은 낙후된 지역사회 활성화에 있어서 집단적 창조의 과정이 얼마나 중요한지를 보여 주는 대표적인 사례임이 틀림없다. 11장에서는 프랑스의 지역관리기업 사례에 대한 분석을 통해 최근 대안적 경제모델로 부상하고 있는 사회적 경제가 이 책에서 제시하고 있는 새로운 지역 창조의 패러다임과 높은 친화성을 가지고 있다는 점을 보여준다. 선순환적 지역발전을 목표로 한 사회적 기업들이 속속 등장하고 있는 상황에서 프랑스의 지역관리기업 사례는 좋은 귀감이 될 것이다.

이 책이 있기까지 많은 분의 크고 작은 도움이 있었다. 연구의 전 과정이 바로 "사회적 자본과 협업을 통한 창조"라는 이 책의 테마를 실감하는 과정이었다. 먼저 한국연구재단의 재정적 지원이 이 연구에 커다란 밑거름이 되었다. 바쁜 와중에도 2년 동안 이어진 연구에 기꺼이 동참한 동료들에게도 감사의 마음을 전한다. 복잡한 지역 통계를 요약하고 분석하는 작업을 맡아 주신 이기원 선생님, 발품을 팔아 가며 지역 현장을 누비고 중요한 자료를 제공해 주신 안동규 선생님, 프랑스의 지역관리기업 사례를 비롯하여 다양한 해외 사례를 수집하고 정리해 주시고 귀중한 원고를 이 책에 실을 수 있도록 허락해 주신 엄한진 선생님 그리고 예리한 통찰력과 탁월한 통계 지식으로 다층적 구조를 가진 설문조사 자료를 깔끔하게 분석해 주신 김영범 선생님. 이분들의 땀과 열정이 이 책 곳곳에

스며 있다. 이 책에 실린 글들의 대부분은 2008년도 정부 재원(교육인적자원부 학술연구조성사업비)으로 한국연구재단의 지원을 받아 이루어졌고(KRF-2-8-B00107) 한국사회학 · 지역사회학 등 저명한 관련 학술지들을 통해 발표된 논문들이지만, 일부 논문은 새롭게 첨가되거나 수정된 것들이다. 또한 이 책의 출간은 3인의 대표 저자 책임하에 본 연구에 참여한 연구자들의 동의를 얻어 가능하게 되었음을 밝힌다.

이 연구를 수행하는 과정에서 지역을 누비며 직접 발로 뛰어 주고 까다로운 자료를 입력하고 정리해 준 한림대학교 대학원의 나정대, 이윤재, 허목화, 최승훈, 유성호, 최윤재 군에게도 감사한다. 이들은 정기적으로 열린 세미나에도 적극적으로 참여하여 기성 연구자들 못지않은 건설적인 의견들을 개진해 주었다. 전국 각지에서 지역 연구와 활동에 참여해 오신 학자와 전문가 선생님들의 도움이 없었다면 이 연구는 불가능했을 것이다. 이분들은 직접 설문조사와 면접조사에 참여해 주기도 하셨고, 조사 일정을 잡아 주기도 하셨다. 이분들의 성함을 일일이 열거하지 못하는 점 양해를 구한다. 대신에 이분들을 대표하여 지역사회학회 원로이신 김영정 선생님께 머리 숙여 감사의 말씀을 전한다. 김영정 선생님은 연구의 시작부터 끝까지 물심양면으로 많은 도움을 주셨으며, 그분의 혜안과 지적 자극 덕에 연구의 전 과정이 순조롭게 진행될 수 있었다. 이 모든 분의 수고와 노력이 빛을 볼 수 있도록 허락해 주신 도서출판 소화 측에도 진심어린 사의를 표한다. 끝으로 지역 문제에 관심을 갖고 연구하는 학자들, 지역 문제를 해결하기 위해 자기희생을 마다 않고 현장에서 뛰고 계시는 활동가들 모두에게 이 책을 바친다.

2012년 3월

성경륭 · 박준식 · 정동일

차례

제1부

지역발전을 위한 새로운 패러다임의 모색

제1장

국가균형발전의 철학과 미래 과제

성경륭

I. 정권 변화와 정책 변화

일반적으로 정치권력의 변화는 정치와 정책 영역에서 모두 중대한 변화를 수반하는 경향이 있다. 국정운영을 담당하는 대통령과 집권 세력이 바뀌고, 주요한 국정 분야에서 정책 노선과 정책 내용도 큰 변화를 겪게 된다. 이명박 정부의 등장은 이러한 변화를 극명하게 보여 주었다. 국민의 정부를 계승한 참여정부는 개혁정부로서의 정책적 연속성을 견지하였으나, 보수 세력의 강력한 지지를 기반으로 정치권력을 획득한 이명박 정부는 과거와의 차별화를 위해 거의 모든 분야에서 이전 정부와는 질적으로 다른 정책 노선을 추구하였다.

남북 관계에서는 평화와 공동번영 노선을 중단하고 봉쇄와 대결 노선으로 전환하였고, 경제영역에서는 분배와 복지를 경시하고 시장 중심의 성장 위주 노선을 채택하였으며, 지역 정책에서는 균형발전 노선을 외면하고 수도권 중심의 불균형발전 노선으로 선회하였다. 이 정책적 전환이 보여 주는 공통적 특징은 이 세 영역의 정책 노선이 한결같이 사회 주도 세력의 논리에 기초하고 있다는 것이다. 남한은 북한에 대해, 성장을 중시하는 대기업과 상위계층은 중소기업과 중하위계층에 대해, 중앙정부와 수도권은 지방정부와 여타 지방에 대해 우월적 지위를 가지고 있다.

이명박 정부는 이들 우월적 집단들과 선거연합을 형성하여 집권에 성공한 후 국민 대다수의 공통이익보다는 이들 집단의 핵심적 가치와 이익을 실현하는 데 더 치중하고 있는 것으로 평가받고 있다. 그런데 문제는 자칫 이러한 정책 노선이 한국 사회 전체의 번영과 공동 발전을 앞당기기보다는 대내외적 갈등과 사회분열을 조장하여 궁극적으로 복합적 위기와 심각한 파국적 결과를 가져올 수 있다는 데 있다. 남북 관계의 악화와 안보위험의 증가, 사회적 양극화의 급진전, 수도권 집중의 심화와 이에 따른 지역경제의 약화 등은 모두 이명박 정부의 정책 전환에서 초래된 중대한 위기 징후들이다.

특히 문제가 되는 것은 지난 반세기 동안의 불균형성장 체제하에서 누적되어 온 지역불균형을 해소하고 새로운 국가발전 동력을 창출하기 위해 참여정부가 국민적 합의를 바탕으로 추진해 온 국가균형발전 정책을 이명박 정부가 일방적으로 방기 또는 지연시키고 수도권규제완화를 통해 지역불균형을 회복 불가능한 상태로 악화시키고 있다는 것이다. 잘 알려져 있는 것처럼, 이명박 정부는 2008년 출범한 이후 대대적인 수도권규제완화조치를 통해 수도권 전역에 공장의 신증설을 대폭 허용하였으며, 2009년 하반기에는 주택공급을 확대한다는 명목으로 수도권 주요 지역의 그린벨트 78km^{2}를 해제하는 조치를 취했다. 이어 2011년 1월 24일에는 대통령이 대기업 회장단과의 회동에서 수도권 지역에 기업의 R&D 센터 입지를 허용하겠다는 의사를 표명하였고, 같은 날 국토해양부의 의뢰를 받아 연구용역을 추진해 온 대한국토도시계획학회는 행정중심복합도시가 입주하기 시작하는 2013년경에 '수도권정비계획법'을 전면 폐지해야 한다고 공개적으로 주장하기에 이르렀다.

주지하듯 서울시장 출신인 이명박 후보는 수도권으로부터 많은 지지를 받아 대통령에 당선되었다. 따라서 정책결정 과정에서 수도권 소재 기업, 대학, 언론, 부동산 소유 계층의 이익을 더 중시하는 인과적 메커니즘이 작동하고 있다는 점을 쉽게 짐작할 수 있다. 또한 수도권 중심의 발전과 불균형의 확대를 국제경쟁과 국가 선진화라는 이름으로 정당화하고자 하는 강한 동기가 내재하고 있음도 짐작할 수 있다. 그러나 과연 이러한 수도권 주도의 경쟁 논리와 선진화 논리가 다른 지역의 이익에도 기여하는지, 나아가 국가 전체의 발전에 어떤 도움을 주는지에 대해서는 의문의 여지가 많다.

결론을 먼저 말한다면, 이명박 정부의 지역 정책은 수도권으로의 '파멸적 집중(catastrophic agglomeration)'을 초래하여 수도권의 과밀화와 비수도권의 과소화를 극단적으로 심화시킬 것이며,[1] 그 결과 대한민국의 종합적 성장잠재력을 약화시키는 것은 물론 지역 간 갈등과 국가 공동체의 분열을 부추기는 부정적 결과를 가져올 가능성이 크다. 또한 과거 박정희 정부 시절의 불균형성장에 토대를 둔 영호남 지역주의를 복합적 형태

1) 이론적으로 파멸적 집중은 경제적 측면에서 비교우위를 갖는 어느 특정 공간으로 모든 인구와 자원이 집중될 수 있다는 것을 뜻한다(Baldwin, et al., 2003). 최근 부동산포털 닥터아파트가 우리나라의 10억 원 이상 아파트의 99.3%가 수도권에 집중되어 있다고 보도했는데(2011. 1. 23), 이것은 한국 사회에서 수도권으로의 파멸적 집중이 극심하게 진행되었음을 단적으로 보여 주는 중요한 지표이다.

의 지역주의로[2] 변형하여 재생산함으로써 한국 민주주의의 질적 발전을 저해하고 정치적 경쟁을 지역 간 대결로 고착시키는 결과도 초래할 것이다. 결국 이명박 정권의 균형발전 정책 폐기와 불균형발전 노선으로의 회귀는 대한민국의 미래에 큰 짐을 지우고 있다고 볼 수 있다. 이런 점에서 참여정부의 국가균형발전 철학과 정책설계를 정확히 이해할 필요가 있으며, 이에 기초하여 국가균형발전 정책의 핵심 내용을 신속히 복원하고 계승·발전시키기 위한 방안을 모색해야 할 것이다.

II. 한국 현대사의 반성 : 산업혁명의 빛과 그림자

해방 이후 60여 년의 한국 현대사는 한국 사회가 산업혁명과 경제 기적을 이룬 시기로 평가받고 있다. 이 짧은 시기 동안 한국의 산업 구조는 농업 중심에서 공업과 서비스 산업 중심으로 급격히 재편되었고, 농촌사회는 도시사회로 빠르게 변모하였다. 이 과정에서 대규모의 인구이동이 일어났고 국민소득이 대폭 증가하였으며, 계층 구조도 다수의 농민과 하층민이 중심이 되는 피라미드형 구조에서 수많은 중산층이 중심이 되는 다이아몬드형 구조로 바뀌었다. 그리하여 한국 사회는 서구 사회가 수세기에 걸쳐 이룩한 산업혁명을 불과 한 세대 만에 이루어 낸 놀라운 '경제 기적' 사례로 평가받게 되었다(Amsden, 1989; Haggard, 1990).

그러면 이러한 경제 기적을 가능하게 했던 전략적 선택과 제도적 조건은 무엇이었는가? 가장 중요한 요소는 민주주의를 파괴하고 등장한 박정

2) 최근에 이르러 영호남 지역주의는 상대적으로 약화되고 있지만, 수도권과 비수도권의 지역주의가 새롭게 확산되는 현상을 의미한다(Seong, 2008). 여기에 자신들의 경제적 이익과 정치적 대변을 추구하는 충청권 지역주의, 강원권 지역주의, 제주권 지역주의도 다양한 형태로 존재한다고 볼 수 있다.

희 정권의 독재권력이 급속한 경제성장을 통해 국가안보와 정치적 정당성을 동시에 확보하려는 전략적 선택을 했다는 데 있다. 이를 위해 박정희 정권은 국가기구의 구성과 작동을 '발전 국가(developmental state)'로 재편하고,[3] 저발전 상태에서 경제성장의 초기 조건을 확충하기 위한 노력을 기울였다. 경제기획원의 설치, 외자조달을 통한 부족한 투자자금의 확보, 도로 · 철도 · 항만 등 사회간접자본 시설의 집중 건설, 다수의 산업단지 조성(주로 수도권과 영남권), 투자기업에 대한 자금 지원 및 조세감면 등의 강력한 인센티브 제공을 통해 한편으로는 미성숙한 시장을 창조하면서 다른 한편으로는 시장의 작동이 효율적으로 이루어지도록 감독하고 조장하는 다양한 제도적 장치를 마련하였다. 말하자면 박정희 정권의 발전 국가는 시장 형성적 국가(market-shaping state)인 동시에 시장 순응적 국가(market-conforming state)였던 것이다.

국가와 시장의 유기적 결합 속에서 박정희 정권은 다음과 같은 네 가지 성장 전략을 통해 급속한 경제성장을 추진하였다(Seong, 2010; 이병천, 2003; 서익진, 2003). 첫째, 5개년 경제개발계획을 수립하여 '계획적이고' 수출 중심적인 '대외개방형' 성장을 시도하였다. 둘째, 이승만 정권 시기의 수입대체산업화(ISI, Import Substitution Industrialization) 전략을 중단하고, 수출주도산업화(EOI, Export-Oriented Industrialization)와 중화학공업화(HCI, Heavy-Chemical Industrialization) 전략을 단계적으로 채택하였다.[4] 셋째, 경제성장이라는 목표를 향해 모든 가용한 자원을 특정 대기업과

3) 오원철(2006)에 따르면 박정희 정권은 행정부 우위의 강력한 지배 체제를 구축한 다음 경제기획원을 설립하여 경제개발계획의 수립과 집행에 대한 전권을 맡겼다고 한다. 이러한 구조 속에서 국가가 시장을 형성하거나 규제하면서도 시장원리에 맞게 경제를 운영하여 짧은 시간에 빠른 성장을 달성하였다. 국가와 시장의 결합 메커니즘으로 급속한 경제성장을 달성한 국가를 발전 국가라고 부른다(Johnshon, 1982 참고).

4) 이러한 전략적 선택은 전두환 정권 이후 채택된 산업고도화 전략과 첨단산업화 전략으로 연결되어 지속적 경제성장의 토대가 되기도 했다.

산업단지에 집중하고, 이와 함께 대통령이 정점에 서는 총동원 체제를 구축하여 성장목표 달성을 감독하고 독려하였다. 넷째, 수출 완제품의 전방연계(forward linkages)와 후방연계(backward linkages)를 촉진하기 위해 하류 산업(downstream industries : 신발, 완구, 자동차 등의 최종 완제품)과 상류 산업(upstream industries : 제철, 석유화학 등 원료산업)을 결합하고, 경제성장의 질적 고도화를 위해 생산 요소의 투입을 증가시키는 외연적 성장(extensive growth)과 기술 개발을 통한 내포적 성장(intensive growth)을 병행하는 '복선형 성장' 전략을 추진하였다.

이 네 가지 전략의 결과는 연평균 10% 내외의 놀라운 경제성장률 달성으로 나타났다. 군사쿠데타를 통해 민주주의를 붕괴시킨 독재정권이 정치적 정당성 확보를 위해 시장 형성적 전략과 시장 순응적 전략을 채택한 결과, 장기간 매우 역동적인 경제성장이 이루어진 것이다. 이런 현상을 두고 어떤 학자는 "악 속에 숨겨진 선(virtue in disguise)"이라고 표현하기도 하였다(Hirschman, 1970).

그런데 독재정권이 성취한 역동적인 경제성장도 선의 이면에는 그것에 버금가는 많은 악의 요소를 가지고 있었음을 간과해서는 안 된다. 급속한 경제성장을 이루기 위해 독재정권이 채택한 모든 전략, 즉 투자자금의 도입과 배분, 사회간접자본 건설, 산업단지의 조성, 수출주도산업화, 중화학공업화 등의 전략이 특정 대기업집단(재벌 체제)과 특정 지역(수도권과 영남권)을 집중적으로 육성하는 불균형발전 전략을 내포하고 있었기 때문이다. 이러한 불균형성장은 어쩌면 불가피한 선택이었다고도 볼 수 있다. 경제발전의 초기 단계에서 투자자금의 결핍, 자생력 있는 기업의 미형성, 사회간접자본 시설의 부족 등 성장의 기본조건이 모두 결여되어 있었던 탓이다. 따라서 독재정권으로서는 부족한 자원을 소수의 기업집단과 지역에 집중하는 '선택과 집중'의 전략을 채택할 수밖에 없었고, 이 과정에서 '정치적 후견주의(political clientelism)'가 작동하여 정치권력과 특수한 관계를 형성하고 있는 특정 기업과 특정 지역이 집중적으로 특혜를 받는 현상이 나타났다. 이런 구조 속에서 특정 지역에 대한 집중적 투자가 1960년대의 경공업화 시기는 물론 1970년대의 중공업화 시기에도 지속되고 더욱 확대되었다.

불균형발전의 폐해와 관련하여 박정희 정권의 원죄는 바로 여기에 있다. 농업시대에 머물러 있던 1960년대에 경제성장을 촉진하기 위해 사회간접자본 시설과 생산 시설이 상대적으로 잘 구축되어 있던 수도권과 영남권에 투자를 집중한 것은 모두가 이해할 수 있는 일이다. 그러나 문제는 2단계 산업화라고 볼 수 있는 중화학공업화를 추진하면서 6대 전략산업의[5] 투자를 모두 영남권에 집중하여 영남과 여타 지역의 불균형이 회복하기 어려운 상태로 악화되기 시작하였다. 만약 이 시기에 호남권과 충청권 등 여타 지역으로 경공업의 재편과 중화학공업의 균형적 배치가 이루어졌더라면 오늘날 우리가 목격하고 있는 바와 같은 극심한 지역불균형은 예방할 수 있었을 것이다.

그러나 박정희 정권은 오로지 집중에 따른 효율성의 이점에 집착하여 모든 주요 산업을 영남권에 배치하는 정책적 과오를 범하고 말았다. 그 결과 집중이 집중을 부르는 '누적적 인과작용(cumulative causation)'이 발생하여(Myrdal, 1957), 이 두 지역으로의 집중은 통제 불가능한 수준으로 진행되었다.

이렇게 볼 때, 박정희 정권이 채택한 강력한 산업화 전략은 역동적 성장과 불균형발전의 양면성을 동시에 가지고 있었음을 확인할 수 있다.

---

5) 박정희 정권은 중화학공업화를 위한 6대 전략산업인 철강, 전자, 조선, 석유화학, 기계, 비철금속을 모두 영남권인 포항, 구미, 거제, 울산, 창원, 온산에 배치하였다. 그 결과 이들 지역에는 40만~110만 명 규모의 대규모 산업도시들이 만들어졌다.

문제는 독재정권 시기에 이루어진 경제성장이 역동적이었던 만큼 지역 간 (그리고 기업 간) 불균형은 더욱 증폭되었으며, 지역 간 불균형이 커지는 만큼 중심지역(core regions)의 경제성장은 주변지역(peripheral regions)의 희생(노동력 공급, 생산기지 제공 등)에 기초하여 더욱 강한 역동성과 경쟁력을 갖추게 되었다는 것이다.

한국의 산업화 과정과 지역불균형이 갖는 이러한 특성들을 살펴보기 위해 아래에 몇 가지 자료를 제시했다. 우선 [그림 1-1]은 1960년 이후 지역별 제조업 인구의 변동을 보여 준다. 이 그림에 의하면 제조업 중심의 수출 주도형 경제성장이 이루어진 1960년대와 1970년대에 대부분의 제조업 발전은 수도권과 영남권에서 이루어졌다.

그 결과 [그림 1-2]에서 드러나는 것처럼 수도권과 영남권의 인구는 급속히 증가하고 여타 지역의 인구는 지속적으로 감소하고 있음을 발견할 수 있다. 결국 한국 사회의 경제성장 과정은 수도권과 영남권이 한국

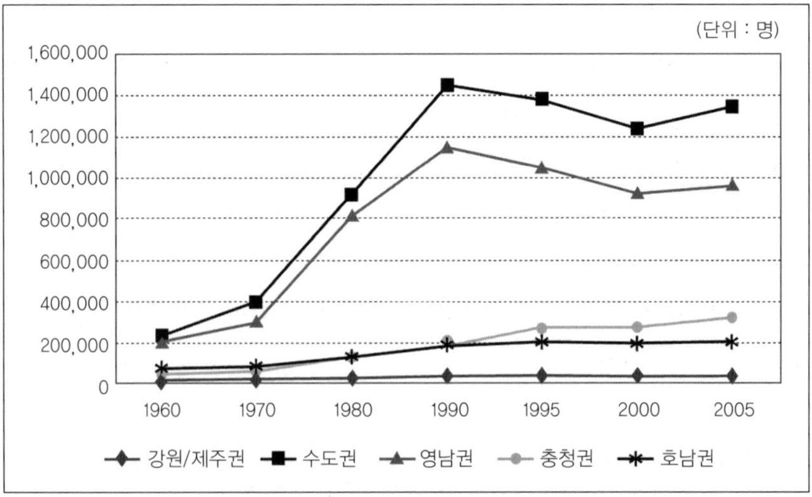

[그림 1-1] 지역별 제조업 인구 규모

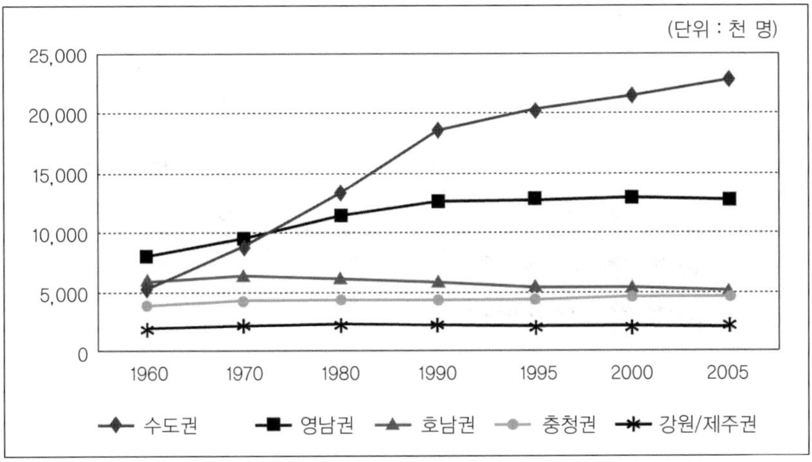

[그림 1-2] 지역별 인구변동

의 경제를 압도하고 여타 지역은 철저히 배제되는 방향으로 진행되어 왔음을 확인할 수 있다.

한편 다음의 [그림 1-3]과 [그림 1-4]는 앞의 두 그림과 상당히 다른 모습을 보여 준다. 먼저 [그림 1-3]은 교육, 보건, 사회 서비스, 금융, 보험, 부동산, 방송, 통신, 영화, 게임, 디자인, 정보처리, 경영 컨설팅 등 지식 기반 서비스 산업의 지역별 비중을 보여 주는데, 이 분야에서는 서울과 수도권, 대전과 충청권이 다른 지역보다 우위에 서 있고 경남을 비롯한 영남권은 크게 뒤지고 있음을 잘 보여 주고 있다. 한국의 경제가 1970년대와 1980년대까지의 제조업 위주에서 1990년대 이후 서비스 산업, 특히 고부가 지식 기반 서비스 산업 위주로 고도화되어 나가는 현실을 고려할 때 경남을 비롯한 영남권이 과거 제조업 시대에는 경제 중심지의 위상을 가지고 있었으나, 이제 지식 기반 서비스 산업이 중시되는 새로운 시대에 접어들어 서서히 (상대적으로) 경제적 하강을 시작하고 있음을 잘 알 수 있다.

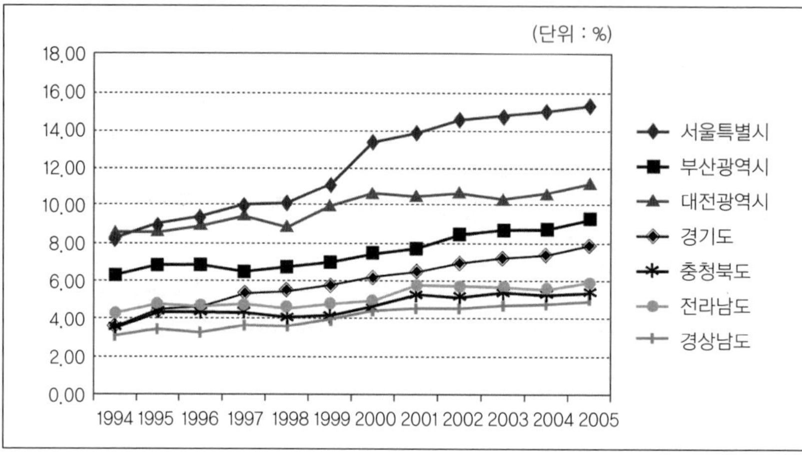

[그림 1-3] 지역별 지식 기반 서비스 산업의 비중

[그림 1-4]는 권역별 연구개발투자 규모를 보여 주는데, 이 자료는 영남권 경제의 상대적 하강에 대해 보다 강력한 증거를 제시한다. 지식 기반 서비스 산업과 마찬가지로 연구개발투자 규모는 미래의 성장잠재력을 대표한다. 그런데 이 지표도 수도권의 점증하는 압도적 우위와 충청

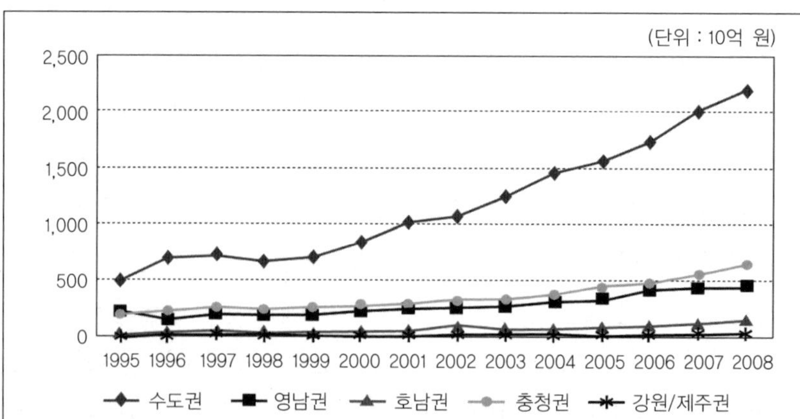

[그림 1-4] 권역별 연구개발투자 규모

권의 상대적 약진을 잘 보여 준다. 영남권은 호남권에 비해 약간의 우위에 서 있지만, 제조업 시대에 확보하고 있던 절대적 강자의 지위는 서서히 그리고 분명하게 상실해 가고 있음이 드러난다.

앞의 자료들을 보면 1960년대 이후 1980년대까지 제조업 중심의 수출주도산업화 과정에서는 수도권과 영남권 두 권역이 경제적 중심지역의 위치를 차지하는 '양극지배 구조'의 모습을 보였으나, 산업 구조가 다원화되고 질적 고도화가 진행된 1990년대 이후에는 수도권이 여타 지역을 압도하는 수도권 '일극지배 구조'가 확립되기 시작했음을 확인할 수 있다. 이러한 현상은 다음의 [그림 1-5]에서도 확연히 드러난다. 소득세, 법인세, 부가가치세 등 국세수입의 권역별 비중을 보면 1990년대 후반 이후 수도권이 국세수입의 71~75%를 차지함으로써 다른 모든 권역을 압도하기에 이른 것이다. 앞서 살펴본 것처럼, 10억 원 이상 고가 아파트의 99.3%가 수도권에 집중되어 있는 현상도 수도권의 경제력이 얼마나 강력한가를 잘 보여 준다(각주 1 참조).

수도권이 타 지역을 압도하는 단일 패권지역으로 부상한 현상은 산업화가 시작되었던 1960년대와 1970년대의 초기 모습과는 분명히 다른 모습이다. 이 시기에는 수도권과 더불어 영남권이 역동적 경제성장의 중심지였다. 사회간접자본과 산업단지 건설을 위한 대부분의 투자는 모두 이 두 권역에 집중되었다. 그러나 산업화가 인적 자본, 기술개발, 첨단산업, 개방과 세계화 등이 중심이 되는 고도산업단계로 진전되면서 중추관리 기능(기획, 조정, 신사업개발, 투자, 금융, 회계, 컨설팅, 글로벌 관리 등)과 연구개발 기능이 결여된 채 생산기지 기능만을 수행하는 영남권의 취약성이 노정되기 시작하여 경제적 중심지(core region)였던 영남권이 반주변부 지역(semi-peripheral region)으로 하강하는 상황이 발생하게 된 것이다(Seong, 2010).

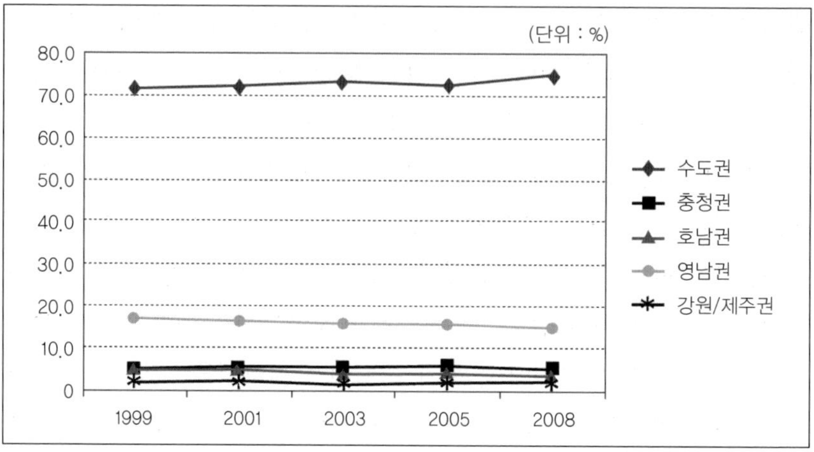

[그림 1-5] 권역별 국세수입의 비중

이에 반해 입법 · 행정 · 사법 등 중앙 국가 기관, 주요 공기업, 대기업 본사, 주요 대학, 국공립연구소가 집중되어 중추관리 기능과 연구개발 기능 그리고 글로벌 경영관리 기능을 종합적으로 수행하는 수도권의 중심지 부상은 불가역적 방향으로 진행되었다. 이 과정에서 수도권에서 더 많은 기업체가 창업되었고 더 많은 기업이 수도권으로 이전하였다. 그에 따라 전국 모든 지역에서 수도권으로의 대규모 이동이 반세기넘게 지속되었다. 그 결과 수도권은 단순히 여러 권역의 하나가 아니라 한국 전체를 대표하고 지배하는 난공불락의 일극지배 구조를 형성하기에 이르렀다. 이러한 현상은 일찍이 그레고리 헨더슨(Gregory Henderson, 1968)이 지적했던 것처럼 "서울의 한국화(Seoul is not just a big city in Korea; it is Korea)"이기도 하고, 프랑스의 파리 집중을 극적으로 표현한 "파리와 그 외의 사막(Paris and Its Desert)"이라는 그라비에(Gravier, 1947)의 지적처럼, 서울과 수도권의 오아시스화와 그 외 지역의 사막화라고 이해할 수도 있다.

결국 박정희 정권에서 시작된 불균형발전은 한국 사회의 산업혁명과 총량적 성장을 이루는 데는 크게 기여했지만, 회복하기 힘들 정도의 극심한 지역불균형을 초래하고 말았다. 그리하여 불균형발전은 정치적 측면에서 망국적인 지역주의를 조장하고 지속·확산시키는 강력한 물질적 기반을 조성하였다. 이 과정에서 전국으로부터 인구와 자원을 끌어들여 비대해진 수도권은 어느덧 자신의 비대함을 가능하게 한 영남권을 비롯한 여타 지역을 지배하고, 그 위에 군림하는 정치·경제·사회·문화적 골리앗으로 변하고 말았다. 불행하게도 이것이 경제 기적으로 칭송받는 박정희 성장 모델의 최종 모습이다.

III. 국가균형발전의 철학과 정책 노선

참여정부는 박정희 성장 모델이 초래한 지역불균형과 정치적 지역주의의 폐해를 극복하기 위해 평등사상과 진보 노선에 입각하여 국가균형발전 정책을 설계하고 추진하였다. 이 정책은 박정희 성장 모델에 대한 세 가지 인식에 기초하고 있었다. 첫째, 참여정부는 박정희 모델이 이룬 총량적 성장에 대해서는 긍정적 평가를 하였다. 둘째, 그러나 총량적 성장을 이루는 과정에서 발생한 지역 간 (계층 간·기업 간) 불평등이 워낙 극심하여 그 폐해와 비용이 편익을 상회하기 시작했고, 조만간 그 불균형이 회복 불가능의 수준으로 악화될 수 있다고 보았다. 셋째, 이처럼 극심한 불균형은 대중적 분배기반과 수요기반을 약화시켜 지속 가능 발전의 토대를 무너뜨린다고 보았다.

이런 인식 외에 참여정부는 박정희의 성장 모델에 대해 보다 근본적인 문제의식을 견지하고 있었다. 무엇보다 박정희 성장 모델이 필연적으로 초래하는 극심한 불균형은 민주주의 이념이 전제하는 인간의 천부적 평등권과 법 앞의 평등권을 침해할 가능성이 크다. 주지하듯 모든 민주적 정치 공동체는 천부인권사상에 기초하여 자유롭고 평등한 시민의 존재를 전제로 한다. 그러나 각종 차별과 더불어 과도한 물질적 불평등은 인간의 자유를 실질적으로 형해화하고 무력화하게 된다. 풍부한 물질적 자원을 가진 사람들은 자신의 부를 활용하여 미래를 위해 더 많은 투자를 할 수 있고 더 많은 부의 창출과 자유의 신장을 이룰 수 있지만, 상시적으로 생계압박에 시달리는 가난한 사람들은 미래를 위한 투자 자원의 결핍으로 늘 고통을 당한다. 따라서 그들의 자유는 그들이 보유한 경제적 자원의 크기만큼 실질적으로 제약을 받는다(Sandel, 2009). 이런 점을 두고 노무현(2007) 대통령은 평등이야말로 자유의 기본조건이 된다고 주장하였다.

이런 관점에서 볼 때, 산업화의 초기 단계에서 박정희 정권이 국가의 공적 자원을 동원하여 특정 지역에 사회간접자본과 산업단지를 집중적으로 건설하고 대기업에게 외자배분과 조세감면 등의 특혜를 제공한 것은 경제성장을 촉진하여 고용과 국민소득을 늘렸다는 점에서 도덕적 정당성을 확보할 수 있다. 그러나 1970년대를 거치면서 지역불균형이 심화되고 지역 간 정치적 대결이 확산되기 시작했음에도 불구하고 박정희 정권과 그 이후의 보수정권들이 불균형성장 노선의 기조를 유지했다는 것은 도덕적·이념적으로 정당화되기 어렵다.

그 이유는 다음과 같다. 국가는 정치 공동체의 일반이익과 공익을 실현하는 기구인데, 특정 지역과 계층에게 더 많은 이익을 배분하여 불균형과 불평등을 증가시키는 정책을 지속적으로 추진하는 것은 국가의 존재이유와 정의의 원칙에 어긋나기 때문이다. 1948년에 제정되고 1987년에 개정된 대한민국 헌법은 그 전문에서 "……안으로는 국민생활의 균등한 향상을 기하고……"라고 천명하고, 제123조 제2항에서는 "국가는 지역 간의 균형 있는 발전을 위하여 지역경제를 육성할 의무를 진다"라고 규정함으로써 국가의 존립목적과 의무를 분명히 설정하고 있다.

이런 점을 고려할 때 산업화의 초기에 박정희 정권이 국가의 공적 자원을 투입하여 영남권과 수도권을 먼저 발전시키는 불균형발전 전략을 채택한 것은 국가의 역할과 정의의 원칙에 부합하는 것으로 이해할 수 있다. 이러한 성장 전략이 투자와 고용을 증가시킴으로써 광범위한 빈곤을 해소하고 국민소득을 전체적으로 늘렸기 때문이다.

그러나 중화학공업화를 시작한 1970년대 중반 이후부터가 문제였다. 경제발전의 단계를 보면 이 시기부터는 국민생활의 '균등한 향상'을 기하고 정치 공동체의 통합성을 증진하기 위해 균형발전 정책을 본격적으로 추진하여 호남권과 충청권 등 여타 지역에 대한 투자를 확대하고 지역불균형을 축소했어야 한다. 그런데도 박정희 정권과 그 이후의 보수정권들은 선성장의 논리에 사로잡힌 채 균형발전을 본격적으로 추진하지 않았다. 오히려 1960년대부터 산업화를 촉진하기 위해 발전 국가가 채택한 시장형성 정책과 지원 정책들이 특정 지역과 대기업집단에 변함없이 집중됨으로써 지역불균형과 기업 간·계층 간 불평등은 더 빠르게 확대되고 말았다.

이런 변화와 함께 한국 사회의 자본주의 발전이 지속되면서 시장 메커니즘의 힘도 더욱 강화되었다. 경제발전의 초기 단계에서는 변변한 기업이 없고 투자재원도 부족하였으나, 시간이 흐름에 따라 기업의 수가 늘어나고 재벌집단의 시장지배력도 강화되어 나갔다. 또한 투자가 이루어지고 기업이 많이 설립되는 곳으로 대규모 인구이동이 일어나면서 특정 지역으로의 인구집중이 더 많은 투자와 기업 설립 그리고 더 많은 인구집중을 촉발하는 '순환적 인과작용(circular causation)'을 초래하였다. 수도권과 영남권의 인구집중과 경제성장은 초기 단계에는 국가의 지원과 공적 투자에 의해 촉발되었으나, 점차 시장기제의 작동에 의해 집적이 더 많은 집적을 부르는 방향으로 진행되었다.6)

그러나 시장 기능이 강화되어 감에도 불구하고 국가 기능은 균형발전을 이루기 위한 근본적인 정책 전환 없이 수도권과 영남권의 성장을 더욱 가속화하는 방향으로 작동하였다. 그리하여 지역불균형은 회복하기 힘든 상태로 누적적으로 확대되었다. 일찍이 불균형발전 전략을 설파한 허쉬만(Hirschman, 1958)도 산업화의 초기 단계에서는 불균형발전이 불가피하지만 어느 단계를 지나면 국가의 강력한 개입을 통해 불균형을 시정해야 한다고 주장하였다. 국가의 교정 노력 없이는 시장기제의 힘이 너무나 강력하게 작용하여 균형적 성장이 불가능하다고 보았기 때문이다. 그러나 한국의 역대 보수정권들은 이 메시지를 귀담아듣지 않았다. 이에 따라 성장의 '적하 효과(확산 효과, trickle-down effect)'는 발생하지 않았고, 그 반대로 중심지역과 주변지역이 극단적으로 '양극화(polarization effect)' 되는 결과가 나타났다.

이것을 볼 때 한국의 보수정권들이 운영해 온 발전 국가는 총량적 성장을 이루기는 했으나 헌법이 보장한 국민의 평등권을 심대하게 훼손했고, 지역 간 균형발전을 추진해야 할 국가의 의무를 원천적으로 방기했음을 알 수 있다. 결국 국가는 '성장'이라는 공공재(public good)의 산출에는 일정 정도 성공하였지만, 극심한 '불균형(불평등)'과 '부정의(injustice)'라는 공공악(public bad)을 만들어 냄으로써 자신의 존재 기반 자체를 무너뜨리는 역설적 결과를 초래하고 말았다. 결국 박정희 정권과 그 이후의 보수정권들이 추진해 온 불균형발전은 절반의 성공과 절반의 실패에 머물렀고, 그 성공도 내외적 경제위기와 충격에 매우 취약한 성공에 불

---

6) 시장기제의 작동은 특히 1990년대 이후 수도권의 지속적 집적과 '파멸적 집중(비대화)'을 가져오는 강력한 메커니즘으로 자리 잡았다.

과하다고 볼 수 있다.

2003년에 출범한 참여정부는 1960년대 이후 수십 년간의 보수정권 지배하에서 지속되어 온 불균형발전 노선을 중단하고 균형발전 노선으로 전면적 전환을 이루고자 하였다. 지역 간 균형발전과 더불어 계층 간 불균형을 줄이기 위한 적극적 복지 정책과 대중소기업 간 동반성장 등은 모두 불균형발전을 극복하고 균형발전으로 이행하기 위해 추진된 정책들이었다.

이러한 발전 노선의 전환을 위해 참여정부는 확고한 평등사상에 입각하여 정책을 설계하고 추진하였다. 헌법이 보장하고 있는 국민의 평등권을 실현하고 역시 헌법이 규정하고 있는 국가의 지역균형발전 수행 의무를 충실히 이행하기 위해 참여정부는 수도권에 집중된 국가 기관과 공공기관을 지방으로 이전하고, 균형발전특별회계를 조성하여 비수도권 지역에 대한 공적 투자를 확대하였으며, 지방 대학의 발전과 지역 혁신역량 강화를 통해 내생적 발전의 기초를 다지고자 하였다. 이 모든 정책들은 결국 과거 수세대에 걸쳐 누적되어 온 불균형을 시정하기 위한 교정적 균형의 차원에서 그리고 저발전 지역들에게 더 많은 성장의 기회를 제공하는 기회균등의 차원에서 추진된 정책들이다. 평등사상의 시각에서 보면 참여정부는 '결과의 평등'을 추구하는 사회주의적 접근이 아니라 시장경제의 토대 위에서 '불균형의 교정'과 '기회균등'을 통해 적극적으로 평등을 실현하는 '제3의 길'을 추구했다고 볼 수 있다.

그러나 참여정부의 균형발전 정책이 단순히 불균형의 교정과 기회균등이라는 낮은 수준에 머물렀던 것은 아니다. 참여정부는 과거 어느 정권도 실행하지 못한 행정수도 이전과 대규모 공공 기관 이전과 같은 혁명적 정책을 통해 극심한 불균형을 역전시켜 균형발전의 확고한 기반을 조성하고자 했으며, 이 기틀 위에서 지역별 전략산업을 육성함으로써 지역의 성장잠재력을 극대화하고자 하였다. 그리하여 지역 간에 존재하는 심대한 불균형을 장기적으로 줄여 나가는 적극적 정책을 추진하였다. 정치 노선의 흐름에서 본다면 참여정부의 이러한 접근은 분배기반의 확대를 통해 성장잠재력을 확충하고 평등과 성장을 동시에 추구하는 진보적 정책 노선이라고 볼 수 있다.

참여정부의 균형발전 정책은 미국 민주당 계열의 진보 세력들이 주장하는 '성장친화적 진보 노선(pro-growth progressives)' 또는 '포괄적 기반의 성장 전략(broad-based economic growth)'과 유사한 노선을 지향하고 있다고 볼 수 있다(Sperling, 2005; The Brookings Institution, 2006). 참여정부나 미국의 진보 세력 모두 더 많은 사람과 지역에게 성장의 열매가골고루 돌아가게 되면 분배의 평등이 이루어질 수 있고, 이것은 곧 내수의 확대를 통해 새로운 성장동력을 창출한다고 본 것이다.

이런 점에서 성장과 분배는 유기적으로 연결되어야 한다. 그러나 우리의 경우처럼 가격경쟁력에 치중하는 수출 주도형 경제의 특성으로 인해 비정규직이 증가하고 사회 양극화가 확대되면, 세계경제의 위기가 올 때 내수기반의 약화로 말미암아 국민경제 전체가 파국으로 치달을 가능성이 농후하다. 실제로 미국에서는 공화당이 집권하여 부유층을 위한 조세감면과 중하위층에 대한 복지축소 정책을 추진했을 때 소득과 부의 불평등이 급증했고, 이것이 유효수요의 부족을 초래하여 1929년의 대공황과 2008년의 금융위기 같은 심각한 경제위기를 불러왔다고 한다.[7)]

7) 바텔스(Bartels, 2008: 12)에 따르면 미국에서 공화당이 집권했던 1920년대 후반과 2000년대 후반에 상위 5%의 소득비중이 전체의 40% 수준에 도달하여 소득불평등이 최악으로 치달았고, 그 직후 대공황과 대규모 금융위기가 발생했다고 한다. 이에 반해 민주당이 집권한 기간에는 소득분배가 크게 개선되어 경제적 호황을 누렸다고 한다. 특정 정권의 공공 정책, 소득분배, 경제성과 사이에는 긴밀한 인과관계가 존재한다는 것이 그의 주장이다.

이런 위기상황에 대응하여 케인스는 일찍이 유효수요의 부족이 문제의 근원이라는 인식하에 국가 재정지출의 확대와 분배의 개선을 주장함으로써 미국과 세계경제를 전대미문의 대공황에서 구출하였다. 놀라운 사실은 이보다 2천 년이나 전에 공자가 비슷한 주장을 펼쳤다는 점이다. 공자는 『논어(論語)』에서 "불환과이환불균 불환빈이환불안 개균무빈 화무과 안무경(不患寡而患不均 不患貧而患不安 蓋均無貧 和無寡 安無傾)"이라고 설파하여 균형과 평등, 나아가 화합과 안정이 국가번영의 핵심 요소임을 지적하고 있다(배병삼, 2005). 이것을 보면 동서고금의 진보 노선은 모두 균형과 평등의 사회적 조건을 형성하는 것이 지속적 번영의 기초임을 인식하고 있었다는 점을 확인할 수 있다.

참여정부의 진보적 정책과제인 국가균형발전 정책도 동일한 문제의식을 공유하고 있다. 이 정책은 일차적으로 과거에 누적된 지역불균형을 시정하고 저발전지역에 더 많은 기회를 부여하는 데 중점을 두고 있다. 그러나 이 정책은 지역의 자생적 발전역량을 확충하고 지역 간에 존재하는 극심한 불균형을 최대한 축소함으로써 불균형과 불평등의 확대로 인해 미래에 닥쳐올 수 있는 심대한 경제위기를 미리 예방하고 한국 경제 전체의 성장잠재력을 확대하는 방향으로 설계되었다. 이런 점에서 참여정부의 균형발전 정책은 진보적 분배 정책이자 동시에 진보적 성장 정책이라고 볼 수 있다.

Ⅳ. 참여정부의 정책설계와 성과

국가균형발전 정책을 추진함에 있어 참여정부는 '교정적 균형', '역동적 균형', '통합적 균형'의 세 가지 균형에 중점을 두었다. 앞서 지적한 바와 같이 교정적 균형은 저발전지역에 더 많은 공공투자와 재정 자원을 배분함으로써 과거 오랜 기간 동안 누적된 불균형을 시정하는 것을 의미한다. 행정수도 이전과 공공 기관 이전, 균형발전특별회계를 통한 낙후지역 지원은 모두 이런 관점에서 추진되었다. 한편 역동적 균형은 지역의 특성과 비교우위를 고려하여 각 지역의 특성화 발전과 역동적 성장을 촉진하는 방향으로 지역발전 정책을 추진하는 것을 의미한다. 지역 혁신체계 구축, 지역 인재육성, 산학협력, 지역전략산업 육성, 산업클러스터 조성 등은 모두 이런 기조하에서 추진되었다. 마지막으로 통합적 균형은 지역발전이 개별 지역의 발전에 국한되지 않고 지역 간 상호연계를 통해 공동발전을 이루며, 이러한 발전을 통해 국가 공동체의 통합성을 증진하는 것을 의미한다. 수도권의 양적 팽창 억제와 질적 발전 추진, 이를 통한 수도권과 지방의 상생발전, 지역별 전략산업의 중복성 조정, 지역 간 산업적 상호연계 증진을 위한 5+2 초광역경제권 프로젝트[8] 등은 모두 이런 관점에서 입안되었다.

참여정부는 이 세 가지 균형 개념을 결합하여 균형 있고 자립적인 지역발전을 이루기 위해 행정수도 이전과 저발전지역을 위한 재정투자 증가 등을 통해 '외생적 조건'을 형성하는 한편 궁극적으로는 지역의 '내생적 발전' 역량을 강화하여 자립적 지역발전을 이루는 데 균형발전의 정

8) 참여정부의 국가균형발전위원회는 2007년 9월에 자동차산업이나 조선산업 분야 등의 초광역적 확산에 대응하고 초광역 수준의 지역경쟁력을 증진하기 위해 5+2 초광역경제권 프로젝트, 즉 5대 초광역경제권(수도권 · 대구경북권 · 동남권 · 충청권 · 호남권)과 2대 지역경제권(강원권 · 제주권) 발전 프로젝트를 제안한 바 있다(국가균형발전위원회, 2007). 이명박 정부는 참여정부의 정책제안을 거의 그대로 수용하고 있음에도 불구하고 이에 대한 아무런 언급 없이 마치 그 정책을 자신들이 최초로 입안한 것처럼 동일한 이름으로 추진하고 있다(다만 5+2 '광역권' 프로젝트라고 명명하고 있다). 문제는 현 정부가 광역권 프로젝트라는 명칭으로 사업을 추진하면서 실제로는 대규모 SOC사업에 재정투자를 집중하고 산업 정책은 소홀히 하고 있다는 데 있다. 또한 지역 간 협력 체계의 구축에는 제대로 노력을 기울이지 않은 채 정부재원을 나눠먹기식으로 운용하고 있는 것도 문제이다.

책목표를 설정하였다. 이렇게 볼 때 참여정부의 균형발전 정책을 단순히 1/n의 '나눠먹기식' 정책이라거나 '밑돌 빼서 윗돌 괴는 식'의 기계적 재분배 정책이라는 보수 세력의 비판은 정책 내용을 전혀 이해하지 못한 무지의 소산이라고 할 수 있다.

교정적 균형, 역동적 균형, 통합적 균형의 세 가지 관점에서 추진된 국가균형발전 정책을 좀 더 자세히 살펴보면 아래의 〈표 1-1〉과 같이 정리해 볼 수 있다(성경륭, 2010b 참조). 먼저 균형발전 정책의 가장 핵심적인 프로젝트는 행정수도 이전과 공공 기관의 지방 이전을 통한 공간 재배치 정책이었다. 이 정책들은 해방 이후 지속된 수도권의 과잉 집중을 해소하고 전국적 균형발전을 위해 추진된 가장 강력하고 혁명적인 정책이었다. 참여정부의 정책계획에 의하면, 현재의 수도권은 미국의 뉴욕처럼 글로벌 '경제수도'로 발전시키고, 중앙정부가 이전하는 세종시는 워싱턴과 같은 '행정수도'로 발전시키며, 다수의 공공 기관이 이전하는 혁신도시는 각 지역별로 특화된 '산업수도'로 발전시키고자 하였다.[9] 그렇게 되면 모든 지역이 자생적 경제기반을 구축할 수 있기 때문에 수도권 일극지배 구조로 인한 지역의 황폐화와 의존성 심화를 막을 수 있게 된다.

국가의 중앙행정 기관 100%와 공공 기관 85% 등 공공 부문의 수도권 집중이 대기업 본사, 금융 기관, 유통 시설, 교육 기관, 의료 기관 등 민간 부문의 지속적인 집중을 초래했기 때문에[10] 참여정부는 이 악순환의

---

9) 혁신도시 건설계획에서는 부산은 동북아 해양수도, 대구는 지식창조도시(Brain City), 울산은 에너지폴리스, 광주는 애그로에너지피아(Agro-Energypia), 강원은 건강도시(Vitamin City), 충북은 교육문화 이노밸리, 전북은 애그리콘시티(Agricon City), 경북은 이노밸리, 경남은 이노리버밸리(Inno-River Valley), 제주는 국제교류연수폴리스 등으로 육성시켜 전국에 다수의 산업적 특화도시를 조성하고자 했다.

10) 수도권은 11.8%의 면적 비중을 가지고 있지만 2009년 7월 현재 인구비중은 49.5%에 이른다. 경제력 비중은 대략 70% 수준으로 관측되고, 국가 부문의 공공 기관도 수도권에 집중 배치되어 있다. 따라서 헨더슨(Henderson, 1968)이 지적했던 것처럼 국가

고리를 끊기 위해 강도 높은 공간 재배치 정책을 추진하였다. 이 정책들은 당시 야당이었던 한나라당과 수도권의 기득권 세력으로부터 강력한 저항에 직면했으나, 광범위한 대화를 통해 최종적으로는 여야 · 지역 · 이익단체(노조 등) · 정부가 모두 국가균형발전 정책의 대의와 지역별 특성화 발전 전략에 합의함으로써 입법과 사회적 협약이 이루어지고 갈등과 대립 속에서도 최대한 원만한 과정을 거쳐 정책이 성공적으로 추진되었다(국가균형발전위원회, 2007b; 성경륭, 2010a).

〈표 1-1〉 참여정부의 국가균형발전 정책

정책 분야		정책 내용
교정적 균형	공간 재배치 정책	• 정부 중앙부처 이전과 세종시 건설(행정수도 이전) • 공공 기관 이전과 혁신도시 건설 • 기업도시 건설
	지역균형 정책	• 균형발전특별회계 신설 • 낙후지역에 대한 재정투자 확대 • 낙후지역 대상의 신활력사업 추진
역동적 균형	지역 혁신 정책	• 지역 혁신 체계(regional innovation system) 구축 • 지역의 연구개발 투자 확대 • 지방대학의 지역 인재양성
	지역산업 정책	• 지역전략산업 육성 • 혁신클러스터 육성 : 대덕연구개발 특구, 7개 산업단지의 클러스터 사업
통합적 균형	수도권의 질적 발전 정책	• 기존의 규제 체계 유지 및 부분적 조정(양적 팽창 억제) • 도시 어메니티 확충(환경, 생활, 문화) • 지식산업 클러스터 육성 • 수도권의 국제기능 강화(세계도시로 육성)
	초광역경제권 정책	• 지역전략산업의 조정과 지역 간 상호연계 증진 • 5+2 초광역경제권 조성

출처 : 성경륭(2010b)에서 수정 보완

권력의 집중과 중앙정부 및 산하 공공 기관들의 과도한 밀집이 수도권을 '블랙홀'로 만드는 가장 강력한 힘이라고 이해할 수 있다.

교정적 균형을 실현하기 위한 또 하나의 정책은 지역균형 정책이다. 여기에는 5조~9조 원대의 균형발전특별회계의 신설, 이 회계를 통한 저발전지역 지원, 낙후 농산어촌의 고차 산업화를 위한 신활력사업 추진 등이 포함되었다. 특히 신활력사업은 농산물의 단순 판매에서 벗어나 가공과 유통을 통해 부가가치를 획기적으로 높이는 것은 물론 산업화 과정에서 농촌을 떠나 도시로 이주한 도시민들에게 휴양과 새로운 체험을 위한 다양한 기회를 제공하여 도농교류가 활성화되도록 하였다.[11)]

행정수도 이전과 공공 기관 이전 등의 선도적인 공간 재배치 정책과 낙후지역 지원을 위한 지역균형 정책이 교정적 균형을 통해 지역발전의 외생적 조건을 형성하는 것이라면 혁신 정책과 산업 정책은 내생적 발전과 역동적 균형을 이루기 위해 추진된 정책들이다. 여기에는 지역 혁신체계의 구축, 지역 연구개발 투자의 확대, 산학연 협동 체계 구축, 지역 인재 육성, 지역전략산업 육성, 산업클러스터 조성 등과 같은 중요한 사업이 포함되었다.

한편 통합적 균형은 수도권 정책과 초광역경제권 정책으로 구성되어 있다. 먼저 수도권의 질적 발전 정책은 수도권의 양적 팽창이 지역불균형을 심화시키는 주된 요인이라는 데 주목하여 수도권의 양적 팽창을 억제하고 생활 및 자연환경 개선, 문화여건 개선, 산학협력 증진, 지식산업 발전, 글로벌 도시로의 도약 등과 같은 질적 발전을 추구함으로써 수도권 경제의 지속적 성장과 삶의 질 증진을 동시에 이루는 데 초점을 두고

---

11) 농산어촌의 고차 산업화란 농산물의 생산(1차 산업), 가공(2차 산업), 유통·축제·관광·농촌체험·체류(3차 산업) 등을 결합하여 농산물과 농산어촌의 부가가치를 높이는 것을 의미한다. 예를 들면 1+2차, 1+3차, 1+2+3차 등 다양한 형태의 고차 산업화가 가능하다. 참여정부는 최대 6차 산업화를 목표로 하는 신활력사업을 추진하여 많은 성과를 산출하였다. 그러나 이명박 정부는 뚜렷한 이유 없이 이 사업을 중단하고 포괄예산 제도로 통폐합시키고 말았다.

있다. 이렇게 하여 수도권이 지방의 인구와 기업을 더 이상 흡수하지 않는다면 수도권과 지방의 상생발전도 얼마든지 가능해진다.

초광역경제권 사업은 다양한 고려사항을 포함하고 있으므로 좀 더 자세한 설명을 필요로 한다. 초광역경제권 프로젝트는 참여정부의 후반기인 2007년 9월에 다음과 같은 두 가지 관점에서 제시되었다(국가균형발전위원회, 2007a). 첫째, 자동차산업, 조선산업, 철강산업, 석유화학산업, 정보통신산업의 사례에서 보듯 산업의 확산은 광역정부의 행정 경계를 넘어 진행됨에도 불구하고 행정 체계는 광역으로 나뉘어 있기 때문에 이러한 초광역적 산업발전에 대해 다수의 광역정부들이 공동으로 대응하는 것이 필요하다고 보았다. 둘째, 날로 심화되는 수도권 집중과 일극지배 구조를 극복하기 위해서는 전국에 5개 내외의 초광역경제권을 구축하는 것이 절실히 필요하다고 보았다. 이를 위해 수도권, 대구경북권, 동남권(부산·울산·경남), 충청권, 호남권의 5대 초광역경제권을 구축하여 경제적 자생력과 대외 경쟁력을 키우는 것이 매우 중요하다.

참여정부의 이러한 접근에 큰 시사점을 준 사례는 프랑스였다.[12] 주지하듯이 그라비에(1947)는 1940년대에 프랑스가 심각한 파리 일극집중 문제를 안고 있고 다른 모든 지역이 '사막화'되고 있다고 비판하였다. 이 문제를 해결하기 위해 프랑스는 1963년에 DATAR라는 국가 기구를 설립하여 이후 40여 년 동안 파리 수도권 입지규제, 지역투자 촉진, 공공 기관 지방 이전 정책 등을 강력하게 추진하였으며, 그 결과 오늘날처럼 전국적으로 균형 있는 국토 구조를 발전시키게 되었다. 균형발전 정책은 정권의 변동에 관계없이 일관되게 추진되었고, 1982년에는 미테랑 정부의 '분권법' 제정으로 강력한 분권조치가 함께 추진되었으며, 드디어 2003년에는

12) 프랑스에 대한 보다 자세한 논의는 성경륭(2010b)을 참조.

프랑스가 '지방분권 국가'임을 선포하는 헌법 개정도 이루어졌다.

균형발전과 지방분권 정책을 지속적으로 추진한 결과 프랑스는 아래의 [그림 1-6]에서 보는 것처럼 1940년대의 파리 일극집중 구조를 극복하고 오늘날 전국적으로 강력한 6대 초광역경제권을 구축하게 되었다. 프랑스의 변화가 큰 의미를 갖는 것은 유럽통합 과정에서 주도적 역할을 담당한 프랑스가 만약 일극집중 구조를 계속 유지했다면 확대된 유럽 시장에서 오직 파리권만 활성화될 수 있었으나 다극분산 구조를 형성했기 때문에 더 큰 지역발전과 국가발전을 이룰 수 있었다는 점이다. 다시 말해 파리권만이 아니라 전국의 주요 경제권이 모두 통합 유럽 시장에서 개방적이고 역동적인 역할을 담당하게 되어 개별 지역과 국가 전체의 발전 잠재력이 극대화될 수 있었던 것이다.

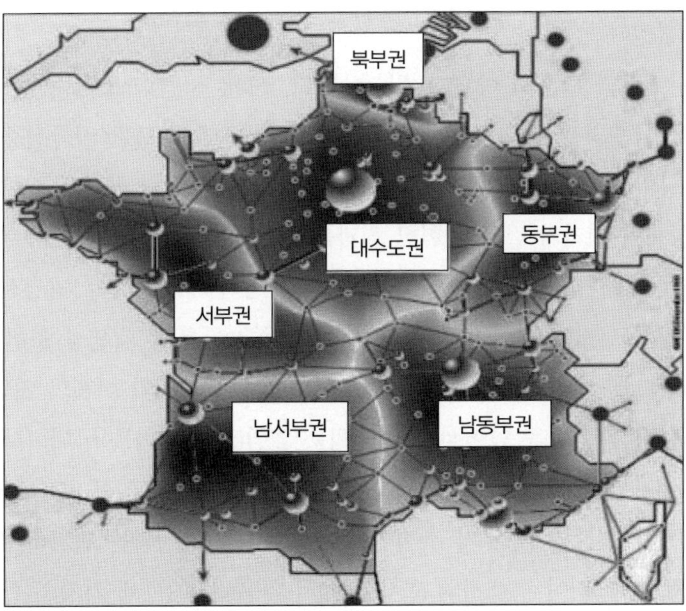

[그림 1-6] 프랑스의 6대 초광역경제권

프랑스의 사례는 일극집중 구조가 심화되고 있는 한국의 현실에 대해 시사하는 바가 많다. 세계 12위권의 경제대국에 도달한 한국이 수도권 일극집중 구조를 극복하지 못할 경우 1940년대의 프랑스와 마찬가지로 수도권 이외 지역은 모두 '사막화'되거나 아니면 '섬나라'처럼 고립될 수도 있을 것이다. 이렇게 되면 수도권은 활성화될 수 있겠지만 나머지 지역은 기술혁신과 산업발전의 세계적 흐름에서 뒤처져 자칫 지역경제와 국가경제가 모두 쇠퇴의 길로 접어들 수도 있을 것이다.

세계사를 뒤돌아보면 산업화를 선도했던 영국의 맨체스터 · 뉴캐슬 · 글래스고, 미국의 디트로이트 · 피츠버그 · 클리블랜드 그리고 독일 루르 지역의 보훔과 에센 등의 도시들은 기술혁신과 산업발전, 국제경쟁에 적절히 대응하지 못해 후발 산업 국가들의 추격에 의해 석탄산업, 철강산업, 조선산업, 자동차산업이 몰락하고 해당 도시도 급격히 황폐화되는 고통을 겪었다.

우리나라의 경우도 예외가 될 수 없다. 모든 산업과 도시는 끊임없는 변화와 국제경쟁 속에 놓여 있으며, 이런 가운데 수도권 일극집중과 여타 도시의 수도권 의존(기술 · 자본 · 경영의존)은 지역의 몰락과 이에 따른 국가경제의 위기와 같은 위험한 결과를 가져올 가능성이 크다. 이런 점에서 공간 재배치와 지역균형 정책을 통해 자립적 지역발전의 '외생적 조건'을 형성하고 지역 혁신 정책과 지역산업 정책을 통해 '내생적 조건'을 구축하고자 했던 참여정부의 국가균형발전 정책은, 과거와 현재의 지역불균형을 시정하는 것을 넘어서서 미래의 지역발전 잠재력을 극대화하여 지역과 국가를 모두 살리는 강력한 미래 디자인이었다고 볼 수 있다.

현 시점에서 참여정부가 추진한 국가균형발전의 성과를 평가하기는 아직 이르다. 그러나 현대사의 흐름 속에서 다음과 같은 세 가지의 큰 성과를 지적할 수 있다. 첫째, 참여정부는 박정희 정권과 그 이후의 보수정권들이 추진해 온 불균형발전의 한계와 위험을 극복하기 위해 우리 역사에서 최초로 균형발전 전략을 국가 전략으로 채택하여 지역 간 균형, 산업 간 균형, 대중소기업 간 균형을 이루고 이에 기반하여 지역과 국가 전체의 새로운 질적 도약을 도모하였다.[13] 둘째, 중앙행정 기관과 공공 기관의 이전을 통해 전국에 행정수도와 다수의 산업수도를 조성함으로써 향후 역동적 지역발전을 추동할 수 있는 새로운 성장기반을 구축하였다. 셋째, 균형발전의 궁극적 목표를 내생적 발전에 두고 각 지역의 혁신역량과 비교우위 산업을 키우는 데 노력을 집중하였다. 그리하여 균형발전을 위한 국가의 정책적 지원이 개별 지역의 자립적 발전으로 귀결되도록 하였다.

그러나 이러한 성과들이 제대로 효과를 산출하기 위해서는 여러 정책들이 일관되게 그리고 장기간 실행될 필요가 있다. 불균형발전이 반세기 동안 이루어진 만큼 이것을 교정하고 새로운 발전모드로 전환하여 실제로 성과를 내기 위해서는 그에 상응하는 긴 시간이 소요되기 때문이다. 그러나 불행하게도 2007년 대통령 선거에서 균형발전을 폐기하고 경제살리기라는 이름으로 불균형발전을 조장하려는 보수 세력이 정권을 잡고 말았다. 그리하여 아래에서 살펴보는 것처럼 상당수의 균형발전 정책들이 중단되거나 지연됨으로써 참여정부가 추진한 균형발전 정책의 효과가 나타나기도 전에 지역불균형이 다시 심화되기에 이르렀다.

---

13) 국가균형발전위원회는 2003년 6월에 제시한 대구 구상에서 혁신 주도형 발전과 균형발전을 통해 1인당 국민소득 1만 달러 시대에서 2만 달러 시대로 도약할 수 있다고 주장하였고, 실제로 참여정부는 2002년 말 1만 2000달러 수준이던 1인당 국민소득을 2007년 말 2만 1600달러까지 끌어올리는 데 성공하였다. 박정희 시대와 그 이후 시대를 통틀어 5년 만에 국민소득을 두 배로 증가시킨 것은 전무후무한 놀라운 경제적 성공이었다고 평가할 수 있다.

V. 국가균형발전을 위한 미래 과제

참여정부가 추진한 균형발전 정책은 지역의 혁신역량을 강화하여 내생적이고 역동적인 지역발전을 도모하고, 이를 통해 새로운 경제적 · 문화적 가치를 창출하는 데 궁극적 목표가 있다. 그러나 이 정책은 중앙행정기관과 주요 공공 기관의 지방 이전, 저발전지역을 위한 재정 지원 등에서 보듯 가치의 적극적 재분배 정책도 내포하고 있다. 이런 이유 때문에 행정수도 이전과 종합부동산세제 도입 등으로 손해를 본 수도권 지역은 균형발전 정책에 대해 강력하게 반발하기 시작했다(Seong, 2008; Seong, 2010). 2004년 이후 진행된 행정수도 이전에 대한 위헌 제소, 수도권규제 완화 요구, 종합부동산세 폐지 요구 등은 모두 이런 맥락에서 이루어졌다.

이 같은 일련의 흐름 속에서 수도권의 반발은 2007년 대선과 2008년 총선에서 최고 정점에 달하였다. 주지하듯 이 두 선거에서 지역 이익의 극대화를 추구한 다수의 수도권 유권자들은 영남 지역주의의 부활을 꿈꾸는 많은 영남권 유권자들과 선거연합을 형성하여 이명박 정권을 탄생시켰다.[14] 보수적 유권자, 저소득층, 장년 · 노년세대 등도 대거 가세한 이 선거에서 유권자들은 이명박 후보와 한나라당에게 압도적 표차의 승리를 안겨 주었다.

그러나 많은 표 차이의 승리를 무슨 일이든 할 수 있다는 강력한 '국민

---

14) 합리적 유권자(rational voters) 이론이 맞다면 다수의 영남권 유권자들은 압도적인 수도권 일극지배 구조하에서 유사한 경제적 위치를 가지고 있는 호남권이나 충청권의 유권자들과 동일한 선택을 했어야 한다. 그러나 여전히 과거의 지역주의에 사로잡혀 있던 다수의 영남권 유권자들은 수도권 유권자들과 함께 한나라당을 지지하였다. 이것을 보면 2007년 대선과 2008년 총선에서 수도권 유권자들은 '경제적' 지역주의에 따라 행동했으나, 영남권 유권자들은 '정치적' 지역주의에 따라 행동했음을 알 수 있다. 아니면 영남권이 지역계층 체제(regional hierarchy)에서 여전히 최상위의 지배적 위치를 차지하고 있다는 일종의 '허위의식'이 작용했을 수도 있다.

적 명령(popular mandate)'으로 이해한 이명박 정권은 자신을 지지한 집단이나 그렇지 않은 집단의 다양하고 복합적인 정치적 요구를 세밀하게 살피지 않은 채 수도권, 대기업, 부유층 등 강자 지배연합(ruling coalition)의 이익에 충실한 정책들을 중점적으로 추진하기 시작했다. 법인세 감축, 4대강 사업, 소득세 인하, 종합부동산세 무력화 등은 모두 대기업과 부유층을 위해 추진한 정책들이었다. 행정수도 이전 중단 시도, 산업 시설과 유통 시설의 수도권 내 신규 입지를 가능하게 한 대폭적 수도권규제완화 조치, 주택건설을 확대하기 위한 그린벨트 해제 조치 등은 모두 수도권의 이익에 충실히 부응하는 정책들이었다.

이런 가운데 이명박 정부는 참여정부가 추진한 균형발전 정책들을 중단시키거나 지연시키는 조치들을 동시에 취해 나갔다. 행정수도 이전 중단 노력과 함께 공공 기관 이전 작업을 지연시켰고, 국가균형발전위원회를 폐지하고 이를 지역발전위원회로 대체하였으며, 주요 지역 혁신 정책과 지역 전략산업 육성 정책 등을 대부분 폐기·약화 혹은 무력화시켰다. 더욱 문제가 되는 것은 이명박 정부가 4대강 사업과 같은 대형 토목사업과 국제과학비즈니스벨트 사업과 같은 대규모 국책사업에 치중한 채 인재육성, 연구개발 역량 강화, 지역 혁신 체계의 구축, 산업클러스터 조성 등을 통해 내생적·역동적 지역발전을 도모하기 위한 정책들을 대부분 외면했다는 것이다. 그 결과 대다수 지역은 스스로의 내생적 노력으로 자립적 발전을 이루기보다는 중앙정부로부터 더 많은 재정 지원을 이끌어 내기 위한 '지대추구정치(rent-seeking politics)', '이익유도정치', '이권투쟁정치(pork-barrel politics)'로 회귀하기 시작하였다.[15]

15) 대부분의 지방자치단체들은 두 가지 문제, 즉 낮은 재정자립도와 주기적 선거를 통한 단체장 교체의 문제를 안고 있으므로 인재육성, 기술혁신, 기업 창업, 클러스터 조성 등 시간이 많이 걸리는 내생적 발전 전략을 회피하는 경향이 있다. 그 대신 짧은 기간에 가시적 성과를 낼 수 있는 중앙정부의 재정 지원 확보, 국책사업 유치, 기

그리하여 불행하게도 우리는 참여정부가 국가균형발전 정책을 새로운 국가발전 전략으로 채택했을 때의 초기 상황으로 되돌아오고 말았다. 참여정부가 해결하고자 했던 박정희 모델의 불균형발전 문제는 이명박 정권의 반 균형발전 정책의 추진으로 말미암아 더욱 악화되었다. 특히 수도권과 비수도권 사이의 불균형은 이제 통제 불가능한 상황으로 악화되고 있다. 또한 참여정부가 이루고자 했던 것과 달리, 대다수의 지방정부들은 노력과 시간이 많이 소요되는 내생적 · 자립적 지역발전의 '어려운 경로(difficult course)'를 포기하고, 다시금 중앙정부의 재정 지원, 외부로부터의 기업 이전, 대규모 행사 유치 등에 목숨을 거는 '쉬운 경로(easy course)'로 되돌아가고 말았다.

이런 점을 고려할 때 국가균형발전의 미래 과제는 자명해진다. 우리 모두가 박정희식 불균형발전 모델은 지역 간 · 계층 간 · 기업 간 불균형과 불평등을 심화시켜 종국에는 중대한 경제 사회 위기와 같은 위험한 결과를 가져온다는 데 인식을 같이한다면, 국가균형발전 전략을 핵심적 국가발전 전략으로 재정립하여 지속적으로 추진하는 것은 우리 모두의 필연적 선택이 될 것이다.[16] 긴 시간을 두고 본다면 국가균형발전 전략은 인구감소와 산업침체로 인해 경제적 어려움을 겪는 다수의 지역에 대해 더 많은 재정 지원과 공공투자를 통해 분배기반을 강화하고, 이에 기

업 유치, 대규모 행사 유치, 화려한 축제의 개최 등을 통해 업적을 홍보하고 재선을 도모하고자 한다. 중앙 세력과의 연계를 동원한 지대추구정치, 이권투쟁정치, 지역주의 정치 등은 모두 이런 맥락에서 나타나는 현상들이다. 최근에 국제과학비즈니스벨트 유치를 둘러싸고 충청권, 영남권, 호남권 사이에서 벌어지는 사활적 투쟁과 영남권 신공항의 부지를 놓고 대구 경북과 부산 사이에서 벌어지는 유치 투쟁은 지대추구정치의 대표적 사례들이다.

16) 미국의 예에서 보듯 불평등의 증가는 대공황과 세계대전 같은 위험한 결과를 초래한다. 이것을 볼 때, 우리나라의 경우에도 수도권과 비수도권 사이의 지역불균형은 주요 산업도시의 몰락이나 그와 유사한 형태의 위험한 결과를 초래할 수 있다는 점을 분명히 인식하는 것이 중요하다.

초하여 새로운 성장잠재력을 확충하는 '성장친화적 진보 전략'이고 '포괄적 성장 전략'이라고 볼 수 있다.

이와 함께 우리는 다음 시대에 추진할 균형발전 정책의 목표가 지역의 내생적·역동적 발전 역량을 극대화하는 데 두어져야 한다는 점을 다시 한 번 강조하고자 한다. 오늘날 세계적으로 빠르게 진행되고 있는 기술발전과 산업변동을 고려할 때, 이 점을 간과한 채 중앙정부가 하드웨어 중심의 지역발전 정책을 추진하거나 대규모 국책사업을 시행하면서 지역 간 경쟁을 조장하는 데 몰두할 경우 지역의 의존적 행태와 이권투쟁의 정치를 더욱 부추길 가능성이 크다. 따라서 내실 있는 지역발전을 위해 지역 인재육성, 지역 혁신 체계 구축, 연구개발 역량 강화, 산학연 협동 체계 구축, 산업클러스터 조성 등이 향후 균형발전 정책의 핵심 내용이 되어야 할 것이다.

이 같은 기술적·산업적 측면의 자립역량을 갖추는 토대 위에서 다음 시대의 지역발전 정책은 다음 세 가지의 요소를 더욱 강화해 나가야 할 것이다. 첫째, 지역의 개성과 특성을 더 잘 살릴 수 있는 '창조적' 지역발전을 지향해야 한다. 둘째, 지역의 다양한 인적 구성과 사회적 특성을 고려하여 노인과 취약집단을 위해 더 많은 정책적 노력을 기울이는 '사회적' 지역발전을 추구해야 한다. 셋째, 기후 변화, 지구온난화, 자원고갈, 환경오염 등의 문제를 해결하기 위해 지속 가능한 '생태적' 지역발전을 모색해야 한다.

이러한 방향으로 올바른 정책 변화를 이루어 내기 위해서는 무엇보다도 정치 과정의 변화가 선행되어야 한다. 다음 선거에서 유권자들이 어떤 정치적 선택을 하느냐에 따라 새로 등장할 정부의 정책 노선이 결정될 것이기 때문이다. 이렇게 보면, 2007년 대선과 2008년 총선에서와 마찬가지로 2012년 총선과 대선에서도 다수의 영남권 유권자가 영남 지배 구조의 존속을 위해 수도권 유권자와 공동보조를 취하는 이익배반적 투표(또는 지역주의 투표)를 지속한다면 또다시 수도권과 상류층의 이익을 극대화하는 강자연합 정부가 탄생할 가능성이 높다고 예상할 수 있다.

수도권과 영남권의 선거연합으로 탄생한 이명박 정부가 집권 직후부터 종부세 무력화, 수도권규제완화, 그린벨트 해제, 행정수도 이전 무력화 등과 같은 강력한 친수도권 정책들을 통해 수도권의 이익에 충실한 정책 추진에만 집착한 것은 매우 역설적 현상이다. 이러한 정책들을 통해 수도권 지역은 큰 이익을 보게 되었지만, 수도권보다 더 강력한 정치적 지지를 보냈던 영남권은 상대적으로 큰 손해를 보게 되었기 때문이다. 이로써 4대강 사업을 통한 일부의 경제적 보상을 제외하고는[17] 이명박 정권이 영남권의 전체 이익에 배반되는 정책 노선을 견지했음이 명백하게 드러났다.

따라서 향후 영남권 유권자들이 과거의 이익배반적 행동을 지양하고 자신의 진정한 지역이익에 부합되는 방향으로 호남권, 충청권, 강원권, 제주권 등 다수의 저발전지역과 강력한 협력적 관계를 형성할지 여부에 국가균형발전 정책의 미래가 달려 있다고 해도 과언이 아니다. 앞으로 사회계층 및 지역 지배 구조에서 압도적 지배력을 행사하는 수도권에 대응하여 호남권과 충청권 등 다수의 주변지역과 수도권의 중하층 주민들이 광범위한 '지역 · 계층연합'[18]을 형성할 수 있다면 국가균형발전 정책

---

17) 4대강 사업을 위해 낙동강 주변 지역에 상당한 규모의 보상이 이루어진 것은 사실이다. 그러나 골재채취와 각종 시설공사를 수도권에 본사를 둔 대규모 건설회사가 독차지하고 다수의 지역 건설업체가 소외된 데 대해 많은 불만이 제기되고 있다. 또한 4대강 사업이 엄청난 환경파괴와 재앙을 가져오고 있다는 데 대해서도 영남권 지역 내부로부터 많은 비판이 쏟아져 나오고 있다. 따라서 이명박 정권이 4대강 사업을 통해 영남권에 정치적으로 보답했고 여기에 영남권의 기업과 주민들이 동의하고 있다는 데 대해서는 회의적 시각이 많다.

18) 지역 · 계층연합의 개념에 대해서는 황태연(1997)을 참조.

은 새롭게 부활할 수 있는 정치적 조건을 갖추게 될 것이다. 그렇게 되면 국가균형발전 정책은 불균형발전의 폐해를 시정하고 폭넓은 분배기반에 기초를 둔 진보적 국가 발전 전략의 위치를 다시 확보할 수 있게 될 것이다. 결국 영남권 유권자들, 특히 새로운 선택을 할 가능성이 높은 부산·경남 지역 유권자들이 주변지역인 호남권, 충청권, 강원권, 제주권의 유권자들, 나아가 수도권의 중하위계층 유권자와 선거연합을 구축하느냐 못하느냐에 미래 정치권력의 운명과 국가균형발전 정책의 운명이 달려 있다고 결론지을 수 있다.

제2장

지역발전의 새로운 패러다임 : 사회적 창조성의 관점에서

박준식 · 성경륭 · 정동일

I. 문제의 제기

낙후지역발전에 관한 논의는 우리나라의 경제성장이 본격화되던 1960년대부터 시작되었다. 하지만 한국 사회가 수도권과 일부 산업지역을 중심으로 고도 경제성장을 이룬 지난 반세기 동안 농촌지역과 대부분의 지방 지역사회의 낙후성이 오히려 심화되어 왔다는 것은 주지의 사실이다. 농촌과 지방은 지속적인 인구유출과 산업 기반의 와해, 소득정체라는 위기에 직면하여 사회적 삶의 기본 토대를 형성하는 '공동체'의 존속 가능성 자체마저 위협받는 상황으로 내몰려 왔다. 이에 더하여 도시지역의 3배에 이르는 인구고령화와 이로 인한 지역사회의 활력 약화라는 문제까지

떠안게 되었다. 지난 십수 년 동안 일련의 국가들과 속속 체결되고 있는 '자유무역협정'과 농산물 시장의 지속적 개방 또한 농업에 생존 기반을 의존해 온 농촌 공동체에 커다란 도전으로 등장했다. 역대 정부에서 이러한 낙후지역의 중첩적인 문제를 해결하기 위해 다양한 정책개입 수단을 활용해 왔지만, 이러한 노력이 의미 있는 성과를 거두지 못했다는 것 또한 잘 알려진 사실이다.

이러한 문제의 근원이 한국 산업화 과정에서 발전 국가가 채택한 불균형발전 전략이라는 점에는 이견의 여지가 없다. 허쉬만(Hirschman, 1988)이 주장했듯이 자본, 기술, 사회간접자본 등 핵심 생산 요소가 턱없이 부족한 자본주의 산업화의 초기 단계에서 비교우위가 있는 몇몇 선도산업과 선도지역에 투자를 집중하는 불균형발전 전략은 피할 수 없는 선택이었을 것이다. 하지만 산업화가 성숙 단계에 접어들면서 지역 간 격차가 일정 부분 개선되는 모습을 보인 선진국과는 달리 한국의 경우에는 국민경제의 선진화가 상당 부분 진전되었음에도 불구하고 선도지역의 성과가 낙후지역으로 파급되는 적하 효과(trickle-down effect)가 전혀 발생하지 않고 있으며, 오히려 불균형의 지속적인 집적과 이에 따른 상대적 박탈이 심화되고 있는 실정이다.

이러한 배경에는 농촌지역을 중심으로 한 지방 지역사회의 낙후성이 불가역적일 정도로 매우 구조화되어 있다는 현실이 자리 잡고 있다. 갈수록 심화되는 지역 간 기회의 격차는 수도권이나 지방 대도시로의 인구유출을 가속화하고 지역경제를 약화시키며, 이는 다시 기회의 격차를 확대재생산하는 악순환의 구조적 메커니즘으로 자리 잡고 있다. 농촌과 지방 지자체의 재정적 · 문화적 대외의존성은 그 자체로 자립적 지역발전을 저해하는 요소로 작용하기도 하지만, 보다 심각한 것은 지역민과 지역정치권력의 의식과 행태를 피동적 · 의존적으로 만들었다는 점이다.

이렇듯 경제적 측면, 사회적 측면, 문화적 측면, 심지어는 의식적 측면까지 다양한 차원을 내포하고 있는 낙후성(backwardness)을 어떻게 정의할 것인지를 명확히 할 필요가 있다. 첫째, 중앙정부나 지자체 등 정부조직에의 '의존성(dependency)'이다. 중앙집권의 발전 국가 체제가 농촌사회를 지배하는 과정에서 한국의 낙후지역에는 행정에 대한 주민의 철저한 의존 성향이 구조화되어 왔다. 발전 중심 국가는 급격한 도시화로 인한 도농격차의 문제를 심각하게 받아들였으면서도 이 문제의 해결을 위해 도시 중심의 산업화 논리를 낙후지역에 그대로 적용했다. 이러한 정부의 정책은 비록 일시적으로나마 농촌의 외형적 성장을 가져오는 데 성공한 것처럼 보였지만, 장기적으로 농촌사회의 자립과 혁신 능력을 현저히 약화시켜 외부 지원 없이는 더 이상 유지될 수 없는 사회 경제적 의존 구조와 심리를 농촌사회에 뿌리내리도록 만드는 원인의 하나로 작용하였다.

둘째, 자립 역량과 인적 자원 재생산 기제의 소멸에 따른 '내부 지향성(involution)'이다. 산업화 기간 동안 한국의 농촌사회에서는 물적 자원뿐 아니라 인적 자원의 끊임없는 유출이 진행되었다. 그러나 물적 자원의 유출과는 달리 인적 자원의 유출은 장기적으로 지역 공동체의 유지와 재생산은 물론 '지속 가능성' 자체에 대한 근본적인 위협 요인이 되었다. 농촌으로부터 도시로의 인적 자원 유출은 농촌 공동체의 경제 사회적 재생산의 구조를 근저에서 뒤흔들어 왔으며, 이러한 유출로 인해 농촌사회는 외부 세계를 지향하는 자생적 혁신과 역동성의 기반을 잠식당한 채 점차 축소되는 경제적 자원에 더욱 집착하는 내부 지향의 논리를 강화시켜 온 것이다.

셋째, 공동체의 붕괴와 사회적 네트워크의 소멸에 뒤이은 '사회적 자본'의 소멸이다. 오랫동안 공동체를 통해 축적된 사람들 사이의 신뢰와 호혜성의 사회적 토대가 크게 약화된 것이다. 급속한 산업화의 전개 과정에서 한국의 농촌사회는 더 이상 전통적인 '기계적 유대'에 의존하거나, 이를 대신하는 현대적인 '유기적 유대'의 사회로 볼 수 없는 원자화되고 개별화된 사회적 고립성을 심화시켜 온 것으로 보인다. 공동체의 문화적 재생산과 전통의 지속성을 담보해 주었던 주민들 간의 유대감이나 공동체 의식은 약화되어 갔고, 사람들이 떠난 빈자리를 메운 것은 새로운 공동체의 성원들이 아니라 외지에 거주하면서 단지 토지와 공간만을 소유하고 있는 '외지인'들이었다. 이러한 익명의 외지인이 주민들의 사회 경제적 공간을 잠식해 들어감에 따라 그동안 농촌사회의 공동체적 유대를 그나마 유지해 주던 신뢰와 호혜성의 영역 역시 크게 축소되지 않을 수 없게 된 것이다.

이와 같은 특징들을 볼 때 오늘날 한국 사회의 낙후지역들은 눈에 보이는 경제적 · 물질적 결핍의 차원을 넘어서는 보다 근원적인 문제를 안고 있는 것으로 보아야 하며, 그러한 의미에서 중앙정부의 재정적 · 물질적 지원만으로는 치유될 수 없는 심각한 사회 구조적 문제를 안고 있다고 보아야 한다.

최근 들어 이렇게 오랫동안 구조화되어 온 낙후성을 극복하기 위한 자립적 · 자생적 노력이 지역 수준에서 활발하게 전개되고 있다. 지역경제의 활성화를 목적으로 하는 지역 축제의 수가 지난 10년간 2배 이상 증가했으며, 지역 이름을 붙인 각종 토산품 브랜드의 수 또한 기하급수적으로 증가하고 있다. 이에 더하여 '장소 마케팅', '지역 혁신클러스터' 등 과거에는 생소했던 용어가 낙후지역발전의 핵심 개념으로 등장한 것도 최근의 일이다. 흥미로운 사실은 이러한 노력이 지역마다 동일한 결과를 가져오지 않았다는 점이다. 과거 구조화된 낙후성으로 고전하던 지역 중 일부는 인구감소세의 둔화(혹은 역전), 새로운 고용의 창출, 소득 및 세입 효과 개선, 나아가 지역사회의 통합 등 나름대로 주목받을 만한 성과를 거둔 반면, 다른 지역들은 여전히 낙후성의 사회 구조를 벗어나지 못하고 있는 '낙후지역 간의 격차'가 새로운 사회 현상으로 주목받고 있다.

그렇다면 왜 어떤 지역은 낙후성 극복을 위한 전환의 노력에서 가시적인 성과를 거두는 반면, 다른 지역은 그렇지 못하는가? 이 논문은 낙후지역 간 격차라는 새로운 사회 현상을 설명할 수 있는 사회학적 분석틀을 제시하는 것을 목적으로 한다. 사실 이 주제는 명시적으로 혹은 묵시적으로 많은 정책 지향적인 연구의 주제가 되기도 했다. 그럼에도 불구하고 기존의 연구들은 지역사회 고유의 사회적 · 제도적 요인의 중요성을 포착하지 못했거나, 그러한 경우에도 매우 규범적인 차원에서 이 문제에 접근함으로써 분석적 차원의 기여를 이끌어 내기 어려웠다. 또한 지역사회의 거시적 조건과 행위자의 미시적 해석 및 전략이 어떻게 상호작용하면서 결과의 변이(variation)를 가져오는지에 대한 분석틀이 마련되어 있지 못하다는 한계도 있다. 이 논문은 이러한 문제를 극복하기 위해 사회적 자본이론, 창조적 자본이론, 전략적 자원동원이론 등 다양한 사회학적 이론들을 결합한 포괄적이면서 새로운 분석틀을 제시한다.

이를 위해 이 논문에서는 다음 세 가지 요소를 집중적으로 조명할 것이다.

첫째, 그동안 사회학, 정치학, 경제학 등 여러 사회과학 분야에서 개발되고 축적된 인적 자본이론, 창조적 자본이론, 사회적 자본이론 등의 이론적 자원에 주목하고자 한다. 지난 수십 년 동안 지속된 도시화가 지방 지역사회의 인구감소, 산업 공동화를 가져왔을 뿐만 아니라 지역의 인적 자본과 창조적 자본을 고갈시키고 지역사회 공동체성을 해체시켜 왔으며, 남아 있는 사회적 자본마저 지역사회 내부로 고착화시키는 결과를 가져왔다는 것은 주지의 사실이다. 그럼에도 불구하고 각 지역사회에 남아 있는 제한된 연성자본(soft capital)의 양과 특성이 낙후성 탈출에 있어서 매우 중요한 사회적·제도적 조건이 될 수 있다고 본다.

둘째, 지역의 자립적 발전에 있어서 전략적 조직화와 리더십의 중요성에 주목하고자 한다. 이 요소가 중요한 이유는 다음 두 가지로 요약된다. 먼저 사회적·거시적 조건이 구체적인 결과로 이어지기 위해서는 행위자들의 집단적 인식과 조직화된 행동이 개입되어야 한다(정동일 2008; Coleman, 1990)는 사회학적 시각이다. 두 번째는 삭세니안(Saxenian, 1994)의 실리콘밸리 연구에서 보듯이 지역의 창조성은 한두 명의 위대한 천재에 의해서 만들어지는 것이 아니라 공동체 구성원 간의 긴밀하면서도 창조적 방식의 협력적 네트워크에서 발생한다는 '집단 지성(group genius)' 명제이다(Sawyer, 2007). 따라서 자립적인 발전이 가능하려면 지역사회의 인적 자본과 사회적 자본으로부터 자생적 리더그룹이 출현하고 이들이 공동학습과 공동연구를 통해 지역개발의 목표를 인식하고 공유하는 과정이 선행되어야 한다고 할 수 있다.

셋째, 기존의 많은 지역개발 모델이 가정해 왔던 것과 달리 지역은 고립된 섬이 아니다. 지역사회는 국내외의 다른 지역사회와 끊임없이 물질과 인력 그리고 정보를 교환하는 개방적 체계이다. 예를 들면 농촌체험관광이나 지역 축제의 기획은 도시민이나 인근 지역 주민의 참여를 전제로 한다. 또한 각 지역은 국내외의 성공 사례를 학습하고 연구하며 이들을 벤치마킹의 대상으로 삼기도 한다. 이 과정에서 성공 모델의 유행적 확산이 만들어지기도 한다. 따라서 다양한 형태의 지역 간 네트워크가 낙후지역의 발전에 핵심적인 요소 중 하나라는 점을 제시할 것이다.

II. 낙후지역개발 정책의 변화

1. 산업 중심 패러다임의 전개와 그 특징

역대 정부 중 농촌과 지방 문제의 심각성에 최초로 관심을 기울인 것은 박정희 정부였다. 1972년 시작된 제1차 국토종합개발계획에서 정부는 산업화의 추진과 더불어 나타난 지역불균형적 성장을 시정하기 위해 부진한 지역의 개발을 위한 지역 기능 강화 혹은 지역적 자립 기능 강화라는 방향을 제시하고 인구분산, 농촌생활여건 개선 등을 추진하기 시작했다. 그 구체적인 사업이 소위 새마을운동이었다. 박정희 정부는 지방의 변화와 발전을 유도하기 위해 농촌과 지방에 시멘트와 일정한 사업자금을 제공한 다음 마을 진입로 정비, 농로확장, 지붕개량, 농촌표준주택 건설, 마을회관 건설 등 물리적 환경개선사업을 하도록 하였다. 그리고 자립과 자조를 강조하는 정신교육사업을 추진하면서 소득증진사업도 병행 추진하였다(김영모, 2003; 신윤표, 2007).

새마을사업을 비롯한 개발독재 시기의 지역개발 정책에 대해서는 다양한 평가가 가능하다. 대도시 중심의 산업화로 인해 피폐해진 농촌의 생활여건을 개선하고 주민들의 의욕과 자신감을 불러일으켰다는 점과 1970년대 초·중반까지 농촌의 실질적인 소득증가를 가져왔다는 점은 큰 성과로 평가된다. 하지만 산업화 패러다임에 기초한 지역개발 정책은 농촌지역사회의 낙후성을 근본적으로 해결하지는 못했다는 것이 일반적인 평가이다. 그 가장 커다란 원인은 물질적인 자원조달에서부터 의식개혁에 이르기까지 거의 모든 요소가 일방적이고 획일적인 위로부터의 명령과 하향식 정치동원으로 이루어졌다는 점에 있다. 따라서 지역의 고유한 여건에 기초한 자발적인 지역발전 모델을 만들어 내는 역량을 약화시키고 중앙정부에 대한 의존성을 가중시켰다고 할 수 있다.

두 번째 원인은 우리나라의 경제성장을 이끌었던 산업화 패러다임을 낙후지역의 개발 문제에 그대로 적용하려 했다는 점이다. 잠재적 저임금 노동자층이 이미 광범하게 형성되어 있던 도시의 경우 공장건설과 선도 부문에 대한 재정적 지원 자체가 경제발전의 촉진제 역할을 할 수 있었다. 하지만 지속적인 인구유출과 그에 따른 인적 자본의 고갈로 낙후성을 면치 못하고 있던 농촌은 사정이 크게 달랐다. 그럼에도 불구하고 산업화의 성과에 고무된 정부는 하드웨어 중심적인 산업화 패러다임을 농촌에 이식하고자 했던 것이다. 셋째로 언급할 수 있는 것은 매우 농업 중심적이라는 점이다. 도시와 농촌의 기능적 분화를 꾀했던 당시의 정부는 도시를 공업화의 전진기지로, 농촌을 도시노동자의 식량보급창고로 인식했다. 따라서 농촌지역개발에 있어서 핵심적인 성과지표는 농산물 증산이었으며, 농촌은 곧 농업이라는 등식을 제도적으로 창출해 냈던 것이다.

1980년대에 들어와서 이루어진 대부분의 낙후지역개발사업은 큰 틀에서 새마을사업의 연장이라고 할 수 있다. 이 사업들 역시 도로 · 건축물 · 환경 시설 등 주로 하드웨어에 치중했으며, 지역의 다양한 수요를 반영하여 지원되기보다는 중앙정부의 공급자적 판단에 따라 하향식으로 지원되는 경향을 보였다(한국사회연구소, 1991). 이렇듯 1970~1980년대의 낙후지역개발 정책은 근본적으로 정부 주도, 하드웨어 중심, 획일성으로 특징지어지는 산업 중심적인 패러다임과 제도적 논리를 계승하고 있다고 요약할 수 있다.

이 시기 동안 실시된 다양한 정책적 노력에도 불구하고 낙후지역의 재정의존도, 인구유출, 산업공동화, 생활의 질 악화 등의 문제는 근본적으로 개선되지 못했다. 각 지역의 요구와 특성을 반영하지 못한 획일적 · 일률적 하향식 정책결정은 지역 고유의 색깔과 역량을 단편화하는 '낙후성의 평준화'를 조장한 것이다.

1991년에 복원된 지방자치제도는 20여 년간 이어 온 낙후지역발전 패러다임에 변화를 가져올 형식적인 계기를 마련하였다. 중앙에서 재정을 통제하고 정책을 부과하던 과거와는 달리 지역의 자율적인 의사결정이 제도적으로 상당한 정도 보장되었기 때문이다. 그럼에도 불구하고 낙후지역개발에 관한 한 기존 산업 중심적 패러다임의 관성이 중앙정부의 정책과 지방정부의 관료들 사이에 매우 크게 남아 있었다.

예를 들어 문민정부시절 농업진흥과 농어민 복지확충을 위해 막대한 재정적 지원이 이루어지기는 했지만, 여전히 지방정부와 지역민의 이니셔티브는 무시한 채 하향식 의사결정과 나눠먹기식 재정배분의 관례를 충실히 따랐다(장상환, 2006). 이에 더하여 직선제하에서 단기적 실적 평가에 민감할 수밖에 없는 지방자치단체장과 의회 의원들의 도덕적 해이는 이러한 제도적 관성을 더욱 가중시키는 '기대하지 않은 결과'를 가져왔다. 단체장과 지방의원들은 중앙정부로부터 예산을 확보하고 이를 활용하여 지역에 가시적인 하드웨어 사업을 벌임으로써 정치 생명을 연장하고자 했던 것이다. 따라서 지방자치제라는 제도적 형식이 마련되었음에도 불구하고 '지방자치적인' 낙후지역발전 패러다임의 등장은 이후 상당 기간 연기되었다.

2. 지역 중심 패러다임의 등장과 특징

낙후성의 평준화를 조장했던 하향식 산업 중심주의적 패러다임의 강한 관성에 변화를 가져온 것은 지방자치제라는 형식적인 제도의 숙성과 더불어 '지방의 재발견'이라 불리는 인식의 대전환과 지난 수년간 이루어진 정부 정책의 변화였다.

역대 정부의 끊임없는 노력에도 불구하고 농촌과 지방의 인구유출과 산업공동화, 이로 인한 사회적 해체 등의 문제가 전혀 개선되지 못했던 정책 실패의 원인을 물량 위주의 획일적인 하향식 요소 투입에서 찾고자 하는 문제의식이 서서히 대두되었다. 이에 더하여 지역적 특색을 가미한 축제나 지역 브랜드를 살린 특정 토산품 판매가 일부 지역에서 성공을 거두면서, 새로운 낙후지역발전 패러다임의 필요성이 등장하게 되었다. 이를 계기로 중앙정부의 감독과 지시 그리고 시혜에 근거한 산업 중심적 패러다임이 퇴조하고, 지역 내부의 특성과 역량을 중시하는 지역 중심적 패러다임이 서서히 제도화되기 시작했다. 이와 같은 접근은 기존의 방식과 상당한 차별성을 지니는 새로운 패러다임 구축 시도로 볼 수 있는바 그 주된 특징을 지적하면 〈표 2-1〉과 같다.

〈표 2-1〉 낙후성 극복을 위한 정책 패러다임의 변화 비교

	전통 패러다임	새로운 패러다임
전략 자원	하드웨어	소프트웨어와 창의성
추진 방식	중앙정부 주도의 하향식 접근 지도와 지시	위임과 협치 중심의 상향식 접근, 학습과 참여
정책 대상	'농업(agriculture)' 중심의 산업적 접근	'농촌(rural community)' 중심의 사회 경제 및 문화적 복합 공간에 대한 종합적 접근
전환 주체	정책담당 공무원	지역 주민, 네트워크

첫째, 과거의 전략이 가시적인 하드웨어 구축에 초점을 두었다면 새로운 패러다임은 지역 공동체의 내부적 역량과 사회적 네트워크를 육성하고 창조적으로 결합하는 데 초점을 두고 있다. 둘째, 행정 중심의 하향식 통치 방식을 특징으로 하는 과거의 패러다임과는 달리 지역 내부의 참여

와 재량, 위임과 협치를 중심으로 하는 상향식 접근이라고 할 수 있다. 셋째, 과거의 패러다임이 1차 산업에만 의존하는 단일 차원의 발전 전략이라면, 새로운 패러다임에서는 농촌이라는 사회적 공간 전체를 중시하는 복합 차원의 발전 전략을 지향한다. 마지막으로 과거의 패러다임이 획일적 지도와 지시 중심의 접근이었다면, 새로운 방식은 밑으로부터의 참여와 자치 그리고 다양한 이해관계자들 간의 네트워크를 중시하는 접근법이라고 할 수 있다. 이렇게 볼 때 한국의 낙후지역 정책과 그 밑바탕에 흐르는 사고의 패러다임은 지난 10여 년 동안 커다란 변화를 겪어 온 것으로 판단된다.

새로운 정책적 패러다임이 과연 성공한 것인가에 대해서는 긍정적인 답변만큼이나 적잖은 비판이 있으며, 그 성과를 경험적으로 검증하기에는 아직 이른 감이 있다. 하지만 분명한 것은 새로운 지역 중심적 패러다임이 '낙후성의 평준화' 대신 '낙후성의 편차'를 가져왔다는 점이다. 여전히 많은 지역에서 인구가 꾸준히 감소하고 있고 경제적 · 사회적 · 문화적 낙후성이 심화되고 있음에도 불구하고, 다른 일부 낙후지역에서는 지역개발의 가시적 성과가 뚜렷이 나타나고 있다. 지역적 이니셔티브가 강조되고 지역 간 경쟁의 압력이 증가하면서 지역 고유의 유산과 자원의 효과적 동원, 산재해 있는 기회 구조의 적절한 포착 그리고 성공 사례들에 대한 재빠른 모방과 창조적 적응 능력이 지역의 운명에 큰 영향을 미치는 변수로 등장했다.

그렇다면 새로운 제도적 조건하에서 나타나는 낙후지역 간 편차를 어떻게 설명할 수 있을 것인가? 이를 설명할 수 있는 사회학적 요인들을 추출하고 이 요인들의 인과관계를 모형화함으로써 이 분야의 경험적 연구를 촉진하고자 하는 것이 이 연구의 출발점이다.

III. 낙후지역발전에 대한 이론틀의 제시

지역 불균형발전 혹은 지역 낙후성을 바라보는 이론적 시각은 크게 두 갈래로 발전되어 왔다. 그 첫째는 근대화론이나 신고전주의 지역개발론 등을 포괄하는 전통적 시각으로서, 이에 따르면 경제발전은 기본적으로 자본과 노동·재정·행정 서비스 등이 집중되어 있는 도시를 중심으로 이루어질 수밖에 없으며, 따라서 지역 간 불균형발전으로 인한 낙후성의 문제는 경제발전의 과정에서 필연적으로 나타나는 일반적 현상이다. 하지만 '누적적 인과관계(cumulative causation)' 때문에 지역적 편중 현상이 극에 달하게 되면 보다 발전된 지역으로부터 노동과 자본이 유출되어 낙후지역으로 흘러들어가게 되는 확산 효과 혹은 적하 효과가 나타나는데, 이 단계에 이르면 낙후지역의 문제는 자연스럽게 해결된다고 본다 (Hirschman, 1988; Myrdal, 1957). 두 번째 시각은 정치 경제학적 입장으로서 지역 불균형발전과 이에 따른 지역 낙후성의 문제는 자본주의 경제체제의 기본 속성이라고 보는 관점이다. 자본주의 경제 체제가 전개되면 자본은 중심지역에 축적되고 집중되며 주변부지역은 자본의 초과이윤과 안정적 축적을 위한 착취의 대상이 된다는 것이다. 따라서 낙후성 탈출을 위한 인위적 개입이나 자발적 노력은 적어도 자본주의 체제가 유지되는 한 성공할 수 없다고 본다.

이 두 가지 입장은 낙후성 전환에 대해 정반대의 예측을 하고 있지만, 궁극적으로는 모두 역사적 결정론의 입장에 서 있다고 요약할 수 있다. 우리는 이 두 입장이 그동안 지역발전 혹은 지역 낙후성에 관한 연구를 지배해 온 중요한 패러다임이라는 것을 인정하지만, 그 경험적 적합성에 의문을 제기한다. 유럽이나 일본에서는 지역의 역량과 노력에 따라서 상당한 정도 낙후성을 탈출한 지역이 나타나고 있을 뿐만 아니라, 우리나라의 경우도 새로운 정책적 패러다임의 전개 이후 낙후지역 간 편차가 발생하고 있다. 근대화 이론이나 정치 경제학 모두 이러한 새로운 현상을 설명하는 데에는 근본적인 한계가 있는 것이다. 이 절에서는 전통적 시각이 가지고 있는 근본적 한계를 극복할 수 있는 새로운 이론틀을 제시하고자 한다.

낙후성을 극복하는 과정과 결과에 관한 분석틀을 마련하기 위해 다음 두 가지 차원을 교차한 간단한 이념형적 도식을 만들어 보았다. 먼저 지역사회를 폐쇄적 체계로 볼 것인가 혹은 개방적 체계로 볼 것인가의 대비이다. 다른 한 차원은 전략적 기획과 경로 의존성으로서 전자의 입장은 지역 리더와 지자체 등이 기획하는 전략의 중요성을 강조하는 입장인 반면, 후자는 지역사회 혹은 이를 둘러싼 제도적 환경 속에서 역사적으로 형성되어 온 제도적 · 문화적 · 사회적 유산이 지역발전의 경로를 방향 지운다고 보는 입장이다. 이 두 차원을 교차하면 [그림 2-1]과 같이 낙후지역발전에 대한 네 가지 이념형적 접근법이 제시될 수 있다.

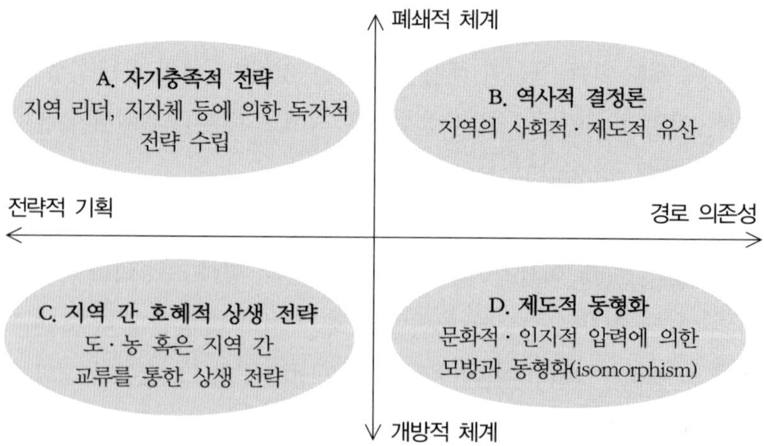

[그림 2-1] 낙후성 전환에 대한 이념형적 분석 전략

먼저 '자기충족적 전략'([그림 2-1] 좌상)은 그동안 이루어진 정책 지향적 연구들에서 가장 일반적으로 채택된 접근법이다. 이 입장에서 보면 지역개발의 성패는 지자체와 혁신적인 지역 리더들이 합리적이며 수월성 있는 낙후성 극복 모델을 수립하고 실행에 옮기느냐의 여부에 달려 있다. 따라서 지역을 낙후하게 만들었던 과거 유산들과의 과감하고 혁신적인 단절을 핵심으로 하고 있다. 이와는 달리 '역사적 결정론'([그림 2-1] 우상)은 이러한 단절이 용이하지 않을뿐더러 많은 경우 바람직하지도 않다는 입장이다. 오히려 기존의 사회적 · 제도적 · 인적 · 문화적 유산은 오랜 역사적 경험을 통해 형성되었기 때문에 쉽게 사라지지 않는 자체의 관성과 지속성을 지니고 있다. 따라서 이러한 유산을 무시하는 혁신적인 제도의 도입은 결국 실패로 끝나게 될 가능성이 높고 성공한 사례가 있다 하더라도 이는 매우 예외적인 사례에 불과하다고 본다(Selznick, 1953). 극단적인 형태의 경로 의존성을 주장하는 경우, 행위자의 전략적 선택은 지역발전과 본질적으로 무관하다는 주장으로 이어질 수도 있다.

이 분야에서 이루어진 기존의 연구들이 지역사회를 주로 폐쇄적 체계로 분석했기 때문에 개방적 체계의 입장을 취한 연구는 쉽게 눈에 띄지 않는다. 그럼에도 불구하고 [그림 2-1]에서 아래쪽 두 가지 역시 지역개발의 과정과 결과에 대한 가능한 접근법이 될 수 있다. 먼저 '지역 간 호혜적 상생 전략'([그림 2-1] 좌하)을 보자. 지역사회는 열린 체계로서 이를 둘러싸고 있는 환경, 특히 다른 지역사회와 끊임없이 상호작용한다. 특히 도시와 농촌은 각각이 가지고 있는 단점을 다른 쪽의 장점으로 보완해 줄 수 있는 상호 보완의 관계에 있다. 따라서 낙후지역의 발전은 도시와의 상생적이고 호혜적인 교류를 통해서 달성될 수 있다는 것이다.

마지막으로 '제도적 동형화'([그림 2-1] 우하)는 지역사회의 개발 과정과 그 결과는 보다 넓은 '사회'의 제도적 규칙과 합리화된 신화에 동형화된다는 입장이다(Meyer & Rowan, 1977). 낙후지역발전을 위해 행위자들이 나선다 하더라도 이는 제도화된 규칙이 제공하는 정당성을 얻기 위한 순응 과정일 따름이다. 따라서 기존의 제도나 관행을 깨는 혁신적인 전략 수립이 불가능한 것은 아니지만 본질적으로 어렵다고 본다. 예를 들면 지역 축제나 토산품 판매, 농촌체험관광과 같은 프로그램의 확산은 성공 사례가 만들어 낸 신화를 정당한 질서로 받아들이고 이를 무작정 모방하는 과정이라는 것이다. 물론 이 과정에서 성공 사례를 지역사회의 맥락 속에 성공적으로 배태시키는 경우 커다란 성과를 거두기도 하지만, 커뮤니티의 현실과 괴리된 프로그램이 도입되는 소위 '단절(decoupling)' 현상이 나타나는 경우도 적지 않다(Scott, 2003).

이러한 네 가지 입장 각각 그 자체로 낙후지역 전환의 과정과 결과를 분석하기 위한 독립적인 분석틀이 될 수 있다. 하지만 본 연구는 이 접근법들 각각의 이론적 장점을 적절히 활용하여 낙후지역 전환에 관한 보다 체계적이고 종합적인 이해를 시도하고자 한다. 예를 들면 누가 지역 리더로 등장하는지, 어떤 형태의 지역 혁신 체계와 모델을 만들 것인지 등에 관한 전략적 기획은 그 지역의 생태적 · 사회적 · 문화적 · 인적 자원의 분포와 밀접한 관련을 맺을 수밖에 없다. 또한 다른 지역사회에서 이미 형성된 모델 혹은 성공 사례들을 모방하는 경우에도 지역 리더들의 전략적 고려에 의해 그 형태나 내용이 변형되기도 한다.

따라서 우리는 이 접근법들이 분석적으로는 독립적일 수 있으나 경험적으로는 밀접하게 상호 연관되어 있을 것이라고 판단하면서 새로운 지역 리더의 출현, 집단 간의 갈등과 협조의 동학, 사회적 · 제도적 유산의 조직화 그리고 지역민의 동원을 위한 전략적 행동 등을 종합적이고 체계적으로 탐구하기 위해 [그림 2-2]와 같은 포괄적인 인과관계의 사슬을 제시한다. 지역의 제도적 특성, 사회적 자본, 인적 자본 등이 지역발전의 사회적 맥락을 제공하며, 이로부터 리더 집단이 출현하고 이들에 대한 지자체의 제도적 · 법적 · 재정적 지원과 인력 지원 그리고 외부 커뮤니티로부터의 영향이 결합하여 구체적인 실행계획이나 혁신 체계, 프로그램 등이 만들어진다. 집합행동의 성공을 위해서는 잠재적 동원 집단을 파악하고, 집단행동에 참여하는 데 따르는 위험요인을 감소시키며, 공적 혹은 개인적 이익의 가능성을 구체화하는 전략적 기획과 프레이밍이 뒤따라야 한다. 우리는 이상의 요인들이 지역의 발전을 위한 필요조건이나 충분조건이라고 주장하지는 않지만, 제도적 성과를 위해서 매우 중요한 요인이 될 수 있다고 본다.

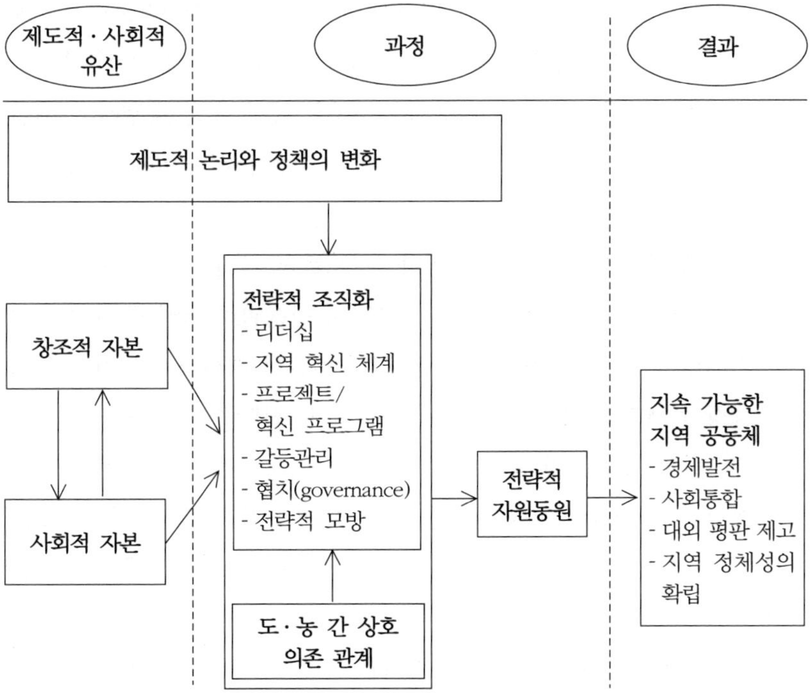

[그림 2-2] 낙후성 전환의 분석틀

1. 제도, 정책, 기회 구조의 재편

공식제도의 변화는 지역개발뿐만 아니라 많은 사회 체계의 변화에 있어서 '방아쇠' 같은 역할을 한다(Putnam, 1994). 이러한 주장은 제도적 변화가 지역발전을 위한 재정적 지원의 양과 형태에 있어서의 변화를 동반한다는 극히 단순한 논리에 기반을 둔 것은 아니다. 지난 수십 년간의 경험을 통해 보았듯이 재정적 지원의 증가 그 자체는 지역개발의 결과를 결정짓는 유력한 변수가 아니었다. 이보다 더 중요한 것은 제도적 논리(institutional logic)의 변화라고 할 수 있다. 왜냐하면 지원된 자금이 어떻게 지역 내에서 배분되는가, 누가 이니셔티브를 쥘 것인가, 어떤 형태의 발전 시스템을 도입할 것인가 등 다양한 이슈들이 변화된 제도적 논리에 의해 상당 부분 결정되기 때문이다. 이런 의미에서 볼 때, 공식 제도의 변화는 이전 시대를 지배하던 게임의 규칙을 폐기 혹은 수정하는 대신 새로운 게임의 규칙을 도입하는 중요한 시발점이 된다(Brintain & Nee, 1998; North, 1990).

새로운 제도는 게임의 규칙을 변화시킴으로써 기회 구조의 변화를 야기하기도 한다. 자원 배분 방식과 전략적 우선순위의 변화 등이 기존의 지역 지배질서를 약화시키고, 새로운 리더 집단이 핵심적인 정치적 행위자로 등장할 계기를 마련할 수 있기 때문이다. 신활력사업 등 최근 이루어진 지역발전 정책은 새마을운동에 기원을 둔 중앙정부 주도적 발전 관행을 탈피하며, 지역의 실정에 맞는 발전 전략을 지역사회가 자율적으로 결정하고 지역의 자생적인 리더들로 하여금 이를 추진하도록 유도하는 지역 주도적 측면을 담고 있다. 이는 중앙에 연줄을 두고 지역개발을 추진해 온 지역 리더 집단의 힘이 약화되고 수평적이며 비공식적 사회관계를 통해 영향력을 행사해 오던 집단이 신흥 리더로 등장할 수 있는 토양이 마련되었다는 의미로 해석할 수 있다.

이러한 제도적 논리의 변화가 새로운 기회 구조를 창출하기는 하지만, 이것이 모든 지역에서 동일한 결과를 가져오지는 않는다. 셀즈닉의 TVA 연구에서 보듯이 새로운 정책의 실시는 지역에 오랫동안 뿌리내린 전통적 지배질서와 관행의 관성(inertia)에 봉착하게 되는 경우도 적지 않기 때문이다(Selznick, 1953). 그럼에도 불구하고 최근 이루어진 낙후지역개발성과에 대한 각종 보고서에 따르면 눈에 띄는 경제적 · 사회적 · 문화적 성취를 보인 지역들이 적지 않다. 이러한 지역들은 어떻게 기존 질서의 관성을 상쇄할 만한 동력을 만들어 냈으며, 새로운 제도와 정책이 의도했던 결과를 만들어 낼 수 있었을까? 제도적 논리의 변화에 대한 지역의 대응 과정과 그 결과에서 보이는 변이를 어떻게 설명할 수 있을까?

2. 사회적 자본과 지역 공동체

사회적 자본은 학자나 연구의 맥락에 따라 다양하게 정의되지만, 우리는 이를 사회 구조와 네트워크 속에 배태되어 있으며 목적 지향적 (집합)행위를 할 때 동원될 수 있는 자원으로 정의한다(Lin, 2001: 29; Granovatter, 1985; Portes, 1998; Coleman, 1990). 사회적 자본과 지역발전의 관계에 대한 연구는 퍼트넘(Putnam, 1994)이 수행한 이탈리아 지역정부의 제도적 성취에 관한 저서에서 그 기원을 찾을 수 있다. 그는 1970년에 수립된 20개 이탈리아 신생 지역정부의 정책 과정과 실행에 관한 방대한 자료를 활용하여 남부지역보다는 북부지역이 제도적 · 경제적 · 사회적 측면 모두에서 보다 성공적이었다는 사실을 발견하고 이 지역의 제도적 성과를 강력한 시민적 공동체의 존재로 돌렸다. 퍼트넘에 따르면 시민적 공동체란 지역민들이 공사(public affairs)와 지역결사체에 활동적으로 참여하고 상호성과 협조의 수평적 관계를 맺고 있으며, 연대와 상호신뢰에 바탕을 둔 사회적 관계를 유지하는 공동체를 의미한다. 이와 같은 시민적 공동체의 근저를 이루고 있는 것이 사회적 자본이다. 이와 비슷한 맥락에서 새거트 외(Saegert, Thompson, & Warren, 2001)는 사회적 자본이 빈민 지역사회의 사회적 통합과 거주환경 개선, 사업관행 개선 등에 결정적인 역할을 했다는 것을 보여 주었고, 지텔과 비달(Gittell & Vidal, 1998)은 지역사회 재건을 위한 LISC(Local Initiative Support Corporation)의 집합적 노력에 있어서 적절한 장소에, 적절한 사람들로 그리고 적절한 지원을 통해 사회적 자본을 형성하는 것이 핵심적 발전 전략이었음을 보여 주었다. 이러한 의미에서 사회적 자본은 지역발전이라는 거시적 결과의 미시적 기초라고 할 수 있다.

지역발전에 있어서 사회적 자본이 갖는 중요성은 지역발전이라는 거시적 현상이 궁극적으로 공공재라는 사실에 있다. 공유지의 비극(tragedy of the commons)에서 보듯이 공공재가 갖는 딜레마는 개인의 합리성과 집단의 합리성이 일치하지 않는다는 사실에 기초해 있다. 즉 지역의 관광자원을 개발하여 대외적 평판을 제고시킨다든가 지역 환경을 개선하여 살기 좋은 마을을 만드는 일 등은 모든 당사자의 협력에 의해서만 이루어질 수 있는 일이지만, 그 결과는 이의 생산에 대한 개인적 기여분과는 상관없이 모두가 누리게 된다. 따라서 합리적인 인간이라면 공공재의 생산에 아무런 투자(예를 들면 축제의 기획 등)도 하지 않고 그 결과로부터 오는 이득(자기 밭에서 재배된 토산품을 축제 현장에서 판매하는 일)을 누리려는 기회주의적 유인을 갖게 된다. 이런 의미에서 애로(Arrow, 1972: 357)가 지적했듯이 지역의 "낙후는 상호신뢰의 부족으로 설명될" 수도 있다.

지역개발의 성공 여부는 결국 이러한 딜레마가 어떻게 해소될 수 있는가에 달려 있다. 많은 연구는 지역발전과 같은 공공재 생산을 위한 집합행동에 시민들이 자발적으로 참여 · 협력하기 위해서는 '무임승차'의 유인을 상쇄시킬 만한 상호신뢰와 호혜성의 규범이 필수적이라고 지적한다. 그리고 이러한 규범의 기초를 이루는 것이 사회적 자본이다. 다시 말하면 사회적 자본은 구성원 간의 상호신뢰를 증진시킴으로써 집단행동의 딜레마를 해결하고 공공재 생산을 가능하게 한다.

사회적 자본은 지역의 공공재 생산에 결정적으로 기여하지만, 다른 한편 사회적 자본 자체가 공공재이기도 하다. 물론 사회적 자본이라는 독특한 형태의 자본은 개인의 이득을 위해 전유될 수도 있지만(Granovetter, 1995; Burt, 1992), 이를 소유한 개인이 속한 사회 전체의 신뢰도와 평판 · 복지에 기여한다는 점에서 공공재이다(Putnam, 1994; Gittell & Vidal, 1998; Axelrod, 1984).

예를 들어 A와 B 두 개인의 사회적 관계에서 A가 B로부터 높은 신뢰를 얻고 있다면 A와 새롭게 관계를 맺게 되는 개인 C는 A의 신뢰성을 크게 의심하지 않아도 된다. 따라서 A의 신뢰성을 시험하기 위한 검증에 소요되는 시간과 비용을 절감할 수 있다. 이러한 논리가 의미하는 바는 사회적 자본이 일단 집합행동에 동원되면 강한 원심력이 작용하여 지역사회에 빠르게 축적될 수 있다는 점이다. 기존의 몇몇 사례 연구도 이와 같은 현상을 보여 주는 예들이 있다. 화천 토고미 마을의 지역개발은 지역 교회를 중심으로 한 작은 모임에서 시작되어 짧은 기간에 거의 모든 주민이 참여하는 마을 사업이 되었다(박준식 외, 2006). 작은 선도적 집단(critical mass)이 거대한 동원을 일구어 내는 과정에 사회적 자본이 깊숙이 개입되어 있다는 사실을 암시한다.

사회적 자본과 가장 중요한 요소인 상호신뢰가 집합행동에 있어서 거래비용을 낮추어 준다는 사실(Granovetter, 1985) 이외에도 사회적 자본이 지역발전과 관련되는 몇 가지 추가적 메커니즘을 지적할 필요가 있다.

첫째, 신뢰는 '사회적 지능(social intelligence)'을 강화시킨다. 사회적 지능이란, 사회적 관계 속에 내재되어 있는 기회와 위험을 판별할 수 있는 지적 능력을 말한다(Yamagishi, 2001). 따라서 이 지능이 높을수록 사회관계 속에 존재하는 기회를 포착하고 위험요인을 제거함으로써 새로운 혁신과 도전에서 성공할 가능성이 높다. 야마기시에 따르면 타인을 신뢰하지 않는 경우 "위험스럽기는 하지만 풍부한 기회가 존재하는 사회적 관계를 멀리하"는 경향이 있으며, 그 결과 "사회적 분별력을 학습함으로써 사회적 지능을 개선시킬 기회를 상실하게 된다(Yamagishi, 2001: 122)." 또한 사회적 관계에 들어가는 경우에도 낮은 분별력 때문에 실패할 가능성이 높아지는 악순환을 경험하게 된다. 이렇게 볼 때 상호신뢰의 규범이 정착되어 있는 지역사회, 즉 높은 사회적 지능을 소유하고 있는 지역사회는 잘 발달된 사회적 관계 속에서 기회를 포착하고 혁신적인 지역개발 전략을 수립할 수 있는 역량을 구비하고 있다고 할 수 있다.

둘째, 지역사회에 축적된 사회적 자본은 그 자체로 집합적 동원을 가능하게 하는 메커니즘을 내포하고 있다. 특히 버트(Burt, 1992)가 지적한 대로 구조적 공백(structural holes)이 많은 지역사회는 특정 사건이 발생하거나 사업이 기획될 경우 지역사회에 산재해 있는 느슨하게 연계된 집단들을 보다 쉽게 집합행동에 동원할 수 있다. 소규모 학습·연구 공동체에서 시작된 지역개발에 관한 아이디어와 노력 그리고 그와 관련된 기회 구조 등에 관한 정보가 사회적 자본의 네트워크를 통해 다른 집단에 빠르게 확산될 수 있다. 퍼트넘(1994: 175)이 말한 대로 "다양한 사회적 균열을 가로지르는 시민적 참여의 네트워크는 더 넓은 범위에서 사회적 협력을 가능하게 한다."

셋째, 상호신뢰에 기초한 협력적 네트워크는 지역적 정체성을 진작시키고, 따라서 지역민들의 지역에 대한 헌신과 충성도를 고양시킬 수 있다는 점을 지적할 수 있다(Fishman, 2004). 서로 신뢰한다는 것은 "서로 공유하고 있는 관심과 자원을 우리의 것으로 공식적으로 인정한다는 것을 의미한다(Lin, 2001: 20)." 낙후성 극복 같은 지역 운동에 있어서 지역적 정체성은 매우 중요한 요소이다. 지역적 정체성은 지역에 무엇이 필요한가, 이를 채우기 위해 무엇을 해야 하는가 등에 대해 지역민들이 공통된 의식을 공유한다는 의미이다. 따라서 이러한 문제에 대한 사전조율에 소요되는 비용을 줄일 수 있고, 지역개발 운동을 '집합적 의례'로 만들 수 있다. 또한 정체성은 자신과 자신이 속한 집단을 동일시하는 것을 의미한다는 점에서 지역민들의 지역에 대한 헌신도를 결정하는 중요한 요인이다.

이처럼 사회적 자본, 상호신뢰의 네트워크 등은 위에 열거된 다양한 메커니즘을 통해 낙후지역발전에 중요한 기여를 한다고 할 수 있다. 하지만 우리는 사회적 자본이 갖는 부정적 영향을 동시에 고려해야 한다. 두 가지 측면에서 이를 지적할 수 있는데, 첫째는 사회적 자본의 양뿐만 아니라 형태를 고려할 필요가 있다는 점이다(Herlbert et al., 2008). 사회적 자본과 네트워크에 대한 기존의 문헌은 사회적 자본을 크게 두 가지 형태로 분류한다. 하나는 내부 지향적, 결속적, 강한 연결의 사회적 자본이고, 다른 하나는 외부 지향적, 연계적, 약한 연결의 사회적 자본이다(Granovetter, 1995; Putnam, 1994). 후자의 경우에는 다양한 집단을 지역개발과 같은 집합행동에 동원할 수 있는 반면, 전자의 경우에는 사회적 자본이 자기가 속한 혈족집단이나 이익집단의 배타적 이해관계와 강한 결속을 위해서만 사용될 소지가 크다. 특히 강한 결속 관계로 묶인 집단이 그 지역의 지배집단인 경우에는 문제가 더욱 심각하다. 이들이 소유하고 있는 사회적 자본이 내집단의 기득권을 유지하는 데에 사용되기 때문에 지역 전체의 복지를 향상시키는 지역발전에는 소극적이 되거나 이를 반대할 가능성이 높다. 예를 들면 지역의 명문 고등학교 출신들이 또 다른 명문 고등학교의 유치를 반대한다든지 개발지역에 관한 정보를 자신들의 사적 이익을 위해 전유함으로써 지역 전체의 복지를 후퇴시키는 경우가 실제로 목격된다(김춘식, 2007).

이와 관련하여 두 번째로 지적할 수 있는 것은 사회적 자본이 개인의 자유로운 의사결정이나 창조성에 제한을 가져올 수 있다는 점이다. 지나치게 강한 배타성이 새로운 정보의 유입을 차단할 뿐만 아니라 새로운 기회를 포착하더라도 공동체의 규범에 순응하지 않음으로써 발생하는 불이익 때문에 이 기회를 활용하지 못하는 경우가 있기 때문이다. 따라서 "높은 수준의 사회적 자본은 기업가 정신을 무력화시킬 수 있다." 반대로 "보다 느슨한 연계는 신참자들에게 보다 개방적이고 따라서 자원과 아이디어의 새로운 조합을 만들어 낼 수 있다(Florida, 2004: 272-273)."

이상에서 본 바와 같이 사회적 자본이 낙후지역의 발전에 미치는 긍정적·부정적 영향을 모두 탐구할 필요가 있으며, 이에 대한 면밀한 고찰을 위해서는 단순한 사회적 자본의 '양'뿐만 아니라 그 특성 그리고 맥락 등을 종합적으로 고찰할 필요가 있다.

3. 인적 자본과 창조적 자본

지난 수십 년 동안 경제발전과 인적 자본 간의 관계에 대한 연구들이 축적되어 왔다. 이 관점에 따르면 지역의 경제성장은 시설이나 인프라에 대한 물적 투자가 아니라 높은 교육수준과 생산성을 갖추고 있는 인구의 집중도에 달려 있다(Becker, 1994; Lucas, 1988; 김종구, 2007; 심재희, 2003; 김홍배·김대욱, 2000). 인적 자본은 그 자체로 지역 산업의 생산성에 기여하기도 하지만, 외부 산업의 유치를 촉발하는 중요한 유인기제가 될 수도 있다. "수준 높은 노동력이 집중되어 있는 곳에는 그 이점을 활용하기 위해 많은 사업체들이 모여들게 되고(Glaeser, 1998: 140)" 이는 다시 인적 자본의 유입을 촉진하는 효과를 발휘할 수 있다.

하지만 이에 관한 기존의 국내외 연구들은 대체로 인적 자본의 '경제적' 효과에 초점을 맞추었기 때문에 문화적 · 사회 통합적 측면을 포괄하는 보다 넓은 의미의 지역발전에 인적 자본이 어떻게 연관되는지 살펴보는 작업이 필요하다. 더구나 우리나라의 낙후지역은 지난 반세기 동안 지역 인재의 끊임없는 유출을 경험해 왔고, 따라서 지역 거주자의 평균 학력이나 기술만 가지고 인적 자본의 지표를 구성하는 것은 적절하지 않다고 할 수 있다.

이러한 문제의식에서 우리는 인적 자본의 다양한 측면 중 특히 창조와 혁신의 출현을 가능하게 하는 요소에 주목하면서 이를 창조적 자본(creative capital)이라 부를 것이다.

낙후지역의 지속 가능한 발전에 있어서 인적 · 창조적 자본이 어떻게 관련되는가?

첫째, 지역의 인적 자본에서 리더십이 출현 · 발전한다는 점을 들 수 있다. 기존의 경제학적 연구에서 인적 자본은 재화와 서비스의 생산과 유통 과정에 투여되는 인간 개개인의 질로 인식되었다(Becker, 1994). 하지만 개인이 가지고 있는 기술적 지식을 투여할 제조업이나 서비스업의 기반이 매우 취약한 낙후지역의 개발에 있어서 두터운 고학력층의 존재는 어떤 면에서 커다란 중요성을 갖지 못할 수도 있다. 이보다는 지역의 생태적 · 문화적 조건을 잘 파악하고 있으며 이를 활용한 혁신적이고 창조적인 아이디어를 만들어 낼 수 있는 능력을 갖춘 인재들이 얼마나 존재하느냐가 더욱 중요한 요소가 될 수 있다(Florida, 2004). 따라서 우리는 인적 자본의 효과를 경험적으로 관찰할 때 혁신적이고 창조적인 잠재적 리더그룹이 존재하느냐, 다시 말하면 창조적 자본이 얼마나 축적되어 있느냐를 매우 중요한 요소로 간주해야 한다.

둘째, 창조성과 혁신적인 아이디어는 많은 경우 지역 외부로부터 들어올 수 있다는 점을 고려할 때, 귀향민이나 인근 지역에서 활동하는 전문가의 역할에 주목할 필요가 있다. 최근 외지에서 성공한 뒤 은퇴를 전후해 귀향하는 사람들이 조금씩 늘어나고 있다. 이들은 외지에서의 성공과 함께 형성되고 축적된 기술과 창조적 아이디어를 가지고 돌아오는 사람들이다. 인근 지역 대학의 교수나 관련 분야 전문가의 참여 여부 또한 매우 중요한 요소이다. 물론 이들은 지역의 자생적인 인적 자원은 아니지만 지역 리더 양성이나 프로그램 개발 등의 과정에서 혁신적인 요소를 들여올 여지가 많다. 이처럼 지역의 인적 자본과 창조적 자본을 측정하고 그 효과를 경험적으로 연구하기 위해서는 이들의 역할을 면밀히 살펴보아야 한다.

셋째, 낙후성 극복을 위한 노력에 있어서 인적·창조적 자본과 사회적 자본이 결합하는 경우 의미 있는 상승효과를 가져올 수 있다는 점이다. 일반적으로 인적 자본과 사회적 자본은 상보적 관계에 있다(Coleman, 1990: 304). 예를 들어 A는 지역발전에 관한 새롭고 혁신적인 아이디어를 가지고 있는 인물이고, B는 마을에 오래 살아서 마을의 사정을 잘 알고 있는 사람이다. A는 B와 함께 아이디어를 공유하고 이를 바탕으로 지역 사정에 부합하는 지역개발 전략을 수립하고 싶어한다. 이를 위해서는 A와 B 사이에 신뢰에 기반한 사회적 관계가 형성되어 있어야 한다. A의 인적 자본이 A와 B의 관계를 통해서 B의 인적 자본을 향상시키는 경우라고 하겠다. 특히 지역개발 운동은 독립적인 개개인의 참여보다는 집합적인 참여가 전제되어야 한다는 점에서 사회적 자본을 통한 인적 자본의 개발과 사회적 자본을 통한 인적 자본의 동원이 중요하다.

4. 개방적 네트워크의 전략적 활용

한 지역사회는 이를 둘러싼 환경, 즉 다른 지역사회의 지속적인 물질적·인적 교류와 정보 교환의 네트워크 속에 들어가 있다. 따라서 낙후지역개발의 과정과 결과에 대한 이해는 본질적으로 한 지역이 다른 지역과 맺는 상호의존적 관계의 정도나 형태 등에 대한 심도 있는 분석이 전제되어야 한다. 이는 홀리(Hawley, 1950: 353)가 말했듯이 "지역 간 교환이 문화적 확산과 궁극적으로는 전체 지역사회의 재조직화를 가져오"기 때문이다. 이런 의미에서 다음과 같은 두 질문은 낙후지역발전에 관한 연구에서 매우 중요한 연구 주제가 될 수 있다. 첫째, 인근 타 지역사회와의 관계가 낙후지역발전의 생태학적 구조를 형성한다고 볼 때, 그 구조를 활용하는 정도와 방식에 따라서 낙후성 극복을 위한 노력의 성과가 달라지는가? 둘째, 다른 낙후지역개발 사례에 대한 벤치마킹 혹은 모방이 지역의 전략 수립에 어떤 영향을 주며 그 결과는 어떠한가?

먼저 첫 번째 연구 주제에 대해서 생각해 보자. 지역의 '낙후성'은 지난 수십 년 동안 이루어진 도시 중심적 산업화 전략의 산물이기도 하지만, 역설적으로 이는 낙후지역을 차별화된 생태적·문화적 자원의 보고로 남겨 두었다. 농촌체험관광, 생태환경을 소재로 한 축제 등이 낙후성 극복의 중요한 출발점으로 인식되는 이유가 여기에 있다. 하지만 생태 자원을 개발하고 상품화하려는 이러한 시도가 항상 성공하는 것은 아니다. 우후죽순처럼 쏟아져 나온 각종 지역 축제와 이벤트들 중 많은 수가 소멸되거나 간신히 명맥을 유지해 오고 있는 것이 사실이다. 우리는 도시·농촌의 호혜적 교환을 매개로 한 지역발전 프로젝트의 성공과 실패를 가늠하는 한 가지 중요한 요인이 지역 간 개방적 네트워크의 전략적 활용이라고 본다. 물론 상생적 발전의 잠재적 파트너인 인근도시와의 지리적 거리, 이 도시의 사회적 특성, 도시민의 생활양식, 인근 낙후지역과의 근접성 등과 같은 지역 간 네트워크의 구조가 낙후지역사회의 기회와 제약요인을 상당 부분 결정한다는 것에 동의한다(Burt, 1980). 하지만 구조화된 생태학적 기회를 활용하고 제약을 극복하기 위한 낙후지역사회의 전략적 대응 또한 매우 중요한 부분임이 틀림없다. 실제로 잘 알려진 몇몇 성공 사례는 차별화되고 상품성 있는 좋은 생태 자원을 소유하고 있었던 지역이라기보다 도시민의 욕구와 의식 그리고 생활양식을 면밀히 검토한 후 이를 기초로 제한된 생태 자원을 차별화하고 상품화한 지역이었다. 이렇게 볼 때 낙후지역개발의 성공은 상당 부분 상징을 동원하여 의미를 (재)구성하고, 이를 활용하여 외부 청중의 관심과 지지를 끌어들일 만한 전략적 프레임을 만들어 내는 역량에 달려 있다(Benford & Snow, 2000).

지역사회 간 영향에 있어서 두 번째로 고려해 볼 사항은 낙후지역개발 모델과 아이템의 지역 간 확산 과정과 그 결과이다. 신제도주의에 따르면 수평적 확산이 일어나는 기본적인 조건은 불확실성이다(Strang & Soule, 1998). 조직의 목표와 이를 달성할 수 있는 수단이 불확실하고, 목표와 수단을 연결하는 논리적 · 경험적 근거가 모호할 때, 조직은 합리적 의사결정에 의해 이 문제를 해결하기보다는 과거의 경험을 활용하려고 하거나 외부의 사례에 눈을 돌린다(Levitt & March, 1988). 특히 다른 조직의 성공 사례나 이미 많은 조직에서 사용하기 때문에 정당하고 합리적이라고 여겨지는 관행을 모방한다(DiMaggio & Powell, 1983; Haunschild & Miner, 1997).

신활력사업 등을 포함해서 최근 이루어진 낙후지역개발에 관한 정책적 변화는 지역의 이니셔티브를 그 중심에 놓는다. 정부는 낙후지역개발에 필요한 재정과 함께 일반적인 가이드라인을 제공해 주기는 하지만 과거와 같이 재정의 사용처, 구체적인 전략 수립에 일일이 간섭하지 않는다. 따라서 지역개발을 추진하려는 낙후지역들은 지원금을 어떻게 써야 하는지, 어떤 전략이 가능한지 등에 대해 증대된 불확실성에 놓이게 되었다.

이런 가운데 이들이 가장 손쉽게 취할 수 있는 행동은 크게 두 가지이다. 하나는 과거의 낙후지역개발 경험으로 회귀하는 방법이다. 커다란 공용 시설을 짓거나 보수한다든지, 산을 깎아 골프장을 짓는다든지 지원금을 마을 단위로 재분배하는 것들이 이에 속한다. 다른 한 가지는 다른 지역에서 이루어지고 있는 사례들을 모방하는 것이다. 이미 다른 많은 지역에서 이루어지고 있는 개발 사례에 편승하는 것은 불확실성에 대처하는 가장 안전한 방법 중 하나가 될 수 있다. 왜냐하면 확산된 모델은 그 객관적 효과성과는 상관없이 합리적인 해결책이라는 '정당화된 신화'를 담지하고 있기 때문이다(Meyer & Rowan, 1977). 이러한 유행적 확산은 흔히 지리적 근접성, 단체장 혹은 지역 리더 간의 공적·사적 네트워크 그리고 정부 기관이나 지역개발 컨설팅업체 같은 제3자의 매개 등에 의해서 이루어지는 것이 일반적이다. 근접한 지역의 (성공한) 지역개발 모델이 일차적인 모방의 대상이 될 수 있지만, 멀리 떨어져 있더라도 정치적으로나 학연으로 자치단체장 혹은 기획담당자들 간에 형성된 네트워크는 중요한 확산의 채널이 된다. 특히 지역개발과 관련된 모델을 개발하고 이를 보급하는 확산의 대리인(diffusion agents) 역할에도 주목해 보아야 할 것이다.

최근 급증하고 있는 지역 축제와 토산물 판매, 농촌체험관광 프로그램 등은 소위 '유행적 확산'의 전형적인 예이다. 예를 들면 함평나비축제의 경제적 성공은 잠자리축제 등 곤충을 소재로 한 다른 축제들의 급속한 확산을 가져왔고, 축제의 내용 또한 가시적인 성공을 거둔 사례를 그대로 답습하는 모습을 보여 왔다. 물론 이 과정에서 나름대로의 특성을 가미하는 경우도 있지만, 많은 경우 지역의 특성을 반영하는 차별화된 기획을 하지 못했던 것 또한 사실이다.

한편 유행적 확산은 지역의 이니셔티브에 기초한 새로운 낙후지역개발 논리를 확산시키고 제도화시키는 데 크게 기여했다는 점에서 긍정적이다. 기존에 이루어졌던 대다수의 축제가 마을 단위의 '단합대회' 형태를 띠었던 것에 반해, 이제는 축제 및 이와 유사한 기획이 낙후지역개발의 중요한 동력으로 여겨지게 되었다는 점에서 성공한 축제 모델의 확산은 축제 자체의 의미와 낙후성 극복 방식에 대한 지역민의 의식을 바꾸어 놓았다. 또한 지역의 자생적이고 자발적인 노력을 촉진할 수 있다는 점에서도 긍정적이다. 하지만 유행적 동형화(faddish isomorphism)의 근본적인 문제는 유사한 낙후지역개발 모델들 간 치열한 경쟁과 그로 인한 공멸의 가능성이다. '막무가내식' 모방에 기초한 "천편일률적이고 개성 없는" 낙후지역개발 모델의 확산은 유력한 소비자인 도시민들의 수요의 폭을 극히 단순화시킬 가능성이 있다(박준식 외, 2006: 114). 낙후지역발전에 관한 경험적 연구에서는 지역발전 모델과 아이디어의 확산 과정에서 나타나는 부정적·긍정적 결과를 모두 고려할 필요가 있다.

5. 전략적 자원동원

지금까지 우리는 지역사회의 제도적·문화적·사회적 유산이나 타 지역과의 개방적 네트워크가 낙후성을 극복하려는 지역의 노력에 있어서 중요한 배경조건을 제공한다고 보았다. 하지만 이러한 내외적 조건과 영향이 그 자체로 낙후성 극복의 성공 여부를 결정짓지는 못한다. 지역사회가 보유하고 있는 인적 자본과 사회적 자본의 양 및 특성이 지역경제 발전과 경험적 상관성을 갖고 있다는 것을 보여 준 기존의 논의들은 이

둘을 연결하는 중요한 인과적 고리를 결여하고 있으며, 이는 유행적 모방과 결과를 직접적으로 연결시키려는 시도에서도 크게 다르지 않다. 역사적으로 축적된 인적 자본과 사회적 자본이 왜 하필 그 시점에서 특정한 결과를 만들어 내는가? 동일한 모방적 압력에 처한 지역사회가 동일한 모델을 벤치마킹할 때 결과가 다르게 나타나는 이유는 무엇인가? 앞의 [그림 2-2]에서 보는 바와 같이 우리는 제도적 · 구조적 조건과 낙후성 전환의 결과를 연결하는 고리를 지역개발을 주도하는 전략적 조직화와 자원동원이라고 본다. 지역 낙후성 극복을 위한 집합행동의 발생은 궁극적으로 기존의 제도적 · 생태적 유산과 외부로부터의 압력을 해석하고 이를 집합행동에 동원하는 다양한 전략적 행위의 결과라고 할 수 있기 때문이다.

산재해 있는 제도적 유산을 조직화하고 이를 추진하기 위한 인적 · 물적 자원을 전략적으로 동원하는 데 있어서 가장 중요한 요소는 리더십이라고 할 수 있다. 그 이유는 다음과 같다. 첫째, 리더십은 지역사회가 당면한 문제와 이를 해결하기 위한 수단 그리고 장단기적인 목표를 제시함으로써 불확실성을 낮추고, 개인의 참여에 따르는 비용과 불안감을 감소시킨다. 둘째, 리더십은 "중립적인 대중을 헌신과 충성심을 갖춘 참여자"로 바꾸어 주고, 따라서 리더들이 추진하는 "정책은 자발적이고 지속적인 지지를 받게 된다"(Selznick, 1957: 150). 셋째, 그럼으로써 리더십은 대중동원의 기반을 확장시킬 수 있다. 집합행동에서 선도 집단의 출현은 폭넓은 동원을 위한 임계치를 넘어서는 데 있어서 매우 중요한 사건이다(Heckathorn, 1996). 핵심적 리더의 등장은 공동의 대의와 이를 위한 집합행동의 정당성을 증대시킨다.

넷째, 리더십은 사회적 · 제도적 · 생태적 유산을 동원하여 지역개발을 위한 제도 혹은 체계를 만들어 낼 수 있다(Putnam, 2002: 17). 창조적 자본과 인적 자본을 적재적소에 배치하고 이들 간의 얼개를 만들거나 지역사회 내에 구축되어 있는 네트워크들을 연결하여 협력적인 지역발전 시스템을 구성할 수도 있다. 마지막으로 리더십은 다양한 집단의 이해관계를 조율하고 갈등을 관리하는 역할을 수행한다. 이는 특히 낙후지역개발에 있어서 매우 중요한 요소인데, 중앙정부나 지자체로부터 지원되는 재정적 · 물질적 자원을 어떻게 분배(혹은 사용)하고 개발의 우선순위를 어떻게 정하느냐를 놓고 마을 간 혹은 이해집단 간의 갈등이 첨예하게 대립되는 경우가 흔하기 때문이다. 특히 새로운 리더십의 출현은 지역의 기존 권력 관계에 변화를 가져오는 경우가 많은데, 이 경우 신흥 리더가 주도하는 지역개발사업이 그동안 지역을 지배했던 권력집단의 저항에 직면하여 좌절되는 일이 발생할 수도 있다. 이러한 갈등과 저항에 얼마나 효과적으로 대처하고, 이들을 어떻게 완화시킬 수 있는지는 리더십의 강도와 특징(민주적 · 권위주의적 · 자유방임적)에 따라 크게 달라질 수 있다.

지역 낙후성을 극복하기 위해 형성된 리더 집단이 구체적으로 어떤 전략을 세우고, 누구를 어떤 방식으로 집합행동에 동원하는 것이 가장 효과적인지는 다분히 맥락 의존적이고 경험적 차원에서 다루어져야 할 문제이다. 하지만 분명한 것은 리더 집단 구성원의 개인적 특징, 집단으로서의 특징, 운영 방식, 지역민과의 관계, 다른 지역사회와의 관계 등 리더 집단의 특성과 활동을 종합적으로 살펴보는 것이 대단히 중요하다는 점이다.

전략이라는 측면에서 보면 리더십과 더불어 혁신 체계의 전략적 구성 그리고 지역개발을 이끄는 구체적인 프로그램 · 프로젝트 또한 매우 중요하다. 인근 대학이나 산업체와의 산 · 학 · 관 협력 체계를 구축하는가, 그렇다면 그 협조의 실질적 내용은 어떠한가, 어떤 개발 프로젝트가 더 효과적인가, 성공한 프로젝트의 내용은 어떠한가 등은 그 자체로 매우 흥미로운 연구주제가 될 수 있다. 하지만 이에 못지않게 중요한 것은 혁신 체계를 구성하고 전략적 방향을 설정하며 구체적인 프로그램을 기획하는 과정에서 지역 리더와 주민들에게 축적되는 사회적 자본과 학습의 부가가치이다. 마을 단위 혹은 그보다 큰 지역 단위에서 활동하는 연구모임이나 학습모임은 집단 지성이 창조적이고 혁신적인 결과물을 만들어 내는 장일 뿐만 아니라 지속적인 학습과 사회적 자본의 구축을 통해 그 집단 지성이 더욱 창조적으로 진화하는 공간이다. 이는 궁극적으로 지역의 사회적 자본을 배가시키고 지역 정체성을 고양함으로써 지속적인 혁신을 가능하게 하는 매우 중요한 기제가 될 것이다.

IV. 결론

한국의 낙후지역이 안고 있는 낙후성의 본질을 정확히 이해하고 이 문제를 해결할 수 있는 기제를 밝히는 연구는 우리 사회가 사회적으로 잘 통합되고, 지속 가능한 선진적 사회로 나아가기 위해서는 반드시 필요하다. 지금까지 이에 관한 정책적 관심이 없었던 것은 아니지만 대부분의 정책이 엄밀한 과학적 검증 절차를 거치지 않은 상태에서 주로 정치적 관심에 따라 이루어져 왔기 때문에 낙후지역이 안고 있는 본질적인 문제를 해결하기는커녕 오히려 악화시켜 온 측면이 있다. 물론 행정학이나 정책학 혹은 지역개발학 분야에서 이에 대한 연구들이 이루어지기는 했지만, 기존의 연구들은 지역사회 고유의 사회적 요인의 중요성과 지역주민의 자발적 참여를 촉진하는 추진 체계의 중요성을 간과했다는 근본적인 한계를 지니고 있다.

이러한 상황에서 사회적 · 제도적 요인을 포괄하는 이론적 분석틀과 엄밀한 경험적 자료를 결합하는 사회학적 연구가 절실히 요청된다. 하지만 주지하다시피 지난 수십 년간 우리나라 사회학의 주된 관심은 농촌에서 도시로, 지역에서 국가 혹은 세계로, 농업에서 제조업과 서비스 산업으로 옮겨 왔다(한국사회학, 2007). 산업화를 거치는 동안 한국의 낙후지역이 푸대접 받아 왔던 만큼이나 낙후지역에 관한 사회학적 연구도 소외되어 왔다. 그 결과 이 문제에 관한 경험적 연구는 물론이고 경험적 연구를 뒷받침할 이론적 분석틀조차 제대로 마련되어 있지 못한 실정이다. 이 논문에서 제시하는 분석틀은 향후 이에 관한 이론적 논쟁을 촉발시키고 사회학적 경험 연구를 축적하기 위한 중요한 이론적 자원을 제공할 수 있을 것이다.

이 논문에서 제시한 이론적 분석틀은 제도적 지원, 사회적 자본, 인적 자본, 창조적 자본, 지역 혁신 체계와 전략적 동원 등 다양한 차원을 포괄하는 통합적 분석틀이다. 이 분석틀은 경험적 자료와 사례에 대한 분석을 통해서 구성된 것이 아니라 이론적 · 연역적 작업을 통해 만들어진 것이기 때문에, 앞으로 경험적 연구를 통해 그 경험적 적합성이 지속적으로 검토되어야 하고 그에 따라 분석틀 또한 수정 · 보완되어야 한다. 이를 위해서는 요소들 간의 경험적 상관성만을 밝히는 작업을 넘어설 필요가 있다. 다시 말하면 각 요소가 어떻게 인과적으로 연결되어 지역발전이라는 거시적 결과를 가져오는지 그 기제를 명확히 밝히는 작업에 많은 노력을 기울여야 할 것이다. 예를 들어 퍼트넘(1994)의 이탈리아의 지방에 관한 연구는 사회적 자본이 지역의 제도적 성과와 밀접한 관련이 있다는 것을 밝히기는 했지만 그 구체적인 기제에 대해서는 이론적 자원을 끌어들여 설명할 뿐, 사회적 자본의 동원 과정이나 연대 체계의 구성과 같은 미시적 행위자의 전략적 행위가 독립변수와 종속변수를 어떻게 매개하는지에 대해서는 명확한 근거를 제시하지 못하고 있다. 따라서 지역의 거시적 지표를 활용한 경험적 상관성을 밝히는 양적 연구와 더불어서 핵심 리더와 참여자를 대상으로 한 심도 있는 면접조사와 참여관찰 같은 질적 연구가 반드시 병행되어야 할 것이다. 이와 더불어 이미 낙후성의 전환에 성공한 외국 지역들에 대한 깊이 있는 연구도 이루어져야 할 것이다.

이 논문에서 제시한 분석틀을 경험적 연구에 활용할 때 다음 두 가지를 유의할 필요가 있다. 첫째는 낙후지역의 발전이라는 개념에 대한 재조명이 선행되어야 한다는 점이다. 지금까지 낙후지역발전 혹은 낙후성 탈출을 경제적 성과와 등치시키는 경향이 강했다. 물론 경제적 성과가 낙후지역의 지속 가능한 발전을 위해 매우 중요한 필요조건이기는 하지만 충분조건이 될 수는 없다. [그림 2-2]에서 제시한 바와 같이 경제적 성과와 더불어 사회적 통합, 문화적 생활기회의 확대, 지역 정체성의 제고 그리고 강한 신뢰와 두터운 사회적 자본에 기초한 건전한 시민사회의 확립 등을 아우르는 통합적 발전지표를 개발할 필요가 있다. 둘째는 평준화된 낙후성에서 낙후지역 간 편차로의 전환을 가능하게 했던 정책적 · 제도적 · 문화적 패러다임의 변화가 과연 바람직한 것인가에 대한 과학적인 평가가 필요하다는 점이다. 낙후지역발전의 문제 또한 결국 국가에서 시장으로 그 책임 소재가 바뀌어 가고, 그에 따라 일부 낙후지역에서는 낙후성의 심화가 촉진되는 것은 아닌가 하는 비판이 제기되고 있기 때문이다. 이에 대한 평가는 이 논문의 범위를 벗어나는 것이기는 하지만, 이 논문에서 제시한 개념들이 이러한 패러다임의 전환을 전제로 한 것이기에 반드시 짚고 넘어가야 할 문제라고 할 수 있다.

제3장

창조적 지역발전과 그룹지니어스

성경륭 · 정동일

I. 머리말

그동안 지역발전에 관한 사회학적 연구들은 인적 자본과 사회적 자본의 역할에 많은 관심을 가져왔다(Fukuyama, 1995; Putnam, 1993; Woolcock, 1998). 하지만 최근에 들어오면서 '창조성'과 '혁신'이라는 개념이 지역발전에 관한 논의에 있어서 핵심 코드로 부상하고 있다(Florida, 2002; 2005). 어원적으로 따지면 혁신은 창조적 아이디어를 조직이나 지역 내에 성공적으로 구현함으로써 나타나는 결과물이다(Amabile, 1996). 이 관점에서 보면 창조성은 지역 주민이 가지고 있는 '개인적' 특성이며, 혁신이란 창조적인 개개인의 '개별화된' 행위가 모여서 나타나는 지역적 특성이라고 이해할 수 있다. 창조성과 혁신을 이렇게 이해한다면 혁신적 지역발전은 창조성을 발휘할 수 있는 유능한 사람들이 광범하게 존재하는 지역에서만 나타날 수 있는 현상이라고 볼 수 있다. 혁신과 창조를 발전이론에 본격적으로 도입한 슘페터(Schumpeter, 1934)는 이러한 맥락에서 혁신은 창조적 능력을 가지고 있는 기업가들(entrepreneurs)이나 연구개발에 투자할 수 있는 여유 자원 혹은 자본을 가지고 있는 대기업과 같은 경제적 행위자들에게서 나온다고 주장했다.

수십 년 동안 불균등한 지역발전이 집적되어 온 한국의 경우, 이런 의미에서 혁신적 · 창조적 지역발전을 논할 수 있는 지역은 수도권을 비롯하여 손에 꼽을 수 있는 소수에 불과할 것이다. 주지하는 바와 같이 한국 농어촌 대부분은 끊임없는 인구유출과 이에 따른 인적 자본의 고갈 및 초고령화 등으로 인해 개인적 특성으로 정의되는 창조성의 원천은 거의 소멸되어 있는 상태라고 보아도 무방하다. 최근 은퇴자의 유입이나 출향민의 낙향 사례가 조금씩 증가하고 있기는 하지만 이는 극히 소수에 불과하고, 낙후지역 주민 대부분은 정보의 획득과 가공 능력이 떨어지는 고령 저학력자들이라는 점에서 창조적 · 혁신적 프로젝트에 기초한 지역개발을 추동할 인적 자원이 크게 부족한 형편이라고 볼 수 있다. 창조성을 갖춘 지역 인재가 거의 소멸된 많은 낙후지역에서 창조적 · 혁신적 지역발전을 논하는 것이 가능할까? 최근 들어 활발하게 논의되고 있는 상향식 지역발전(김영정, 2008) 모델이 낙후지역에도 적용될 수 있을까?

이러한 질문에 답하기 위해 본 연구는 창조성과 혁신의 개념을 개인이 소유하고 있는 고정된 자산(stock)뿐만 아니라 새로운 아이디어가 창출되고 가공 · 실행되는 유동적인 과정(process)을 포함하는 보다 넓은 개념으로 이해하는 새로운 관점을 제시하고자 한다. 우리는 이러한 과정을 '별볼일 없는' 다수의 보통 사람이 모여 학습하고 협력함으로써 개인이 보유하고 있는 창조적 능력의 합을 넘어서는 혁신적인 아이디어가 창출·기획·실행되는 과정, 즉 그룹지니어스(group genius)의 과정으로 개념화하고자 한다(Sawyer, 2007).[1] 이러한 관점에서 보면 창조적 역량을 보유한 인적 자본의 양 혹은 그에 대한 재정적 투자의 양은 지역발전이라는 거시적 현상을 발현시키는 필수불가결한 전제조건이 된다고 보기 어렵다. 창조적 개인들이 모두 사익을 위해 본인의 능력을 사용한다면, 지역 수준에서의 혁신이나 지역발전이 나타나기 어렵기 때문이다. 오히려 더욱 중요한 것은 소량의 창조적 자본이 상호협력과 공동학습을 통해 어떻게 증폭되는가 그리고 그것이 지역발전이라는 공공재를 생산하는 데 실제로 어떻게 활용되는가 하는 것이다. 이러한 의미에서 창조성과 혁신은 지역의 사회적 자본과도 밀접한 관련을 맺는다고 할 수 있다.[2]

본 연구는 그룹지니어스가 발현되는 과정이 낙후지역의 발전에 어떠한 역할을 하는지 탐구하기 위해 2005년부터 시작된 낙후농어촌 개발사업, 즉 신활력사업 대상지 20개를 선정하여 지역 주민, 지자체 공무원 그리고 자문과 교육을 담당한 외부 전문가 등을 대상으로 설문조사를 실시하였다. 지역의 특성과 여건에 맞는 발전 전략을 지역 내부로부터 수립하고 다양한 주체 간의 협치를 통해 이를 추진하도록 한 신활력사업은 그동안 사업의 타당성과 효과성에 대해 많은 찬반 논란이 있었던 것이 사

---

1) 그룹지니어스는 집단 천재성, 집단 창조성, 또는 일반적으로 집단 지성으로 번역할 수 있다.

2) 플로리다(Florida)를 비롯한 적지 않은 수의 학자들이 사회적 자본은 창조적 아이디어를 억제하는 측면이 있다고 주장한다. 하지만 이러한 관점은 창조성을 개인의 '능력'이라는 측면에서만 보기 때문이다. 창조성을 집단적 학습의 과정에서 발현되는 것으로 본다면, 창조성은 다양한 집단을 가로지르는 네트워크가 폭넓게 구축되어 있고 개인 간·집단 간 신뢰가 두텁게 형성되어 있는 곳에서 나타날 소지가 크다(Burt, 2005). 물론 사회적 자본이 소위 응집성 높은 분파들(cliques) 내에서 폐쇄적으로 축적되어 있어서 집단 간 불신과 갈등이 많다면 지역 수준의 창조성이 출현할 개연성은 낮을 것이다.

실이다. 하지만 분명한 것은 발전 국가의 지역불균형성장 전략하에서 꾸준히 하향 평준화되었던 낙후지역에서 자립적 발전을 향한 긍정적 변화와 더불어 새로운 형태의 지역 간 편차가 나타나고 있다는 점이다.

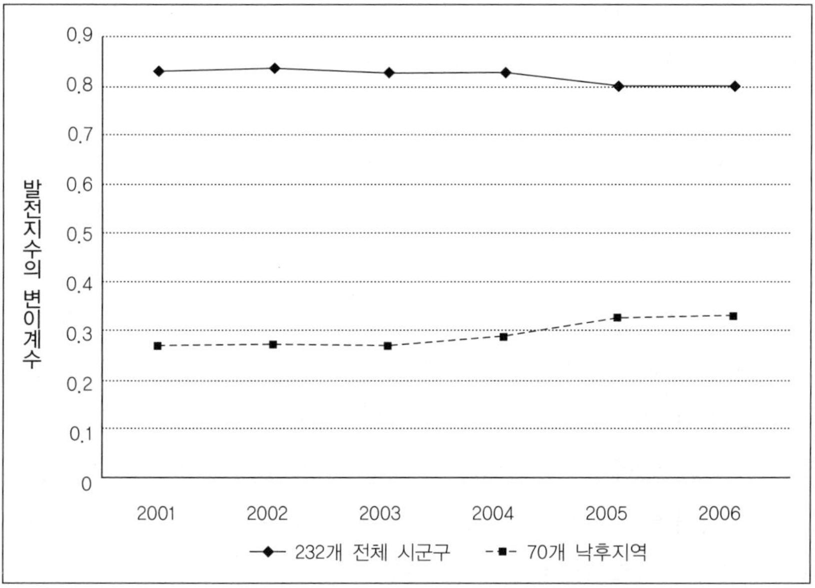

[그림 3-1] 지역발전지표 변이계수의 시간적 변화 : 전체 시군구와 70개 낙후지역

[그림 3-1]은 시군구 단위로 인구 · 경제 · 재정 · 문화 인프라 등의 지표들을 종합하여 2001년부터 2006년까지 발전지표를 구성한 뒤, 발전지표의 변이계수(coefficient of variation: 발전지표의 표준편차를 평균으로 표준화한 수치)를 232개 전체 시군구 그리고 신활력사업 대상 70개 시군구 별로 계산하여 표시한 것이다.[3] 이 값이 크면 지역 간 발전격차가 크다는

3) 발전지표는 로그 인구, 상수도 보급률, 하수도 보급률, 재정자립도, 1인당 지방세 징수율, 만 명당 산업종사자수, 만 명당 공공도서관 좌석수 등의 변수를 가지고 요인분석을

뜻이 된다. 전체 시군구를 대상으로 한 경우 지역 간 불균형은 2002년부터 미세하게나마 개선되고 있는 것으로 나타났다. 하지만 신활력사업 대상 지역 간에는 발전의 편차가 점차로 확대되고 있으며, 특히 2005년 이후 그 경향이 매우 뚜렷하게 나타나고 있다. 다시 말하면 낙후지역 간에도 비교적 성공적으로 낙후성을 극복해 나가는 지역이 있는가 하면, 여전히 정체되어 있는 지역이 있다는 것이다.

낙후지역 간 발전지표의 편차가 확대되는 이러한 현상이 신활력사업을 중심으로 한 새로운 혁신적 지역발전 정책에서 기인한 것인지 혹은 다른 요인들 때문인지에 대해서는 보다 정밀한 연구가 필요할 것이다. 하지만 이러한 정책들이 지역의 이니셔티브와 내부혁신을 강조하고 있다는 점에서 그 개연성은 충분하다고 판단된다. 다음의 [그림 3-2]는 신활력사업 추진실적 평가에서 높은 점수를 받은 10개 지역과 낮은 점수를 받은 10개 지역의 발전지표 평균값을 비교한 그림이다.[4] 이 그림에서 보는 바와 같이 2001년에서 2003년까지의 점수는 상위지역이나 하위지역 간에 커다란 차이를 보이지 않았지만, 2004년 이후부터 두 집단 사이의 격차가 벌어지기 시작했으며, 특히 2005년 이후 상층지역과 하층지역 간의 격차가 더욱 확대되는 것으로 나타났다.[5]

한 뒤 요인적재값을 활용한 로그선형 변화를 수행하여 얻어졌다. 이에 관한 연구는 또 다른 논문으로 준비되고 있다.

4) 이 분류는 2005년부터 2007년까지 신활력사업 평가에 따라 지급된 인센티브의 액수를 활용하여 반복측정(repeated measurements) 방식으로 분류한 것이다.

5) 그림에 따르면 낙후지역 간의 분화는 신활력사업이 시작되기 1년 전인 2004년부터 나타나기 시작했으며, 사업의 효과는 일반적으로 수년이 경과한 후 명확히 드러난다는 점에서 신활력사업의 직접적인 효과가 아닐 수 있다는 비판이 가능하다. 하지만 신활력사업이 계획된 것은 2004년이었고, 그 이전부터 상향식 지역발전을 유도하기 위한 다양한 논의가 이루어져 왔기 때문에 일부 낙후지역들이 이러한 움직임을 상향식 지역발전 정책의 시그널로 해석하고 보다 일찍 이에 대응했을 가능성이 있다. 또한 신활력사업과 지역발전 성과의 변이 사이의 관계를 설명하기 위해 이 논문이 활용하는 주요 자료는 이 사업이 4년 정도 경과한 2009년에 수집한 설문조사 자료라는 점을 밝혀 둔다.

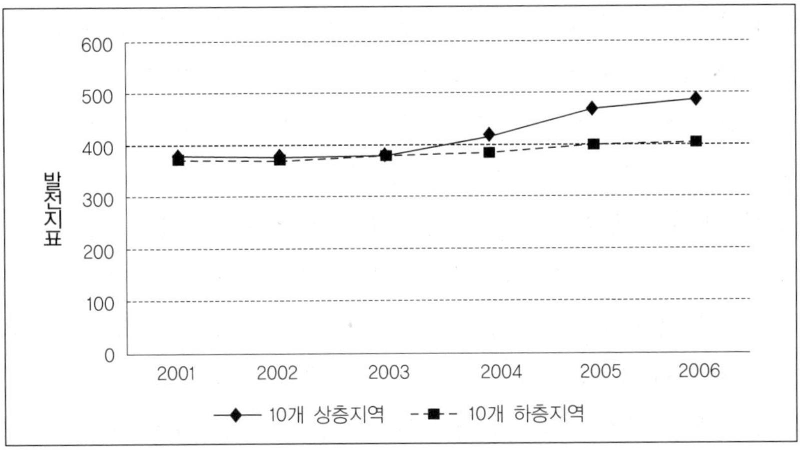

[그림 3-2] 발전지표 평균값의 변화 : 신활력사업 평가 상층지역과 하층지역

본 연구에서는 이러한 편차가 나타나는 한 가지 중요한 요인으로 창조적 그룹지니어스의 과정, 즉 집단 천재성 또는 집단 창의성의 발현 과정에 주목하고자 한다. 보다 구체적으로 지역의 여건과 상황에 맞는 발전전략을 아래로부터 구성하는 과정에서 창조적 자본과 사회적 자본이 어떻게 동원되는지 그리고 이를 통해 구체적인 사업이 기획되고 실행되는 과정은 어떠한지, 궁극적으로 이러한 과정이 지역발전이라는 공공재의 생산에 어떤 기여를 하는지를 살펴보고자 한다.

II. 신활력사업과 낙후지역발전 전략

우리나라 지역개발의 역사는 1970년대 새마을운동에서 본격적으로 시작되었으며, 그 후 역대 정부에서 다양한 이름의 지역개발 정책이 실시된 바 있다. 이러한 정책적 노력에도 불구하고 인구의 수도권 집중은 오히려 더욱 가속화되었고, 지역 간 산업불균형은 개선이 불가능할 정도로 악화되어 왔다. 2003년에 들어선 참여정부는 기존의 지역개발 정책이 수도권 신규 진입을 억제함으로써 지방을 살리겠다는 소극적인 낙후지역 발전 정책이었다고 인식하고, 낙후지역의 자립적 발전역량을 갖추는 것이 지역발전의 핵심이라고 보았다. 특히 지방의 자립·자생·자치를 위해 필수적으로 요청되는 최소한의 인적·물적 자원마저 외부지역으로 유출된 채 장기간 침체의 늪에서 헤어나지 못하고 있는 낙후지역의 경우, 하드웨어 구축에 치중하는 기존의 지역개발사업 방식으로는 마치 "밑 빠진 독에 물 붓기" 같은 결과를 초래할 것이라고 보았다. 이 시점에서 낙후지역에 더욱 필요한 것은 '물'이 아니라 '빠진 독 밑을 때우는 일'이고, 이것이 바로 낙후지역의 자립적 혁신 역량을 배양하는 것이라고 보았다.

이러한 인식하에 참여정부는 2005년부터 중앙정부 주도의 하향식 지역개발사업을 지양하고, 지역이 자율적으로 사업을 기획·선정하여 발전역량을 배양해 나가는 상향식 사업을 추진하기 위해 신활력사업을 전개하기 시작했다.

이 사업을 추진하기 위해 정부는 우선 신활력사업 대상 지역을 선정하는 작업에 착수했다. 정부는 인구 부문에서는 연평균 인구변화율과 인구밀도 등, 산업 및 경제 부문에서는 소득세할주민세 등, 재정 부문에서는 재정력지수 등을 종합하여 신활력사업 대상 지역 70개를 선정하고 이들을 대상으로 2005년부터 1단계 신활력사업을 전개해 나갔다. 신활력사업의 구체적인 추진 체계는 크게 세 가지로 구분된다(김영정 외, 2007). 첫째, 각 지역은 지자체·주민·외부 전문가가 공동으로 참여하는 파트너십을 바탕으로 사업의 기획과 추진에 대한 포괄적 자율권을 가지고 사업을 추진하는 것을 원칙으로 한다. 이러한 원칙은 소위 ASP(actor-systemproject) 모델에 집약되어 있는바, 이 모델은 지역의 혁신과 자립을 주도할 리더 및 주체의 형성(actor), 공동학습과 협력을 통한 지속적인 지역혁신 창출 시스템의 구축(system) 그리고 지역의 특성과 상대적 우위에 기반한 경쟁력 있는 선도 산업의 육성(project) 등을 핵심으로 하고 있다. 이러한 점에서 신활력사업은 과거의 낙후지역발전 정책과 크게 구분되는 특징을 지닌다고 할 수 있다. 과거의 정책들이 주로 위로부터의 획일적인 지도와 지시를 핵심으로 하고 있다면 신활력사업은 참여와 자치 그리고 다양한 이해관계자 간의 협력적 네트워크에 기초한 아래로부터의 기획과 추진을 중시하는 접근법이라고 할 수 있다.

둘째, 신활력사업이 추구하고 있는 선도산업의 육성, 즉 지역발전 프로젝트에 관한 것으로서 이 프로젝트는 농림수산업 중심의 1차 산업, 제조업 등의 2차 산업, 판매 및 서비스업 등의 3차 산업이 복합적으로 연계되어 고차산업으로 발전해야 한다고 보았다.[6] 과거 대부분의 낙후지역발전 정책이 농산물 증산 및 농업생산성 향상 등 '농업'에 배타적 관심을 두었다면 신활력사업은 농촌 공간에 대한 전체적 접근을 통해 생산, 가공, 유통 및 관광 등의 기능을 창의적으로 결합하고자 했다.

셋째, 신활력사업은 또한 산업화와 도시화 과정에서 발생한 이촌향도와 인구의 도시집중으로 인해 초래된 농촌 공동화와 농촌경제의 피폐를 극복하기 위해 도시를 적극적으로 활용하는 상생적 도농교류를 강조하고 있다.

이러한 방향으로 전개된 신활력사업은 그 자체로 그룹지니어스 모델을 명시적으로 염두에 둔 것은 아니었다. 하지만 ASP 모델에서 제시된 것처

6) 농촌지역 산업융 · 복합화의 전형적인 예는 전북 고창의 복분자사업이다. 복분자를 재배하는 것은 1차 산업이고, 이것을 가공하여 복분자주를 생산하는 것은 2차 산업이며, 이것을 판매하거나 이 과정에 체험관광을 접목시키는 것은 3차 산업이다.

럼 혁신을 주도할 지역 주체를 강조하고 이들 사이의 긴밀한 협력과 공동학습을 통해 지역 혁신을 지속적으로 창출할 수 있는 지역 혁신 체계를 강조함으로써 내면적으로는 그룹지니어스의 발현을 상정하고 있었던 것이 사실이다. 달리 말하면 과거의 지역개발사업과 달리 신활력사업은 집단적 학습과 창조적 혁신을 핵심 전략으로 설정한 새로운 형태의 지역발전사업이라고 볼 수 있다. 이러한 면에서 신활력사업은 지역발전에 있어서 그룹지니어스 과정이 어떻게 발현되는가, 그 과정에서 어떠한 요소들이 중요하게 작용하는가 그리고 그 결과가 어떠한가를 검토하기에 매우 적절한 사례라고 볼 수 있다.

III. 그룹지니어스 과정과 지역발전

인적 자본의 유출, 창조적 인재의 고갈, 초고령화 등으로 특징지어지는 한국 농어촌지역에서 신활력사업과 같은 지역발전사업이 상당한 정도 성공을 거두고 있는 현상을 설명하기 위해 본 연구는 그룹지니어스에 주목한다. 이 개념을 주창한 소여(Sawyer, 2007)에 따르면, 대부분의 역사적 발견과 발명은 천재적 개인의 창작물이 아니라 수많은 사람의 협력과 집단적 창조의 산물이다. 심지어 아르키메데스의 '유레카'와 같은 우연한 발견도 궁극적으로는 그와 교분을 맺었던 수많은 범인(凡人)과의 대화와 협력의 산물이라는 것이다. 따라서 말 그대로 그룹지니어스는 다양한 사람 간의 협력적 관계에서 나오는 집단 창조성을 일컫는 말이다. 이상의 간단한 정의로부터 우리는 그룹지니어스가 낙후지역의 발전에서 어떤 역할을 하는지 살펴보기 위해 다음 몇 가지를 분명히 하고자 한다.

첫째, 그룹지니어스는 고정된 자산이라기보다는 유동적인 흐름의 과정이라고 보아야 한다. 집단 성원의 가입과 탈퇴에 의해 집단 자체가 변하듯이, 새로운 정보의 유입, 집단적 상호작용을 통한 정보의 가공, 가공된 정보를 재료로 한 새로운 아이디어의 산출, 무시되어 오던 정보와 산출물의 통합 등과 같이 집단적 활동으로부터 발산되는 결과물도 끊임없이 진화한다(March & Simon, 1958; Cohen, March, & Olsen, 1972).

둘째, 집단적 협력을 통한 진화의 속도는 소수 천재의 '머릿속'에서만 일어나는 진화의 속도보다 훨씬 빠르다. 소위 '작은 세계(small world)' 모델에서 주장하는 바와 같이 한 개인이 가지고 있는 정보는 무수하게 연결된 사회적 네트워크를 통해 순식간에 전체 집단 성원에게 퍼지게 되며, 공유된 정보를 바탕으로 가공된 새로운 아이디어 또한 네트워크를 통해 빠르게 전파된다(Travers & Milgram, 1969; Tapscott & Williams, 2006; Surowiecki, 2004). 이러한 과정에서 다양한 아이디어들은 집단이 처해 있는 문제를 풀기에 적절한 방식으로 요약되고 응축되며, 독창적 방식으로 결합되는 특징을 보인다(Deming, 2000).

셋째, 이러한 창조적 진화가 이루어지기 위해서는 집단 성원 간의 신뢰와 선의에 기초한 협력적 관계가 구축되어 있어야 한다. 서로 간의 신뢰가 부족한 집단에서는 정보의 공유나 집단에 대한 헌신이 일어날 수 없고 집단 내부에서 균열과 갈등이 발생할 소지가 높으며, 따라서 창조적 진화의 속도가 급격히 느려지거나 집단 자체가 와해될 소지가 높다. 이런 의미에서 그룹지니어스의 과정은 신뢰와 선의에 기초한 협력, 즉 사회적 자본의 함수라고 볼 수 있다.

이 연구는 그룹지니어스 과정이 사회적 자본, 창조적 자본, 리더십, 혁신적 기획, 산업융·복합 프로젝트의 5개 요소로 구성되어 있다고 상정한다. 이 틀 속에서 각 요소는 독립적으로 혹은 인과적 연쇄작용을 통해 지역개발사업의 성과에 영향을 주는 것으로 이해된다.

1. 사회적 자본

사회적 자본은 지역발전에 매우 중요한 역할을 하는 것으로 연구되어 왔다. 퍼트넘은 이탈리아의 지방정부에 관한 방대한 자료를 바탕으로 강력한 시민적 공동체(civic community)의 존재가 지방정부의 제도적 성과를 향상시키는 핵심적인 독립변수임을 밝혀냈다(Putnam, 1993). 그에 따르면 시민 공동체란 다음의 네 가지 특징을 보인다. 첫째, 시민적 참여(civic engagement)로서 시민들이 공적 과제(public affairs)에 적극적으로 참여하며, 공적인 이슈들에 대해서 관심을 보이고 이에 헌신하는 경향을 보인다. 둘째, 시민들 간의 연대와 호혜적 신뢰가 일반화된 행위양식으로 구축되어 있다. 셋째, 이러한 호혜적 관계의 기저에는 다양한 시민과 집단을 가로지르는 공적 결사체들의 네트워크가 광범하게 존재한다. 넷째, 정치적·행정적 참여와 토론 과정에서 시민들 간에 그리고 시민과 정치인·공무원 간에 정치적 평등성이 강조된다. 이와 같은 시민적 공동체의 근저를 이루고 있는 것이 사회적 자본이며, 이러한 의미에서 사회적 자본은 지역발전이라는 거시적 결과의 미시적 기초라고 할 수 있다(Saegart, Thompson, & Warren, 2001; Gittell & Vidal, 1998).

사회적 자본이 지역발전에 있어서 핵심적인 위치를 차지하는 이유는 호혜성과 상호 신뢰에 기초를 둔 사회적 자본이 공공재의 생산에서 발생하는 다양한 형태의 집합행동 딜레마를 해결해 준다는 데 있다(Axelrod, 1984). 하지만 사회적 자본의 기능은 여기에서 그치지 않는다는 것이 이 논문의 주장이다. 무엇보다 사회적 자본은 그룹지니어스 과정이 출현하기 위한 필수적인 전제 조건이다. 그 이유는 다음의 두 가지이다. 첫째, 신뢰에 기초한 사회적 자본은 '사회적 지능(social intelligence)'을 강화시킨다. 사회적 지능이란, 사회적 관계 속에 내재되어 있는 기회와 위험을 판별할 수 있는 지적 능력을 말한다(Yamagishi, 2001). 따라서 이러한 지능이 높을수록 사회관계 속에 존재하는 기회를 포착하고 위험요인을 제거함으로써 새로운 혁신과 도전에서 성공할 가능성이 높다. 신뢰의 수준이 낮고 사회적 자본이 덜 축적되어 있는 지역사회는 혁신적인 사업에 과감히 도전할 동력을 찾기가 쉽지 않다. 둘째, 지역사회에 축적된 사회적 자본은 그 자체로 지역개발사업을 위한 집합적 동원을 가능하게 하는 기반이다. 소규모 학습과 연구 공동체에서 시작된 지역발전에 관한 아이디어와 노력 그리고 그와 관련된 기회 구조 등에 관한 정보가 사회적 자본의 네트워크를 통해 다른 사회 구성원들에게 빠르게 확산될 수 있기 때문이다. 퍼트넘(1993: 175)이 말한 대로 "다양한 사회적 균열을 가로지르는 시민적 참여의 네트워크는 더 넓은 범위에서 사회적 협력을 가능하게 한다." 새로운 아이디어가 창출되고 빠르게 확산·증폭되는 그룹지니어스 과정에서 상호신뢰의 네트워크는 매우 중요한 기능을 한다고 할 수 있다.

하지만 사회적 자본은 종종 그룹지니어스와 지역발전에 부정적인 영향을 미칠 수도 있다. 사회적 자본과 네트워크에 대한 기존의 연구들은 사회적 자본을 크게 두 가지 형태로 분류한다. 그 하나는 내부 지향적·결속적·폐쇄적 사회적 자본이고, 다른 하나는 외부 지향적·연계적·개방적 사회적 자본이다(Granovetter, 1982; Putnam, 1993; 이재혁, 1996; 이재열·남은영, 2008). 일반화된 교환에 기초를 둔 후자의 경우, 다양한 집단을 지역개발과 같은 집합행동에 동원할 수 있는 반면, 특수한 관계를 중시하는 전자의 경우에는 사회적 자본이 자기가 속한 연고 집단이나 이익집단의 배타적 이해관계를 위해서만 사용될 소지가 크다.[7] 만약 사회적

7) 이것의 가장 대표적인 예가 이탈리아의 마피아 집단이다. 밴필드(Banfield, 1958)는 이러한 현상을 '비도덕적 가족주의(amoral familism)'라고 지적한 바 있다.

자본이 사적 · 연고 지향적 · 결속적 형태로 형성되어 있다면, 그 지역의 그룹지니어스 과정은 분절화된 다양한 이해관계의 충돌로 인해 크게 약화될 것이다.

2. 창조적 자본

경제발전과 인적 자본 간의 관계에 대한 연구들에 따르면, 지역의 경제성장은 시설이나 인프라에 대한 물적 투자가 아니라 높은 교육수준과 생산성을 갖추고 있는 인구의 집중도에 달려 있다(Becker, 1964; Schultz, 1961; Lucas, 1988; 김종구, 2007). 하지만 주지하는 바와 같이 지난 반세기 동안 지역 인재들이 꾸준히 유출되어 젊은 고학력자가 거의 남아 있지 않은 낙후지역에 인적 자본이론을 그대로 적용하기는 이론적으로나 현실적으로 적합하지 않다. 플로리다(Florida, 2002; 2005)는 최근의 저작에서 단순히 학력이나 기술로 측정되는 인적 자본보다는 개인의 경험과 학습 속에서 만들어진 창조적 능력, 즉 새로운 지식 · 기술 · 문화를 창조할 수 있는 창조적 자본이 혁신적 지역발전에 더 중요하다는 주장을 개진했다. 이와 비슷한 맥락에서 박준식 외(2009)는 낙후지역의 발전에 중요한 영향을 미칠 수 있는 것은 인적 자본의 창조적 요소, 즉 창조적 자본이라고 규정했다.

우리는 이러한 논의를 더욱 발전시켜 낙후지역의 발전에 있어서 중요한 창조적 자본은 개인이 소유하고 있는 자산(stock)으로서의 창조적 속성뿐만 아니라 학습모임과 연구모임 등에서 발현되는 집합적 흐름(flow), 즉 집합적 · 유동적 속성으로서의 창조성을 모두 포괄한다고 본다. 개인적 속성으로 창조적 자본을 이해할 때, 우리는 두 가지에 주목할 수 있다. 첫째는 지역의 생태적 · 문화적 조건을 잘 파악하고 있으며, 이를 활용한 혁신적이고 창조적인 아이디어를 만들어 낼 수 있는 인재가 존재하는가, 둘째는 새로운 아이디어를 공동체에 가지고 들어올 수 있는 귀향민이나 외지인이 존재하는가 여부이다. 하지만 이러한 유형의 인재들이 지역에 존재한다는 사실 자체보다는 이들이 학습모임이나 연구모임 등에서 만나 상호작용하고 협력하는 과정, 즉 흐름과 과정으로서의 창조적 자본이 더욱 중요하다. 지역에 대해 속속들이 알고 있는 사람들과 외부에서 새로운 아이디어를 가지고 들어온 사람들이 정보와 의견을 교환함으로써 새롭고 창조적인 아이디어가 실행 가능한 형태로 생산될 수 있기 때문이다. 버트(Burt, 1992)의 구조적 공백(structural holes)이나 그라노베터(Granovetter, 1982)의 "약한 연계의 강함"은 모두 사회적 연결망을 통해 새로운 정보와 경험, 지식이 유입되는 현상을 이론화하는 개념들이다. 이들은 사회적 자본이라는 관점에서 이 현상을 바라보고 있으며, 그러한 연결망의 특성을 가지고 있는 개인이 누리는 이득에 분석의 초점을 두고 있다. 하지만 이 연구는 여기서 나아가 동질적인 개인 간의 비교적 강한 결속을 특징으로 하는 농촌 공동체에 외지인의 이질적인 경력과 경험과 지식이 유입되는 경우, 그리고 특히 이들이 지역발전을 위한 각종 모임을 통해 농촌 공동체에 유기적으로 결합되는 경우, 지역발전을 위한 창조적 기획이 만들어지고 실행될 수 있다고 본다. 그리고 이는 사회적 자본이 가져오는 이점 그 이상의 이점을 지역 공동체에 가져올 수 있을 것이다. 이런 의미에서 우리는 개인적 자산으로서의 창조적 자본과 흐름과 과정으로서의 창조적 자본을 동시에 고려할 필요가 있다.[8)]

---

8) 과정과 흐름으로서의 창조적 자본을 강조할 때, 사회적 자본과의 구분을 명확히 할 필요가 있다. 사회적 자본과 창조적 자본은 모두 행위자 간의 사회적 관계에 초점을 두고 있다는 점에서 유사한 개념이라고 볼 수 있다. 하지만 사회적 자본이 공공재의 생산을 가능하게 하는 행위자 간의 신뢰와 호혜적 관계의 사회적 연결망을 가리키는 것이라면, 창조적 자본은 서로 다른 배경과 지식을 가지고 있는 행위자 간의 공동학습

3. 리더십

사회적 자본과 창조적 자본이 낙후지역발전의 구조적 선행 조건이라고 한다면, 지역이 발전하기 위해서는 이러한 사회적 자본과 창조적 자본을 동원하고 새로운 사업기획을 만들어 내는 과정이 필요하다. 이 과정에서 중요한 것이 리더십이다. 리더십이 낙후지역개발에서 수행하는 역할은 다음과 같다(박준식 외, 2009).

첫째, 리더십은 지역사회가 당면한 문제와 이를 해결하기 위한 수단 그리고 장단기적인 목표를 제시함으로써 사업의 불확실성을 낮추고, 참여에 따르는 비용과 불안감을 감소시킨다. 둘째, 리더십은 "중립적인 대중을 헌신과 충성심을 갖춘 참여자"로 바꾸어 주고, 따라서 리더들이 추진하는 사업은 "자발적이고 지속적인 지지"를 받을 수 있게 된다(Selznick, 1957: 150; Strang & Jung, 2005). 셋째, 핵심적 리더의 등장은 공동의 대의와 이를 위한 집합행동의 정당성을 증대시킴으로써 대중동원의 기반을 강화시킨다. 넷째, 리더십은 이러한 집합동원을 통해 지역개발을 위한 제도 혹은 체계를 만들어 낼 수 있다(Putnam, 2002: 17). 창조적 자본과 인적 자본을 적재적소에 배치하고 이들 간에 유기적 결합을 만들거나 지역사회 내에 구축되어 있는 네트워크들을 연결하여 협력적인 지역발전 시스템을 구성할 수도 있다. 마지막으로 리더십은 다양한 집단의 이해관계를 조율하고 갈등을 관리하는 역할을 수행한다. 이는 특히 낙후지역개발에 있어서 매우 중요한 요소인데, 중앙정부나 지자체로부터 지원되는 재정적 · 물질적 자원을 어떻게 분배(혹은 사용)할 것이며 개발의 우선순

(collective learning)과 협력적 연구를 통해 나타나는 창조적인 집합 지식과 그 과정을 의미한다. 사회적 자본과 창조적 자본을 경험적으로 완벽하게 구분하는 것이 쉽지 않다 하더라도 개념적으로 이 둘은 명확히 구분되어야 한다.

위를 어떻게 정할 것이냐를 놓고 마을 간 혹은 이해집단 간에 갈등이 첨예하게 대립되는 경우가 흔하기 때문이다.

일반적으로 리더십에는 세 유형이 있다(Lewin, Lippit, & White, 1939). 첫째는 리더가 집단 참여자들과의 긴밀한 상호작용 없이 독단적으로 의사결정을 내리는 독재적(autocratic) 리더십으로서, 이러한 리더십은 집단 성원들의 불만과 성원들 간에 균열을 가져올 가능성이 크다. 독재적 리더십은 성원들의 의사결정에 대한 동기가 약하거나 정보와 자원의 투입이 극히 적은 경우 효과적이다. 둘째, 독재적 리더십과는 정반대 형태의 리더십으로서, 의사결정에 대한 리더의 개입을 최소화하고, 성원들로 하여금 최종적인 결정을 내리도록 하는 자유방임적(laissez-faire) 리더십이다. 이러한 리더십은 성원들이 집단의 이슈에 대한 참여 동기가 매우 강하고 합의를 이끌어 낼 수 있는 능력이 있는 경우에 매우 효과적이다. 셋째, 리더가 성원들의 의견과 정보를 적극적으로 활용하고 이를 종합하여 그룹 내에서 집단적 합의를 이끌어 내는 형태의 민주적(democratic) 리더십이다. 민주적 리더십은 개인이 가지고 있는 적은 양의 창의성을 긴밀한 네트워크 속에 연결하여 집단적 창의성으로 증폭시키는 그룹지니어스 과정과 가장 친화력이 높은 리더십 유형이라고 할 수 있다. 낙후지역의 발전에 필요한 민주적 리더십은 헌신과 열정, 추진력뿐만 아니라 주민들 간의 상호작용과 협력을 촉진하는 능력 그리고 개인적 창의성이 부족한 주민들을 창조적 토론으로 이끌 수 있는 이니셔티브 등이 중요하다고 할 수 있다.

4. 혁신적 기획

주민들 사이에 신뢰와 협조의 네트워크가 형성되어 있고 창조적 활동이 활발히 전개되며 리더가 출현하여 사회적 자본과 창조적 자본을 동원하고 조직하게 되면, 지역발전을 위한 혁신적 기획이 만들어질 수 있다. 혁신적 기획이란 주민들이 자발적으로 참여하는 각종 연구모임이나 학습모임에서 활발한 토론이 진행되고 흩어졌던 정보와 아이디어가 결합하여 가공됨으로써, 전통적인 발전 전략을 뛰어넘는 창의적인 발전 계획이 수립되는 과정을 의미한다. 이런 의미에서 혁신적 기획은 그룹지니어스 과정에서 가장 핵심적인 부분이라고 할 수 있다. 지역발전을 위한 혁신적 기획은 소수의 개인이 소유하고 있는 천재성에 의해서가 아니라 다수의 보통사람이 자유롭고 동등한 협력과 학습, 토론에 참여하여 서로가 가진 정보와 의견을 교환하고 상대방의 창조적 능력을 자극·촉발하는 집단적 과정에 의해 만들어진다(Sawyer, 2007; Suroweicki, 2004; Tapsott & Williams, 2006). 이러한 모델은 젊은 고학력자들이 모두 빠져나가 비범한 천재들이 남아 있지 않은 농어촌 낙후지역에서 창조적이고 혁신적인 기획이 만들어지는 과정을 설명하기에 적절한 모형이라고 판단된다.

5. 산업융·복합 프로젝트

그룹지니어스 과정의 마지막 단계는 혁신적 기획이 구체적인 프로젝트로 추진되는 단계이다. 낙후지역의 경우 그동안 지역 축제, 지역특산물 유통, 농촌체험 프로그램 등 다양한 형태의 사업들이 기획되고 실행되어 왔다. 이러한 사업의 핵심은 농어업 등의 1차 산업, 농산품가공 등 2차 산업, 유통·마케팅·홍보·체험 등 3차 산업이 얼마나 유기적으로 결합되는가에 달려 있다. 물론 다양한 형태의 지역개발 프로젝트가 만들어질 수 있지만, 그 핵심은 산업 간 창조적 연계를 통해 나타나는 경우가 많다. 전통적인 농촌지역개발사업은 품종개량, 농기구 지원 등을 통해 농업생산성을 증대시키고 농가소득을 향상시키는 데 초점을 두고 진행되었다. 농업발전이 농촌의 발전이라는 등식을 가정했던 것이다. 하지만 신활력사업은 공간으로서의 농촌, 산업으로서의 농업, 주체로서의 농민을 동시에 주목하는 사업이다. 특히 농촌공간을 식량 자원뿐만 아니라 생태 · 문화 · 관광 자원의 저수지로 보고 다양한 산업들을 연계하여 이러한 자원들을 보다 풍부하게 활용할 수 있는 융 · 복합적 프로젝트를 만들어 내도록 유도하고 있다.

이상의 다섯 가지 요소는 지역발전에 그 자체로 매우 중요한 요소들이지만, 우리는 이 요소들이 인과적 연쇄를 통해 지역발전의 성과에 영향을 준다고 본다. 본 연구가 설정한 그룹지니어스의 과정은 다음의 [그림 3-3]과 같다. 사회적 자본과 창조적 자본은 지역발전을 위한 연성 자본이라는 점에서 이들을 외생변수로 설정하고, 신뢰와 호혜적 협력을 가능하게 하는 사회적 자본과 개인적 · 집단적 창조성으로 구성되는 창조적 자본으로부터 지역사회의 자생적 리더십이 출현한다고 본다. 위로부터 '임명'되는 리더와는 달리 민주적 형태의 자생적 리더는 주민들 간의 신뢰와 협력에 기초한 사회적 관계로부터 출현할 가능성이 높다. 또한 학습모임이나 연구모임이 활발하게 전개되면 이로부터 주민들 간의 의견과 창의적 아이디어를 창조적으로 결합하고 추진할 민주적 리더십이 출현하게 될 것이다. 이런 의미에서 사회적 자본과 창조적 자본은 지역사회발전을 주도할 리더십의 출현을 위한 전제조건이라고 할 수 있다. 또한 새로운 아이디어가 혁신적 기획으로 만들어지는 과정은 사회적 자본, 창조적 자본 그리고 리더십에 의해 영향을 받는다. 지역발전의 사회적 인프라라고 할 수 있는 사회적 자본과 창조적 자본은 그 자체로 혁신적 기획을 창출해 낼 수 있지만, 다른 한편 주민들의 다양한 생각과 경험을 동원하고 지역발전사업에 대한 헌신을 유도할 수 있는 민주적 리더십이 존재할 때 그 효과가 증폭될 수 있을 것이다. 혁신적 기획은 리더와 주민들의 긴밀한 상호작용 속에서 다양한 형태의 산업융합적 프로젝트로 구현되어 실행되고, 그 결과 지역발전의 성과가 나타나게 된다.

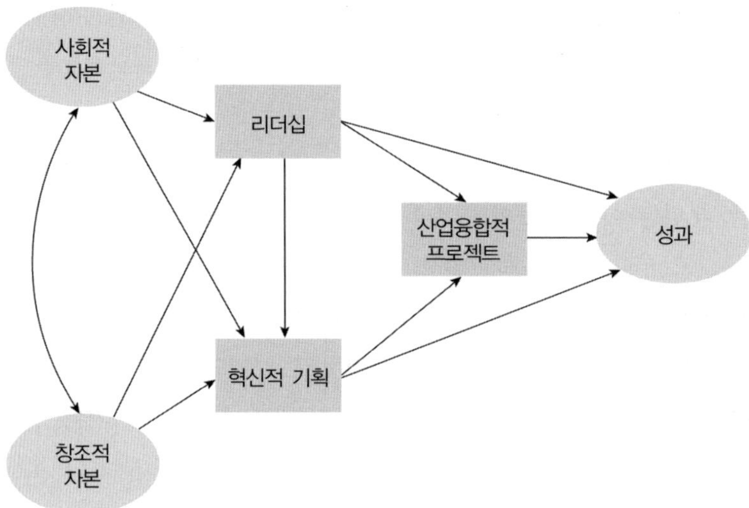

[그림 3-3] 낙후지역발전의 분석틀

IV. 자료와 방법론

1. 자료

이러한 그룹지니어스 모델이 낙후지역의 발전에 어떠한 영향을 주는지, 보다 구체적으로 어떠한 기제가 이 과정에 개입되는지 알아보기 위해 2009년 2월부터 4월까지 신활력사업 대상 지역 20개를 선정하여 신활력사업에 직접 참여하고 있는 지역 주민, 신활력사업 업무를 맡고 있는 공무원, 이 사업의 자문과 교육에 참여하는 외부 전문가에 대한 설문조사를 실시했다.

설문조사 대상 지역은 신활력사업 연도별 평가 자료에 대한 분석을 통해 선정되었다. 자료에 대한 분석을 통해 사업 초기부터 꾸준히 좋은 성과를 내고 있는 지역, 초기에 비해 성과가 향상되는 지역, 초기에 비해 성과가 떨어지는 지역, 마지막으로 초기부터 꾸준히 성과가 좋지 않은 지역을 각 5개씩 선정하였다. 각 지역별로 지역 주민 12명, 지자체 공무원 5명, 외부 전문가 3명씩을 전략적으로 표집하였다. 그런 다음 각 지역 지자체 공무원 1명과 외부 자문위원 1명씩으로 하여금 각 지역별 설문조사를 관리하게 했다. 설문조사는 담당공무원에게 설문지를 발송하여 참여자들을 대상으로 조사를 실시하게 한 뒤 되돌려 받는 우편조사와 연구자들이 직접 방문하여 해당자들을 조사하는 면접조사를 병행하였다. 조사 결과 당초 예상보다 많은 총 512부의 설문지가 수거되었다. 이 중 충실하게 응답하지 않았거나 변수 중 하나 이상에 응답하지 않은 사례를 제외하고 총 448개의 설문지가 분석에 사용되었다.

2. 종속변수

이 논문에서 사용된 종속변수는 신활력사업 성과에 대한 응답자들의 평가로서 신활력사업이 주민들의 의식수준 향상, 지역발전에 대한 의욕 고취, 지속적인 학습과 창의적 제안, 주민화합과 상호신뢰 증진, 마을 리더를 비롯한 인재 육성 등의 측면에서 얼마나 효과적이었는지를 5점 척도로 평가하도록 하여 이 5개 문항에 대한 응답을 합산하여 구성했다. [그림 3-4]의 첫 번째 그림에서 보는 바와 같이 이 문항에 대한 응답은 신활력사업의 평가에서 높은 점수를 받은 상위지역과 낮은 점수를 받은

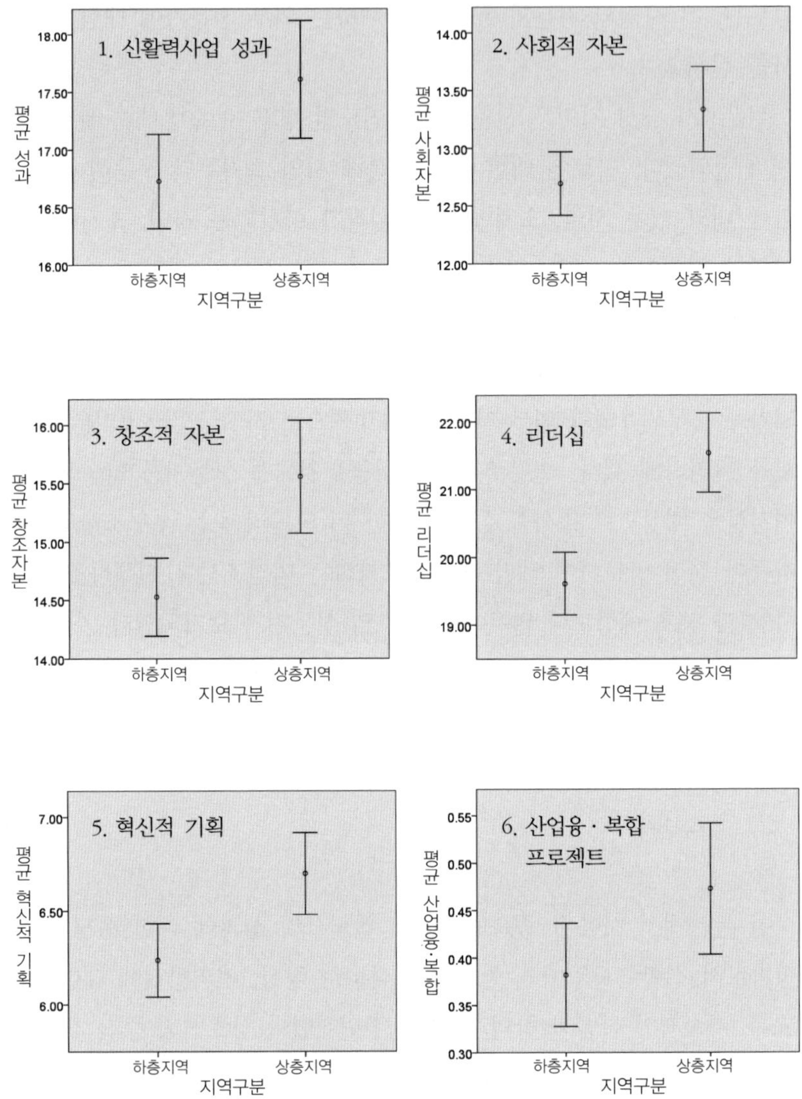

주 : 각 그림은 해당 변수의 평균값(가운데 원)과 95% 신뢰구간을 표시
산업융·복합은 1+2+3차 융·복합의 비율

[그림 3-4] 상층지역과 하층지역의 주요 변수 비교

하위지역들 간에 적지 않은 차이를 보이고 있다.[9] 상위지역에 속한 응답자들은 이 사업의 효과성에 평균적으로 17.6점을 주었으나, 하위지역에 속한 응답자들은 16.7점을 주었다.

효과성에 대한 평가와는 별도로 이 논문은 신활력사업을 기존의 지역개발사업과 비교하고, 이 사업의 미래를 예측하기 위해 두 가지 종속변수를 추가적으로 구성하였다. 그 하나는 신활력사업을 기존의 다른 지역개발사업과 비교하는 것으로서 이 사업이 과거의 사업에 비해 우수하며 의미 있는 성과도 내고 있다고 답한 경우 1, 그렇지 않은 경우 0으로 범주화했다. 64%의 응답자가 기존 사업에 비해 진일보했으며 유의미한 성과를 냈다고 답했으며, 나머지 36%는 이전 사업과 별 차이가 없거나 진일보했더라도 성과의 차이는 별로 없다고 답했다. 다른 하나는 신활력사업의 미래에 대한 의견 및 태도로서 신활력사업이 향후 지역경제 활성화에 기여할 것이라고 보는지 그리고 사업을 지속할 의지가 있는지를 묻는 두 개 문항을 합산하여 구성되었다.

3. 독립변수

사회적 자본과 지역발전에 관한 논의는 지역발전에 필요한 공공재의 생산이 지역 주민들 사이에 견고하게 형성되어 있는 신뢰와 호혜의 연결망에 의해서 가능하다고 본다. 이 연구에서는 주민들 간의 신뢰도, 마을의 일에 대한 협력의 정도, 마을 사람들과의 친밀도, 이웃 마을 사람들과의 친밀도 등에 관한 5점 척도를 합산한 점수로 사회적 자본을

9) 상위지역은 지속적으로 높은 성과를 내는 집단과 초기에는 성과가 낮지만 갈수록 높은 성과를 내는 상향집단으로 구성된다. 반면에 하위지역은 지속적으로 낮은 성과를 보이는 집단과 처음에는 성과가 좋지만 시간이 지날수록 성과가 크게 떨어지는 하향집단으로 구성된다.

측정하였다. [그림 3-4]에서 보면 지역발전 성과가 높은 지역의 사회적 자본 점수는 13.3, 성과가 낮은 지역의 사회적 자본 점수는 12.7로 두 집단 간의 차이는 통계적으로 유의미했다. 또한 중간집단 수준에서 사회적 자본을 측정하기 위해 공적 결사체와 사적 연고단체가 지역에서 얼마나 활발하게 활동하고 있는지를 물었다. 〈표 3-1〉을 보면 상층지역의 경우 공적 결사체가 비교적 활발하게 활동하고 있는 반면, 하층지역의 경우 이런 결사체가 거의 활동을 하지 않거나 있다 하더라도 공적 결사체보다는 사적 연고단체 중심으로 활성화되어 있는 것으로 나타났다.

〈표 3-1〉 지역 구분에 따른 중간집단의 활성화 정도

중간집단 활성화의 형태	지역		계
	하층지역	상층지역	
공적/연고 모두 비활성화	158(51.5%)	85(41.9%)	243(47.5%)
사적 연고단체만 활성화	56(18.1%)	30(14.8%)	86(16.8%)
공적 결사체만 활성화	28(9.1%)	33(16.3%)	61(11.9%)
공적/연고 모두 활성화	67(21.7%)	55(27.1%)	122(23.8%)
합	309(100.0%)	203(100.0%)	512(100.0%)

주 : 카이제곱=9.86 (df=3) ; p < .02

그룹지니어스 과정의 핵심 요소인 창조적 자본은 서로 다른 경험과 생각이 창조적 방식으로 결합하는 것을 전제한다. 전통적인 농촌 공동체는 일반적으로 기계적 연대의 사회라는 점에서 창조적 자본이 형성될 가능성이 낮다. 하지만 농촌 이외의 지역에서 다양한 경험을 축적하고 신선한 시각을 소유한 외지인이 지역에 유입되고, 이들이 지역의 일에 적극적으로 참여하며 연구모임이나 학습모임에서 이들의 경험과 생각이 원주민의

그것들과 결합하는 과정이 곧 지역의 창조적 자본이라고 할 수 있다. 이와 같은 창조적 자본의 개념적 정의를 고려하여 이 연구에서는 귀향민이나 외지에서 이사 온 사람들이 지역의 일에 얼마나 참여하는지에 대한 3개 문항과 연구모임이나 학습모임의 활성화 정도에 관한 2개 문항 등 총 5개의 5점 척도 문항을 합산하여 창조적 자본 변수를 구성하였다.[10] [그림 3-4]의 세 번째 그림에서 보는 바와 같이 상층지역이 하층지역보다 창조적 자본 지수가 유의미하게 높은 것으로 나타났다.

그룹지니어스 과정에서 특히 중요한 리더십은 창조적인 아이디어와 기획 능력과 더불어 지역 내외의 행위자들 간의 커뮤니케이션을 원활히 할 수 있는 형태의 민주적 리더십이다. 이 연구에서 리더십은 5점 척도로 이루어진 지역 리더 평가 6개 항목(주민들과의 의사소통, 지역발전을 위한 제안과 기획, 마을에 대한 헌신과 열정, 지역개발사업의 추진력, 지자체와의 원만한 관계)을 합산한 점수를 활용했다. 리더십 점수는 상층지역 21.5, 하층지역 19.6으로 통계적으로 매우 커다란 차이를 보이고 있다. 리더십이 지역발전에 매우 중요하다는 것을 의미한다. 혁신적 기획의 척도는 지역개발사업을 계획하는 과정에서 토론이나 창의적인 제안이 얼마나 활발한지 그리고 이러한 창의적 제안이 사업기획으로 발전하는 사례들이 많은지 등 2개의 5점 척도 문항을 합산하여 구성했다. [그림 3-4]에서 보는 바와 같이 비교적 우수한 성과를 낸 상층집단은 이 변수의 평균값이 6.7이었고 하층집단은 6.2였으며, 이 차이는 통계적으로 유의미했다. 창의적 토론이 활발하게 이루어지고, 이것이 사업으로 발전하는 낙후지역이 그렇지 못한 곳에 비해 지역발전의 성과가 높다는 의미라고 하겠다.

---

10) 인적 자본이나 사회적 자본과는 달리 창조적 자본에 대해서는 아직 학계에서 폭넓은 논의가 이루어지지 않고 있으며, 따라서 이를 어떻게 측정할 것인지에 관해서도 다양한 접근이 있을 수 있다. 앞으로 많은 논의를 통해 개념을 보다 명확히 할 뿐만 아니라 표준화된 측정방법도 개발할 필요가 있다.

마지막으로 산업융·복합은 "일반적인 산업분류로 볼 때 귀하가 거주하고 계시는 지역에서 진행되고 있는 신활력사업이나 지역개발사업은 어떤 유형에 속합니까?"라는 질문에 대해 1+2+3차 산업이 융합된 경우와 그렇지 못한 경우를 나누어 가변수로 만들었다. [그림 3-4]에서는 상층지역과 하층지역 간에 미세한 차이가 있었지만, 유의미한 차이는 발견되지 않았다. 그 이유는 여러 가지가 있을 수 있지만 중요한 한 가지는 모방 효과 때문일 가능성이 있다. 예를 들어 1+2+3차 융합의 전형적인 예라고 할 수 있는 지역특산물 판매는 일부 지역의 성공에 뒤이어 많은 지역으로 유행처럼 번지고 있다. 따라서 상층지역이나 하층지역 모두 산업융합적 프로젝트를 실시할 가능성은 높다. 하지만 문제는 얼마나 '창조적'으로 결합되어 있는가이며, 창조적 결합은 사회적 자본이나 창조적 자본·리더십 그리고 혁신적 기획의 네 가지 요소에 의해서 영향을 받게 된다. 따라서 단순히 산업융합적 프로젝트를 실행하느냐보다는 그것이 얼마나 창조적인 성격을 가지고 있느냐가 중요하다는 것이다. 이에 대한 고찰을 위해서는 다양한 사례에 대한 깊이 있는 연구들이 뒤따라야 하겠지만, 이 논문에서는 그룹지니어스를 구성하는 다른 요소들을 동시에 고려한 다변량 분석을 실시하여 이 문제를 다루고자 한다.

V. 다변량 분석

1. 경로 분석

[그림 3-3]에 제시된 낙후지역발전의 분석틀의 적합성을 경험적으로 확인하기 위해 우선 경로 분석을 실시했다. 경로 분석은 일반적으로 변

수들 간의 인과적 연쇄를 확인하고자 할 때 간편하게 활용될 수 있지만, 모형에 포함되지 않은 누락변수들이 모형에 포함된 변수들과 독립적이지 않을 경우 문제가 발생하게 된다. 이러한 문제를 고려하여 이 연구에서는 우선 경로 분석을 통해 분석틀의 적합성을 살펴본 후, 응답자의 특성 등을 모형에 추가한 회귀 분석을 실시하고자 한다. [그림 3-5]에 제시된 경로 분석의 결과는 사회적 자본, 창조적 자본, 리더십, 혁신적 기획, 산업융합적 프로젝트 등으로 구성되는 그룹지니어스 과정이 낙후지역의 발전에 매우 커다란 영향을 주고 있음을 보여 준다. 분석에 따르면 지역에 형성된 사회적 자본과 창조적 자본은 각각 리더십과 혁신적 기획에 모두 유의미한 영향을 주고 있다. 리더십은 한편으로는 창조적 아이디어가 구체적인 기획으로 발전하는 혁신적 기획을 가져오고 이를 통해 지역발전 성과에 영향을 주기도 하지만, 다른 한편으로는 리더십 자체가 성과를 가져오는 데 직접적인 영향을 주기도 한다. 혁신적 기획은 산업융합적 프로젝트를 거쳐서 지역발전 성과에 영향을 주는 간접효과와 혁신적 기획이 성과에 직접적으로 영향을 주는 직접효과 모두 있는 것으로 나타났다.

사회적 자본과 창조자본이 성과에 미치는 직접적인 효과를 가정하지 않은 이 모형에서 두 요소의 상대적 중요성을 비교하기 위해서는 리더십, 혁신적 기획, 산업융합적 프로젝트를 거쳐서 성과에 영향을 주는 간접효과를 계산할 필요가 있다. 우선 사회적 자본의 경우 간접효과는 총 .133, 창조적 자본의 간접효과는 .333으로 나타났다. 다시 말하면 그룹지니어스 과정에서 사회적 자본도 매우 중요하지만, 더욱 중요한 것은 창조적 자본이라고 할 수 있다. 특히 창조적 자본이 혁신적 기획을 거쳐 성과에 주는 간접효과가 .17로서 매우 높은 것을 볼 때, 학습모임이나 연구모임은 그룹지니어스 과정이 출발하는 기원지로서 매우 중요한 의미를 지닌다고 하겠다. 사회적 자본에 비해 창조적 자본의 효과가 큰 것은 크게 두 가지로 해석할 수 있다. 첫째, 지역발전에 있어서 상대적으로 동질적인 구성원 간의 조밀한 연결망도 중요하지만, 이질적인 배경과 경험을 갖고 있는 외지인들로부터 투여되는 새로운 관점과 아이디어의 양과 질이 더욱 중요하다는 것이다. 둘째, 지역민 간의 일반적인 신뢰와 호혜성도 필요하지만 지역발전에 있어서 더욱 중요한 것은 학습모임과 연구모임에 직접적으로 간여하는 지역민 간의 긴밀한 상호작용이라는 점이다.

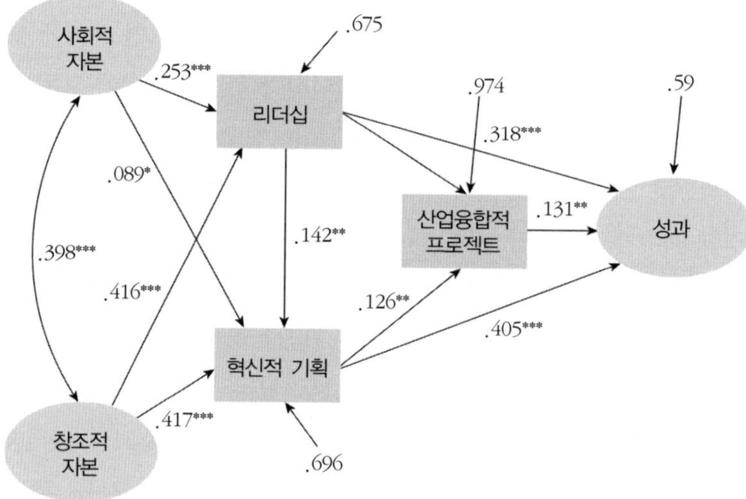

[그림 3-5] 그룹지니어스 모델에 따른 경로 분석

2. 지역발전 성과에 대한 회귀 분석

성과에 영향을 주는 독립변수들 간에는 비교적 높은 상호의존성이 있을 수 있으며, 응답자의 개인적 특성들이 응답에 영향을 주었을 가능성 또한 적지 않다. 하지만 이변량 분석과 경로 분석은 이러한 문제에 대처하기에 한계가 따른다. 이러한 문제를 해결하기 위해 여기에서는 성, 연령, 교육, 소득 등의 개인적 특성을 통제변수로 활용하여 성과에 대한 다중회귀 분석을 실시했다. 우선 첫 번째 모형에서는 통제변수로만 구성된 회귀식을 설정하였으며, 두 번째 모형에서는 핵심적 독립변수들 즉 사회적 자본, 창조적 자본, 리더십, 혁신적 기획 및 산업융·복합을 추가해 보았다. 세 번째 모형에서는 낙후지역발전에 있어서 사회적 자본의 역할을 좀 더 명확히 살펴보기 위해 중간 조직 수준의 사회적 자본 변수들을 포함하였다. 마지막 네 번째 모형에는 신활력사업 평가에서 높은 점수를 받은 지역(상층지역)을 가변수로 만들어 추가해 보았다.

〈표 3-2〉의 다중회귀 분석 결과는 앞서 분석한 이변량 분석이나 경로분석과 대체로 일치하는 것으로 나타났다. 통제변수만을 활용한 모형1을 보면, 응답자의 성과 연령은 유의미한 효과가 없었지만, 교육연수와 월평균 소득은 성과에 대한 평가를 예측하는 유의미한 변수로 확인되었다. 학력이 높고 소득이 높은 사람들이 신활력사업의 성과를 높게 평가하고 있었다. 소득의 경우 독립변수들을 포함한 모형2부터는 그 유의미성이 사라지는 반면, 교육의 경우는 다른 독립변수들과 독립적으로 성과변수에 커다란 영향을 주는 것으로 나타났다. 교육의 효과는 두 가지로 설명이 가능하다. 우선 교육수준이 높을수록 리더나 핵심 참여자로 사업 전반에 깊숙이 개입해 있을 가능성이 크고, 따라서 사업의 전개 과정에서 나타나는 미세한 변화들을 보다 정확히 포착할 수 있다는 점이다. 둘째, 리더로서 혹은 외부 전문가로서 사업을 주도하는 위치에 있는 고학력자들은 자기후원적 편의(self-serving bias)를 보일 가능성이 크다(Wagner & Gooding, 1997). 즉 자신이 주도하는 사업에 대해 효과를 높게 평가할 수 있다는 것이다. 외지 생활 경험은 유의미하지는 않지만 음(−)의 효과가 있었다. 이는 외지 생활을 경험한 사람들의 경우 비교집단이 자신이 과거에 거주했던 지역이기 때문일 가능성이 있다.

〈표 3-2〉 지역발전사업 성과에 대한 회귀 분석 결과

	모형 1	모형 2	모형 3	모형 4
성별(여성=1)	-.282 (-.666)	.165 (.511)	.166 (.516)	.164 (.507)
연령	.028 (1.363)	.025 (1.645)	.024 (1.588)	.026* (1.694)
교육연수	.269*** (4.211)	.247*** (4.888)	.246*** (4.842)	.246*** (4.858)
월평균소득	.002* (2.087)	.000 (-.212)	.000 (-.269)	.000 (-.229)
외지생활 유무	-.487 (-1.425)	-.103 (-.390)	-.115 (-.435)	-.104 (-.395)
사회적 자본		.191** (3.164)	.180** (2.959)	.181** (2.987)
공적 결사체 활성화			.628* (2.037)	.663* (2.140)
사적 연고단체 활성화			-.210 (-.744)	-.224 (-.791)
창조자본		.179** (.3.364)	.158** (.2.924)	.158** (.2.915)
리더십		.208*** (5.508)	.209*** (5.562)	.216*** (5.662)
혁신적 기획		.657*** (6.985)	.637*** (6.756)	.636*** (6.738)
산업융·복합		.560* (2.090)	.571* (2.127)	.597* (2.215)
상층지역				-.289 (-1.075)
상수	11.959*** (7.927)	-1.367 (-.936)	-.859 (-.581)	-.995 (-.671)
N	448	448	448	448
R^2	0.061	0.465	0.470	0.471

주 : ( )는 t-값을 나타냄

* p < .05 ; ** p < .01 ; *** p < .001 (one-tailed test)

모형2에서는 이러한 통제변수를 유지한 채 5개의 핵심적 독립변수를 모형에 추가했다. 통제변수들이 신활력사업에 대한 평가에 있어서 응답자들의 특성과 위치에 따른 변이를 상당 부분 흡수하기 때문에 사회적 자본, 창조적 자본, 리더십, 혁신적 기획, 산업융·복합 등의 변수가 보이는 효과는 보다 객관적인 평가에 근접한 것이라고 볼 수 있다. 새로 추가된 5개의 변수는 모두 신활력사업 성과에 대한 평가에 긍정적 영향을 주는 것으로 나타났다. 주민들 간의 신뢰와 협조에 기반한 사회적 자본이 두텁게 형성되어 있을수록 그리고 창조적 인재가 비교적 많고 이들과 지역 주민이 연구모임이나 학습모임에 적극적으로 참여할수록 지역발전의 성과가 높은 것으로 응답했다. 또한 주민들 간의 상호작용을 원활히 하고 집단 지성을 이끌 수 있는 리더가 존재하는 지역, 학습모임과 연구모임에서 활발한 토론과 제안이 나오고 이것을 지역발전 기획으로 전환시킬 수 있는 지역, 마지막으로 혁신적 기획을 구체적인 프로젝트로 구현할 수 있는 지역 등이 성과가 높은 것으로 나타났다.

사회적 자본은 신뢰와 협조, 협력에 기초한 그룹지니어스 과정의 토대이다. 하지만 많은 학자는 사회적 자본이 가지고 있는 부정적 측면에 주목하기도 한다. 내집단의 이익을 위해서만 사용되는 폐쇄적 형태의 사회적 자본은 지역사회발전이라는 공공재의 생산보다는 집단 간 분열과 갈등을 초래할 수 있기 때문이다. 이를 알아보기 위해 모형 3에서는 퍼트넘(Putnam, 1993)이 시민 공동체의 근간이라고 보았던 공적 결사체의 활성화 여부 그리고 폐쇄적이며 내집단 지향적인 사회적 자본의 원천이라고 여겨지는 사적 연고단체의 활성화 여부를 가변수로 만들어 추가해 보았다. 지역에 영농단체, 마을개발위원회, 봉사단체 등 각종 공적 결사체가 활발하게 활동하고 있다고 답한 응답자들은 신활력사업의 성과에 대해서 긍정적으로 평가하고 있었다. 하지만 친목회, 종친회, 동창회 등 내

집단의 이익을 우선시하는 사적 연고단체의 활성화와 신활력사업 성과 간의 관계는 부정적인 것으로 나타났다. 지역발전에 기여하는 사회적 자본은 다양한 집단의 참여와 협조를 가능하게 하는 공적 단체들을 통해 형성되고 동원된다는 것을 의미한다고 하겠다.

이러한 주장을 좀 더 명확히 하기 위해 [그림 3-6]을 제시했다. 이 그림에서는 우선 공적·개방적 사회적 자본과 사적·폐쇄적 사회적 자본을 구분하였다. 전자는 회귀 분석에서 사용된 사회적 자본을 그대로 사용했으며, 후자는 두 가지 문항("친한 사람들과만 어울린다"에 대한 5점 척도와 "주민들 간의 다툼이나 갈등이 어느 정도 발생하는지"에 대한 5점 척도)을 합하여 구성한 것이다. 사회적 자본의 형성기제로서 중간 조직의 역할을 알아보기 위해 공적 결사체의 활성화 정도와 사적 연고단체의 활성화 정도를 교차하여 네 가지 유형을 만들었다. 즉 지역 주민을 묶어 줄 만한 중간 조직이 거의 활성화되어 있지 않은 지역, 사적 연고단체를 중심으로 조직화되어 있는 지역, 공적 결사체가 사회 조직의 근간을 이루고 있는 지역 그리고 두 가지 형태 모두 활발하게 활동하고 있는 지역으로 나누었다. 이 네 가지 유형별로 사적·폐쇄적 사회적 자본과 공적·개방적 사회적 자본의 평균값을 계산하여 원점으로 그 위치를 표시하고 이와 더불어 95% 신뢰구간을 그 주위에 표시했다. 마지막으로 각 유형별로 신활력사업의 성과를 비교하기 위해 그 평균값을 표시해 보았다. 네 가지 유형의 95% 신뢰구간이 전혀 겹치지 않는다는 점에서 사회적 자본의 구축 형태가 이 네 가지 유형 간에 매우 상이하다고 판단할 수 있다.

우선 사적 연고단체나 공적 결사체와 같이 지역 주민을 묶어 줄 사회 조직이 붕괴되어 있는 지역, 즉 주민들이 원자화되고 개별화되어 있는 지역이나 사적 연고단체를 중심으로 주민들의 연대가 형성되어 있는 지역은 주민들 간의 갈등과 균열이 큰 반면에, 다양한 집단을 가로지르는 개방적 사회적 자본이 형성되어 있지 않는 것으로 나타났다. 반면에 공적 결사체가 활발히 활동하는 지역들은 주민들 간의 폭넓은 신뢰가 형성되어 있고, 공공의 사업에 협력하는 경향이 강한 것으로 드러났다. 이러한 결과는 토크빌이나 퍼트넘이 밝힌 바와 같이 공적인 중간집단의 활발한 활동이 사회적 자본의 축적을 가능하게 하는 조직 수준의 기제라는 점을 다시 한 번 확인해 준다.

또한 그림에서 보는 바와 같이 이러한 지역들이 지역발전의 성과도 유의미하게 높은 것으로 나타났다. 공적 결사체가 사회적 자본의 축적뿐만 아니라 그 동원에 있어서도 매우 중요한 기능을 수행한다고 해석할 수 있을 것이다.

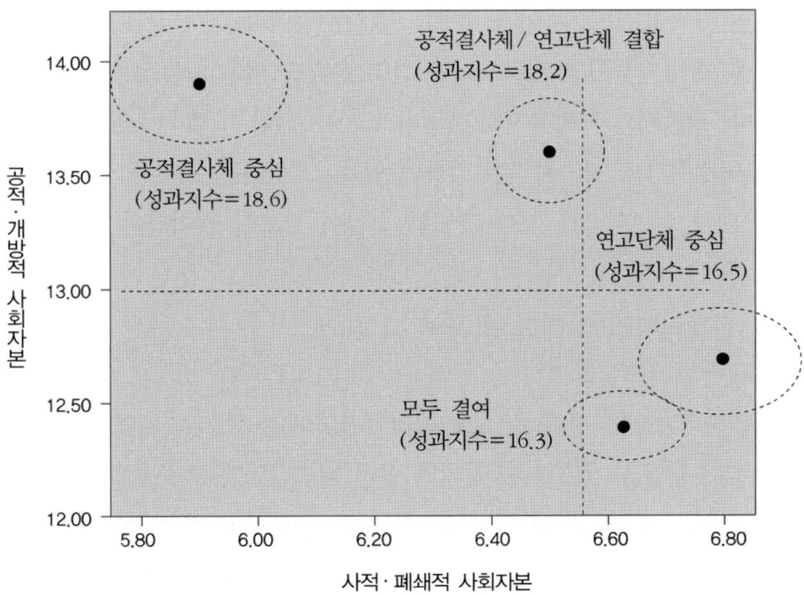

주 : 각 축의 점선은 전체 평균값이고 원은 95% 신뢰구간의 범위를 표시

[그림 3-6] 공적 결사체와 연고단체 활성화 정도에 따른 사회적 자본 형태와 발전 성과

모형4에서는 신활력사업 평가에서 높은 점수를 받은 지역과 낮은 점수를 받은 지역을 비교하기 위해 상층지역을 가변수로 추가했다. [그림 3-4]의 이변량 분석에서 상층지역이 하층지역에 비해 성과가 높게 나타났던 것과는 달리 회귀계수가 음의 값으로 나타났다. 예상과 다른 결과가 나온 것은 몇 가지로 설명이 가능하다.

첫째, [그림 3-4]에서 본 바와 같이 상층과 하층의 지역구분은 성과뿐만 아니라 대부분의 독립변수와 높은 상호의존성을 가지고 있다. 즉 다중공선성(multicollinearity)의 문제가 복합적으로 나타난 결과일 수 있다는 것이다.

둘째, 상층과 하층 지역의 구분이 신활력사업 평가자료를 활용한 반면에 설문조사는 주민, 공무원 등의 의견을 조사한 것이라는 점이다. 내·외부의 평가가 다소 차이가 날 수 있다는 것이다.

셋째, 응답자들이 대체로 자기후견적 응답을 했을 가능성을 배제하기 어렵다. 상층지역과 하층지역 응답자 모두 자신이 개입되어 있는 사업에 대해 긍정적으로 평가하려는 경향이 있을 수 있다는 것이다. 이러한 문제에 대해서는 앞으로 보다 면밀한 고찰이 필요할 것이다.

3. 신활력사업에 대한 평가와 그 미래

그룹지니어스를 통한 창조적 지역발전이라는 새로운 패러다임은 하향식 대중동원을 기조로 한 과거의 발전 패러다임과 본질적으로 커다란 차이를 보인다. 설문조사의 응답자들 중 신활력사업이 기존의 사업과 별 차이가 없다고 답한 응답자는 9.3%에 불과했다. 과거의 사업에 비해 진일보했지만 효과 면에서는 별 차이가 없다는 의견이 26.6%였고, 64.5%는 과거의 사업에 비해 진일보했으며 해당지역의 발전에 도움이 되었다고 답했다.

〈표 3-3〉의 첫 번째 모형은 과거의 사업에 비해 진일보했으며, 동시에 더 효과적이라고 답한 경우를 1로, 그렇지 않은 경우를 0으로 하는 이항변수를 구성한 뒤, 이를 종속변수로 한 로짓회귀 분석을 실시한 결과이다. 만약 신활력사업이 암묵적으로 가정한 바와 같이 그룹지니어스 과정을 핵심적 기제로 하고 있다면, 그룹지니어스 과정을 구성하는 요소들이 이 사업과 기존의 다른 사업 간 차별성을 설명할 수 있어야 한다.

분석 결과를 보면, 그룹지니어스의 구성 요소 중 창조적 자본과 혁신적 기획 그리고 산업융·복합이 이를 설명하는 유의미한 변수로 확인되었다. 하지만 사회적 자본과 리더십은 신활력사업의 차별성을 드러내는 변수가 아닌 것으로 나타났다. 이 결과는 신활력사업의 성격에 대해 매우 중요한 함의를 보여 준다.

다시 말하면 신활력사업은 집단적 창조활동과 이를 통한 혁신적 기획 그리고 산업융·복합 프로젝트 등 창조성이 다른 무엇보다도 강조되는 사업이라고 규정할 수 있다.

한편 사회적 자본이나 리더십은 신활력사업의 성과에 유의미한 영향을 주는 요인임에는 틀림이 없지만, 신활력사업과 기존의 다른 사업을 차별화시켜 주는 요소로 인식되지는 않는 것으로 볼 수 있다. 실제로 새마을 운동과 같은 관 주도적 하향식 사업에서도 지역 내에 존재하는 사회적 자본이 매우 중요한 역할을 했으며, 새마을 지도자와 같은 리더의 역할도 대단히 컸다는 연구들이 있다(유석춘·왕혜숙, 2006). 물론 그룹지니어스 과정에서 사회적 자본과 리더십이 덜 중요한 것은 아니지만, 신활력사업이 기존의 다른 사업과 차별화되는 특성은 집단적 창조활동이라는 점을 확인해 주는 결과인 것이다.

〈표 3-3〉 신활력사업과 기존 사업의 비교 및 향후 추진의지에 관한 분석

	기존 사업과의 비교 : 로짓 (1=더 효과적임)	신활력사업 향후 추진의지 (회귀 분석)
성별(여성=1)	-.498* (-1.70)	.035 (.20)
연령	-.003 (-.24)	.003 (.008)
교육연수	.013 (.27)	-.030 (-1.09)
월평균소득	-.000 (-.33)	.000 (.025)
외지생활 유무	.109 (.44)	.254* (1.76)
사회적 자본	.052 (.94)	-.047 (-1.43)
창조자본	.216*** (4.05)	.077** (2.69)
리더십	-.035 (-.99)	.043* (2.13)
혁신적 기획	.554*** (6.06)	.363*** (7.19)
산업융·복합	.520* (2.06)	.381** (2.60)
상충지역	.481* (1.89)	.284* (1.96)
상수	-6.300*** (-4.32)	3.845*** (4.84)
N	443	447
R^2(LL)	-217.4756	0.2826

주 : ( )는 t-값을 나타냄

* $p < .05$; ** $p < .01$; *** $p < .001$ (one-tailed test)

기존 사업과의 차별성에 관한 분석은 성과에 대한 회귀식과 비교할 때 한 가지 중요한 차이를 보여 준다. 즉 상층지역의 응답자와 하층지역의 응답자들은 성과에 대한 평가에서 커다란 차이를 보이지 않았지만, 차별성에 관한 의견에서는 통계적으로 의미 있는 차이를 보이고 있다. 신활력사업에서 높은 평가를 받은 지역의 응답자들은 이 사업이 기존의 다른 사업에 비해 상대적으로 더 효과적이라고 본다는 것이다. 그 이유에 대해서는 여러 가지 해석이 가능하겠지만, 한 가지 생각해 볼 수 있는 것은 단순한 효과 혹은 성과보다는 과거의 사업이라는 비교의 준거점이 주어졌을 때 그 효과를 더욱 명확히 판별할 수 있기 때문이라고 볼 수 있다.

그렇다면 응답자들은 신활력사업의 미래를 어떻게 보고 있을까? 이를 살펴보기 위해 "앞으로 신활력사업이 지역의 경제적 발전을 가져오는 데 기여하리라고" 보는지를 묻는 5점 척도 문항과 "재정 지원이 중단되더라도 현재 추진하고 있는 신활력사업의 사업추진 방식을 그대로 유지해야 한다고 생각하"는지를 묻는 5점 척도 문항을 합산하여 신활력사업의 미래에 대한 변수를 구성했다. 〈표 3-3〉의 회귀식을 보면, 대체로 앞의 회귀식들과 커다란 차이를 보이지 않고 있다. 즉 그룹지니어스의 과정이 안착되어 있는 지역의 응답자들이 이 사업에 대해 강력한 추진의지와 희망을 표출하고 있음을 알 수 있다. 이 분석에서도 창조성이 매우 중요한 요소임이 다시 한 번 확인되었으며, 산업융·복합의 유의미성이 앞의 회귀식에 비해 증가한 것은 이 사업의 미래 추진의지가 그룹지니어스 과정의 확실한 결과물이 존재할 때 더욱 강렬해진다는 것을 보여 주는 결과라고 할 수 있다. 상층지역에 속한 응답자들이 하층지역 응답자에 비해 신활력사업의 미래를 보다 긍정적으로 보는 이유도 여기에 있다고 하겠다.

Ⅵ. 결론 및 토의

그동안 산업화 패러다임에 입각한 지역발전론에 대한 대안으로 인적 자본과 사회적 자본의 역할과 기능을 강조하는 연구들이 꾸준히 이루어져 왔으며, 다양한 사례들에 적용되어 그 설명력이 입증되어 왔다(Becker, 1964; Putnam, 1993). 하지만 수십 년 동안 젊은 고학력 인구의 끊임없는 유출과 그로 인한 인적 자본의 고갈, 밀도 있는 전통적 공동체 네트워크의 약화로 인한 사회적 자본의 감소 등과 같은 현실적인 문제를 안고 있는 우리나라의 낙후지역에서는 산업화 패러다임뿐만 아니라 인적·사회적 자본 중심의 모델 역시 일정한 한계를 지닐 수밖에 없다. 이 논문은 낙후 농어촌지역발전의 새로운 패러다임으로 그룹지니어스 모델을 제시하고, 낙후지역의 주민 리더, 공무원, 외부 전문가에 대한 설문조사를 통해 이 모델의 적실성을 검토해 보았다. 그룹지니어스 모델은 발전에 있어서 혁신과 창조성의 역할을 강조하는 최근의 경향을 이어받으면서도, 창조성의 원천을 개인에게서 찾기보다는 과정과 흐름에서 찾는다는 점에서 새로운 접근법이라고 할 수 있다. 위대한 개인의 천재성보다는 보통사람들 간의 협력과 연계를 통한 집단적 천재성의 발휘가 지역발전에 더 중요하다는 것이 그룹지니어스 모델의 핵심이다.

분석 결과 신활력사업의 전개 과정에서 사회적 자본, 창조적 자본, 혁신적 기획, 리더십, 산업융·복합 프로젝트의 연쇄적 과정으로 이루어지는 그룹지니어스가 신활력사업의 효과를 강화시키는 것으로 나타났다. 신뢰와 협력의 사회적 관계가 잘 구축되어 있는 지역, 학습과 연구모임을 통해 공동체 외부의 새로운 아이디어를 흡수하고 다양한 정보를 공유·가공하여 혁신적 기획을 만들어 내는 지역, 지역에 대한 헌신과 열정, 강력한 추진력을 갖추고 주민들의 다양한 이해관계를 조율·조정할 수 있는 민주적 리더십이 구축되어 있는 지역, 마지막으로 사회적 자본과 창조적 자본에 기초한 혁신적 기획을 구체적인 지역개발 프로젝트로 구현하는 지역이 지역발전에 있어서 높은 성과를 보이는 것으로 나타났다. 이 연구의 분석 결과는 특히 낙후지역발전의 토대가 되는 두 가지 연성자본, 즉 사회적 자본과 창조적 자본과 관련하여 중요한 함의를 던져준다. 첫째, 지역 내에 존재하는 다양한 형태의 공적 결사체가 지역발전을 위한 대중동원의 기반이 된다는 것이 밝혀진바, 이는 퍼트넘을 비롯하여 사회적 자본과 지역발전의 관계를 연구한 학자들의 논의가 우리나라의 낙후지역발전에도 적용될 수 있다는 점을 보여 준다. 둘째, 그동안 지역개발에 있어서 사회적 자본의 중요성이 지속적으로 주목받아 왔지만, 본 연구의 결과는 사회적 자본만큼이나 창조적 자본도 낙후지역의 발전에 있어서 중요한 요소라는 점을 확인해 준다. 서로 다른 경험과 배경을 가진 사람들 간의 협력적인 토론과 자유로운 의견교환을 특징으로 하는 창조적 자본은 비단 낙후지역뿐만 아니라 우리 사회 전반의 발전이라는 관점에서도 앞으로 더 많은 학문적 · 실천적 관심이 필요한 영역이라고 할 수 있다.

지역 내부의 발전 역량을 강화하고 이를 기반으로 지역의 실정과 여건에 부합하는 지역개발사업을 아래로부터 수립하도록 한 신활력사업은 이러한 그룹지니어스를 그 핵심으로 하고 있다고 볼 수 있다. 4년째 접어든 신활력사업은 그동안 지지만큼이나 많은 비판을 받아 왔다. 특히 이 사업이 궁극적으로 지역의 이니셔티브라는 외피하에 낙후지역의 발전에 대한 국가의 책임을 지역으로 떠넘기는 신자유주의적 지역개발 정책임에 다름 아니라는 비판을 받기도 했다. 실제로 이 논문의 앞부분에 제시한 [그림 3-1]과 [그림 3-2]는 낙후지역 간에 새로운 형태의 편차가 나타나고 있음을 보여 주고 있다. 하지만 이 논문에서 수행한 다양한 분석을 보면, 이러한 격차가 나타나는 이유가 낙후지역발전의 책임을 지역에 떠넘겼기 때문이라기보다는 낙후지역발전을 위한 제도적 · 정책적 개입이 과거와는 다른 방식으로 이루어졌기 때문이라고 볼 여지가 크다. 과거의 정책들이 재정과 자원을 일률적으로 지원하고 동일한 형태의 인프라 및 하드웨어를 여건이 다른 각 지역에 무차별적으로 공급했던 것과는 달리 신활력사업은 지역의 실정에 맞도록 창조적 역량을 강화함으로써 내생적 발전의 동력을 마련하자는 취지를 가지고 있다. 그리고 분석의 결과를 보면 이 사업이 암묵적으로 가정하고 있는 그룹지니어스가 얼마나 잘 구현되는가에 따라 지역의 발전성과가 달라지고 있음을 확인할 수 있다.

하지만 신활력사업이 낙후지역들 간 발전성과에 차이를 가져오고 있음은 다분히 우려스러운 대목이라고 할 수 있다. 물론 이러한 격차가 낙후지역들이 전반적으로 낙후성을 탈출하는 가운데 나타나는 격차라면 크게 문제될 것이 없지만, 만약 이것이 낙후지역 간 빈익빈 부익부가 나타나는 전조라면 새로운 형태의 지역불균형 문제가 제기될 수 있기 때문이다. 따라서 이러한 편차의 본질이 무엇인지에 대해 향후 보다 면밀한 고찰이 이루어질 필요가 있다. 더불어서 신활력사업도 이러한 문제가 대두되지 않도록 보다 세련되고 효과적인 정책으로 진화할 필요가 있다. 각 지역이 수립하는 지역 특수적 개발 전략이 그룹지니어스라는 창조적 과정을 통해 진화하듯이, 신활력사업도 향후 창조적 진화의 길을 걸어야 할 것이다.

이 연구가 설문조사에 기초해 이루어졌다는 점에서 몇 가지 한계를 지적하지 않을 수 없다. 우선 표본선정의 문제이다. 조사의 표본은 엄밀한 확률표본 방식에 근거하지 않았기 때문에 표본선정에서 편의(bias)가 개입되었을 소지가 있다. 둘째, 응답자들이 대체로 신활력사업에 깊숙이 관련되어 있는 사람들이라는 점에서 동기화된 응답의 문제가 있을 수 있다는 점이다. 이와 관련하여 셋째, 분석에 사용된 종속변수가 성과 자체가 아니라 성과에 대한 '평가'라는 점에서 객관적인 발전성과와 일정한 괴리가 있을 수 있다는 점이다. 하지만 집합자료를 통해 구성되는 발전지표에 비해 응답자의 평가에 기초한 성과지수는 지역에서 나타나는 미세한 움직임을 보다 정확히 포착할 수 있게 한다는 점에서 그 나름대로 효용성이 있다. 이제 4년째 접어든 신활력사업이 객관적인 지표에서 눈에 띄는 차이를 가져오기는 쉽지 않다. 대신 지역 내부에서 다양한 형태의 새로운 발전 동력이 구축되고 지역발전의 방향이 잡혀 나가고 있을 가능성이 높다. 이러한 미세한 움직임을 포착하기 위해서는 다분히 주관적 인식과 평가를 살펴보는 것이 오히려 더 효과적인 방법일 수 있다. 마지막으로 독립변수의 구성에 있어서도 설문조사 자료의 한계를 완전히 벗어나기는 힘들다는 점을 들 수 있다. 사회적 자본, 창조적 자본, 리더십, 혁신적 기획 등의 변수들은 모두 객관적인 자료가 아니라 응답자의 의견에 기초해 있다. 특히 창조적 자본은 이 연구에서 새롭게 다루어진 개념으로서 아직까지 표준화된 개념과 측정방법이 개발되어 있지 않다. 향후 연구에서는 설문조사가 가지고 있는 장점을 충분히 활용하는 동시에 다양한 객관적 지표에 근거한 거시적 연구가 병행되어야 할 것으로 보인다.

이러한 제약에도 불구하고 본 연구는 향후 우리나라 농어촌 낙후지역에 관한 연구뿐만 아니라 도시를 비롯한 다양한 유형의 지역사회 연구에 중요한 이론적 자원을 제공할 수 있을 것으로 판단된다. 주지하는 바와 같이 현대 사회의 경제적 기반이 요소 투입형 경제에서 창조형 지식기반 경제로 빠르게 이동하고 있으며 이에 따라 인적 자원, 생태 · 환경 자원, 문화적 자원 등 다양한 요소의 창조적 결합이 지역발전의 화두로 등장하고 있다. 이러한 상황에서 정보의 공유와 협력적 학습을 통해 창조적 혁신을 지속적으로 이루어 나가는 그룹지니어스는 농어촌 낙후지역뿐만 아니라 새로운 질적 도약을 준비하는 산업화된 도시에서도 효용성이 큰 이론적 패러다임이라고 볼 수 있다.

제2부

지역 전환의 조건 : 사회적 자본과 창조성

제4장

낙후지역에서의 사회적 자본 형성 전략

정동일 · 허목화

I. 문제의 제기

경제발전의 경로 의존적 수렴화 가정을 근거로 한 근대화 이론(Rostow, 1960)이 쇠퇴하고 구조화된 불평등의 지속성에 기반을 둔 종속이론 혹은 세계체제론(Frank, 1969; Wallerstein, 1979)이 그 경험적 적실성을 잃어 가는 상황에서, 경제발전의 주요한 동인으로 새롭게 조명받기 시작한 것이 사회적 자본이다(유석춘 · 왕혜숙, 2006; 박희봉 · 김명환, 2001; 조대연 · 김제현, 2007; 최종렬, 2004; Woolcock, 1998; Paxton, 2002; Fedderke, Kadt, & Luiz, 1999). 물리적 자본이나 인적 자본과는 달리 사회적 자본은 개인들 간의 사회적 관계를 통해 형성되고 포착되는 자본으로서, "공동의 이익을 위한 조정과 협조를 가능하게 하는 네트워크, 규범, 신뢰 등의 사회적 구성물"을 가리킨다(Putnam, 1993). 경제발전에 있어서 사회적 자본의 역할을 강조하는 입장에 따르면 경제발전은 물리적 자본이나 인적 자본의 동원과 투입에 의해서만 설명될 수는 없는 현상, 다시 말해 사회적으로 배태된 현상이다(Polanyi, 1944). 일찍이 뒤르켐(Durkheim, 1984)이 『분업론』에서 "경제발전에 영향을 미치는 도덕적 원인들을 무시한다면 경제발전에 관해서 완전히 그릇된 인식에 도달할 것"이라고 밝힌 바와 같이, 집단적 상호작용의 결과로 나타나는 경제발전은 근본적으로 사회적 관계를 통해 축적된 사회적 자본과 그로부터 발현되는 호혜적 신뢰의 규범을 필요로 한다는 것이다. 두터운 사회적 관계에 기초한 호혜적 상호작용과 다양한 집단을 가로지르는 소통의 채널이 부재한 상황에서는, 막대한 양의 재원이 투입되더라도 죄수의 딜레마나 공유지의 비극에서 관찰되는 '비효과적 균형'에 귀착되기 쉽고, 따라서 경제발전이라는 공공재의 생산은 현실적으로 매우 어렵다고 할 수 있다. 이렇게 볼 때 사회적 자본은 경제발전에 있어서 핵심적인 요인임이 틀림없다.

사회적 자본은 그동안 국가 수준의 경제발전뿐만 아니라 지역사회 차원의 경제적·사회적 활성화를 설명하기 위한 주요 개념으로 활용되었으며, 많은 경험적 사례에 적용되어 그 설명력이 입증되어 왔다(Saxenian, 1994; Gittell & Vidal, 1998; Saegart et al., 2001). 최근 들어 우리나라에서도 서구사회를 대상으로 한 연구들이 이룬 학문적 성과를 이어받아 사회적·경제적으로 낙후된 농어촌의 발전 가능성을 탐색해 보려는 시도가 증가하고 있다. 이와 관련된 연구 대부분은 사회적 자본이 지역사회발전에서 차지하는 중요성을 이론적 혹은 개념적으로 조망하는 차원에 머물러 있지만(소진광, 2004; 허장·정기환, 2003; 박덕병, 2002; 이재열, 2006), 최근에 이루어진 몇몇 연구들은 서구사회에서와 마찬가지로 우리나라 낙후

농어촌에서도 사회적 자본이 지역사회의 발전과 활력에 긍정적인 영향을 주고 있음을 경험적으로 밝히고 있다(이희창 · 박희봉, 2005; 정동일 · 성경륭, 2010; 김영수 · 박종안, 2009). 예를 들어 이희창과 박희봉(2005)은 설문조사와 통계자료에 대한 분석을 통해 규범, 신뢰, 협력, 의사소통채널 등으로 특징지어지는 사회적 자본이 높은 지역에서 경제, 교육, 환경, 교통 등으로 측정된 지역발전 역시 높다는 것을 보여 주었다. 이러한 성과에도 불구하고 여전히 남는 의문은 지난 수십 년에 걸친 산업화 기간 동안 끊임없는 인구유출과 그로 인한 전통적 공동체의 해체를 경험해 온 농어촌에서 사회적 자본을 통한 지역발전을 논하는 것이 과연 가능한가 하는 점이다. 밀도 있는 전통적 사회관계가 파괴되고 이를 대체할 새로운 사회관계의 출현은 아직도 요원한 것이 우리나라 농어촌의 현실이기 때문이다.

이러한 상황을 고려할 때, 현실적으로 보다 적절한 문제 제기는 낙후된 농어촌 지역에서 어떻게 사회적 자본이 그 모습을 갖추어 나가고 지역사회발전을 견인할 수 있을 만큼 공고화될 수 있는가 하는 점이다. 이러한 현실적인 요구에도 불구하고 그동안의 연구가 사회적 자본의 형성과 진화라는 주제에 관심을 기울이지 않았던 근본 이유는 무엇보다도 사회적 자본을 둘러싼 개념적 혼란과 밀접하게 관련되어 있는 것으로 보인다. 사회적 자본을 지역사회발전의 사회적 기초로 보는 입장에서는 사회적 자본을 오랜 시간 동안 구조화되어 온 사회적 관계, 규범, 문화 속에 내재되어 있는 제도화된 구성물로 보기 때문에 명시적으로든 묵시적으로든 '주어진' 조건 혹은 불가역적인 제도적 유산으로 생각하는 경향이 강하다(Putnam, 1993; Fukuyama, 2001). 이러한 관점에서 보면 사회적 자본은 커뮤니티 속에 고정되어 있는 자산이며, 따라서 인위적인 노력에 의해 형성되거나 수정되기 어려운 고착화된 자산이다. 한편 보다 미시적인 차원에서 사회적 자본을 개념화하려는 노력이 전개되어 왔는데, 이에 따르면 사회적 자본은 비록 사회관계 구조의 제약을 받기는 하지만 동시에 개인이나 집단의 자율적이고 전략적인 결정에 의해 형성되거나 변화할 수 있다고 본다(Burt, 1992; Hallinan & Kubitschek, 1990; Walker, Kogut, & Shan, 1997). 하지만 이러한 관점에서는 사회적 자본을 커뮤니티의 집합적 자산으로 보기보다는 개인에 속한 자산, 즉 "자신의 이해와 이익을 위해 사용되는" 자산으로 보는 경향이 뚜렷하다(Coleman, 1990: 302). 결과적으로 이 관점은 행위자를 그 분석의 단위로 삼을 뿐 경제발전과 같은 집합적인 공공재의 출현을 설명하는 데까지 이르지는 못하고 있다.

이 논문은 거시적 수준과 미시적 수준에서 발전되어 온 사회적 자본의 개념을 보다 명확히 규정하고, 이를 토대로 지역사회 수준에서 사회적 자본이 어떻게 형성되고 진화하는지 알아본다. 특히 상향식 지역발전 패러다임이 본격화된 이후 낙후지역[1]을 중심으로 전개되어 온 마을 리더 교육이 지역사회에 고착된 사회적 관계에 어떤 의미 있는 변화를 가져오는지 그리고 이것이 궁극적으로 사회적 자본의 형성에 어떠한 역할을 하며, 그 성격을 어떻게 변화시키는지 알아본다.[2] 마을 리더 교육은 낙후

---

1) 낙후지역이라는 용어는 다소 논란의 여지가 있지만, 이 논문에서 의도하는 것은 사회적·경제적 낙후성이다. 우리나라의 농어촌지역은 생태적으로 매우 건강하고 문화적으로도 풍부한 잠재력을 지닌 곳임이 틀림없다. 하지만 생태적·문화적 자원이 주민들의 경제적 기회와 삶의 질을 실질적으로 향상시키는 데까지 이르지 못했다는 점에서 낙후되어 있다는 의미이다. 흔히 사용하는 토건적 의미에서 '개발'이 덜 되어 있는 지역이라는 의미로 사용한 개념은 아니라는 점을 밝혀 둔다. 마찬가지로 이 논문에서 사용하는 지역발전이라는 용어도 토건적 개발을 지칭하는 용어가 아니다. 인제군 마을 리더 교육에서는 오히려 지역 고유의 생태문화적 자원을 적극적으로 활용한 지역발전을 특히 강조하고 있다.

2) 그렇다고 마을 리더 교육과 같은 집단적 교육 프로그램이 지역사회에서 사회적 자본을 형성하는 유일한 기제라거나 이것이 중앙정부나 지자체의 개입과 같은 외부적 요인들을 압도할 만큼 핵심적인 기제라고 주장하는 것은 아니다. 오히려 이 같은 프로그램을 정부나 지자체에서 지나치게 인위적이고 위계적으로 도입·시행할 경우 남아 있던 사

지역의 발전을 주도할 핵심인재를 양성하자는 취지로 시작되었다는 점에서 인적 자본의 축적에 초점을 둔 프로그램이다(허장 · 정기환, 2003). 하지만 우리는 이 과정에서 고립된 개인 혹은 폐쇄된 공동체의 일원으로 살아가던 개인 사이에 광범한 네트워크가 형성되고 지역사회 외부의 전문가나 단체와의 긴밀한 협조 체계가 만들어지며, 산재해 있던 지식과 정보가 구성원들 사이에 공유되고 지역사회에 대한 공통의 정체성을 기반으로 한 신뢰와 협조의 규범이 출현하며, 궁극적으로는 광범한 '시민적 참여(civic engagement)'의 기반이 형성되는 현상, 즉 지역사회발전을 위한 사회적 인프라가 형성되고 발전하는 현상이 나타날 수 있다는 점에 주목하고자 한다. 하지만 마을 리더 교육을 통해 형성된 '신진 엘리트'들 간의 사회적 자본이 지역사회를 지배해 온 전통적 엘리트 그리고 그들을 중심으로 뿌리 깊이 형성되어 있는 토착 집단의 이해와 충돌함으로써 그 잠재적 동원의 기반이 크게 약화될 가능성도 배제할 수 없다.

마을 리더 교육이 지역사회 사회적 자본의 형성과 변화에 어떠한 기여를 하는지 알아보기 위해 이 논문은 2005년부터 본격적으로 시작된 인제군 마을 리더 교육 사례에 대한 탐색적 분석을 실시한다. 우리나라의 낙후지역은 그동안 끊임없는 인구유출과 지속적인 고령화로 인해 과거 농촌 공동체를 지탱해 왔던 조밀하고 두터운 사회적 관계가 그 뿌리부터 흔들리는 상황에 놓여 있다(이재열, 2007; 김기홍, 2006). 인적 자본이 소멸되고 사회적 자본이 고갈되면서 지역경제 활성화를 선도할 최소한의 임계집단(critical mass)을 구성하기도 버거운 낙후지역의 현실을 고려할 때, 지역개발사업을 견인할 인적 자본을 축적하고 호혜적 협력을 가능하

회적 자본마저 파괴될 수도 있고, 경우에 따라 다양한 정책과 잘 조화되면 시너지 효과를 가져올 수도 있다. 이 같은 복합적인 요인들을 추출하고 검토하는 작업은 매우 필요하지만 이 논문의 범위를 벗어난다는 점을 밝힌다. 차후에 반드시 연구되어야 할 영역이라고 판단된다.

게 하는 사회적 자본을 만들어 내는 기제로서 마을 리더 교육을 조망하는 작업은 매우 커다란 의미가 있다고 하겠다.

II. 사회적 자본과 지역발전

1. 낙후지역에서 사회적 자본의 형성

사회적 자본은 미시적 수준에서 개인의 생활만족도(Miller & Buys, 2008), 구직 및 승진에서의 혜택(Granovetter, 1974), 교육적 성취(Goddard, 2003), 아동의 사회적 발달(Furstenberg & Hughes, 1995), 문화적 취향 형성(Lizardo, 2006) 등을 연구하는 데 매우 유용한 개념으로 활용되어 왔다. 이러한 연구들에 있어서 분석의 단위는 개인이며, 사회적 자본은 개인에 내재해 있는 것은 아닐지라도 개인이 자신의 이해와 이익을 위해 사용하는 개인적 자산으로 볼 수 있다. 예를 들어 콜만에 따르면 사회적 자본은 "개인이 다른 방법으로는 획득할 수 없는 목표를 달성하도록" 해주고, "구조 속에 위치해 있는 개인의 행위를 특정한 방향으로 유도"하는 '사회적 자원'이라고 정의한다(Coleman, 1990: 302). 나아가 그는 사회적 자본이 그 힘을 발휘하는 영역은 대부분 경쟁의 영역이므로 한 개인이 사회적 자본을 증가시키고 이를 사용하게 되면 다른 사람들은 대체로 손실을 보게 된다고 주장한다. 이와 비슷한 입장에서 버트도 사회적 행위자는 구조적 제약을 극복하고 행위의 자율성을 증가시키기 위해서 사회적 자본의 양을 조절할 수 있다고 보았다(Burt, 1992). 따라서 미시적 관점에서 보면 사회적 자본은 매우 유동적일 수 있으며, 개인의 의지와 행위에 따라 조절 가능하다는 점에서 개인의 자원이라고 할 수 있다.

다른 한편 거시적 수준에서 사회적 자본은 집합재(collective goods)로 정의되기도 한다. 국가나 지역사회의 사회 경제적 발전을 다루는 연구들이 주로 이 관점을 채택하는데, 예를 들어 퍼트넘에 따르면 사회적 자본은 "규범, 신뢰, 네트워크와 같은 사회적 조직의 특성"으로서 구성원 간의 "조율된 행위를 유도함으로써 사회 전체적인 효율성을 증진시키는" 집합재이다. 즉 사회적 자본은 "상호성의 규범"이나 "시민적 참여의 네트워크"와 같은 형태로 존재하면서 시민들 간의 자발적 협조를 이끄는 핵심적인 커뮤니티의 자산이다(Putnam, 1993: 167; Fukuyama, 2001).

집합적 속성으로서의 사회적 자본은 지역사회의 경제사회적 발전을 위한 집합행동에서 나타나는 딜레마를 해결해 줄 수 있다는 점에서 지역사회발전의 핵심적인 전제조건이다(Gould, 1993). 주지하는 바와 같이 지역사회의 발전은 이에 대한 개인적 기여분과는 상관없이 모든 성원이 누릴 수 있는 공공재다. 공공재의 생산에 전혀 기여하지 않는 무임승차자를 공공재의 소비와 분배에서 체계적으로 배제하기는 쉽지 않다. 따라서 합리적인 개인이라면 집합행동에 투신하지 않는 대신 그 열매를 따 먹으려는 기회주의적인 유인을 가질 수밖에 없으며, 결국 아무도 공공재의 생산에 기여하지 않고 열매만을 바라보는 공유지의 비극으로 귀결될 가능성이 매우 크다. 성공적인 지역사회발전이 이러한 딜레마를 어떻게 극복하느냐에 달려 있다면 결국 신뢰와 협조의 규범에 기반을 둔 호혜적인 사회적 관계가 필수적으로 요청된다고 할 수 있다. 그리고 그 기초가 되는 것이 바로 사회적 자본이다. 이와 더불어 사회적 자본은 주민들의 사회적 지능을 강화시킴으로써 새로운 기회를 포착하고 도전할 수 있는 유인을 제공하기도 한다(Yamagishi, 2003; 박준식 · 정동일 · 성경륭, 2009). 신뢰 관계 위에 구축되어 있는 사회적 네트워크를 통해서 흐르는 정보는 일반적으로 믿을 수 있는 정보이고, 비교적 낮은 거래비용으로 획득할 수 있다. 이러한 정보가 빠르게 축적된다면 그로부터 집단적 창조성이 출현할 가능성이 매우 높다는 것이다(정동일 · 성경륭, 2010). 마지막으로 호혜적 규범과 협력적 네트워크는 통일된 지역 정체성을 형성하고 지역에 대한 주민들의 헌신과 충성도를 고양할 수 있다(Fishman, 2004; Lawler & Yoon, 1996).

하지만 이렇게 거시적 관점에서 사회적 자본을 바라보게 되면 사회적 자본의 형성을 통한 지역발전이라는 문제에 대해 실천적 함의를 발견하기 매우 힘들다. 왜냐하면 이 입장에서 바라보는 사회적 자본은 오랜 역사적 과정을 거치면서 형성된 것이기 때문에 정책적 개입이나 집합행동에 의해서 축적되거나 변화할 수 있는 것이 아니기 때문이다. 예를 들어 퍼트넘은 이탈리아 북부지역에 퍼져 있는 강력한 참여적 시민 공동체는 11~12세기 중세에 존재했던 신도회, 길드, 친목단체, 자체 방위 조직 등에 그 기원을 두고 있는 역사적 유산이라고 보았다(Putman, 1993). 이 시각은 결국 사회적 자본이 파괴되었거나 소멸 직전에 있는 낙후지역 공동체에서 사회적 자본의 (재)축적을 통한 사회 경제적 발전은 현실적인 대안이 될 수 없다는 비관적 전망으로 연결된다. 비록 미시적인 관점에 따르면 개인적인 수준 혹은 개인과 개인의 연결의 수준에서는 개인의 행위를 통해 사회적 자본을 축적하는 것이 어느 정도 가능하지만 집합적 수준에서 사회적 자본의 양과 질을 단기간에 변화시키기는 쉽지 않다고 요약할 수 있다.

낙후지역에서 사회적 자본의 형성과 이를 통한 사회 경제적 발전의 문제를 살펴보기 위해서는 이러한 관점을 보다 면밀히 그리고 비판적으로 고찰해 볼 필요가 있다. 전통적 공동체가 가지고 있던 견고한 상호부조의 네트워크가 소멸해 가고 있는 낙후지역에서 공공적 · 참여적 네트워크와 그에 기초한 신뢰와 상호성의 규범을 형성하는 것이 과연 불가능한 일인가? 비록 사회적 자본에 대한 미시적 관점이 체계 수준에서 사회적 자본의 형성과 축적에 관심을 기울이지는 않지만, 개인적 행위를 통해서 개인 수준에서 사회적 자본을 축적할 수 있다는 주장으로부터 논의를 전개해 볼 수 있을 것이다.

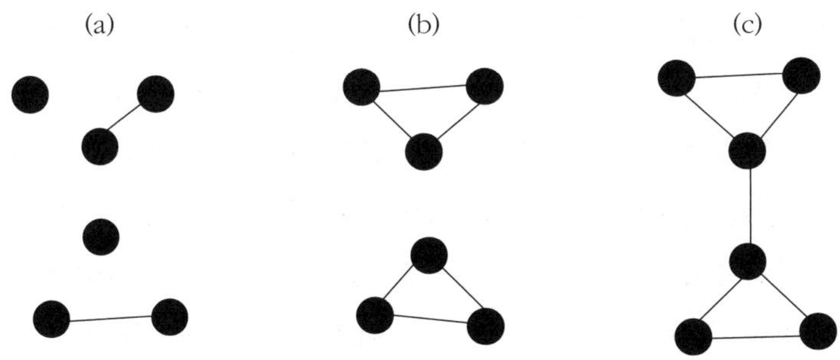

[그림 4-1] 사회적 연결망의 가상적 형태들

[그림 4-1]은 세 가지 가상적 형태의 사회적 연결망을 보여 주고 있다. (a)는 매우 파편화되어 있는 네트워크로서 흔히 도시화된 지역의 사회적 관계를 간략하게 도식화한 것이라고 볼 수 있다. (b)는 6명이 분리된 2개의 네트워크를 형성하고 있는 경우로서, 각각의 네트워크는 매우 조밀한 형태로 구성되어 있다. 같은 집단에 속한 3명은 서로 매우 잘 알고 신뢰하고 있으며, 정보를 공유하고, 호혜적인 규범 아래 놓여 있지만 다른 집단 사람들과는 의미 있는 교류를 하지 않고 있다. 다소 단순화된 것이기는 하지만 이러한 네트워크 구조는 일반적으로 관찰되는 낙후지역의 사회적 구조와 유사하다(정동일 · 성경륭, 2010; Banfield, 1967). 예를 들어 마을이나 혈족 단위에서는 상호신뢰가 강하게 형성되어 있고 강력한 규범에 의해서 사회적 행위가 조율되는 반면에 다른 마을이나 다른 혈족집단과는 그러한 관계가 형성되어 있지 않은 상태인 것이다. 흔히 마피아적

사회 혹은 비도덕적 가족주의가 지배하는 사회(Banfield, 1967)에서 나타나는 이러한 네트워크의 모습은 지난 수십 년간 농촌사회를 중심으로 전개되었던 급격한 사회변동과 밀접하게 관련되어 있다. 인구증가가 다양한 사회 집단 간의 사회적 상호작용의 밀도를 증가시킨다고 보았던 뒤르켐(Durkheim, 1984)의 통찰력을 뒤집어 보면, 농촌의 인구유출은 단순히 사회적 관계의 밀도 약화 이상의 의미를 지닌다. 즉 과거 밀도 있는 사회적 관계 속에서 혈족, 마을, 연령 등 사회적 · 지리적 · 인구학적으로 이질적인 집단들을 이어 주던 노드들이 빠르게 유출되면서 집단들 간에 넘을 수 없는 분절이 나타나고 있다는 것이다. 새로운 상황에 적응할 시간적 여유도 남기지 않은 채 진행된 급격한 변화는 결국 농촌 공동체를 구성하는 다양한 집단들을 고립된 섬들로 파편화시켜 놓은 것이다.

[그림 4-1]의 (c)는 (b)에 단 하나의 연결, 즉 2개의 고립된 네트워크에 속한 두 개인 간의 연결만이 추가되었다. 이 두 개인 간의 연결로 인해서 (c)는 (b)와는 근본적으로 판이한 구조가 되었다. 즉 이를 통해 고립되었던 두 집단이 연결될 수 있게 되었으며, 모든 사람이 서로에게 직간접적인 영향을 줄 수 있게 되었다. 네트워크이론에 따르면 서로 무관한 두 사람이 모두 제3자와 각각 신뢰의 관계를 형성하고 있다면, 이 두 사람 사이에도 신뢰의 관계가 형성되는 것이 안정적인 네트워크 구조이다(Holland & Leinhardt, 1970; Hallinan, 1974). 이러한 주장을 이 맥락에 적용하자면 결국 전이(transitivity)를 통해 모든 사람이 서로 신뢰하는 관계를 형성하게 될 것이다. 말하자면 두 집단을 가로지르는 단 하나의 연계가 집합적인 수준에서 완벽한 신뢰의 관계를 형성하게 만들며, 지역 공동체 전체의 사회적 자본을 강화시키는 기제가 될 수도 있다는 것이다.

이렇게 볼 때 지역사회에서 사회적 자본이 형성되기 위해서는 두 가지 조건이 충족되어야 한다. 첫째, 분절되어 있는 네트워크 각각이 비교적 조밀한 구조를 형성하고 있어야 한다. 둘째, 분절되어 있는 네트워크 각각에 속한 개인 중 몇 명이 서로 깊이 있는 신뢰의 관계를 형성해야 한다. 경제발전에서 사회적 자본의 역할을 강조한 울콕(Woolcock)은 첫 번째 요소, 즉 공동체 내부의 강력한 유대를 통합성(integration)으로, 두 번째 요소인 공동체를 넘어선 연결망을 연계성(linkage)으로 개념화했다. 첫 번째 조건이 어느 정도 갖추어진 우리나라 낙후지역의 경우 "공동체 내부의 강력한 통합이라는 혜택이 시간이 지남에 따라 공동체 외부와의 확장된 연계로 진전되어야" 견고한 사회적 자본이 형성될 수 있다(Woolcock, 1998: 174-175). 연계성은 지역사회 내부에 산발적으로 흩어져 있는 고립된 네트워크를 연결한다는 의미도 있지만, 다른 한편 지역사회 외부에 존재하는 다양한 자원들, 예를 들어 전문가 집단 · 지원 기관 · 중앙정부 · 산업체 등과의 연계를 의미하기도 한다. 즉 연계성은 지역사회 내부에서 분절된 채 존재하는 다양한 네트워크를 연결하는 동시에 지역사회를 넘어선 외부 행위자를 지역사회의 잠재적 파트너로 끌어들임으로써 지역사회 내에 신뢰와 호혜성에 기초한 사회적 자본을 축적하고 그 외연을 확장하는 기제가 된다는 것이다.

그렇다면 관건은 독립적으로 존재하는 조밀한 네트워크들을 연결할 수 있는 방법이 무엇인가에 달려 있다. 여기서 우리가 마을 리더 교육에 주목하는 이유는 인위적으로 조직된 이 프로그램이 그러한 기능을 수행할 수 있다고 보기 때문이다. 비록 마을 리더 교육이 지역사회의 변화를 주도할 핵심적 지도자를 양성하자는 취지에서 시작된 것이지만, 그 의도하지 않은 결과로 나타나는 현상이 바로 연계성의 향상이고, 이를 통한 지역사회의 사회적 자본의 기반 구축이라고 볼 수 있다. 각 마을, 각 집단에서 들어온 개인들이 1년 동안 정기적인 만남을 지속하면서 각 마을의 현안에 대해 토의하고 공동학습을 해나가면서 개인들 간의 신뢰와 상호

이해가 증가할 것이다. 이는 곧 연계성의 증가를 의미하며, 개인 혹은 개인 간 관계의 수준을 넘어서는 지역사회 차원의 사회적 자본 축적에 기여할 것으로 판단된다. 주지하는 바와 같이 연계성은 단순히 그 사람 혹은 그 집단을 '안다'는 것만으로는 획득될 수 없는 것이다. 오히려 오랫동안 상대편의 상황과 관심을 공유하고 우정에 버금가는 돈독한 관계를 형성할 때 '연계가 있다'고 말할 수 있다. 그런 점에서 비교적 장기간에 걸쳐 다양한 공동의 활동을 전개하고 지역사회의 주요 현안에 관해 토의하며 학습하는 마을 리더 교육 프로그램을 통해 확장된 신뢰의 사회적 관계가 출현할 수 있을 것이다.

2. 저항의 출현과 사회적 자본의 진화

하지만 마을 리더 교육과 같은 인위적 프로그램을 통한 사회적 자본의 형성은 늘 원만하게 이루어지는 것은 아니다. 오랫동안 고립되어 있던 네트워크를 연계하는 작업은 일견 매우 간단해 보이지만, 실제로는 기존의 폐쇄적 네트워크 속에서 강한 힘을 발휘해 온 다양한 형태의 관성으로부터 상당한 저항을 받을 수 있다. 이러한 저항은 특히 구체적인 사업이 전개될 때 집단 간의 갈등이나 충돌 혹은 역할 부조화 등의 형태로 나타날 수 있는데, 그 종류를 일별하면 다음과 같다. 첫째, 관습과 인지적 측면에서 오는 저항이다. 이질적인 네트워크의 결합은 전에는 경험해보지 못한 새로운 역할을 네트워크 구성원들에게 부여하고 새롭게 출현하는 확장된 네트워크 속에서 자신의 위치와 자아를 재정립할 것을 요구한다. 기존의 집단에서 수행하던 역할과 확장된 집단에서 요구되는 역할이 다를 때 개인은 소위 '인지적 부조화'를 경험하게 되는데(Festinger, 1957), 이때 부조화의 상태를 가장 손쉽게 해결할 수 있는 방법이 바로 기존의 관습과 습성·생각으로 되돌아가는 것이다. 이러한 관습적·인지적 저항은 토착민과 이주민, 남성과 여성, 청장년층과 노년층, 농업인과 비농업인 등 다양한 집단이 마을의 발전 프로젝트를 수립하고 시행할 때 전면에 등장할 소지가 크다.

둘째는 기존 권력의 저항이다. 농촌의 낙후지역을 특징짓는 폐쇄적 네트워크는 수평적이기보다는 오히려 위계적이다. 폐쇄적 네트워크의 전형이라고 할 수 있는 마피아적 사회 집단은 보스/추종자의 위계적 관계가 사회질서를 유지하는 핵심적인 주춧돌이다. 추종자는 보스에 절대적인 충성을 보이는 한편, 그에 대한 대가로 보스는 공동체의 자원을 추종자들에게 적절히 나누어 주는 '복지 서비스'를 제공한다. 다른 집단과의 연계를 추진하는 사람이 보스일 경우에는 폐쇄적 공동체가 개방적인 공동체로 빠르게 확대될 수 있지만 마을 리더 교육 프로그램의 참가자가 폐쇄된 공동체에서 단지 주변적인 위치를 차지하는 경우에는 마찰과 갈등이 발생할 소지가 크며, 경우에 따라서는 이 고립된 공동체마저 둘 이상의 집단으로 분절되는 경우도 나타날 수 있다.

셋째는 구심력의 저항이다. 이는 관습적·인지적 저항과도 밀접하게 관련이 있는 것으로서, 조밀한 폐쇄적 네트워크 내에서 작동하는 강한 구심력이 확장된 네트워크의 원심력을 압도하는 경우에 발생한다. 비록 분절된 집단들 간에 연결의 고리가 형성되어 있다고 하더라도 이것이 곧바로 전이(transitivity)를 통해 전체 네트워크로 확산되기는 힘들다. 이는 오랜 사회관계의 관성 때문인데, 아무리 인지적인 수준에서 집단의 경계를 확장시킨다고 하더라도 중요한 순간에는 여전히 '자기 집단 몫' 챙기기 혹은 집단적 이기주의가 모습을 드러낼 수 있다는 것이다. 지역사회 개발과 관련하여 자원배분을 둘러싼 마을 간의 갈등, 토착민과 이주민 간의 개인적·집단적 갈등과 배제 등은 그동안 낙후지역에서 무수히 관찰되어 온 바 있다(이해진, 2007; 조중현 · 심정선 · 김용근, 2008). 마을 리더 교육 프로그램이 마을 간 · 집단 간의 이해관계를 조율하고 신뢰의 사회적 관계를 형성하는 데 상당히 큰 기여를 할 수 있다고 하더라도 강력한 구심력의 저항을 극복하는 작업은 여전히 쉽지 않은 일이다.

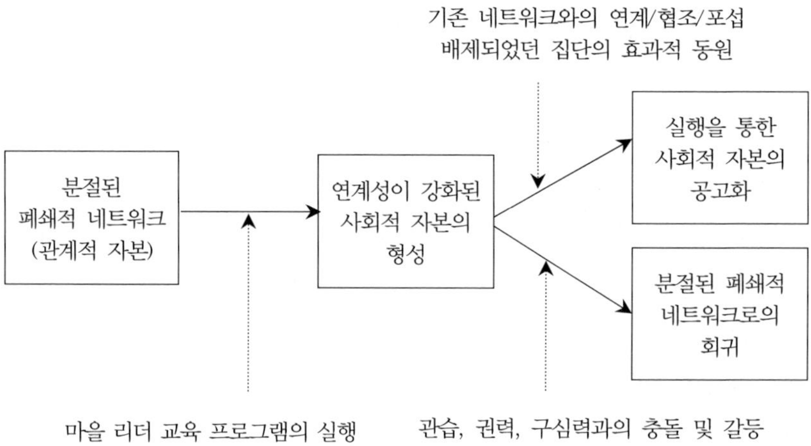

[그림 4-2] 낙후지역에서 사회적 자본의 형성과 진화에 관한 이론틀

[그림 4-2]는 이와 같은 이론적 논의를 바탕으로 본 연구의 총괄적인 분석틀을 도식으로 표현한 것이다. 우리나라의 전형적인 낙후지역은 마을, 토착민/이주민 집단, 연령집단 등의 균열을 따라 형성된 폐쇄적 집단들의 파편화된 사회 구조를 가지고 있다. 집단 내 통합성은 극히 높으나 집단 간에는 상호불신과 무관심을 특징으로 하는 사회적 관계를 형성하고 있는 것이다. 마을 리더 교육은 이렇게 분절화된 폐쇄적 네트워크를 연결함으로써 폐쇄적 집단 내에 형성되어 있는 관계적 자본[3]을 통합

3) 파당(clique)으로 표현되는 이러한 네트워크 속에서 발현되는 사회적 가치를 흔히 관계적 자본이라고 한다. 이러한 네트워크는 다른 집단에 대한 관용과 배려, 신뢰가 부족하

성과 연계성으로 특징지어지는 사회적 자본으로 탈바꿈시키는 기제가 될 수 있을 것이라고 본다. 하지만 이렇게 형성된 사회적 자본은 그 자체로 아직은 매우 미약하고 검증되지 않은 것이다. 의식적인 수준에서 서로에 대한 신뢰를 갖는 것과 행위적인 차원에서 신뢰와 호혜성이 발현되는 것은 근본적으로 차이가 있기 때문이다. 다양한 지역발전 프로그램이 계획되고 실행되는 과정은 새롭게 출현하는 사회적 자본을 '시험하는' 기회가 될 수 있다. 기존에 존재하던 폐쇄적 네트워크 간에 연계와 협조가 일상화되고 이주민 집단과 같이 기존의 주류 네트워크에 포함되어 있지 않았던 집단이 효과적으로 포섭·동원되는 경우, 지역사회의 사회적 자본은 더욱 공고화될 수 있을 것이다. 반면에 다양한 형태의 저항을 극복하지 못하는 경우, 집단 간의 갈등과 충돌이 발생하고 결국 아직은 '유약한' 사회적 자본이 다시 파편화된 관계적 자본으로 회귀할 가능성이 높다.

III. 연구의 맥락과 방법

1. 인제군의 마을 리더 교육

인제군은 산림이 전체 면적의 97%를 차지하고 있으며, 농경지는 대부분 계곡을 따라 형성되어 있는 전형적인 농촌지역이다. 인제군의 주산업은 농업이고 대부분 지역이 자연환경보전지역, 설악산국립공원지역, 군사시설보호구역 등으로 지정되어 제조업 등 지역기간산업을 조성하기가

기 때문에 그 네트워크를 넘어서는 사회 전체에는 파괴적인 결과를 가져오는 경우가 많다. 따라서 이러한 형태의 네트워크 그리고 그 네트워크로부터 발현되는 관계적 자본은 통합성과 개방성을 동시에 지니고 있는 사회적 자본과 구별되어야 한다(이재혁, 1996).

매우 힘든 실정이다. 이러한 이유 때문에 인제군은 산업화 기간 동안 가장 높은 인구유출률을 보인 지역 중 하나이며, 중앙정부의 경제 정책과 국토 정책에 있어서도 커다란 관심을 받지 못했다. 젊은 인구의 대량 유출로 인해 고령화율이 매우 높고, 빈약한 산업 시설 때문에 재정자립도도 매우 낮은 인제군은 여느 농촌지역과 마찬가지로 지역사회 활성화를 위한 돌파구를 찾기 위해 몸부림치고 있다.

인제군에서 마을 리더 교육이 시작된 배경에는 농촌 낙후지역의 상향식 발전 모델을 실행에 옮기기 위해서는 지역사회의 핵심적 리더를 양성해야 한다는 인식이 자리 잡고 있다. 따라서 애초부터 마을 리더 교육은 전형적인 인적 자본 개발 프로그램으로 출발했다.[4] 한 달에 한 번씩 1박 2일 이상 총 12회의 교육이 진행되는 인제군 마을 리더 교육은 지금까지 총 5기에 걸쳐 193명의 교육생을 배출하였다. 1기는 인제군에서 담당하여 진행하였으며, 이후 보다 전문적인 위탁교육의 필요성이 제기되어 2기부터는 인근 대학교에 위탁하여 진행하고 있다. 마을 리더 교육의 교육 내용을 살펴보면 우선 각 기별로 심리학적 도구에 기초한 의사소통 훈련, 리더십 형성 훈련 등 인성교육을 제공하고 있다. 기본적인 인성교육 이후에는 국내 지역의 우수 사례를 탐방하여 벤치마킹이 필요한 요소를 찾도록 하며, 마을관리와 재무회계를 비롯하여 환경과 생태보전, 신재생 에너지, 식품안전 등에 이르기까지 마을 발전계획을 수립하고 실행하는 데 필요한 전문적인 지식을 습득하도록 하고 있다. 마지막으로 교육생들은 각종 우수 사례를 참조하고 교육을 통해 습득한 지식을 활용하여 개인별로 마을발전계획을 발표해야 한다. 교육생은 자원하거나 읍·면장의 추천을

4) 신활력사업의 일환으로 2005년부터 시작되어 매년 2억 원 정도가 투입된 이 프로그램은 "농업인을 농촌경영자로, 소상공인을 벤처경영자로" 양성함으로써 지역사회발전의 인적 인프라를 구축하고, 이를 통해 혁신적 사업을 수행한다는 것을 궁극적인 목표로 하고 있다.

받은 55세 이하 주민을 대상으로 하고, 교육 대상자는 교육지원신청서 · 자기소개서 · 마을소개서 · 학습계획서 · 추천서 등을 제출해야 한다. 한 기에 총 40~50명 정도로 운영되는데, 교육생들의 참여율을 높이기 위해 3회 결석 시 자동 제명하는 3진 아웃제를 도입하여 운영하고 있다.[5)]

인제군 마을 리더 교육은 주민 · 전문가 · 관 사이의 협력 체계로 운영되고 있는데, 참여 주민은 마을에서 주도적인 역할을 하고 있는 30~40대가 주를 이루고 있으며, 인근에 위치한 한 사립대학교의 교수, 리더십 교육 전문가 등이 기획 · 교육 · 자문 등의 영역에서 핵심적인 역할을 담당하고 있다. 인제군의 마을 리더 교육은 인적 자본의 형성에 그 목표를 두고 있는 프로그램이지만, 전문가 및 관과의 협력 체계로 이루어지고 있기 때문에 참여 주민들에게 마을 수준을 넘어서는 인간관계를 형성할 수 있는 기회가 되기도 한다. 이와 더불어 마을 리더 교육은 이전에는 알지 못했던 지역 주민들과 새로운 인간관계를 형성하도록 도움을 주기도 한다. 이러한 점에서 이 프로그램은 마을 리더를 육성하는 것 이외에도 사회적 자본을 형성하고 확대할 수 있는 기회를 제공해 준다고 할 수 있다. 인제군 마을 리더 교육에서 특징적인 것은 기수 간 통합교육을 통한 수료생 사후관리이다. 즉 교육 과정을 수료한 후에도 동기 및 선후배와의 만남을 지속하도록 함으로써 리더 교육생이 각 마을에서 리더로 활동하는 동안 겪게 되는 어려움을 함께 나눌 수 있는 자리를 마련하고, 각 마을의 연계사업계획의 가능성을 배가시킨다는 것이다. 마을 리더 교육이 통합성과 연계성으로 특징지어지는 사회적 자본의 축적이라는 의도하지 않은 결과를 가져올 수 있는 이유가 바로 여기에 있다.

---

5) 인제군 마을 리더 교육의 주요 내용에 대한 자세한 소개는 생략한다. 교육 내용이 사회적 자본의 형성에 기여하는지 아닌지는 매우 중요한 주제임이 틀림없으나, 이 논문에서 관심을 두는 것은 이전에는 분절되어 있던 다양한 집단으로부터 모인 주민들이 장시간에 걸쳐 관계를 형성하고 발전시킬 수 있는 교육의 '형식'이다.

2. 연구방법

이 연구는 인제군 마을 리더 교육 현장에 대한 참여관찰과 마을 리더 교육 수료생들에 대한 면접조사를 통해 이루어졌다. 면접 대상자는 마을 리더 교육이 시작된 이래 현재까지 마을 리더 교육에 지속적으로 참여해 온 외부 전문가의 추천을 받아 선정되었다. 표본선정의 방식은 기본적으로 유의표집(purposive sampling)이었다. 유의표집을 사용한 이유는 무엇보다도 연구의 목적과 관련이 있다. 모집단을 대표하는 표본을 선정한다면 인제군 마을 리더 교육의 과정과 그 효과를 전형적으로 보여 줄 수는 있지만, 마을 리더 교육이 사회적 자본의 형성으로 연결되는 구체적인 기제 그리고 마을 사업을 통해서 사회적 자본이 변화하는 과정을 보여 주기에는 커다란 한계가 따른다. 이 연구의 목표인 마을 리더 교육과 사회적 자본의 형성 간의 관계를 면밀히 고찰하기 위해서는 마을 리더 교육에 적극적으로 참여하고 그 성과를 구체적인 마을 사업으로 연결시키려는 시도를 해본 수료생을 조사할 필요가 있다. 이러한 이유 때문에 대표성을 다소 훼손하는 단점이 있음에도 불구하고 유의표집의 방법을 사용했다.

최초 전문가로부터 9명을 추천받았으나 이 중 조사를 거부하거나 조사가 불가능한 1명을 제외하고 총 8명으로부터 면접 자료를 획득할 수 있었다. 면접 대상자들 중 인제에서 태어나 성장한 경우는 3명에 불과하고 그중에서도 2명은 장기간 외지에서 직장생활을 한 경험이 있는 귀향민이다. 물론 면접 대상자들이 마을 리더 교육생 전체를 대표한다고 할 수는 없으나, 면접 대상자들을 보면 대체로 마을 리더 교육을 받기 이전과 이후에 마을 사업에의 참여 행태가 크게 변했음을 알 수 있다. 또한 우연히 마을 리더 교육에 참여하게 된 사례도 있었지만, 면접 대상자 대부분은 지역사회발전에 기여하기 위해 혹은 이전 교육생의 권유로 교육에 참여했다. 면접의 주요 내용은 리더 교육 참가 동기, 교육 이후 생각이나 인간관계의 변화, 교육생 간의 교류 및 협조 현황, 교육의 한계 및 문제점, 비교육생과의 사회적 관계의 변화, 교육 이후 추진했던 사업과 그 성과, 그 과정에서 나타난 협조와 갈등의 사례 등이며, 면접이 진행되면서 개별 사례에 따라 보완이나 추가적인 설명이 필요한 부분에 대한 조사도 이루어졌다.

Ⅳ. 사회적 자본 형성과 저항의 동학

1. 사회적 자본 형성 기제로서의 마을 리더 교육

여느 낙후지역과 마찬가지로 인제군에서도 산업화 시기부터 빠르게 진행되어 온 인구유출로 인해 통합성과 연계성을 그 특징으로 하고 있는 사회적 자본이 급속하게 소멸되어 가고 있다. 면접 응답자들에 따르면 같은 마을 안에서도 깊은 사회적 관계를 맺는 사람이 있는가 하면 얼굴조차 잘 모르는 이웃도 있다고 한다. 오랫동안 형성되어 온 폐쇄적 사회관계의 울타리를 벗어나는 것 자체를 매우 불편해하는 경우도 있었다. 더군다나 최근 들어 점증하고 있는 귀농자들로 인해 사회적 관계의 파편화가 가속화되고 있는 것이 인제군의 현실이다. 출신 배경, 인구학적 특성, 태도와 가치관, 주업 등 여러 면에서 크게 다른 귀농자 집단과 토착민 집단 간의 상호 무시와 갈등이 지역사회의 분절화된 사회 구조를 더욱 극명하게 보여 주고 있다. 과거 마을 혹은 지역 전체를 아우르던 커다란 하나의 네트워크는 소규모의 폐쇄적 네트워크들로 꾸준히 분절되어

온 것이다.[6)]

분절화된 집단들 간의 관계가 소원해지면서 자연스럽게 나타나는 것이 지역사회의 활력 약화이다. 새벽종이 울리고 새 아침이 밝으면 너도나도 일어나 새마을을 가꾸어 보자던 활기찬 구호는 잘게 쪼개어진 집단들 간의 갈등과 패배의식, 무기력과 한숨으로 탈바꿈한 지 오래되었다. 한 응답자는 정월대보름날 "마을 주민들이 모두 모여 떡메치기도 하고, 널뛰기도 하고 연날리기도 하"던 과거와는 달리 이제는 "그냥 뭐 보름달이구나, 뭔 날이구나 하고 지나가"는 것이 일상화되었다고 토로하기도 했다(사례 E). 평소에 친하게 지내는 사람들과 골방에 모여 앉아 화투나 옛이야기로 소일하는 것이 대부분의 일상이고 새로운 관계를 형성하고 의기투합하여 새로운 일을 도모하는 것은 너무나 낯선 모습이 된 것이다. 이렇게 볼 때 낙후지역에서 사회적 자본의 형성은 근본적으로 폐쇄된 네트워크들이 어떻게 연결되는가에 달려 있다고 할 수 있다. 우리는 연계성이 서로 다른 세 가지 차원, 즉 인지적 차원 · 행태적 차원 그리고 체계적 차원에서 발생할 수 있다고 본다.

첫째, 인지적 차원에서 사회적 자본이 형성된다는 것은 개인이 인식하는 집단경계의 범위가 폐쇄된 네트워크를 넘어 다른 집단을 포괄할 정도로 확장된다는 것을 의미한다. 흔히 사회적 자본을 신뢰와 호환성이 높은 개념으로 보는데, 이러한 신뢰 관계의 토대가 되는 것이 확장된 집단경계에 대한 인식이라고 할 수 있다. 따라서 신뢰할 수 있는 타자들이 속한 우리 집단(we-group)에 대한 인지적 경계가 확장된다는 것은 사회적 자본의 형성에 있어서 중요한 출발점이 된다. 마을 리더 교육에 참여했

6) 낙후지역 리더들에 대한 한 조사에 따르면, 마을주민들이 두루두루 친하게 지낸다고 답한 응답(22.3%)보다 친한 사람들과만 어울린다는 응답(46.8%)이 2배 이상 높게 나타났는데(정동일 · 성경륭, 2010), 이러한 모습은 인제군 마을 리더 교육생에 대한 면접조사에서 나타난 것과도 크게 다르지 않다.

던 면접 대상자 8명 중 7명이 마을 리더 교육 이후 인지적 경계가 확장되었다고 응답했다. 이전에는 자신 혹은 자신이 속한 집단에 갇혀 살았던 사람들이 "세계 속의, 대한민국 속의, 농촌 속의 냇강마을"을 구별할 수 있게 되었고, 그럼으로써 자신이나 자신의 집단만 "잘 사는 것이 아니라 나를 통해 (지역사회가) 세계와 어떻게 소통하게 될 것인가" 하는 부분까지 생각하게 되었다는 것이다(사례 A).

인지적 집단경계의 확장은 우선 마을 리더 교육 프로그램의 내용과 밀접한 관련이 있다. 하지만 수십 개 마을로부터 연령대나 출신배경이 다양한 사람들이 마을 리더 교육에 동참한다는 것 자체가 갖는 의미 또한 매우 크다. 사회심리학의 핵심 명제 중 하나인 접촉가설(contact hypothesis)에 따르면, 다른 집단에 속한 개인들과의 접촉이 증가하고 이 접촉이 적절히 관리되는 형태로 유지된다면 그 집단 전체에 대한 편견이나 선입관이 낮아지고 그 집단과의 관계가 개선된다(Allport, 1954). 접촉가설에서 특히 중요한 것은 특정 집단에 속한 개인과의 접촉을 통해 그 개인과 신뢰가 형성되는 경우, 이는 곧 집단 전체에 대한 신뢰로 전이될 수 있다는 것이다. 달리 말하면, "사회접촉을 통해 형성된 개인 간의 친밀감이 집단 전체에 대한 우호적 태도로 발전하게 되고, 그에 따라 집단 범주의 재설정과 같은 인지적 과정이 나타난다"는 것이다(Rothbart & John, 1985: 95). 한 달에 1번 이상 정기적으로 모이는 마을 리더 교육을 통해 개인 간의 친밀감을 형성할 뿐 아니라 다른 마을, 다른 집단의 존재를 확인하는 것만으로도 견고했던 집단 간의 인지적 경계가 허물어질 수 있다. 인제로 이주한 이후 토착민과 특별한 교류가 없었던 사례 C의 경우, 마을 리더 교육을 통해서 "사람들도 많이 알게 되"었고 그런 기회를 통해서 "애군심도 생기게 되"었다고 했다.

올포트(Allport)는 사회 접촉이 집단경계의 재설정으로 이어지는 핵심적인 조건으로 공통의 목표에 대한 인식을 지적했는데, 마을 리더 교육은 개인이나 집단이 처해 있는 어려움을 다른 사람이나 집단도 공유하고 있으며, 다양한 집단에서 온 사람들이 지역사회발전이라는 공통된 목표를 가지고 있다는 것을 깨닫게 해주는 장이 된다. 사례 A가 지적했듯이, 면접 대상자들은 일반적으로 리더 교육을 통해 "하나하나 힘든 과정을 겪은 사람들이 농촌에 많다는 것, 그 사람들이 서로 공유하면 굉장히 큰 포기할 수 없는 이유가 된다는 것"을 깨닫게 되었다. 마을 리더 교육을 통한 인지적 집단경계의 재설정은 목공예를 배우기 위해 스승을 따라 인제에 이주한 사례 B의 경우에서 극명하게 나타난다.

> 여기서 제가 민예단지에서⋯⋯ 한 20년을 장사를 하면서 인제군민을 내 손님이라고 생각을 한 적이 없어요. 20년 동안 200만 원어치를 못 팔았으니까. 인제군민한테, ⋯⋯그러면 1년에 10만 원씩 팔았다는 거야. 한 달로 따지면 만 원도 안 돼. 그러면 내 손님이 아니야. 그러니까 인제군에 애착이 없었지. 여기서 살고 있었지만, 근데 이 리더 교육을 통해서 바뀐 게 많아. 애향심 같은 것. 다른 사람들이 내려오면 인제군에 대해서 얘기를 해주려면 많이 알아야 해. 그래서 마을 역사에 대해서 관심을 갖고, 이제 관광안내원이 됐어. 그런 말 들으면 기분이 좋기도 하고⋯⋯(사례 B).

이처럼 인제군의 마을 리더 교육은 그 내용과는 별개로 다양한 집단에서 온 개인들 간의 접촉 기회를 넓히고 친밀감을 형성하며, 이를 통해 집단 간의 연계성을 인지적 차원에서 확대시키는 핵심적인 기제로 작용했다.

둘째, 인지적 집단경계의 확장은 관행과 일상생활에서의 실질적 교류와 사회적 관계의 확장으로 이어질 수 있는데, 이를 행태적 차원에서 일상화된 사회적 자본이라고 볼 수 있다. 마을 혹은 더 넓게는 인제군을 집단의 경계로 재설정한다고 하더라도 다양한 집단 간의 실질적인 접촉과 교류가 이루어지지 않는다면, 견고한 사회적 자본이 구축되기는 어렵다. 마을 리더 교육생에 참여한 사람들은 이를 통해 형성된 개인 간의 친밀감을 바탕으로 집단의 경계를 넘는 교류를 활성화하는 데 적극적으로 나서는 것으로 나타났다. 사례 E의 경우를 보면, 마을 리더 교육에 참여했던 여성들이 중심이 되어서 마을 부녀회를 재건하고 어버이날 행사, 마을축제 등을 적극적으로 기획 · 실행하기도 했다. 일상생활에서 다양한 집단 간의 교류가 증가한다는 것은 과거 농촌 공동체에 일상화되어 있었던 비공식적 상호지지의 네트워크를 복원한다는 점에서 그 의의가 매우 크다. 사례 E가 보고한 바에 따르면 교류가 거의 없었던 토착민과 이주민 부녀자들 사이에 협력의 네트워크가 형성된 뒤에는 노인회와 부녀회 그리고 마을 사업을 주도하는 청년집단 간에 상호교감과 지원이 활발해졌다. 일례로 마을 리더 교육생들이 주축이 되어 추진한 마을 꽃길 가꾸기 사업을 마을 노인회가 적극적으로 지지해 주었던 것은 이후 다른 사업을 전개하는 데 있어서도 매우 귀중한 자산이 되었다.

> 없어졌던 부녀회가 다시 생기고, 어버이날 같은 경우도 좀 이렇게 옛날 그 생기기 전에는 노인회에서 알아서 식사 같은 것 다 해결하고 했는데, 새로 생겨서 대접을 해드리고 하니까. 또 어디 관광을 가시거나 하면 그런 분들 부녀회에서 몇 사람이 따라가서 부축도 해드리고 그러니까 좀 좋은 방향으로 많이 가고 있고…… 그분들이 좀 한마디로 감동을 먹은 거야. ……저렇게 마을을 위해서 열심히 하니 우리도 우리가 뭘 바라냐, 우리가 열심히 도와주자, 해가지고 작년 재작년부터, 작년에 제일 힘들게 열심히 많이 했고 그러니까 마을에서 너나가 없이 우리다라는 그런 생각. 왜 우리 2002년도에 월드컵 때 태극기 머리에 어깨에 두르고 했을 때, 우리 이게 무슨 신들린 것처럼 그랬잖아요. 딱 그런 거를 생각하게끔 ○○리가 작년에는 그런 마음이었어요(사례 E).

사회적 관계의 확장이 지역사회 내부에만 국한된 것은 아니다. 마을 리더 교육은 지역 공동체를 엮는 사회적 관계의 범위를 외부 전문가 집단, 지원 기관, 중앙정부, 산업체 등으로까지 확대하는 데에도 기여했다. 사례 F는 마을 리더 교육에 "강사님들이나 훌륭한 분들이 많이 들어오시고, 또 어떻게 하면 그러한 정보라든지 그런 거를 얻을 수 있을지 이런 것도 마을 리더 교육을 하면서 많이 느꼈고, 또 지자체 관계 기관 내에 있는 공무원들도 빨리 친근하게" 되었다는 점을 마을 리더 교육의 성과로 지적했다. 전통적인 마을경계를 넘어서는 네트워크의 확장은 곧 지역사회 외부에 존재하는 다양한 자원들을 지역사회 내부로 끌어들이게 된다는 것을 의미한다. 각 마을에 포진한 마을 리더 교육생은 외부 환경에 존재하는 주요 자원과 조직 내부를 연계하는 '경계확장자'의 역할을 하고 있는 것이다(Hansen, 1999).

셋째, 인지적 · 행태적 차원에서 형성된 사회적 자본은 구체적인 마을 사업이나 집단적인 활동으로 이어져 실질적으로 부가가치를 창출하고 지역사회 전체에 활력을 불어넣을 수 있는데, 이는 사회적 자본이 체계 수준에서 발현됨을 의미한다. 마을 리더 교육은 참여자 개개인이 마을의 리더로서 자질을 갖추고 혁신적인 사업을 주도할 수 있는 역량을 신장시키는 데 그 일차적인 목표가 있다. 하지만 리더 교육 참여자들이 리더 교육을 통해서 깨닫게 된 것은 오히려 혁신적인 사업을 주도할 만한 역량을 갖춘 사람이 농촌 사회에 거의 존재하지 않는다는 사실이었다. 농촌은 "행정하고 행정을 아는 사람, 자체적으로 행정과 경영과 홍보와 마케팅을 할 수 있는 인력이 없"으며, 마을 혁신사업이라는 것이 "조금 아는 사람이 혼자서 들어간다고 해서 되는 문제는 아니"라는 것을 자각하게 되었다. 그 대신 이들은 "조금 조금씩 모자라는 농촌의 리더들이 합치면 하나의 큰 그룹이 되고, 정보력을 갖게 되는 희망이 되고, 경쟁을 할 수 있"다는 점을 인식하게 되었다(사례 A). 리더들 간의 네트워크 속에 녹아 있는 사회적 자본 그리고 더 나아가 각 리더가 속해 있는 집단들이 연결되면서 나타나는 더 큰 사회적 자본이 발전적 토론과 브레인스토밍을 통해 새로운 아이디어와 기획을 창출하는 그룹지니어스 과정의 기초가 된다는 것이다(Sawyer, 2007; 정동일 · 성경륭, 2010).

사례 A가 속한 마을의 경우 농촌체험마을로 선정되어 정부의 지원을 받고 있었음에도 불구하고 사업 초기에 이를 이끌어 갈 인재가 없어서 어려움을 겪었다. 하지만 리더 교육을 통해 배출된 교육생들이 주도하여 만든 학습모임에 다양한 집단의 사람들이 참여하면서 체험마을이 본격적인 궤도에 진입하게 되었다.

사례 F의 경우는 마을 리더 교육의 가장 큰 성과로 자신의 "마을도 엄청난 부가창출을 할 수 있다고 생각"하고 특산물 축제를 시작하게 된 것이라고 했다. 도시에서 직장생활을 하다가 펜션을 하기 위해 인제로 내려온 사례 F는 마을의 부녀회장이 건네준 지역특산품의 씨앗을 심어 손님들에게 무상으로 제공하다가 그 사업성을 발견하고 농업으로 전업했다. 이후 이미 리더 교육을 이수한 현재의 이장과 교류를 시작하면서 지역 축제를 기획하고 특산물을 마을의 소득원으로 만드는 사업을 추진하게 되었다. 처음 1~2년 동안 마을 사람들은 사례 F를 비롯하여 대부분 이주민으로 구성된 축제기획팀을 '장삿속'으로 일을 시작하는 사람들이라고 비난했다. 따라서 마을 리더 교육생들이 가장 신경을 쓴 것이 이주민과 토착민 간의 융화였다. 마을 리더 교육생들이 증가하고 이들 간에 신뢰가 쌓이면서 집단 간의 갈등은 감소하고 현재는 마을 주민 전체가 참여하는 축제로 성장하게 되었다.

마을 사람들을 어떻게 이끌고 마을 분들과 융화 단결을 해서 외지에서 오신 분들이건 마을 토박이 분들이건 저희 마을은 한 50대 50 정도 사십니다. 그런 분들의 융화를 시킬 수 있는 그런 입장을 리더생이었던 몇 분이서 그런 거를 해나가고 있고……(사례 F).

이러한 모습은 마을 리더 교육을 통해 형성된 네트워크를 기반으로 산림사업을 추진했던 사례 G의 경우에서도 나타난다.

물론 읍내에 살고 계신 선배들은 얼굴만 마주치던 상황이었고, 제가 읍내에 나가서 계속 있던 상황이었기 때문에 (마을 리더 교육을 통해서) 오히려 더 그분들도 나에 대해서 더 많이 알게 됐고, 나도 그분들에 대해서 더 많이 알게 되면서 같은 고민을 좀 하게 됐고, 같은 이야기를 하면서 무엇인가를 우리가 이렇게 안주하면 안 되겠구나. 리더라고 하는 것보다는 누군가 앞장서서 끄는 사람이 있으면 쫓아가는 사람이 있고, 또 마무리를 하는 사람이 있고, 어떤 그런 부류의 형성이 되어야지만 지금의 사회에서는 성공까지는 아니더라도 굶어 죽지는 않겠구나. 그런 고민을 하게 되면서 교육을 받은 거지요(사례 G).

하지만 사례 G의 경우는 산림사업을 의욕적으로 시작했음에도 불구하고 결국 실패하고 현재는 새로운 사업을 준비하고 있다. 이 사례는 마을 리더 교육을 통한 사회적 자본의 형성이 실제로 체계적 수준에서 사업으로 연결되는 데 얼마나 큰 어려움이 있는지를 극명하게 보여 준다. 마을 리더 교육은 인지적 차원에서 집단의 경계를 확장시키는 데에는 커다란 효과가 있었고, 행태적 차원에서도 주민들 간의 분절된 네트워크를 연계시키는 데에도 일정한 성과가 있었던 것으로 판단된다.

그러나 인제의 경우에는 마을 리더 교육을 통해 형성된 네트워크가 구체적인 사업으로 동원되고 결집되는 데에는 적지 않은 문제가 뒤따른 것으로 보인다.

2. 사회적 자본과 저항의 동학

지역사회의 발전과 사회적 자본의 관계에 대한 기존의 연구들은 역사적으로 오랫동안 형성되어 견고한 형태로 유지되는 사회적 자본에 초점을 두었다. 이 경우 규범과 문화가 갖는 관성으로 인하여 개인과 집단 간에 형성되어 있는 신뢰의 네트워크가 구체적인 사업이나 프로그램으로 연결되는 것은 그리 어렵지 않다. 하지만 새롭게 형성되는 사회적 자본에 기대어 경로 탈피적 발전을 도모하는 낙후된 공동체는 그 상황이 매우 다르다. 다양한 형태로 나타나는 경로 의존적 관성과 저항에 직면할 수밖에 없기 때문이다. 마을 리더 교육생에 대한 면접조사는 인지적 저항, 기존 권력의 저항 그리고 구심력의 저항 등 적어도 세 가지 형태의 저항이 사회적 자본 형성과 공고화를 가로막고 있다는 것을 보여 준다.

첫째, 사회적 자본의 형성이 마을 리더 교육생들, 나아가 주민들의 인지적 변화를 그 기초로 하고 있지만, 새롭게 전개되는 변화에 대한 인지적 저항 또한 만만치 않다. 면접에 참여한 대부분의 응답자가 마을 리더 교육을 통해서 자신이 속해 있는 집단의 경계가 확장되었다고 했으나, 일부 응답자는 그러한 변화를 거의 느끼지 못했다. 11년 동안 마을 이장을 해오면서 마을 사업에 적극적으로 참여해 왔던 사례 H가 대표적인 예이다. 그는 같이 일했던 친구들이나 이웃들이 마을을 떠나 뿔뿔이 흩어지면서 "뭔가 해보자는 생각"이 모두 사라져 버렸다고 했다. 낙후지역 주민의 전형적인 모습이라고 할 수 있다. 그에게 있어서 마을 리더 교육은 "옛날서부터 같이 생활했"다가 인제군 각지로 흩어진 옛 친구들을 "만나면서 서로 간에 안부 및 소득에 대해서 약간씩, 1년에 몇 번씩 만나서 얘기하"는 사교의 장소에 불과했다. 물론 "다양하게 만난 사람이 있지만" 이들을 자기 집단의 범주로 여긴다든지 적극적으로 이들과의 교류를 도모하는 일은 거의 없었다. 기존에 "마을 일을 하면서 알게 된 군청 사람들이나 지인들"과의 사회적 관계에 갇혀서, 새로운 관계를 형성하고 그 관계로부터 출현하는 사회적 자본을 축적할 생각을 좀처럼 하지 않는 경우라고 하겠다. 사례 H에 따르면, 교육 참여자 중 많은 사람이 단순한 인간관계 유지를 위해 교육에 참여했으며 교육을 수료한 후에도 생각이 크게 바뀌지 않았다고 했다. 그만큼 기존 규범과 사회적 관계, 집단적 경계의 관성이 강하기 때문이며 그러한 관성을 깨고 집단적 경계를 재설정하는 것이 이들에게 적지 않은 불편함과 부담을 주기 때문일 것이다.

이러한 인지적 저항은 마을 리더 교육생들에게서만 나타나는 것은 아니다. 마을 리더 교육생의 상당수가 이주민인 것을 감안하면, 이주민과 토착민 사이에 형성되어 있는 불신의 늪이 서로 간의 협력과 조화를 통한 마을 사업의 추진에 상당한 걸림돌이 되고 있는 것은 부인하기 어렵다. 사례 F는 마을 리더 교육을 통해 토착민 중 일부와 상당한 신뢰 관계가 쌓인 이후에도 토착 주민은 이주민을 자기 마을 사람으로 받아들이기를 상당히 꺼려한다고 했다.

> 이미 시골 사람들은 외지 사람들이 들어오면 경계를 할 수밖에 없는 게, 자기 땅을 사가지고 가지고 들어오는 거기 때문에. 자기 땅을 그만큼 본토박이 어르신들은 뺏긴 거죠. 그렇게 표현을 하죠. 내 고향 땅, 내 땅, 우리 마을 땅이었는데, 아니면 내 땅은 아니더라도 이 사람 땅이었는데, 아니면 내 조카 땅, 아니면 내 친척 땅 누구였는데 그 땅을 사가지고 들어왔어. 아무리 자기의 제 가격을 주고 사가지고 들어왔어도 저 사람은 나쁜 놈이 되는 거죠(사례 F).

집단 간의 연계를 저해하는 이러한 인지적 저항은 때에 따라 마을 리더 교육을 통해서 오히려 증폭되는 경우가 있다. 경우에 따라 마을 리더 교육이 진행되는 과정에서 일부 교육생들은 자신 속한 집단의 이해관계가 다른 집단의 그것과 충돌한다는 것을 자각하게 되기도 하고, 타 집단과의 비교를 통해 상대적 박탈을 경험하기도 한다. 집단 간의 이해 충돌을 확인하고 갈등을 경험하게 되면 마치 소용돌이처럼 집단 내부로의 결속이 더욱 강화되기 때문에, 외부와의 인지적 · 행태적 연계의 가능성은 급격히 감소하게 된다.

둘째, 기존 권력에 의한 저항이다. 인지적 저항이 오랜 기간 동안 형성되어 온 관습과 사고의 관성 때문에 빚어지는 것이라면, 이 유형의 저항은 특히 농촌 공동체에서 핵심적 희소 자원인 권력을 보호하고 유지하기 위한 저항이라고 정의할 수 있다. 따라서 이러한 저항은 농촌 공동체를 지배해 온 전통적 리더십과 마을 리더 교육을 통해 배출된 새로운 리더십 간의 충돌이라는 형태로 나타나는 것이 일반적이다. 특히 이러한 저항은 마을 리더 교육생들이 교육 과정을 통해 형성된 사회적 자본과 집합적 인식을 기초로 새로운 사업을 구상 · 기획하고 추진할 때 흔히 전면에 등장하게 된다. 일반적으로 마을 리더 교육생들은 비교적 젊고 의욕이 넘치며 새로운 아이디어를 쏟아 놓기 때문에 마을의 리더십을 이어받는 경우가 많다. 하지만 이들이 주도하여 새로운 사업을 시작하는 단계에 오면 기존 권력집단의 저항을 받기도 하는데, 이는 무엇보다도 기존 권력집단이 신흥 리더십을 그 영향력 아래 묶어 두려고 하기 때문이며, 역으로는 신흥 리더들이 기존 권력집단을 포섭하는 데 실패하기 때문이다.

이러한 현상은 도시에서 사업에 실패하고 귀향하여 마을 리더 교육 이수 후 마을 사업을 추진했던 사례 G의 경우에서 잘 드러난다. 그는 귀향 초기에 인제 생활에 적응하지 못하고 서울과 인제를 오가면서 생활을 하던 중 마을 리더 교육에 참여하게 되었다. 교육 참여 이후 부모님이 살고 계신 마을에 정착하고 적극적으로 마을 발전을 위한 사업을 추진해 나갔다. 특히 마을 리더 교육을 받았던 선후배 교육생들과 꾸준히 교류하고 마을의 각종 현안에 대해 토의하면서 마을 사업 방향에 대한 공감대도 형성할 수 있었다. 사례 G를 비롯한 교육생들이 내놓은 신선한 아이디어는 마을 주민들의 관심을 받게 되었다. 자신들이 "생각하지 못했던 부분을 갖다가 막 이야기하고 그러니까…… (마을 어르신들이) 저 사람이 이장이 되면 뭔가 달라지겠구나, 라고 생각"하게 되었다는 것이다. 결국 그는 이장으로 추대되었다. 사업이 막 시작되려던 즈음에 그는 "여러 어르신들, 형들, 후배들 다 있는 자리에서…… '제가 마을 돈 다 쓰겠습니다. 다 쓰고 제가 2년 후에는 이거를 배로 만들어 놓겠습니다' 그렇게 얘기했"다. 하지만 마을 어르신들의 반응은 "젊은 놈을 시켜놨드만 다 들어먹으려고 한다"는 것이었다. 그 뒤 그는 명목상의 이장, 허수아비 이장으로 전락하고 말았다. 그는 "이장이라고 하면 마을 대표고 그런데, 대표가 모르게 개인적으로 막 행동하는 게 많다 보니까 거기서 오는" 좌절 때문에 이장을 그만두게 되었다. 그만둔 이장 자리는 마을 유지들이 지지하는 사람에게로 넘어갔고, 신흥 리더들은 리더십에서 완전히 배제되고 말았다.

> 우리가 몰랐던 부분들, 6개 읍면 사람들과 같이 이야기를 나누고 거의 같은 공통적인 부분들 때문에 고민을 하거든요. 이야기를 하다 보면 내가 생각지도 못했던 어떤 돌파구라든지 해결방법이 있다는 거죠. 근데 그 해결방법을 가지고 사람들한테 얘기를 하면 사람들은 그걸 수긍을 안 한다는 것. 그런데 같은 고민을 하고 같은 이야기를 나누면서 해결책을 모색했던 사람들은 그 이야기가 통하는데, 나머지 사람들은 그게 얘기가 안 된다는 거죠. 그래서 지금 이제, 그, 저희 마을 같은 경우도 현 이장님 같은 경우도 나는 이장의 선배로서 몇몇 가지를 주문을 한 적이 있었어요. 근데 완전히 무시를 하더라구요 (사례 G).

셋째, 집단 간의 이해관계, 특히 물질적 이해관계가 달라 발생하는 저항도 있다. 지역개발사업이 진행되면 소위 자기 몫 챙기기 혹은 집단적 이기주의가 고개를 들게 되는데, 이와 관련된 저항을 구심력의 저항이라고 부르고자 한다. 통합성과 연계성을 특징으로 하는 광범한 사회적 네트워크가 형성되고 호혜성에 근거를 둔 확장된 사회적 자본이 축적되면, 다양한 집단의 이익을 아우르는 지역개발사업이 본격화된다. 하지만 이질적인 집단 간에 형성된 연계적 사회관계는 오랫동안 동질적인 인식과 이해관계를 발전시켜 온 각 집단의 이기적 행태를 효과적으로 조율할 수 있을 정도로 성숙해 있지 못할 수 있다. 테네시강 유역 개발사업에 대한 셀즈닉의 연구가 보여 주는 것처럼, 파편화된 이해관계가 오랫동안 지배해 온 지역사회에서 지역개발사업을 통한 공공재의 생산은 매우 어려운 것이 사실이다. 협조와 상호성의 원칙에 따라 사업이 시작되더라도 사업이 진행되는 동안 지역 유지, 부동산업자, 건설업자와 같은 각종 이해집단이 빠르게 자기들의 이해관계로 회귀하는 구심력의 저항이 나타나기 때문이다(Selznick, 1953). 한편 구심력의 저항은 무임승차 문제와도 밀접하게 관련이 있다. 처음에는 관망자로 사업의 성과를 지켜보다가 성과가 어느 정도 가시화되면 뒤늦게 참여해 자기 몫을 주장하는 경우가 이에 해당된다.

인제의 경우도 이러한 구심력의 저항을 겪는 경우가 적지 않았다. 일례로 마을 리더 교육생을 중심으로 지역 주민을 설득하여 산림농업을 시작한 사례 G는 토착민 집단의 기회주의적 행동으로 인해 결국 사업을 지속하지 못한 경우이다. 이주민 집단과 토착민 집단을 합해서 30여 가구가 참여하는 산림농업을 시작했는데, "산림농업라는 게 길게는 10년, 15년을 보고 투자를 해야 하는 사업"이다 보니 사업의 성과가 즉각적으로 나타나지 않았다. "그 기간 동안 돈도 들어가야 될 것이고 자기 노동력도

들어가야 될 것이고 여러 가지 부분이 계속 투자만 되"어야 하는 상황이었다. 그러자 개인별로 혹은 집단별로 사업에서 빠져나가는 사람이 생겨나게 되었다. 어느 정도 시간이 흘러 사업 성과가 조금씩 나타나기 시작하자, 중간에 빠져나갔던 사람들이 다시 들어와 자기 몫을 주장하는 경우가 발생했다. 일부 사람들은 "200억 원 사업인데 너희들이 해놓은 게 뭐냐는 식의 어떤 반론을 제기한다든지, 아니면 200억 원 사업이면 너희들이 뭐 주머니에 챙기지 않았느냐"라고 하면서 '챙긴 몫'을 분배할 것을 요구하기도 했다. 토착민 집단은 "내 고향 땅, 내 땅, 우리 마을 땅…… 내 조카 땅, 아니면 내 친척 땅"을 가지고 장사를 했다는 적개심을 보이기도 했다. 이 사례는 마을 리더 교육을 통해서 형성되고 확장된 사회적 자본이 집단, 개인들의 이해관계 앞에서 얼마나 쉽게 깨질 수 있는지를 극명하게 보여 주는 예라고 할 수 있다.

V. 저항의 극복과 사회적 자본 공고화의 조건

인제군의 적지 않은 농촌 공동체가 인지적 저항, 기존 권력의 저항 그리고 구심력의 저항으로 인하여 새롭게 형성되기 시작한 사회적 자본이 다시 해체되거나 소멸되는 것을 경험했지만, 일부 마을에서는 이러한 저항을 극복하거나 커다란 저항을 겪지 않고 사회적 자본을 더욱 공고화하기도 했다. 이 사례들을 분석해 본 결과 새롭게 형성되기 시작한 사회적 자본이 일관된 방향으로 발전한 세 가지 유형을 발견할 수 있었다.

첫째, 마을 리더 교육을 받고 새롭게 마을의 리더로 등장한 개인이나 집단이 마을 유지 등 전통적인 리더십의 일원이거나 이들과 이미 강한 연계를 형성하고 있는 경우이다. 사례 A가 속한 마을에서는 사회적 자본이 형성되고, 이를 토대로 사업을 추진하는 과정에서 커다란 저항을 경험하지 않았는데, 그 이유는 무엇보다도 사례 A가 자신의 이중적 위치를 적극적으로 활용했기 때문이다. 이 마을에서 성장한 사례 A는 도중에 외지로 나가 직장생활을 하다가 부모님이 계시는 곳으로 귀향했다. 사례 A의 아버지는 마을 노인 회장으로서 마을의 구심점 역할을 하고 있었다. 그러한 이유 때문에 사례 A는 마을의 어르신들로부터 강력한 후원을 받을 수 있었고, 혈연이나 학연, 지연의 연줄을 적극적으로 활용할 수 있는 위치에 있었다. 또한 귀향민으로서 사례 A는 이주민들과도 비교적 견고한 네트워크를 형성하고 있었다. 일례로 그는 같은 마을에 사는 사례 D를 설득하여 마을 리더 교육을 받도록 했으며, 다른 이주민들과도 적극 교류하면서 마을 리더 교육을 통해 터득한 지식과 기술, 비전을 공유할 수 있었다.

> 내가 아는 많은 마을의 사람들이 쉽게 포기하죠. 하다가 안 되는 것이 있으면 그냥 포기로 결론이 나거나 또 하나는 이장이 바뀌었을 때, 새로운 사람이 이장이 되었을 때 농촌관광이라든가 이것을 계승을 안 하면 못할 수 있어요. 그런데 네트워크가 주는 장점은 혼자서 결정할 수 없게 만드는, 그 마을의 회원이 되면, 그렇기 때문에 그룹 속에서 존재하기 때문에 외롭기도 덜 하고 많은 부분은 서로 의지하고 있다는 것. 그러니까 끝까지 가지(사례 A).

"각 마을에 흩어져 외롭게 주민을 설득하고 발전계획을 기획하는" 다른 마을의 교육생들과는 달리 사례 A는 자기를 중심으로 이미 견고하게 형성되어 있는 네트워크를 활용하여 서로 다른 이해관계와 관심을 가지고 있는 집단들을 하나로 묶을 수 있었다는 것이다. 특히 그가 지적한 바와 같이 결절된 네트워크를 가지고 있는 마을에서는 이장의 승계에 따라 사업의 운명이 판가름 나는 경우가 있다. 하지만 그가 속한 마을은 공유된 목표와 의식 그리고 집단 간의 이해를 조율할 수 있는 네트워크상의 이점 등으로 인해서 사업의 지속성을 담보할 수 있었다. 앞서 본 사례 G의 경우와 같이 장기적인 사업을 추진할 때에는 사업의 성과가 즉각적으로 나타나지 않기 때문에 집단적 이기주의가 어느 순간 드러날 수 있다. 하지만 다양한 집단과 견고한 네트워크를 형성한 사례 A는 그러한 저항을 사전에 차단할 수 있었다. 사례 A 이후 이장을 맡은 사례 D는 마을에 연고가 없는 이주민이었지만, 사례 A와의 교류를 통해 마을에 쉽게 융화될 수 있었으며, 따라서 마을 이장 자리를 맡은 이후에도 마을 사람들로부터 꾸준히 지지를 받을 수 있었다.

둘째, 저항과 반대에 부딪치더라도 마을 리더 교육생 간의 견고한 네트워크를 바탕으로 사업을 지속하여 일정한 성과를 내는 경우이다. 농촌마을의 혁신사업은 대체로 사업의 성과가 단기간에 나타나지 않는 경우가 많고, 특히 사업 초기부터 마을 사람들에게 수익성에 대한 확신을 주기 어려운 경우도 있다. 이때 목표와 의지를 공유하고 있는 마을 리더 교육생들 간의 견고한 네트워크가 사업 초기에 주민들의 저항을 극복하는 중요한 수단이 될 수 있다. 사례 F는 마을 리더 교육생들 간의 네트워크를 통해 저항을 극복하고 축제에 성과를 낸 뒤 마을 주민들의 지지를 획득한 경우이다. 펜션사업을 위해 도시에서 이주해 온 사례 F는 이주 초기에 "젊은 사람이 어떤 잘못을 저질러서 도망 온 것"이라는 오해를 받으면서 마을을 떠나고 싶다는 생각까지 하게 되었다. 하지만 지역특산품의 사업성을 발견한 그는 이전에 귀농하여 마을 리더 교육을 같이 받은 마을 이장을 설득하여 특산물 축제를 기획했다. 마을 리더 교육생을 비롯하여 뜻을 같이하는 몇몇 사람을 추가로 규합한 뒤, 본격적으로 사업을 시작했지만 사업 초기부터 사업에 참여하지 않는 마을 주민들의 저항에 직면하게 되었다.

> 마을 사람들이 팔짱 끼고 안 도와주고 장사하려는 거 아니냐고 오해를 하셨던 분들이 많으세요. 근데 그분들이 그럴 때는 약간 좀 속이 상했었죠. 근데 이 1회 축제를 오픈한 날 첫날 이미 특산품이 다 동이 나고 특산품 없이 둘째날까지 버티는데 그걸 다 끝내고 나서 마을 전체 주민들 모시고서 음식점 가서 식사를 하는데, 그때서야 술 한 잔 따라 주면서 그때까지 반대하고 팔짱만 끼고 있던 분들이, 그분들한테 제가 미리 그랬거든요, 밖에 나가서 반대한다는 소리만 하지 말고 면사무소든 군청이든 아니면 장에서라도 그 누구한테도 반대한다는 소리만 하지 말고 싫으면 싫은 대로 가만히 있어 달라. 끝날 때까지만 지켜(봐)달라. 그리고 이제 끝나고 나니까 저한테 술 한 잔 따라 주면서 이제 우리가 도와주겠다. 자네가 이렇게 고생하는지 몰랐고, 그래서 그렇게 딱 하고 난 이후부터는 제가 좀 편해졌죠. 지금은 전 주민들이 다 도와주니까 (사례 F).

사업의 성공은 마을 주민들의 지지를 이끌어 내는 데 커다란 도움이 되었다. 마을 사람들의 저항을 극복하고 사업을 추진하여 마침내 성공할 수 있었던 것은 무엇보다도 마을 리더 교육을 함께 이수한 소수 리더들의 견고한 네트워크였다. 사업이 성공한 이후 마을 사람들이 특산물 축제에 적극적으로 참여했지만 여전히 문제는 남아 있었다. 대략 50%에 해당하는 이주민들 중 상당수가 다른 마을주민과 특별한 교류 없이 지내고 있었기 때문이었다. 특히 다양한 직업적 배경을 가지고 있는 이주민들은 특산물 축제를 성공적으로 이끌어 가는 데 필요한 다양한 기술과 지식을 가지고 있는 사람들이었다. 마을 사람들 사이에서는 축제의 지속적인 성공을 위해서는 이들이 가지고 있는 능력을 활용해야 한다는 공감대가 이미 형성되어 있었다. 기존의 폐쇄적인 공동체가 사업의 성과를 목격함으로써 보다 개방적으로 변화한 것이다. 하지만 문제는 상당수의 이주민들이 애향심이나 소속감도 없는 마을을 위해 자기의 능력을 투자할 생각을 하지 않는다는 점이었다.

> 서류 같은 거는 그 마을 사람들이 만들어야 하는데, 나이 드신 이장님이나 나이 드신 임원님들이 컴퓨터 자체를 하지 못하는데, 그런 걸 못 만드는 거죠. 그러면 그런 것 만들 때 옛날에 컴퓨터를 좀 했었다. 그럼 그런 사람들이 들어와 있다 그러면, 너는 사진 잘 찍으니까 너는 작업하는 사진 좀 찍고, 너는 워드 잘하니까 컴퓨터 쳐서 좀 만들고, 너는 좀 작가 생활했었다며, 와가지고 글귀 좀 예쁘게 쓰고, 다 요소요소에 배치를 시켜야죠. 근데 그 많은 외지 사람들이 절대 그런 말을 안 들어주죠. 그 안 들어주는 걸 가지고 중간단계 있는 몇 사람이 그러니까 저희 마을 같은 경우는 제 이전에 리더 교육생이셨던 ○○○ 이장님이나 저나 이런 사람들이 술병 들고 찾아가야죠(사례 F).

이중적 위치에 있는 리더들이나 사업에 적극 동참하고 있는 이주민들이 나서서 이들을 설득하였고, 결과적으로 이주민들 대부분이 특산물 축제를 비롯한 마을 사업에 동참하게 되었다. 마을 리더 교육을 통해 형성된 작지만 견고한 네트워크가 특산물 축제의 성과에 힘입어 낙후된 마을의 사회적 자본을 공고화한 사례라고 할 수 있다.

세 번째 유형은 리더 교육생들이 지속적인 자기희생을 통해 그 진정성을 인정받고, 전통적 네트워크와 연계가 이루어지는 경우이다. 마을 리더 교육을 이수한 사례 E 부부의 헌신적인 노력이 이에 해당된다. 사례 E 부부는 마을 리더 교육을 이수한 이후 마을에 변화를 가져와야 한다고 생각하고 뜻을 같이하는 이주민 몇 명과 함께 마을 사업을 구상하게 되었다. 하지만 다른 대부분의 경우와 마찬가지로 수십 년 동안 마을에 줄곧 살아온 유지들이나 어르신들은 이들의 이러한 생각에 전혀 동조하지 않았다. 사례 E와 몇몇 여성이 마을에 없어졌던 부녀회를 만들고, 이를 중심으로 마을의 유지와 어르신을 지극 정성으로 모시기 시작했다. 어버이날 행사를 마련하여 식사를 대접하고, 관광지에 따라가서 봉사도 하는 등 이들의 마음을 얻기 위한 다양한 활동을 전개해 나갔다. 그런 희생이 이어지자 마을의 어르신들이 적극적으로 지원해 주기 시작했다. 이 후 이 마을은 부녀회를 중심으로 마을 가꾸기 사업, 꽃길조성사업 등을 추진했고 포상금 형태로 주어진 사업비를 활용하여 다양한 마을 사업을 추진하고 있다. 이처럼 전통적 공동체 내부의 저항이 집단 간의 갈등으로 전화되지 않은 중요한 이유는 부녀회의 자기희생적 헌신 때문이었다. 농촌지역에서 자연스럽게 굳어진 성별분업의 틀에서 여성이 분담하던 희생적인 일을 도맡아 하면서 자연스럽게 전통적 공동체 내부로 받아들여진 것이라고 하겠다.

Ⅵ. 맺음말

사회적 자본이 지역사회의 사회 경제적 발전에 어떠한 영향을 주는지에 대해서 그동안 많은 이론적 · 경험적 연구가 진행되어 왔다. 연구의 맥락과 관점에 따라 다소 차이는 있지만 이 연구들은 역사적으로 형성되어 온 신뢰와 호혜성의 규범, 공공적 시민문화, 즉 사회적 자본이 지역사회발전에 긍정적 영향을 준다는 데에 대체로 동의한다. 이렇게 사회적 자본을 역사적으로 고착된 자산으로 본다면 수십 년간 인적 자본과 더불어 사회적 자본이 꾸준히 약화되어 온 우리나라의 낙후지역에서 사회적 자본을 축으로 한 지역발전은 사실상 불가능하다. 이 논문은 사회적 자본의 개념을 새로운 시각에서 재조명하고, 이를 토대로 낙후지역에서 사회적 자본이 형성될 수 있는 조건을 탐색해 보았다. 사회적 자본에 관한 미시적 흐름과 거시적 흐름을 결합하여 사회적 자본의 형성에 관한 이론적 논의를 전개한 뒤 인제군의 마을 리더 교육을 사례로 그 적용 가능성을 살펴본 결과, 마을 리더 교육이 분절화된 폐쇄적 네트워크들 간의 연계성을 확장시킴으로써 사회적 자본의 형성에 기여하고 있는 것으로 나타났다. 즉 마을 리더 교육이 폐쇄된 네트워크의 통합성을 열린 네트워크의 연계성으로 확장시키는 데 있어서 유용한 정책적 기제가 될 수 있다는 것이다. 이러한 네트워크의 확장은 미시적인 수준에서는 마을 리더 교육 참여자들이 설정하는 집단의 경계가 전통적인 내집단에서 인제군으로까지 확대되었다. 이는 곧 신뢰와 호혜성의 인지적 기반이 변화했음을 의미하는데, 일부 사례에서는 이러한 인지적 변화가 행태적 차원에서 개방적 사회관계의 일상화로 나타나고 있었다. 사회관계의 범위가 확대되고 집단 간의 교류가 활성화되는 사회적 관계의 일상화는 '상상된 공동체'로서의 지역이 '실재적 공동체'로 변화하는 데 기여한다. 지역 공동체 전체를 아우르는 체계의 수준에서는 확대된 네트워크가 구체적인 마을 사업을 기획하고 실행하는 데 있어서 핵심적인 동원의 기반으로 기능하고 있는 것으로 나타났다.

그럼에도 불구하고 면접조사에 따르면 인지적 · 행태적 · 체계적 수준의 변화는 그 정도와 속도에 있어서 다소 차이가 있는 것으로 보인다. 대부분의 조사 대상자들이 인지적 차원의 변화를 경험하고 있음에도 불구하고 이러한 변화를 체계 수준으로 이어 가는 데에는 상당한 어려움을 겪고 있었다. 이는 기존의 폐쇄적 사회관계가 지니고 있는 다양한 형태의 관성이 개방적 네트워크로의 전환에 마찰(friction)을 만들어 내고 있기 때문으로 파악된다. 마을 리더 교육에 참여했던 일부 응답자는 여전히 폐쇄적 공동체를 내집단으로 인식하고 있었으며, 많은 응답자는 마을 리더 교육에 참여하지 않은 사람들을 설득하고 그들의 생각을 바꾸는 데 상당한 어려움이 있음을 토로했다. 또한 지역에 뿌리내리고 있는 전통적 권력자 및 권력집단과의 마찰을 경험한 응답자도 적지 않았으며, 이 중 일부는 이들 집단과의 연대 · 협력을 포기하기도 했다. 이와 더불어 폐쇄적 집단들 간에 자기 몫을 챙기기 위한 다툼이 발생하는 등 집단적 이기주의의 저항을 경험한 응답자들도 적지 않았다.

이러한 저항에도 불구하고 마을 리더 교육을 통해 형성되기 시작한 사회적 자본이 구체적인 사업으로 연결되면서 더욱 공고해지는 경우도 있었다. 이러한 사례들은 크게 세 가지 형태로 분류될 수 있는데, 첫째는 마을 리더 교육을 통해 새로운 리더로 등장한 사람들이 전통적인 사회관계의 핵심에 위치해 있는 경우이다. 이 경우에는 집단적 지원을 기반으로 가장 손쉽게 폐쇄적 공동체를 개방적 공동체로 이행시키고, 관계적 자본의 통합성을 사회적 자본의 연계성으로 전환할 수 있었다. 둘째는 전통적 공동체 외부에 있던 마을 리더 교육생이 헌신적이고 희생적인 노력을 통해 전통적 공동체의 내부로 받아들여지는 경우이다. 셋째는 마을 리더 교육생들 간의 개인적 지지 네트워크가 집단의 폐쇄성을 허무는 경우라고 할 수 있다. 폐쇄적 내집단에서 발산되는 강력한 구심력의 저항에도 불구하고 집단 내 · 외부를 연결하는 소수의 연대적 네트워크가 전체 네트워크의 성격을 변화시키는 경우라고 할 수 있다.

마을 리더 교육을 통한 사회적 자본의 형성과 공고화 가능성을 탐색해 본 이 연구는 탐색적 연구에 수반되는 이론적 · 방법론적 한계를 갖는다. 우선 인제군의 마을 리더 교육은 현재 진행형이고 그 역사가 그리 길지 않기 때문에, 마을 리더 교육이 사회적 자본을 형성하고 공고화하는 데 어떤 영향을 주는지 확정적인 결론을 내리기는 어렵다는 점이다. 이와 유사한 프로그램을 실시했던 다른 지역과의 비교연구나 인제군보다 오랫동안 마을 리더 교육을 실시해 온 지역에 대한 추가적인 연구가 이루어지기를 기대한다. 특히 향후의 연구에서는 이 연구의 주요 관심에서는 배제되었지만 또 다른 중요한 축을 이루는 주제, 즉 마을 리더 교육의 교육 내용이 사회적 자본의 형성에 어떤 영향을 주었는지에 대한 면밀한 고찰이 이루어질 필요가 있다. 둘째, 사례수가 적고 대표성 있는 표집을 하지 못했다는 점 등 방법론적으로도 일정한 한계를 가지고 있다. 사회적 자본 형성을 이끈 기제와 그 역동적 측면을 보다 집중적으로 그리고 풍부하게 파악하기 위해 소수의 면접 사례를 전략적으로 표집했다. 따라서 이 연구에 포함된 사례들이 인제군 마을 리더 교육생들의 전형적인 모습이라고 보기는 어려우며, 다른 지역에 일반화해서 적용할 수 있다고 섣부른 결론을 내릴 수는 없다. 특히 엄밀한 질적 방법론에 의존하기보다는 다소 인상적이고 탐색적인 수준에 기댄 분석이 이루어졌다는 점도 이 연구의 중요한 방법론적 한계이다.

이러한 한계에도 불구하고 이 연구의 결과는 마을 리더 교육과 같은 지역 인재양성 프로그램이 인적 자본의 형성뿐만 아니라 지역사회 사회적 자본의 기반을 구축하는 데 매우 유용한 정책적 기제가 될 수 있음을 시사한다. 특히 마을 리더 교육을 통해 사회적 자본의 공고화를 이루어내는 다양한 조건들은 향후 지역발전 정책을 추진하는 데 있어서 매우 유용한 정책적 함의를 제공할 것으로 기대된다. 예를 들어 기존 마을 공동체에서 영향력을 발휘할 수 있는 사람을 마을 리더 교육에 참여하도록 유도한다면 관습적 저항이나 권력의 저항, 특히 구심력의 저항을 비교적 손쉽게 극복할 수 있을 것이다. 또한 마을 리더 교육이 종료된 이후에도 수료생들 간의 지지 네트워크를 강력하게 유지하고, 기수 간의 네트워크도 활성화할 필요가 있다고 하겠다.

이 연구는 사회적 자본이론, 보다 구체적으로 지역사회발전과 사회적 자본의 관계에 관한 논의에 커다란 기여를 할 수 있을 것으로 판단된다. 마이크로 크레디트 운동, 지산지소 운동으로부터 사회적 기업 육성을 통한 지역경제 재건 운동에 이르기까지 지역 공동체의 연대에 기초를 둔 다양한 형태의 지역 운동이 전개되고 있다. 특히 낙후 농어촌의 사회 경제적 재건을 위한 유일한 해법처럼 여겨졌던 하향식 발전 전략이 쇠퇴하면서 농촌관광의 활성화, 지역특산물의 상업화 등 지역 공동체 중심의 상향식 발전 전략이 새로운 화두로 등장하고 있다. 이러한 새로운 패러다임의 중심에 놓인 것이 바로 사회적 자본이다. 지역 주민들 간의 강력한 연대, 다양한 집단을 가로지르는 호혜적 신뢰 관계 그리고 지역사회 외부에 존재하는 지지 세력과의 연계적 네트워크, 즉 확장된 사회적 자본 없이는 지역사회의 사회 경제적 활성화는 요원하다고 할 수 있다. 이러한 상황에도 불구하고 사회적 자본에 관한 기존의 연구들은 이러한 현실적 요청에 부응하지 못하고 있는 것으로 판단된다. 이 연구들은 사회적 자본의 형성, 특히 산업화와 인구유출로 사회적 자본이 급속도로 파괴되어 가는 우리나라의 낙후지역사회에서 어떻게 사회적 자본을 (재)구축할 수 있을지에 대해서는 거의 주목하지 않았기 때문이다. 사회적 자본이론이 실천적인 차원에서 의미 있는 이론으로 발전하기 위해서는 사회적 자본과 지역사회발전 간의 정의 상관관계를 밝히는 수준을 넘어서 빈곤지역, 낙후지역 등에서 사회적 자본이 어떻게 형성될 수 있는지에 관심을 기울여야 한다. 현실적 요청을 따라가지 못하는 학문적 지체가 장기화된다면 사회적 자본이라는 개념을 생산하고 확산시킨 사회학조차 결국 '낙후학문'으로 전락할 수 있기 때문이다.

제5장

자발적 결사체 참여와 사회적 자본

김영범 · 이기원 · 안동규

I. 들어가며

“사회 네트워크나 사회 구조 속에 가입되어 있기 때문에 자원을 확보할 수 있는 능력”(Portes & Landolt, 2000)으로 이해되는 사회적 자본(social capital)은 사회학의 주된 분석 범주로서 다양한 분야에서 활용되고 있다. 사회적 자본은 인적 자본의 형성(Coleman, 1988)이나 계층 간 불평등(Bourdieu, 2006)을 설명하거나 특정 국가의 민주주의를 분석하는 데 활용되고 있다(이재열, 1998; Putnam, 2000). 사회적 자본은 지역 간 발전의 차이를 낳는 원인(Putnam, 1995)으로도 언급되는데, 퍼트넘(Putnam, 1993)에 의하면 시민 공동체는 연대 · 사회적 참여 · 통합에 가치를 부여하며, 이를 통해 효율적인 정부와 경제성장을 견인하는 데 기여한다(박준식 · 정동일 · 성경륭, 2009). 사회적 자본에 대한 연구는 특히 지역의 경제성장에 있어서 일반화된 호혜성(norms of generalized reciprocity)에 기인하는 신뢰의 효과에 주목한다. 일반화된 호혜성은 일반화된 신뢰를 강화시킴으로써 기회주의적 행위를 방지하고 결과적으로 경제성장에 기여한다는 것이다.

사회적 자본에 대한 연구는 다양한 비판에 직면하고 있는데, 우선 사회적 자본의 개념이 명확하지 않다는 비판이 제기되고 있다. 사회적 자본에 대한 연구가 사회적 자본 개념 안에 원인, 내용, 효과 모두를 포함시킴으로써 개념적 혼란을 낳고 있다는 것이다(Portes, 1998). 다만 사회적 자본에 대해 학자들은 사회활동을 포함한 다양한 사회적 네트워크에 참여함으로써 얻게 되는 이점이나 기회 등으로 이해하고 있다.

다른 한편으로 사회적 자본에 대한 연구는 그 긍정적 기능에만 주목할 뿐 부정적 기능에는 관심이 부족하다는 비판도 제기되고 있다(Portes, 1998; Putnam, 2000; Woolcook, 1998). 사회적 자본이 긍정적 효과뿐만 아니라 부정적 효과를 가질 수 있다는 주장은 사회적 자본의 효과가 미시적 수준과 거시적 수준에서 차이가 날 수 있다는 점을 강조하는데, 네트워크 안에 있는 사람에게는 긍정적 기능을 하는 사회적 자본이 외부에 있는 조직이나 사람에 대해서는 부정적 기능을 할 수도 있다는 것이다. 사회적 자본이 긍정적 효과뿐만 아니라 부정적 효과도 가져올 수 있다는 점에서 문제는 사회적 자본의 긍정적 효과를 얻기 위해서는 어떠한 사회 네트워크를 구축해야 하는가 하는 점이다. 이와 관련해 명확하게 분석하고 있지는 않지만, 퍼트넘은 사회적 자본을 연계적 사회적 자본과 결속적 사회적 자본으로 나누어 그에 따른 차이를 분석한 바 있다(Putnam, 2000).

본 연구는 네트워크와 사회적 자본과의 관계에 대한 선행 이론에 터하여 자발적 결사체에의 참여가 지역사회적 자본에 대한 평가에 영향을 주는지 경험적으로 연구하는 것이 목적이다. 사회적 자본의 형성에 대한 연구들은 사회적 자본 형성이 참여하는 자발적 결사체의 성격과 무관한 것이 아니라 결사체의 특징에 따라 상이할 수 있다는 점을 강조하고 있다. 즉 결사체 내 이질성이 큰 경우 일반화된 호혜, 신뢰와 같은 바람직한 특징을 강화하는 반면 조직 내 이질성이 적을 경우는 바람직한 특징들이 나타나지 않을 가능성이 크다는 것이다. 본 연구는 이러한 연구들에 터하여 지역의 사회적 자본에 대한 평가가 참여하는 결사체의 성격에 따라 차이를 보이는지 분석하고자 한다.

본 논문의 구성은 다음과 같다. II절에서는 우선 사회적 자본에 대한 선행 연구를 검토하고 자료 및 분석방법을 기술한다. III절에서는 자료에 대한 기술적 분석 및 다변수 분석을 실시하여 참여하는 자발적 결사체의 특성에 따라 지역의 사회적 자본에 대한 평가에 차이가 있는지 분석한다. 이어 IV절에서는 분석 결과를 요약하고 향후 연구 과제 및 연구의 한계를 논의한다.

II. 선행 이론 및 연구 방법

1. 사회적 자본의 개념과 효과에 대한 논의

사회적 자본은 다양한 방식으로 정의되어 왔다. 한 예로 사회적 자본 연구의 선구자로 불리는 부르디외(Bourdieu, 1986: 유석춘 · 장미혜 2003에서 재인용)는 “제도화되었건 혹은 제도화되지 않았건 상호 면식이 있어 알고 지내는 사이에 지속적으로 존재하는 관계의 연결망을 통해 얻을 수 있는 실재적이고 잠재적인 자원의 총합"으로 규정하고 있으며, 영어권 사회적 자본 연구를 대표하는 콜만(Coleman, 1990: 유석춘 · 장미혜 2003에서 재인용)은 "사회적 자본은 주어진 구조에 속하는 개인이나 집단으로 하여금 특정한 행위를 하도록 유도하고 촉진한다. 사회적 자본은 다른 형태의 자본과 마찬가지로 생산적이다. 사회적 자본은 그것이 없으면 이룩하기 어려운 목적을 성취할 수 있도록 해준다"라고 주장한다. 사회적 자본과 경제성장, 민주주의의 관계를 강조하는 퍼트넘(Putnam, 1995)은 "상호 간 이익을 위한 협력과 협동을 촉진시키는 연결망, 규범, 사회적 신뢰 같은 사회 조직의 특성"으로 이해하고 있다.

이러한 다양한 개념적 정의는 그 기원, 작동원리, 효과가 하나의 개념 속에 뭉쳐 있다(Portes, 1998)거나 극단적으로 다양한 범위의 인과적 구성물을 묶는 기술적 우산이라는 비판(Fine, 2001)을 낳고 있다. 이러한 비판에 직면하여 사회적 자본에 대한 연구자들은 사회적 네트워크를 사회적 자본을 낳은 요인으로 강조하는 한편, 사회적 자본은 네트워크의 참여로 인해 나타나는 이점 혹은 효과로 나누어 분석하기도 한다. 이와 관련해 포르테스와 랜도르트(Portes & Landort, 2000)는 사회적 자본을 그것을 낳는 원인(source), 개념적 정의, 결과로 나누어 기술한 바 있다. 그는 사회적 자본의 개념을 "네트워크나 기타 사회 구조를 통해 자원을 얻을 수 있는 능력"으로 정의하고 있다.

사회적 자본의 효과에 대한 연구는 다양하게 이루어지고 있는데, 사회적 불평등 · 교육성취 · 구직활동 · 경제성장 및 민주주의 등 다양한 주제를 중심으로 사회적 자본이 갖는 효과가 무엇인지에 대해 분석하여 왔다. 범위를 좁혀서 지역발전과 관련된 효과만을 살펴보면 사회적 자본은 정책 결정과 집행에 있어서 아래의 메커니즘을 통해 효율성을 제고한다(Boix & Posner, 1998).

첫째, 사회활동의 참여는 정치적 의제나 문제를 토론하거나 이해하는 기회를 제공한다는 점에서 대표를 선택하는 데 있어서 보다 현명한 판단을 가능케 할 뿐만 아니라 다양한 조직 활동을 통해 자신의 이해를 정치가들에게 보다 명확하게 전달할 수 있다. 둘째, 사회적 자본은 정부 정책이나 규제를 시행하는 데 따르는 비용을 절감시킨다. 즉 타인들도 정부 정책을 따를 것이라는 믿음이 존재하는 경우 정부 정책에 대한 무임승차 가능성이 줄어들게 되는데, 이로 인해 정부는 정책 시행에 대한 거래비용을 줄일 수 있다. 셋째, 사회적 자본은 개인적 이해관계에 대한 선호를 약화시키는 대신 공동체적 이해관계에 대한 선호를 강화함으로써 공동체를 위한 정책 결정을 지원한다. 넷째, 공공 부문과 민간 사이의 협력에 있어서 그 효율성을 제고함으로써 사회적 자본은 공공 정책의 질을 개선한다. 다섯째, 사회적 자본은 적대적 사회관계로 하여금 상호 적응적인(accommodate) 행동을 가능케 함으로써 정책에 대한 사회적 갈등을 완화시킨다.

이와 관련해 사회적 자본이 긍정적 효과만 갖는 것은 아니라는 주장 역시 제시되고 있는데, 포르테스(Portes, 1998)는 사회적 자본의 부정적 효과를 아래의 네 가지로 요약한 바 있다. 사회적 자본은 첫째, 외부인의 접근을 차단하는 수단으로 활용될 수 있다. 둘째, 상호 부조에 대한 강한 의무감은 종종 사업의 효율적 운영을 방해할 수 있다. 셋째, 규범에 대한 강조로 인해 자유롭고 창의적인 인재들을 네트워크 외부 지역으로 축출하는 효과를 가진다. 넷째, 집단의 강고한 결속력과 그로 인한 동질성에 대한 강조는 내부자의 성공에 대한 의지를 약화시키는 결과를 낳을 수 있다.

경제적 효율성의 관점에서도 사회적 자본의 긍정적 측면과 더불어 부정적 측면이 부각되는데 우선 효율성 증진의 요소를 살펴보면, 네트워크로 이해되는 사회적 자본은 정보의 질을 개선하고 통제 · 영향 · 권력의 수단을 제공하며, 기존의 규범과 관습에 부합되는 행동을 촉진시킨다. 다른 한편 사적으로 촘촘한 네트워크는 기존 네트워크와의 연결만을 강조하여 유연성을 저해하고 성장을 방해하는 결과를 낳을 수 있다(Beugelsdijk & Smulder, 2004).

경제학적 입장에서는 사회적 자본 연구에 대해 분석단위의 문제를 제기하고 있다. 기존의 사회적 자본 개념, 특히 사회적 신뢰에 대한 연구는 지역사회적 속성을 강조한다는 점에서 경제학적 입장은 개인들 단위에서의 분석이 배제되어 있다는 비판을 제기한다(Glaeser et al., 2002). 즉 개인 사회적 자본의 외부성을 통합한 것으로서 집합적 사회적 자본을 이해해야 한다는 것이다. 따라서 이들에 의하면 개인 수준의 사회적 자본이 어떻게 형성되는지 분석하는 작업이 집단 단위에서의 사회적 자본 형성에 앞서 분석되어야만 한다.

2. 사회적 자본 형성의 요인

사회적 자본 중 특히 시민적 덕목(civic virtues)으로 이해되는 부분[1)]에 기여하는 요인은 무엇인가에 대해서는 크게 사회적 요인을 강조하는 입장과 제도적 요인을 강조하는 입장으로 구분된다(Stolle, 2003). 먼저 제도적 요인을 강조하는 경우를 살펴보면 사회적 자본의 형성은 정치 체제의 성격과 긴밀하게 관련되어 있다. 권위주의 체제는 민주주의 체제에 비해 사회적 자본 형성에 부정적 영향을 주는데, 이는 권위주의 체제가 자발

1) 선행 연구들에서 사회적 자본은 네트워크를 의미하기도 하지만 그로 인한 효과를 의미하기도 한다. 본 연구에서 사회적 자본은 주로 일반적 호혜성, 신뢰 등과 같은 시민적 덕목으로 부르는 심리적 요소들을 의미한다.

적 집단 활동을 억압하여 시민들 사이의 신뢰를 약화시키기 때문이다.

정치 체제 외에 소득불평등 역시 사회적 자본의 형성에 영향을 주는 것으로 알려져 있는데, 소득이 평등할수록 사회적 자본이 증가하는 것으로 나타나고 있다. 소득불평등과 사회적 자본의 관계에 대한 연구는 소득불평등이 복지국가의 특성과 긴밀하게 연관되어 있다는 점에서 복지국가의 특성과 사회적 자본의 관계에 대한 연구로 이어지기도 한다. 로스타인과 스톨(Rothstein & Stolle, 2008)에 의하면 사람들이 느끼는 제도에 대한 신뢰는 형평성(impartiality)에 영향을 받는다고 주장한다. 즉 사람들은 제도나 조직이 공평하게 운영되는 경우 그 제도를 신뢰한다는 것이다. 다시 말해 개인은 타인도 자신과 동일하게 행동할 것으로 예상하는데, 이로 인해 조직 혹은 제도 속에서 자신이 무임승차를 하는 경우 타인도 무임승차를 할 것으로 예상하는 반면, 자신이 무임승차를 하지 않으면 타인도 무임승차를 하지 않을 것으로 예상한다는 것이다. 따라서 제도가 얼마나 공평하게 운영되는가는 타인에 대한 신뢰에 영향을 준다는 것이다.

사회적 요인을 강조하는 입장은 시민사회(civil society)의 요소들 즉 자발적인 결사체 참여, 자원봉사 활동, 교육 등의 요인들이 일반화된 신뢰, 호혜 등과 같은 사회적 자본을 강화시키는 데 기여한다고 주장한다. 토크빌(Tocqueville)의 전통에 따르는 이 입장에 의하면 자발적 참여를 특징으로 하는 결사체(association)는 정기적인 상호작용을 통해 협력과 민주주의의 가치와 규범을 만들어 낸다. 구체적으로 자발적 결사체의 참여는 면 대 면 접촉을 강화함으로써 협력의 필요성을 학습할 수 있는 학습의 장을 제공하기 때문에 사회적 자본의 긍정적 요소들을 만들어 낸다. 즉 상호 연결되고 중첩되는 다양한 사회적 네트워크가 존재하는 경우 시민적 덕목(civic virtues)과 민주적 태도 · 호혜 · 신뢰 등과 같은 사회적 자본의 긍정적 요소들이 조직 외부로 확산되는 반면, 이러한 네트워크를 갖고 있지 못하는 경우는 이러한 기회를 갖지 못할 가능성이 높다.

다만 사회적 자본에 영향을 미치는 요인으로서 자발적 결사체에 대한 강조는 그 이론만큼 경험적으로 지지를 받지는 못하고 있다. 사회적 자본과 자발적 결사체의 관계에 대한 연구를 검토한 바 있는 뉴턴(Newton, 2001)에 의하면 선행 연구에서 이들 두 변수 사이의 관계는 몇몇 국가에서만 약하지만 유의미한 결과(Newton, 1999)를 보였을 뿐 일반적으로 유의미한 관계를 보이지는 않는다고 주장한다.

이론적 측면에서 자발적 결사체와 사회적 자본의 관계에 대한 논의는 인과관계의 문제로 연결되기도 한다. 사회적 자본 이론가들은 자발적 결사체의 참여가 학습과 연대의 기회를 제공하고 그 결과로 신뢰, 호혜성 등과 같은 사회적 자본이 증진된다고 주장한다. 그러나 일부 연구(Hooghe, 2003)는 역으로 시민적 덕목을 갖춘 사람들이 자발적 결사체에 더 많이 참여한다고 주장한다. 즉 자발적 결사체 참여와 사회적 자본 사이의 관계는 전자가 후자의 원인이라기보다는 후자가 전자의 원인이 될 가능성이 크다는 것이다(Newton, 2001).

다른 한편으로 사회적 네트워크의 특성에 따라 사회적 자본이 차이를 보인다는 주장도 제시되고 있는데(Levi, 1996; Hooghe, 2003), 퍼트넘(Putnam, 2000)의 경우 연계(bridging) 혹은 포괄적(inclusive) 유형과 결속(bonding) 혹은 배타적(exclusive) 유형으로 사회적 네트워크를 구분한 바 있다. 결속형 유형은 내부 지향적이며, 네트워크의 배타적 정체성과 단체의 동질성을 강화하는 경향이 있는 네트워크로 주로 혜택이 회원 내부에 국한된다. 이 유형의 경우 네트워크 내부의 호혜성과 연대성을 강화한다. 연계형 네트워크는 외부 지향적이며 다양한 사회계층을 망라한 네트워크로 회원과 외부 자원의 연계, 정보 확산 등에 유용하다. 두 가지 네트워크

중 무엇이 시민적 덕목의 함양에 유리한가에 대해서는 퍼트넘이 분명하게 언급하고 있지는 않지만, 일반화된 호혜성과 신뢰의 측면에서 연계형 네트워크가 유리하다는 주장도 제시되고 있다(Mutz, 2005).

개인의 사회 경제적 요인 역시 사회적 자본에 영향을 주는바, 서구의 연구에 의하면 주로 사회적으로 성공한 사람들이 사회적 자본에 긍정적인 모습을 보이는 것으로 나타나고 있다. 즉 소득이 높거나 교육을 많이 받은 사람이 그렇지 못한 사람에 비해 시민적 덕목의 수준이 높은 것으로 나타나고 있다(Newton, 2001).

3. 연구 과제 및 연구 방법

선행 연구들에서 사회적 자본 개념은 네트워크, 일반화된 신뢰, 네트워크 참여에 따른 이득 등 다양한 내용을 포괄하고 있다. 본 연구에서는 포르테스(Portes, 1998)의 논의를 따라서 사회적 자본의 원인과 개념 그리고 그 결과를 나누어 보고자 한다. 앞서 부르디외(Bourdieu, 1986)는 네트워크 참여에 따른 자원을 사회적 자본의 개념으로 정의한 반면, 퍼트넘(Putnam, 2000)은 신뢰와 같이 네트워크 참여에 따라 사람들이 갖게 되는 심리적 상태를 그 개념으로 포함하고 있다. 본 연구에서는 이들 연구에 기반하여 사회적 자본을 "네트워크에 참여함으로써 얻게 되는 심리적 특성을 포함한 유형, 무형의 자원"으로 정의하고자 한다. 본 연구에서는 사회적 자본의 원인과 관련해 사회적 요인을 강조하는 입장((Levi, 1996; Hooghe, 2003; Putnam, 2000)에 기반해 네트워크 참여는 사회적 자본이 아닌 사회적 자본을 낳는 원인으로 규정한다.[2)]

2) 따라서 사회적 자본의 효과는 유형, 무형의 자원을 활용하여 얻게 되는 구체적인 이득으로 정의될 수 있다.

본 연구는 개인별 자료를 중심으로 사회적 자본의 심리적 측면에 영향을 미치는 요인이 무엇인지 분석하고자 한다. 구체적으로 본 연구는 지역사회적 자본에 대한 평가를 종속변수로 하여 참여하는 자발적 결사체의 특성이 영향을 미치는지 분석하는 것이 목적이다.

자발적 결사체란, 가족이나 국가와는 달리 자발적인 참여를 특징으로 하는 조직(Netwon, 2001)을 의미한다. 퍼트넘(Putnam, 2002)은 다양한 사람들이 모이는 조직이야말로 시민적 덕목(civic virtue)을 배울 수 있는 기회를 제공하는 것으로 이해하고 있다. 본 연구는 퍼트넘의 주장에 터하여 개인이 참여하는 자발적 결사체를 공익적 사회단체와 사적 연고단체로 구분한다. 사적 연고단체는 특정한 속성, 즉 학교나 지역 등을 공통적 속성으로 하는 비교적 유사한 사람들만의 조직이라는 점에서 상이한 가치관이나 태도 혹은 규범을 갖고 있는 사람과의 접촉에 기여하지 않을 가능성이 크다. 이와는 달리 공익적 사회단체는 비교적 자격 제한이 덜하다는 점에서 다양한 가치관과 태도와 규범을 갖춘 사람들이 모여 있을 가능성이 크고, 따라서 퍼트넘이 말하는 시민적 윤리를 배울 기회를 더 가질 가능성이 크다고 볼 수 있다.[3] 따라서 본 연구는 다음과 같은 가설에서 출발한다.

가설 1 사적 연고단체에 참여가 많은 사람일수록 지역의 사회적 자본에 대해서는 부정적인 평가를 내릴 가능성이 크다.

가설 2 공익적 사회단체에 참여가 많은 사람일수록 지역의 사회적 자본에 대해서는 긍정적인 평가를 내릴 가능성이 크다.

---

3) 사적 연고단체가 자발적 결사체인가에 대해서는 논란이 있을 수 있다. 자발적 결사체는 참여가 자발적인 공동체라는 점에서 귀속적 특징을 강조하는 동창회나 향우회 등은 포함되지 않는다는 주장도 가능하다. 그러나 이들 조직이 활동을 강제로 강요하는 것은 아니라는 점에서 활동 참여는 자발적 속성이 강하다고도 볼 수 있다.

본 연구에서 사용한 종속변수는 지역에 대한 사회적 자본을 평가하는 네 문항에 대한 응답 점수를 합산하여 구성하였다. 각 문항은 모두 5점 척도로 측정되어 사회적 자본 평가 총점은 최소 4점, 최대 20점이다. 구체적인 변수는 다음과 같다.

- 주민들이 지역의 일에 대해 논의하고 추진해 나갈 때 서로 얼마나 신뢰한다고 보십니까?
- 주민들은 지역의 일에 대해 어느 정도 서로 협력합니까?
- 우리 지역 주민은 같은 동네에 사는 사람들과 두루두루 친하게 지낸다.
- 우리 지역 주민은 다른 동네 주민들과도 잘 어울리는 편이다.

본 연구의 종속변수는 참여하는 자발적 결사체의 특성과 더불어 인구사회적 변수를 사용하였다. 본 연구에서 사용된 독립변수는 다음과 같다.

〈표 5-1〉 분석에 포함된 변수

구분	변수	구성
종속변수	지역사회자본평가	지역사회자본 평가 지표 점수를 합산
독립변수	성	여성=0
	학력	무학에서 대학원 이상까지 7개 구간
	소득	소득구간별로 9개 구간
	나이	연속변수
	사적단체 참여	참여하는 사적 연고단체 수
	공적단체 참여	참여하는 공익적 사회단체 수

본 연구는 고정 효과 모델(fixed effect model)을 사용하여 자료를 분석하였다. 일반적으로 종속변수가 연속형 자료인 경우 회귀 분석(regression analysis)을 사용하여 자료를 분석한다. 본 연구의 자료는 특정 지역을 먼저 선정한 후 이에 기반해 표본을 선정하였다. 회귀 분석의 경우 표본들 사이의 독립성이 보장되지 않는 경우 추정치로서의 바람직한 특성을 갖지 않을 확률이 높다.[4] 본 자료 역시 특정 지역을 대상으로 표본을 선정했다는 점에서 표본들 사이의 독립성이 보장되지 않을 가능성을 배제할 수 없다. 즉 특정 지역이 갖고 있는 특성에 의해 그 지역에 속한 개인들이 동일한 영향을 받았을 가능성을 배제할 수 없다. 본 연구에서는 지역 단위의 속성에 의한 영향을 통제하기 위해 고정 효과 모델을 사용하였다.

고정 효과 모델은 집단별로 2개의 측정치가 있는 경우 2개의 측정치 사이의 차이를, 3개 이상의 측정치에 대해서는 평균과 개별 측정값과의 차이를 계산하여 그 결과를 대상으로 회귀 분석을 실시한다. 이 방법에 의하면 집단의 변화하지 않는 특성의 경우 분석 모델에 포함되지 않는 경우도 자동적으로 통제된다. 집단별로 2개의 측정치를 갖는 경우 분석 모델은 다음과 같다.

$$y_{i1} = u_1 + bx_{i1} + rz_i + a_1 + e_{i1} \cdots\cdots (1)$$

$$y_{i2} = u_2 + bx_{i2} + rz_i + a_1 + e_{i2} \cdots\cdots (2)$$

---

4) 클러스터 샘플링(cluster sampling)을 통한 자료의 경우, 지역적 특성이 개인적 요인에 영향을 준다는 점 때문에 회귀 분석 시 지역적 특성을 분석에 포함하지 않으면 이분산성의 문제를 낳을 가능성이 크다. 만약 지역적 특성을 분석 모델에 포함하는 경우 지역적 특성이 개인적 특성인 것으로 이해되어 자유도를 과대하게 계산하는 문제가 발생하는데, 이로 인해 부정확한 추정의 가능성이 발생한다. 이를 해결하기 위해서는 본 연구에서 사용한 고정 효과 모델처럼 지역적 특성의 효과를 배제하거나 랜덤 효과(random effect) 모델을 사용해 지역적 효과를 포함하여 분석하는 것이 바람직하다(Allison, 2009; Bickel, 2007).

$$y_{i2} - y_{i1} = (u_2 - u_1) + b(x_{i2} - x_{i1}) + (rz_i - rz_i) + (a_i - a_i) + (e_{i2} - e_{i1})$$

y_{i1} : 종속변수
u_1 : 상수
bx_{i1} : 변화하는 값을 갖는 독립변수
rz_i : 변화하지 않는 값을 갖는 독립변수
a_1 : 집단에 따른 오차
e_{i1} : 개별 측정 시 오차

본 연구에서 사용된 자료는 2009년 신활력사업[5] 대상 지역 20개를 선정하여 지역 주민, 공무원, 외부 전문가 등을 대상으로 실시한 조사 결과이다. 설문조사는 우편조사를 통해 실시하였으며, 수거된 설문지 512부 중 부실한 응답이 있는 설문을 제외한 총 493개의 사례가 분석에 사용되었다. 본 연구에 포함된 대상 지역 및 응답자의 일반적 특성은 다음과 같다.

〈표 5-2〉 설문조사 대상 지역 및 응답자 특성

( ) : %, 표준편차

성	여성 107(21.8), 남성 305(78.3)
연령	평균연령 43.7세(9.9), 최소 21, 최대 75
응답지역	고창군, 화천군, 하동군, 청양군, 봉화군
	증평군, 순창군, 무안군, 부여군, 양양군
	장수군, 양구군, 장흥군, 남해군, 의성군
	철원군, 함양군, 신안군, 영덕군, 영동군

5) 신활력사업이란 2005년 시작된 낙후농어촌개발사업을 의미하는 것으로, 이 사업은 지역이 자율적으로 사업을 선정하여 발전역량을 배양하는 상향식 사업이라는 특징을 갖는다. 이 사업을 위해 정부는 인구, 산업·경제, 재정 세 분야의 자료를 종합하여 신활력사업 대상 지역 70곳을 선정하였다. 본 조사를 위해 연구진은 이들 중 신활력사업의 결과에 대한 평가에 기반하여 20개 지역을 선정하였다.

III. 분석 결과

1. 기술적 분석

먼저 응답자들이 참여하는 자발적 결사체의 수를 살펴보면 다음과 같다.

〈표 5-3〉 참여하는 결사체의 수

단위 : 개, ( ) : %

구분	공익 조직	사적 연고 조직
없다	55(22.82)	37(14.86)
3개 이하	175(72.61)	186(74.70)
4개 이상	11(4.56)	26(10.44)

다음으로 지역사회적 자본에 대한 평가를 살펴보면 합계평균이 12.9, 표준편차 2.43으로 나타나고 있는데, 이를 항목별로 살펴보면 평균 3.2로 비교적 지역사회적 자본에 대한 평가가 긍정적인 것을 알 수 있다.

사회적 자본에 대한 평가를 개인의 인구 사회적 특성에 따라 나누어 살펴보면 다음과 같다. 먼저 성별로 나누어 살펴보면, 남성이 여성에 비해 약간 높은 수준을 보이고 있지만 통계적으로 유의미한 수준은 아니다. 다음으로 학력에 따라 나누어 살펴보면, 중학교 이하의 학력을 갖는 응답자는 13.14인 반면 고등학교 이상의 학력을 보유한 집단에서는 12.78로 학력이 낮은 집단이 지역사회적 자본에 대한 평가가 더욱 긍정적인 것으로 나타나고 있다. 물론 이러한 차이가 통계적으로 유의미한 것은 아니지만, 학력과 태도 사이의 이러한 부적 관계에 대해서는 추가적인 분석이 필요하다고 판단된다. 다만 학력이 높은 사람일수록 지역사회적 자본에 대한 기대가 큰 반면 현실에서는 이를 충족시킬 수 없기 때문에 지역의 사회적 자본에 대한 평가가 부정적일 가능성도 배제할 수 없다. 나이와 사회적 자본에 대한 평가 사이의 상관계수(corelation coefficient)는 .02로 나타나 관련성이 적은 것으로 나타나고 있으며, 통계적으로도 유의미한 관계를 보이지 않고 있다.

〈표 5-4〉 사회 경제적 특성과 사회적 자본

변수		점수
성	여성	12.62
	남성	13.02
학력	중등 이하	13.14
	고등 이상	12.78
소득	250만 원 이하	12.66**
	250만 원 초과	13.30
나이(상관계수)		.02

주 : ** $p < .05$

지역사회적 자본에 대한 평가는 소득에 따라 유의미한 차이를 보이는 것으로 나타나고 있다. 즉 사회적 자본에 대한 평가는 소득이 250만 원 이하 집단에 비해 250만 원 초과 집단에서 더 높은 것으로 나타나고 있다.

다음으로 본 연구의 주요 변수인 참여하는 자발적 결사체와 사회적 자본에 대한 평가 사이의 관계를 살펴보면 다음과 같다. 공익적 혹은 사적 연고 결사체에 참여하는지 여부에 따라 사회적 자본에 대한 평가에 유의미한 차이가 있는지 살펴본 바에 의하면, 단측 검증의 경우 두 경우 모두 참여하는 쪽이 참여하지 않는 쪽에 비해 사회적 자본에 대한 평가가 긍정적인 것을 알 수 있다.

〈표 5-5〉 자발적 결사체와 사회적 자본

변수		점수
공익 조직	비참여	12.4#
	참여	13.02
사적 연고 조직	비참여	12.21*
	참여	13

주 : # p < .1 ; * p < .05

기술적 분석 결과는 지역사회적 자본에 대한 평가는 소득을 제외하면 사회 인구학적 변수에 영향을 받기보다는 주로 참여하는 자발적 결사체에 따라 영향을 받는 것으로 나타나고 있다. 그러나 기술적 분석은 다양한 변수의 효과를 통제하지 못한다는 점에서 다변수 분석을 통해 그 효과를 확인해 볼 필요가 있다. 본 연구는 이를 위해 다변수 분석을 실시하였다.

2. 다변수 분석 : 고정 효과 모델을 통한 분석

다변수 분석을 위한 모델은 사회 경제적 요인만을 포함하는 기본 모델, 기본 모델에 참여하는 자발적 결사체 수를 포함한 확장 모델, 마지막으로 기본 모델에 참여 자발적 결사체를 공익적 조직과 사적 연고 조직으로 나누어 구분한 전체 모델로 구성하였다. 분석 결과는 다음과 같다.

첫째, 사회 경제적 요인 중 학력과 소득에 따라 사회적 자본에 대한 평가가 상이한 것으로 나타나고 있다. 소득은 높을수록, 학력은 낮을수록 사회적 자본에 대한 평가가 부정적이다. 서구를 대상으로 한 선행 연구에 의하면(이재혁, 2006; Newton, 1999) 학력이 높을수록 시민적 덕목이 증가하는 것으로 나타나고 있다. 그러나 본 연구 결과는 서구의 결과와는 상반되는 모습을 보이고 있다. 우리나라를 대상으로 한 다른 연구(박병진, 2007) 역시 교육수준과 신뢰로 측정된 사회적 자본의 수준이 부적 관계를 보이는 것으로 나타나고 있다.

서구와 우리나라의 차이가 조사 방법이나 설문 내용의 차이인지, 아니면 역사적 경험이나 사회제도의 차이에 따른 차이인지 추가적인 연구가 필요하다고 판단된다.

다만 본 연구의 종속변수는 일반적인 사회적 자본이 아니라 특정 지역의 사회적 자본에 대한 평가라는 점에서 학력이 높을수록 기대와 현실 사이의 괴리가 크기 때문으로 해석할 수 있을 것이다. 즉 학력이 높은 집단의 경우 지역의 사회적 자본에 대한 기대수준도 높은 반면 이를 현실에서 충족시키기 어렵기 때문에 지역사회적 자본에 대한 평가가 부정적인 모습을 보이는 것으로 해석할 수 있다.

〈표 5-6〉 지역사회적 자본에 대한 평가 : 고정 효과 분석을 활용한 다변수 분석

변수	기본 모델	확장 모델	전체 모델
	B(S.E)	B(S.E)	B(S.E)
성	.35(.28)	.24(.55)	.29(.54)
학력	-.30(.11)**	-.51(.19)**	-.48(.19)*
소득	.18(.06)**	.22(.11)#	.23(.11)*
나이	.03(.01)#	.01(.03)	.02(.03)
외지경험	-.44(.23)#	-.48(.44)	-.52(.43)
참여하는 결사체 수		-.05(.05)	
참여하는 사적 연고 조직 수			-.12(.07)#
참여하는 공익적 조직 수			.20(.18)

주 : # p < .1 ; * p < .05 ; ** p < .01

둘째, 참여하는 자발적 결사체의 수는 통계적으로 유의미한 결과를 보이지 않고 있다. 이는 모든 자발적 결사체의 참여가 시민적 덕목을 증진시키는 것은 아니라는 앞선 연구 결과(Hooghe, 2003; Newton, 2001)를 다시 한 번 확인해 주는 것으로 보인다. 이러한 결과는 자발적 결사체의 특성에 따라 상이하게 나타나는 긍정적 효과와 부정적 효과가 상쇄되었을 가능성이 있음을 보여 준다. 이 점을 확인하기 위해 참여하는 자발적 결사체의 특성을 구분하여 분석을 추가하였다.

셋째, 자발적 결사체의 특성에 따라 구분한 모델을 살펴보면 참여하는 공익적 조직의 수는 지역사회적 자본에 대한 평가와 유의미한 관계를 보이지 않지만, 사적 연고 조직의 경우는 지역사회적 자본에 대한 평가와 미약하나마 부적 관계를 보이는 것으로 나타나고 있다. 사회적 자본과 자발적 결사체에 대한 참여와의 관계를 분석한 경험 연구들에 의하면, 두 변수는 미약한 관계를 보이거나 관련성이 없는 것으로 나타나고 있다. 공익적 사회 조직의 참여 정도가 지역사회적 자본에 대한 평가와 관련성을 보이지 않는다는 본 연구 결과는 선행 연구 결과와 합치되는 것으로 보인다.

본 연구에서 특기할 점은 사적 연고 조직의 참여가 많은 응답자의 경우 사회적 자본에 대한 평가 역시 부정적이라는 점이다. 퍼트넘(Putman, 2000)은 결속(bonding)형 사회 네트워크에 대해 내부 지향적이며, 네트워크의 배타적 정체성과 단체의 동질성을 강화하는 경향이 있는 것으로 정의한 바 있다. 본 연구의 사적 연고 조직 역시 이러한 특성을 갖춘 것으로 해석할 수 있다. 사적 연고 조직은 자발적임에도 불구하고 다음과 같은 한계를 가질 가능성이 크다. 유사한 사람들이 모여 만든 내부 지향적 조직은 첫째, 조직 내부의 활동을 통해 다양한 관점이나 규범 · 태도를 접할 가능성이 적다. 둘째, 사적 연고 조직은 향우회 · 동창회 등과 같이 기존의 사회관계를 중심으로 형성되는바 조직 내 관계는 평등한 것이라기보다는 이미 형성된 기준에 근거해 위계적인 성격을 가질 가능성이 크다. 셋째, 구성원들의 특징이 유사하기 때문에 이들이 갖는 연결망 역시 큰 차이를 보이지 않을 가능성이 크다. 결과적으로 사적 연고 조직 활동을 통해서는 자신과 상이한 규범이나 가치, 태도를 보이는 사람과 접촉할 기회를 갖기 어렵고 이는 곧 시민적 덕목을 배우는 학습의 장이라는 자발적 조직의 기능이 약화됨을 의미한다. 본 연구의 결과는 사적 조직의 이러한 특성이 반영되어 나타난 것으로 해석할 수 있을 것이다.

Ⅳ. 결론 및 한계

본 연구는 지역사회적 자본에 대한 평가에 영향을 주는 요인은 무엇인지 분석하는 것이 목적이다. 본 연구는 이를 위해 참여하는 자발적 결사체를 사적 연고 조직과 공익적 조직으로 구분한 후, 이들 조직의 참여가 지역사회적 자본에 대한 평가에 영향을 미치는지 살펴보았다. 본 연구 결과를 요약하면 다음과 같다. 첫째, 사회 인구학적 변수 중 소득과 교육수준이 사회적 자본과 유의미한 관계를 보인다. 특히 교육수준의 경우는 사회적 자본과 부적 관계를 보이는 것으로 나타나 서구의 사례와는 다른 결과를 보이고 있다. 이에 대해서는 추가적인 연구가 필요하다고 판단된다. 둘째, 서구에서의 경험 연구와 유사하게 자발적 결사체 참여 일반은 사회적 자본에 대한 평가와 유의미한 관계를 보이지 않는다. 셋째, 자발적 결사체를 그 특성에 따라 나누어 사회적 자본에 대한 효과를 살펴본 바에 의하면 공익적 조직의 참여는 유의미한 효과를 보이지 않는 반면 사적 연고 조직의 경우 부적 관계를 보이는 것으로 나타나고 있다.

자발적 결사체의 참여가 사회적 자본을 증가시킬 것인가에 대해서는 긍정적 주장뿐만 아니라 부정적 주장도 제기되어 왔다. 레비(Levi, 1996)는 자발적 결사체가 외부와의 연대가 아닌 내부적 결속만을 강조하는 경우 사회적 자본이 아닌 비사회적 자본(unsocial capital)을 증가시킬 수 있다고 주장한 바 있다. 본 연구 결과 역시 폐쇄적이고 내부 지향적인 결사체의 경우, 사회적 자본의 바람직한 특성이 나타나는 데 부정적 영향을 준다는 점을 보여 주고 있다.

본 연구와 같이 사회 중심적 입장에서 미시적 자료를 분석하는 연구에 대해서는 다양한 비판이 제기되고 있다. 첫째, 미시적 연구에서는 사회적 자본의 차이를 발견하기 어려운 반면, 국가 간 비교와 같은 거시적 연구에서는 그 차이가 명확하게 드러난다는 점에서, 사회적 자본은 개인적 특성이 아니라 집합적 특성(aggregate)이라는 주장이 제기되기도 한다(Newton, 2001). 다만 사회적 자본이 집합적 속성이라 할지라도 그 미시적 근거를 찾는 작업이 필요하며, 본 연구는 미시적 근거를 찾는 한 연구로서 가치를 가질 수 있다고 판단된다. 둘째, 사회적 자본의 긍정적 기능과 관련해 자발적 결사체의 참여나 교육 등과 같은 사회적 요소에 영향을 받기보다는 사회제도에 더욱 영향을 받는다는 주장도 제기되고 있다(Rothstein & Stolle, 2003). 셋째, 자발적 결사체 속에서 보내는 시간보다는 가족과 교육 기관에서 보내는 시간이 더 많다는 점에서 가족이나 학교 등이 사회적 자본의 긍정적 효과를 얻는 데 더욱 중요하다는 주장도 제기되고 있다.

본 연구는 몇몇 지역을 대상으로 개인 자료를 분석했다는 점에서 제도의 특성이나 집합적 특성을 반영하지 못하고 있다. 이는 차후 미시와 거시적 특성을 결합한 자료를 확보함으로써 추가적인 연구가 필요한 부분이라고 판단된다. 다른 한편으로 본 연구는 자발적 결사체에 대한 참여를 참여하는 조직의 수로 파악함으로써 조직 내에서 보내는 시간이나 역할 등과 같은 조직에 대한 헌신 정도를 분석에 포함하지 못했다는 한계를 갖는다. 이 점 역시 자발적 결사체 내에서의 활동에 대한 세밀한 조사를 통해 보완되어야 할 것으로 판단된다. 마지막으로 본 연구는 자발적 결사체를 두 가지 유형으로 나누어 분석하고 있지만, 이는 결사체 내부의 다양성을 무시한 단순한 구분이라는 점 역시 부인하기 어렵다. 따라서 향후 보다 다양한 결사체 유형에 기반한 분석이 필요하다고 판단된다.

제6장

지역사회 리더 육성과 사회적 자본의 공고화

정동일 · 박준식

I. 머리말

최근 들어 상향식 지역발전에 관한 담론이 확산되면서 낙후된 지역사회 내부에 존재하고 있는 다양한 자원을 결합 · 동원하여 지역사회의 사회적 · 경제적 활력을 되살려 보려는 노력이 전개되고 있다. 특히 그동안의 산업화 과정에서 낙후성이 꾸준히 심화되어 온 농어촌 지역사회에서 발전의 전기를 마련하기 위해서는 지역이 가지고 있는 문화적 · 생태적 · 산업적 자원에 대한 고유한 지식(local knowledge)과 더불어 기획력, 혁신적 사고, 정보 활용 능력, 학습 능력, 협상 능력, 문제해결 능력 및 지역발전에 대한 사명감 등을 두루 갖춘 지역 인재가 양성되어야 한다는 인식이 빠르게 확산되고 있다(김영정, 2008; 정규호, 2007; 허장 · 장기환, 2003; 김홍주, 2011). 이러한 인재들은 지역특산품의 사업화, 농촌관광 및 지역 축제의 기획과 추진 등 낙후된 농촌 지역사회의 발전을 위해 이루어지는 다양한 지역 사업을 주도하는 지역사회의 리더로서 핵심적인 역할을 수행할 것이라는 기대도 증가하고 있다(박준식 · 정동일 · 성경륭, 2009; 정동일 · 성경륭, 2010). 마을 리더 교육이나 지역사회 리더 교육은 이러한 지역 인재를 양성하기 위한 목적으로 실시되고 있는 대표적인 프로그램이다.

지역사회 리더 교육은 인적 자원 양성을 목적으로 한다는 점에서 기본적으로 교육 프로그램이다. 따라서 리더 교육에 대한 그동안의 평가는 대체로 교육학 및 심리학, 나아가 인사관리 등에서 도출된 교육공학적 혹은 경영학적 분석틀에 크게 의존해 왔던 것이 사실이다(박한식 · 김남조, 2008; 박은식 · 이채식 · 고정숙 · 조영숙 · 황대용 · 박덕병, 2006; 김남선, 2004). 리더 교육을 통해 참여자 개개인의 문제해결 능력, 의사소통 능력, 정보활용 능력, 학습 능력 등이 실질적으로 향상되었는지 그리고 교육의 내용과 형식, 강사의 질, 교육 참여 정도 등에 따라 이러한 교육 효과가 어떻게 달라지는지에 대한 연구들이 주를 이루어 온 이유가 바로 이것이다.[1] 하지만 리더 교육이 가지고 있는 근본적인 목적은 참여자의 개인적 역량을 향상시키는 데 있다기보다는 이를 기초로 하여 그들이 속한 마을과 지역사회에 실질적인 변화를 가져오도록 하는 것이라고 요약할 수 있다. 따라서 리더 교육의 성과는 근본적으로 지역사회에 대한 파급 효과

1) 예를 들어 박한식과 김남조(2008)는 리더 교육의 성과를 학습 지향성 · 원칙 준수 · 기획력 · 조직 헌신 · 관계성 · 자기확신 · 합리적 사고 등 16개 영역으로 나누고 그 성과를 측정했으며, 박은식 외(2006)는 리더십의 역량을 정보 · 비전 · 동기 · 의사소통 능력 · 학습 능력 · 유연성 등 24개 영역으로 나누어 리더의 지위에 따른 성과의 차이를 검증하기도 했다.

라는 측면에서 평가될 필요가 있다고 하겠다. 하지만 아쉽게도 지역사회 리더 교육의 성과를 평가하는 기존의 연구 대부분은 개인적 역량의 향상에만 분석적 초점을 두었을 뿐, 리더 교육이 지역사회의 발전에 실질적인 효과를 가져오는지를 직접적으로 살펴보지 않았다는 공통된 한계를 가지고 있다.

이러한 인식하에 이 논문에서는 리더 교육의 효과를 다음과 같은 세 가지 층위로 분류하고자 한다. 첫째, 리더 교육은 개인적 측면에서 문제해결 능력·학습 능력·정보활용 능력·의사결정 능력 등을 비롯한 다양한 형태의 개인적 역량을 향상시키고, 이러한 특수한 역량을 바탕으로 참여자들이 지역사회의 핵심적인 인재로서의 자질과 위치를 구축하는 데 기여할 수 있다. 이러한 효과를 개인적 성장 효과라고 부를 수 있다. 둘째, 관계적 성장 효과로서 지역사회 리더 교육 참여자는 개인적 연결망을 통해 친분이 있거나 가까운 다른 주민들에게 교육 내용을 전이하거나 리더 교육 참여를 유도함으로써 긍정적인 영향을 미칠 수 있다. 이를 통해 리더 교육 참여자들을 중심으로 견고한 리더 집단이 형성될 수도 있을 것이다. 셋째, 세 가지 층위의 가장 높은 수준에서 고려될 수 있는 것으로서 리더 교육이 지역사회의 발전에 실질적인 효과를 가져오는 지역적 성장 효과를 들 수 있다. 리더 교육 참여자는 지역사회 전반의 사회경제적 발전을 위한 모임이나 사업에 참여하여 리더 교육의 성과를 공유하거나 이를 활용하여 사업의 성과가 가시화되는 데 중요한 역할을 담당할 수 있다는 것이다.

이처럼 다면적 차원에서 측정되는 리더 교육의 효과는 경험적으로 보면 서로 중복되는 측면이 있기는 하지만, 다른 한편 이 효과들이 항상 같은 방향으로 나타나지 않을 수도 있다는 점에서 분석적으로 구분되어야 한다. 예를 들어 리더 교육이 리더로서의 개인적 자질을 향상시키는 데에는 기여하지만, 지역사회의 다른 주민들 혹은 지역사회 전반의 사업적 성과에 미치는 파급 효과는 극히 제한되는 경우도 있을 수 있다. 반대로 리더 교육 참여자가 다양한 능력을 습득하고 이러한 능력을 지역사회의 주민들에게 전이시키거나, 나아가 지역사회 사업에 역량을 투입함으로써 지역사회의 발전에 기여하는 경우가 있을 수 있다. 또한 이 세 가지 효과는 본질적으로 위계적으로 구성되어 있다고 할 수 있다. 즉 관계적 성장의 효과는 리더로서의 개인적 성장이 전제되어야 하며, 마찬가지로 지역사회 전체에 미치는 리더 교육의 효과는 개인적 성장과 관계적 성장의 기초 위에서 나타날 수 있는 것이다. 따라서 이 논문에서는 리더 교육의 효과를 단일한 차원의 문제로 보고 그 효과의 정도를 분석하려는 기존의 접근을 지양하는 대신, 그 효과가 서로 다른 층위로 파급되는 데 영향을 주는 요인을 찾고자 한다.

그렇다면 리더 교육의 효과가 개인적 성장과 만족의 수준에 그치는 경우와 보다 폭넓게 지역사회 내의 주민들, 나아가 지역사회 전반의 발전에 기여하는 경우는 어떤 요인에 의해 달라지는가? 어떠한 요인들이 지역사회 리더 육성의 다차원적 효과를 설명할 수 있는가? 이 논문에서는 참여자 개인과 참여자가 속한 지역사회를 중심으로 형성된 사회적 자본에 초점을 두고 이러한 변이를 설명하고자 한다. 그동안 지역사회의 사회경제적 발전을 설명하는 데 있어서 사회적 자본은 매우 유력한 설명 변수로 여겨져 왔다(Putnam, 1993; Woolcock, 1998; Fukuyama, 1995; Paxton, 2002; 이재열, 2006; 이희창 · 박희봉, 2005). 지역민들 간의 신뢰와 호혜적 상호성에 기초한 사회적 자본은 지역사회발전을 위한 노력에 있어서 사적인 이익을 추구하는 대신, 공적인 대의에 헌신하게 하는 규범적 · 문화적 맥락을 제공하는 것과 동시에 개인적 자원의 미시적 동원을 위한 관계적 압력으로 작용한다는 점에서 지역사회발전의 사회적 기초라고 할 수 있다(Gittell & Vidal, 1998). 이와 관련된 기존 연구들이 사회적 자본과 지역사회발전 간의 경험적 상관성을 밝혀 온 것이 사실이지만, 이 연구들은 이 두 요소 사이에 존재하는 중요한 연결 고리를 간과해 온 측면이 있다.

사회적 자본, 즉 지역사회에 촘촘히 그리고 광범위하게 구축되어 있는 호혜적인 신뢰의 관계망이 지역사회발전의 중요한 사회적 인프라임에는 틀림이 없으나, 그 자체가 지역사회발전의 직접적인 기제라고 보기는 어렵다. 왜냐하면 지역사회의 발전은 사회적 자본이 축적되어 있다는 점 그 자체가 아니라 그러한 사회적 자본이 지역사회의 발전을 위한 집합행동에 실제로 동원되고 활용되는 정도에 달려 있기 때문이다(정동일 · 허목화, 2010). 이러한 점에서 사회적 자본의 동원을 견인할 리더십의 존재가 낙후된 지역사회의 발전을 위해 매우 중요한 요소라고 할 수 있다. 즉 통솔력, 의사결정 능력, 정보 활용 능력, 대인관계 능력 등을 고루 갖춘 리더들이 지역사회의 사회적 자본을 효과적으로 동원할 수 있을 때 지역발전의 성과가 나타날 수 있다는 것이다. 이러한 점에서 지역사회 리더 육성은 사회적 자본이 지역발전으로 이어지도록 하는 촉매제라고 할 수 있다. 다른 측면에서 보자면 리더 교육의 효과가 개인적 성장에 그치지 않고 지역사회로 파급되기 위해서는 참여자와 지역사회를 중심으로 사회적 자본이 탄탄히 구축되어 있어야 할 것이다.

우리는 여기서 사회적 자본의 두 가지 수준을 구분하고자 한다. 그 첫째는 참여자들 개개인의 인간적 상호 관계의 망, 즉 참여자 개인의 인간관계 속에 구축되어 있는 사회적 자본이고, 다른 하나는 참여자가 속해 있는 지역사회에 구축되어 있는 사회적 자본이다. 리더 교육 참여자는 지역사회에 속한 다른 사람들과 폭넓은 신뢰 관계를 형성하고 있을 수도 있고, 그렇지 않을 수도 있다. 마찬가지로 리더 교육 참여자가 속한 지역사회에 신뢰와 호혜성을 근간으로 하는 사회적 자본이 광범하게 구축되어 있을 수도, 혹은 분절된 집단과 개인들 사이에 갈등과 무관심이 팽배해 있을 수도 있다. 우리는 사회적 자본의 이 두 가지 차원을 교차하여 리더 교육생 개인과 지역사회를 중심으로 형성된 사회적 자본의 형태를 네 가지로 구분한 뒤, 각각의 형태에 따라 리더 교육의 다층적 효과가 어떻게 달라지는지 살펴보고자 한다. 이를 위해 이 논문에서는 강원 지역에서 이루어진 지역사회 리더 교육 참여 교육생에 대한 설문조사 결과를 분석하고자 한다. 다음 절에서는 설문조사에 대해 간략히 소개한다.

II. 자료에 대한 개요 및 종속변수

1. 설문조사의 개요 및 자료

이 논문의 자료는 2010년 5월부터 7월 사이 강원 지역에서 이루어지고 있던 6개 지역사회 리더 교육사업 참여자들을 대상으로 한 설문조사로부터 얻어졌다. 강원도 청년지도자 과정에서는 총 36명이 조사에 참여하였으며, 새농어촌건설 아카데미에서 29명, 인제군 마을 리더 교육에서 49명, 농촌캠퍼스에서 68명, 횡성군 리더 교육에서 31명 그리고 사회적 기업가 아카데미에서 25명이 조사에 참여하여 총 238부의 설문지가 수거되었다. 이들 교육사업은 그 대상이나 교육 내용 면에서 조금씩 차이를 보이지만, 모두 낙후된 농어촌지역사회의 사회 경제적 발전을 주도할 핵심 인재를 양성하는 것을 목표로 한다는 점에서 기본적으로 지역사회 인재 육성 프로그램이다. 구체적으로 이 프로그램들은 농어촌지역에서 이루어지는 각종 마을 사업을 수행하는 데 필요한 창조적·혁신적 사고방식을 강조하고, 마을 주민들과의 합의 도출 및 인간관계 개선을 가능하게 하는 지식과 기술을 교육하며, 마을 사업을 위한 계획서의 작성 · 실행 · 평가 및 피드백 등에 요구되는 역량을 습득하도록 하기 위해 세미나 · 실습 · 토론 · 견학 등 다양한 방식의 교육활동을 전개해 왔다.

설문조사는 교육이 종료된 이후 교육생 전체를 대상으로 하는 집단 조사의 방식으로 이루어졌다. 설문에 응한 응답자들의 성, 연령, 지역사회 거주기간 등 각종 사회 인구학적 특성은 상당히 이질적이었다. 성별로는 남성과 여성의 비율이 대략 6대 4로 엇비슷했고, 연령별로 보면 청 · 장 · 노년층이 대체로 고르게 분포되어 있었다. 거주기간도 40년 이상의 장기 거주자가 비교적 많았지만 최근에 이주해 온 응답자도 적지 않았다. 직업별로는 농민이 45%로 가장 많았지만 전문 · 관리 · 사무직이나 판매 · 서비스직도 적지 않게 포함되었으며, 수입이나 학력도 층위별로 비교적 고르게 분포되어 있었다. 이와 더불어 대략 60%의 응답자가 이전에 리더 교육의 경험을 가지고 있었다는 점도 주목해야 할 부분이다. 즉 응답자들의 리더 교육에 대한 평가는 현재 참여 중인 리더 교육뿐만 아니라 이전에 참여했던 리더 교육에 대한 경험으로부터도 어느 정도 영향을 받았을 가능성이 있다.[2] 전반적으로 응답자의 사회 · 경제 · 인구학적 특성의 분포는 리더 교육에 관한 기존의 연구에서의 그것과 대체로 일치하는 형태를 보이고 있다. 이러한 점을 감안할 때 이 연구가 리더 교육 전반의 특징과 상황을 상당 부분 반영하고 있는 것으로 보인다(박한식 · 김남조, 2008; 박은식 외, 2006).

설문에는 우선 리더 교육을 전후하여 학습 능력, 문제해결 능력, 자기 성찰 능력, 지도력, 의사소통 능력, 정보 활용 능력, 지역 공동체 의식,

2) 응답자들에 대한 기본적인 특성은 아래의 〈표 6-3〉에 보다 자세히 제시되어 있다.

대인관계 능력, 사회적 자본, 창조 능력 등이 얼마나 향상되었는지를 묻는 67개 항목이 5점 척도 형태로 제시되었다. 또한 리더 교육이 개인적 성장에 미치는 영향, 지역사회의 다른 사람들에 미치는 영향, 지역사회 전반에 미치는 영향을 묻는 항목이 포함되었다. 이와 더불어 지역사회의 발전 정도, 발전 전망에 관한 문항과 지역사회와 개인적 사회적 자본을 측정하기 위한 문항들이 설문에 포함되었다. 설문의 구체적인 내용은 관련 항목들에 대한 분석이 이루어질 때 보다 자세히 논의하기로 한다. 수거된 설문지는 총 238개였으나, 이 중 응답이 부실하거나 분석되는 변수들 중 적어도 하나 이상의 변수에서 결측치를 가지고 있는 사례를 제외하고 총 218개의 사례를 STATA 10.0을 활용하여 분석하였다.

2. 종속변수 : 리더 교육의 다층적 효과

앞서 지적한 바와 같이 지역사회 리더 교육에 대한 그동안의 연구는 주로 리더 교육이 지역 인재로서 필요한 자질 및 인적 자본을 향상시키는 데 어떠한 효과가 있는지에 주목해 왔다. 이러한 연구들은 주로 교육학이나 경영학, 심리학에서 개발된 측정도구를 활용하여 학습 능력, 의사결정 능력, 대인관계 능력, 정보 활용 능력 등이 리더 교육 이후 실제로 어느 정도 향상되었는지를 측정하고 그 변이에 영향을 주는 개인적 요인들을 포착하는 데 주된 관심을 기울여 왔다. 기존의 연구들을 보면 일반적인 리더 교육과 마찬가지로 지역사회 리더 교육을 통해 참여자들은 다양한 형태의 자질을 향상시킬 수 있었던 것으로 보고된다(박한식 · 김남조, 2008; 박은식 외, 2006). 하지만 지역사회 리더 교육의 효과를 개인적 역량의 증대 혹은 리더로서의 개인적 자질의 향상이라는 측면에서만 평가하는 것은 그 자체로 의미 있는 일임에도 불구하고 리더 교육이 기대하는 궁극적 효과를 살펴보는 데 적지 않은 한계를 지닌다. 이러한 한계를 극복하기 위해서는 무엇보다 리더 교육을 통해 이룬 개인적 성취의 효과가 지역사회의 다른 사람, 나아가 지역사회 전반의 사회 경제적 발전에 어떠한 파급 효과를 내고 있는지에 대한 분석이 이루어져야 한다.

이를 위해 이 논문에서는 지역사회 리더 교육의 효과를 리더로서의 개인적 자질의 향상을 의미하는 '개인적 성장' 효과, 지역사회 다른 사람들에게 미치는 영향을 고려한 '관계적 성장' 효과 그리고 지역사회 전반 혹은 지역사회 사업에서의 성과에 미치는 영향과 관련된 '지역적 성장' 효과 등 세 가지로 구분한다. 개념적으로 보자면 이 세 가지 층위는 위계적으로 구성된다.[3] 즉 단순히 지역사회 리더로 성장할 수 있는 자질을 갖추는 것이 지역사회 리더 교육의 가장 일차적인 효과라면, 개인적 성장이 개인적 연줄망을 통해 타인의 성장으로 전이되는 것이 그보다 더 높은 단계의 효과이고, 그 성과가 지역사회 전반으로 파급되어 마을 사업에서 실질적인 성취가 나타나는 것이 가장 높은 단계의 효과라고 할 수 있다. 이러한 다층위적 효과를 측정하기 위해 리더 교육 전후 참여자 개인과 개인 주변의 인물 그리고 지역사회에 어떠한 변화가 있었는지를 묻는 문항 9개를 선별하여 요인 분석을 실시했다. 요인 분석에 사용된 각 문항은 "전혀 그렇지 않다"부터 "매우 그렇다"로 이루어진 5점 척도로 측정되었으며, 각 문항의 구체적인 질문 내용과 요인 분석 결과는 〈표 6-1〉에 제시되어 있다.

3) 자료에 대한 경험적 분석 결과를 보면 반드시 위계적이지는 않다. 개인적 성장보다 관계적 성장에 더 높은 점수를 준 경우나 관계적 성장보다 지역적 성장에 더 높은 점수를 준 경우가 대략 20% 내외를 차지하는 것으로 나타났다. 하지만 위계적이지 않은 형태의 답변을 한 응답자 대부분의 경우, 각 쌍을 이루는 두 영역 간의 차이는 미세한 것으로 보고하고 있다.

〈표 6-1〉 리더 교육의 효과에 대한 요인 분석 결과

항목	주성분 1	주성분 2	주성분 3
나는 기회가 다시 주어진다면 이와 비슷한 교육에 참여할 의향이 있다	.809	.384	.073
나는 내가 아는 사람에게 이 교육을 추천해 주고 싶다	.805	-.061	.426
리더 교육에 참여한 이후 지역사회에서 내 가치와 역할이 더 커지는 것 같다	.803	.317	.147
리더 교육은 내가 지역사회의 리더로 성장하는 데 도움이 되었다	.799	.405	.106
내가 속한 지역사회 사람들은 나를 보고 리더 교육에 참여하고 싶어한다	.347	.750	.339
내가 속한 지역사회의 사람들은 내가 리더 교육에 참여한 것이 지역사회발전에 도움이 된다고 자주 말한다	.326	.719	.379
리더 교육은 내가 속한 지역사회의 발전에 도움이 될 것이다	.221	.197	.866
리더 교육에 참여한 이후 내가 참여한 지역사회 사업이 더 좋은 성과를 내고 있다고 생각한다	.123	.384	.811
내가 리더 교육에 참여함으로써 우리 지역사회가 실제로 변하고 있다고 생각한다	.399	.369	.604
고유값	4.35	0.88	1.46
요인 이름	개인적 성장 효과	관계적 성장 효과	지역적 성장 효과

요인 분석 결과, "리더 교육은 내가 지역사회의 리더로 성장하는 데 도움이 되었다", "나는 기회가 다시 주어진다면 이와 비슷한 교육에 또 참여할 의향이 있다", "나는 내가 아는 사람에게 이 교육을 추천해 주고 싶다", "리더 교육에 참여한 이후 지역사회에서 내 가치와 역할이 더욱 커

지는 것 같다" 등 4개 항목이 하나의 요인으로 묶였다. 이 항목들은 리더 교육이 지역 인재로서의 개인적 자질을 향상시키는 정도를 측정하고 있다. 두 번째로 "내가 속한 지역사회의 사람들은 나를 보고 리더 교육에 참여하고 싶어하는 것 같다", "내가 속한 지역사회의 사람들은 내가 리더 교육에 참여한 것이 지역사회발전에 도움이 된다고 자주 말한다" 등 2개 항목이 하나의 요인으로 묶였는데, 이들은 리더 교육이 참여자의 개인적 연결망을 통해 다른 사람에게 의미 있는 영향을 주고 있는지를 측정하는 항목들이 될 수 있다. 마지막으로 묶인 세 항목, 즉 "리더 교육은 내가 속한 지역사회의 발전에 도움이 될 것이다"와 "리더 교육에 참여한 이후 내가 참여한 지역사회 사업이 더 좋은 성과를 내고 있다고 생각한다", "내가 리더 교육에 참여함으로써 우리 지역사회가 실제로 변하고 있다고 생각한다" 등은 지역사회로의 긍정적 파급 효과와 관련된 항목들이다. 이 세 가지를 각각 '개인적 성장 효과', '관계적 성장 효과', '지역적 성장 효과'로 개념화하고자 한다.

리더 교육이 세 가지 층위에 어떠한 효과를 주는지 분석하기 위해 각 층위에 해당하는 문항의 값들을 합산한 뒤 1점부터 5점까지의 값을 갖는 척도로 표준화하였다. 세 층위의 표준화된 합산 점수의 평균값을 비교한 것이 다음의 [그림 6-1]에 제시되어 있다. 예상했던 것과 같이 가장 낮은 수준인 개인적 성장 효과에 대한 평균값이 4.07로 가장 높았고, 그보다 높은 층위의 효과들인 관계적 성장 효과와 지역사회 성장 효과가 각각 3.79와 3.65로 비교적 낮게 나타났다. 관계적 성장 효과와 지역사회 성장 효과 등 상위 두 층위에 대한 평균값에서 커다란 차이가 나타나지는 않았으나, 평균값을 비교해 볼 때 전체적으로 지역사회 리더 교육의 효과는 위계적으로 형성되어 있는 것으로 판단된다. 즉 리더 교육이 개인적 성장에 미치는 효과는 매우 큰 반면에 관계를 맺고 있는 타인에 미치는 영향은 다소 낮고, 마지막으로 지역사회의 전반적인 발전에 미치는 파급 효과는 가장 낮은 것으로 해석할 수 있다.

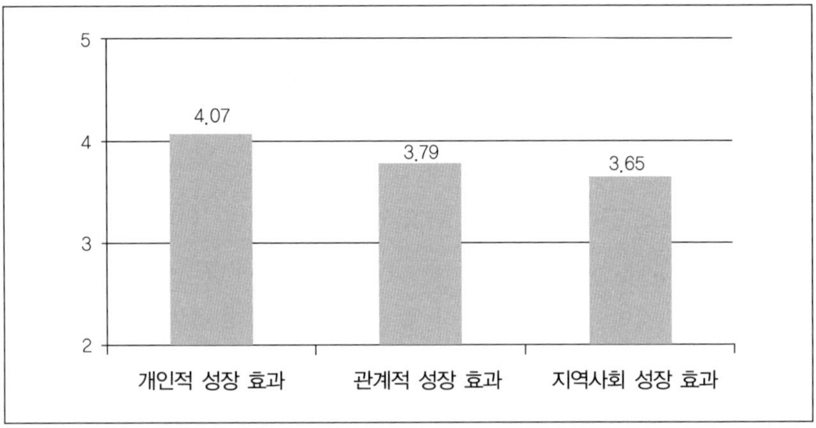

[그림 6-1] 지역사회 리더 교육의 층위별 효과(평균값)

이러한 차이는 리더 교육이 개인적 역량의 향상에는 직접적인 영향을 미치지만, 보다 폭넓은 영역과 차원으로 이 효과가 파급되기 위해서는 이를 가능하게 하는 다양한 형태의 계기가 필요하기 때문이다. 리더 교육에 참여한 개인이 교육에 만족하고 이를 통해 습득한 지식과 기술, 능력으로 인해 지역사회의 핵심적 인재로 성장하는 것은 다분히 리더 교육의 직접적인 효과라고 평가할 수 있다. 하지만 이것이 다른 사람, 나아가 지역사회 전반으로 파급되는 데에는 여러 가지 매개변수들이 영향을 미칠 수 있다. 예를 들어 참여자 개인의 사회적 위치, 연령, 교육수준, 명망과 같은 개인적 속성이 이러한 과정을 얼마나 지원해 줄 수 있느냐에 따라 파급 효과가 달라질 수 있다. 지역사회에서 명망이 있는 참여자는 그렇지 못한 참여자에 비해 좀 더 쉽게 리더 교육의 성과를 타인에게 전이

할 수 있으며, 지역사회의 각종 사업에서 주도적인 역할을 할 수 있다. 이러한 개인적 속성과 더불어 지역사회와 참여자 개인을 중심으로 구축되어 있는 사회적 관계의 형태 혹은 관계적 속성 또한 파급 효과에 있어서 변이를 가져올 수 있는 요인이다. 왜냐하면 파급과 전이는 기본적으로 개인과 개인 혹은 개인과 지역사회 간의 상호작용이 전제되어야 하며, 이러한 상호작용이 얼마나 용이하게 이루어질 수 있느냐에 따라서 파급 효과의 양과 질이 달라질 수 있기 때문이다.

III. 사회적 자본의 형태에 따른 리더 교육의 효과

1. 사회적 자본의 유형

사회학자들은 사회적 관계의 형태와 질을 파악하기 위한 중요한 개념으로 사회적 자본이라는 개념을 발전시켜 왔다. 사회적 자본은 흔히 신뢰와 호혜성에 기초해 있고 사람들 사이의 관계 속에 배태되어 있으며, 특정한 목적 지향적 행위에 동원될 수 있는 자원으로 정의된다(Lin, 2001; Granovetter, 1985; Portes, 1998; Coleman, 1988). 사회적 자본에 관한 그동안의 연구는 두 가지 서로 다른 분석 수준에 초점을 맞추어 왔다. 첫째는 개인 수준에서 사회적 자본을 측정하고, 이렇게 측정된 사회적 자본이 개인의 사회적 행위 및 결과에 어떠한 역할을 하는지에 관한 것이다(Miller & Buys, 2008; Granovetter, 1974; Lizardo, 2006). 예를 들어 콜만은 사회적 자본을 "개인이 다른 방법으로는 획득할 수 없는 목표를 달성하도록 해주고 구조 속에 위치해 있는 개인의 행위를 특정한 방향으로 유도할 수 있는 사회적 자원"이라고 정의한다(Coleman, 1990: 302). 이 관점에서 보면 사회적 자본은 개인이 소유하고 있는 자원이며, 보다 많은 사람과 두터운 신뢰 관계를 형성하고 있는 개인은 더 많은 사회적 자본을 소유하고 있기 때문에 사회적 행위에서 보다 많은 지지와 지원을 획득할 수 있다. 그뿐만 아니라 이들은 신뢰 관계에 있는 타인들에게 보다 쉽게 영향력을 행사할 수 있다. 이들은 사회적 관계 속에 있는 타인들에게 자신이 가지고 있는 관점과 규범, 가치를 전파할 수 있을 뿐만 아니라 보다 쉽게 이들의 동의를 이끌어 낼 수 있다. 따라서 두터운 신뢰 관계를 형성하고 있는 개인들이 유사한 가치와 생각을 공유할 가능성은 매우 높다(Hallinan & Kubitschek, 1990; Lawler & Yoon, 1996).

한편 사회적 자본을 사회적 집단의 속성으로 파악하고자 하는 관점도 있다. 지역사회 개발이나 경제발전에 있어 사회적 자본의 역할에 초점을 두는 연구들이 이에 해당한다. 이에 따르면 "규범, 신뢰, 네트워크와 같은 사회 조직의 특성"으로 이해되는 사회적 자본은 공공적 성격을 띤 집합 행동을 가능하게 하는 핵심적인 사회적 기반이다(이재열, 2006; 이희창 · 박희봉, 2005; Putnam, 1993: 167; Fukuyama, 1995; Fedderke et al., 1999). 집단 내 폭넓게 구축된 신뢰의 사회관계와 시민적 공공성은 집단행동에서 나타나기 쉬운 기회주의적 행동, 무임승차의 가능성을 봉쇄하는 핵심 기제라고 할 수 있다(Newton, 2001; Portes & Landolt, 2000). 예를 들어 TVA에 대한 셀즈닉의 고전적 연구에서 드러난 바와 같이 지역사회개발을 위한 사업이 시작되면 이를 통해 사적 이익을 추구하고자 하는 다양한 형태의 행위들이 등장한다(Selznick, 1953). 이때 지역사회에 강력한 사회적 자본이 형성되어 있다면 사적 이익 추구 행태를 감시하고 규제하기 위한 비공식적 통제가 작동할 뿐 아니라 자발적으로 대의에 참여하려는 규범적 압력이 출현한다. 또한 지역사회에 촘촘히 형성되어 있는 사회적 연결망은 지역사회발전을 위한 물리적 · 인적 자원의 동원과 결집을 가능하게 하는 통로로 기능할 수 있다. 따라서 지역의 리더가 지역사회에 구축되어 있는 사회적 자본에 폭넓게 접근할 수 있다면, 공공적 집합행동의 가능성은 매우 높다.

사회적 자본에 관한 이상의 두 가지 측면을 본 연구의 맥락에 적용해 본다면, 분석 수준에 따라 다음과 같은 두 가지 차원을 고려할 수 있다. 우선 리더 교육 참여자 개인이 소유하고 있는 사회적 자본이 얼마나 되는가, 다시 말하면 지역사회의 주민들과 얼마나 두터운 사회적 관계를 형성하고 있는가 하는 점이다. 둘째, 리더 교육 참여자가 속한 지역사회에 사회적 자본이 얼마나 폭넓게 형성되어 있는가 하는 점도 고려해 보아야 한다. 이상의 두 가지 차원을 교차해 본다면 [그림 6-2]와 같이 개인 및 지역사회 사회적 자본의 네 가지 유형을 구분할 수 있다.

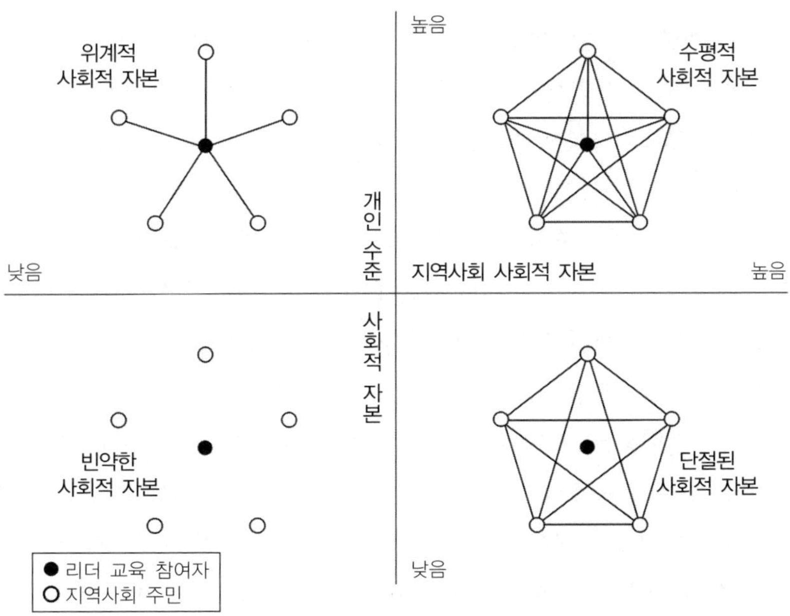

[그림 6-2] 사회적 자본의 이념형적 형태

첫째, 좌측 하단에 있는 빈약한 사회적 자본은 리더 교육 참여자 개인이나 지역사회 수준 모두에서 사회적 자본이 낮은 경우로서 긍정적 측면의 사회적 관계가 모두 단절된 파편화된 지역사회의 전형적인 모습이라고 할 수 있다. 이러한 지역사회에서 리더 교육의 성과는 참여자 개인의 성장 이상으로 파급되기가 매우 어렵다. 리더 교육 참여자가 지역사회에 속한 주민들과 긍정적 교환이 이루어질 수 있는 사회적 관계를 형성하고 있지 못해 리더 교육을 통해 습득한 가치와 기술, 능력을 공유할 통로가 원천적으로 막혀 있는 셈이다. 설사 각고의 노력으로 이러한 통로를 개척하더라도 주민 사이에 형성되어 있는 높은 벽은 리더 교육의 효과가 폭넓게 파급되는 데 커다란 장애 요인이 될 수 있다.

둘째, 지역사회 수준에서 사회적 자본이 견고하게 형성되어 있지만, 참여자 개인의 사회적 자본은 매우 낮은 경우로서 이를 '단절된 사회적 자본'으로 개념화할 수 있다. 리더 교육 참여자는 지역사회에서 구축되어 있는 밀도 있는 사회적 관계에서 배제된 외톨이이며, 지역사회에 구축되어 있는 견고한 사회적 자본은 지역발전을 위한 자질을 습득한 리더 교육 참여자와 철저하게 단절되어 있다. 따라서 참여자 개인이 획득한 리더 교육의 성과가 지역사회의 구성원들, 나아가 지역사회 전반으로 파급되기 매우 힘든 구조이다. 리더 교육에 대한 한 사례 연구에 따르면 리더 교육 참여생 중 적지 않은 수가 외지에서 이주해 온 이주민들로서 마을의 발전에 많은 관심을 가지고 있었다. 그럼에도 불구하고 마을 사업을 기획하고 실행하는 데 많은 어려움을 겪었는데, 그 주요한 이유 중 하나가 바로 마을 주민들의 협조를 쉽게 얻어 내지 못했기 때문이다. 이들이 마을의 네트워크에 받아들여지고 진정한 리더로 성장하는 데에는 상당히 오랜 시간이 걸린 것으로 나타났다. 마을에 견고하게 형성되어 있는 밀도 높은 사회적 관계가 오히려 외지인에 대한 배타적 태도와 경계심을 강화했기 때문이다(정동일 · 허목화, 2010).

셋째, 좌측 상단에 있는 위계적 사회적 자본은 지역사회 수준에서는 사회적 자본이 빈약하지만, 참여자 개인을 중심으로 한 네트워크는 비교적 견고하게 형성되어 있는 경우를 나타낸다. 이와 같은 연결망 구조는 중심에 있는 개인이 지역사회의 정보와 자원을 통제할 수 있는 위치에 있다는 점에서 근본적으로 위계적이다. 리더 교육 참여자는 주변에서 가깝게 지내는 주민들과 리더 교육의 성과를 공유하고 이들이 교육에 참여할 수 있도록 유도함으로써 소수의 선도 집단을 형성할 수는 있다. 하지만 주민들 사이에 긍정적이고 호혜적인 사회적 관계가 형성되어 있지 않기 때문에 그 교육의 성과가 지역사회발전을 위한 사업으로 파급되거나 그 성공으로 이어지기에는 일정한 한계가 따른다.

마지막으로 우측 상단에 있는 수평적 사회적 자본은 리더 교육 참여자가 지역사회에 형성되어 있는 밀도 있는 사회관계 속에 깊이 들어가 있는 경우이다. 리더 교육 참여자는 리더 교육에서 습득한 내용을 전체 지역사회에 용이하게 전이할 수 있다. 개인적 연결망을 통해 전이되는 가치관과 지식, 기술이 견고하게 형성되어 있는 지역사회 네트워크를 통하여 전체 지역사회로 퍼져 나갈 수 있기 때문이다. 이러한 지역사회에서는 공유된 가치관과 지식을 기반으로 지역사회 사업을 비교적 쉽게 기획 · 조직 · 실행할 수 있으며, 이에 필요한 자원을 동원하기도 비교적 쉽다.

요약하면, 개인과 지역사회 수준에서 사회적 자본이 빈약한 첫 번째 유형이나 리더 교육 참여자가 지역사회의 사회적 자본으로부터 고립되어 있는 두 번째 유형에서는 리더 교육의 효과가 개인적 만족이나 성장에 국한될 가능성이 매우 높으며, 인간관계를 통한 전이 효과나 지역사회 전반으로의 파급 효과는 극히 제한될 것으로 예측할 수 있다. 사회적 자본이 개인적 연결망에 기초해 있는 위계적 사회적 자본의 경우에는 리더 교육의 파급 효과가 주로 개인적 네트워크에 속한 사람들에 국한될 것으로 보이며, 지역사회로의 파급 효과가 가장 큰 것은 참여자 개인과 지역사회 전반에 걸쳐 사회적 자본이 견고하게 형성되어 있는 마지막 유형이라고 예측할 수 있다.

2. 사회적 자본의 유형에 따른 리더 교육의 성과

개인 수준과 지역사회 수준의 사회적 자본을 측정하기 위해 사용된 문항은 〈표 6-2〉에 제시되어 있다. 각 문항은 5점 척도로 측정되었으며, 각 수준에 해당하는 4개의 문항을 묶은 뒤 1점부터 5점까지를 갖도록 표준화하여 개인 수준의 사회적 자본 및 지역사회 수준의 사회적 자본 변수를 만들었다.

두 변수 간에는 비교적 높은 상관관계가 존재하지만($r = .42$) 두 가지 형태의 사회적 자본이 엇갈리는 경우도 적지 않았다. 다음으로 각 수준별 사회적 자본의 평균값을 활용하여 평균보다 높은 경우와 낮은 경우로 구분한 뒤, 이 2개의 이항변수를 교차하여 사회적 자본의 네 가지 형태에 대한 조작적 정의를 내렸다.

예를 들어 개인적 수준의 사회적 자본과 지역사회 수준의 사회적 자본 두 가지 모두 평균보다 낮은 경우를 '빈약한 사회적 자본'으로 정의하고, 이들이 모두 평균보다 높은 경우를 '수평적 사회적 자본'으로 정의하였다. '빈약한 사회적 자본' 범주에 포함되는 사례는 85개였으며 '단절된 사회적 자본'과 '위계적 사회적 자본'에 해당하는 사례는 각각 34개, 33개로 나타났다. 마지막으로 '수평적 사회적 자본'에 포함된 사례는 총 68개였다.

〈표 6-2〉 개인 수준 및 지역사회 수준 사회적 자본을 측정하기 위한 문항

개인 수준 사회적 자본 문항	지역사회 수준 사회적 자본 문항
나는 같은 지역에 사는 사람들과 두루두루 친하게 지낸다.	우리 지역 주민들은 같은 지역에 사는 사람들과 두루두루 친하게 지낸다.
나는 내 일을 미루는 한이 있더라도 마을 전체의 일에 적극적으로 참여한다.	우리 지역 주민들은 자기 일을 미루는 한이 있더라도 마을 전체의 일에 적극적으로 참여한다.
나는 일을 수행할 때 다른 사람과 갈등을 자주 일으킨다.*	우리 지역 주민들은 일을 수행할 때 갈등을 자주 일으킨다.*
나는 일을 할 때 사적인 관계보다는 공적인 관계를 우선시한다.	우리 지역 주민들은 일을 할 때 사적인 관계보다는 공적인 관계를 우선시한다.

주 : *는 합산 시 역으로 부호화

[그림 6-3]은 개인 및 지역사회 수준의 사회적 자본 분포 형태에 따라 세 가지 층위별로 리더 교육의 성과가 어떻게 달라지는지를 보여 주고 있다. 그림을 요약하면 다음과 같다. 첫째, 앞서 [그림 6-1]에서 살펴본 바와 같이 전체적으로 리더 교육의 효과는 개인적 성장 측면에서 가장 높고 관계적 측면이나 지역사회 측면으로 갈수록 점차로 낮아진다. 리더 교육의 성과가 개인적 연결망을 통해 지역사회로 파급되거나 지역사회 사업에서의 성과로 이어지는 것이 상대적으로 수월하지 않음을 의미한다고 할 수 있다. 둘째, 세 층위 모두에서 '위계적 사회적 자본'과 '수평적 사회적 자본'이 '빈약한 사회적 자본'이나 '단절된 사회적 자본'에 비해서 리더 교육의 성과가 상대적으로 높은 것으로 나타났다. 즉 리더 교육에 참여한 개인이 지역사회에서 높은 수준의 사회적 자본을 축적하고 있는 경우, 리더 교육을 통해 개인적 성장을 이루기 쉬울 뿐만 아니라 리더 교육의 성과를 지역사회의 일부 또는 전체로 전달하는 것이 상대적으로 쉽다는 의미라고 해석할 수 있다.

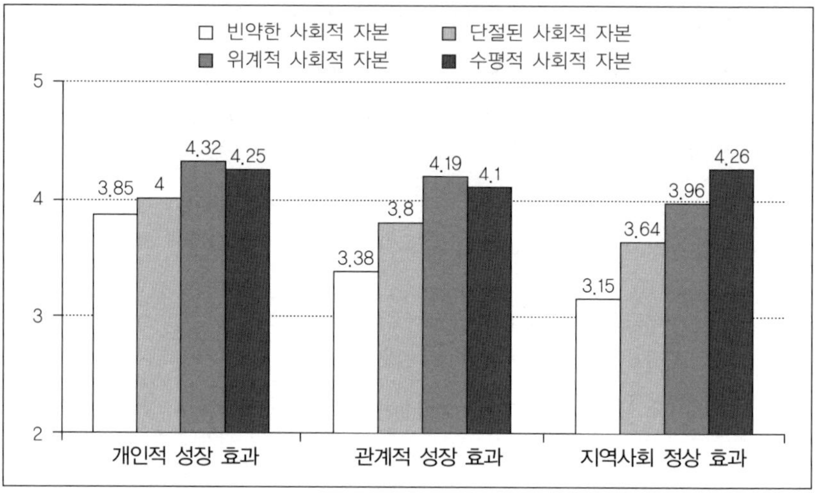

[그림 6-3] 사회적 자본 형태에 따른 리더 교육의 성과

셋째, 무엇보다 흥미로운 것은 네 가지 유형 간에 나타나는 리더 교육의 성과 차이가 층위별로 조금씩 달라진다는 점이다. 우선 리더 교육이 개인적 성장에 미치는 효과는 사회적 자본의 형태에 따라 커다란 차이를 보이지 않는다. 빈약한 사회적 자본의 경우 평균값이 3.85이고 위계적 사회적 자본의 경우 4.32로 나타나 가장 낮은 경우와 가장 높은 경우 간의 차이는 0.47에 불과했다. 리더 교육에 대한 만족도나 리더 교육이 참여자 개인에게 주는 가치는 참여자의 사회적 자본이나 지역사회에 구축된 사회적 자본에 따라 커다란 차이가 나지 않는다고 볼 수 있다. 하지만 리더 교육이 참여자의 연결망을 통해 주위 사람들에게 미치는 영향은 위계적 사회적 자본의 경우가 4.19로 가장 높고 수평적 사회적 자본의 경우도 4.1로 매우 높았다. 반면 참여자와 지역사회 수준에서 사회적 자본이 모두 빈약한 경우(빈약한 사회적 자본)에는 리더 교육이 지역사회의 타인들에게 미치는 파급 효과가 3.38로 매우 낮았다. 마지막으로 리더 교

육이 지역사회 전반의 성장에 미치는 파급 효과는 수평적 사회적 자본, 즉 조밀한 사회적 관계를 형성하고 있는 지역사회에 리더 교육 참여자가 깊이 배태되어 있는 경우(수평적 사회적 자본)가 4.26으로 가장 높았고, 두 수준 모두에서 사회적 자본이 빈약한 경우에는 그 효과가 3.15에 불과했다. 또한 개인 수준의 사회적 자본만 발달해 있는 위계적 사회적 자본 형태에서는 지역사회 전반에의 파급 효과의 평균값이 3.96으로 개인적 성장 효과(4.32)와 관계적 성장 효과(4.19)에 비해 그 값이 많이 낮아졌다. 이러한 형태의 사회적 자본이 구축되어 있는 경우 리더 교육에 참여한 개인들이 그 주변 인물들에게 리더 교육의 성과를 공유하는 것은 상대적으로 쉽지만 지역사회에서 이루어지는 다양한 사업을 주도·기획·실행하기는 쉽지 않기 때문인 것으로 볼 수 있다.

3. 다변량 회귀 분석 결과

개인 수준과 지역사회 수준에서 형성되어 있는 사회적 자본의 형태와 리더 교육의 다층적 효과 간의 관계에 관한 이상의 이변량분석은 개인적·지역적 특성을 나타내는 다른 변수들과의 상호의존적 관계로 인한 결과의 왜곡을 은폐하고 있을 가능성이 있다. 예를 들어 사회적 자본이 잘 구축되어 있어서 지역발전을 위한 각종 사업의 성과가 나타나고 있는 지역에 속한 리더 교육 참여자는 본인의 리더 교육 참여가 지역사회에 미치는 파급 효과를 과장되게 인식하거나 보고할 수 있다. 또한 오랫동안 마을에 거주해 온 사람과 최근에 이주했거나 귀향한 사람들은 지역사회의 사회적 자본을 평가하는 기준이나 관점, 그 정확도에 있어서 차이가 있을 수 있다. 사회적 자본의 형태와 리더 교육의 다층적 효과 간의 관계에 대한 보다 정교한 분석을 위해 다양한 형태의 개인적 특성과 지역사회 특성을 통제한 다변량 분석을 실시할 필요가 있다.

먼저 응답자의 성은 여성을 1, 남성을 0으로 하는 가변수로 변환하여 분석에 포함했다. 연령과 더불어 학력도 통제하였는데, 학력은 중졸을 기준으로 고졸과 전문대졸 이상 2개의 가변수를 만들어 회귀식에 포함하였다. 직업 또한 리더 교육의 성과에 영향을 줄 수 있는 변수이다. 리더 교육 대상 지역이 주로 농촌인 점을 감안하여 농민을 1로 하는 가변수로 변환하였다. 이주민/귀향민인 경우 1, 태어나서 해당 지역에 계속 살아온 경우는 0의 값을 갖는 가변수를 포함하였고, 소득의 경우는 저소득(150만 원 미만)을 기준으로 중간소득(150만~300만 원)과 고소득(300만 원 이상) 2개의 가변수를 사용하였다. 지역사회에 거주한 기간과 사회단체 참여 정도 등도 통제변수로 활용하였다. 사회단체 참여 정도는 설문에 제시된 6개 종류의 사회단체(정당 또는 정치단체 : 스포츠/취미/문화/예술 모임, 동창회/종친회/두레/계 등 상호부조모임, 사회봉사/시민단체, 농민단체/노동조합 그리고 학습모임이나 연구모임 등 지역사회발전과 관련된 모임)에 참여하는 정도의 평균값을 사용하였다. 각 세부 문항은 사회단체에 참여하지 않는 경우 0을, 참여하는 정도에 따라 1~5의 값을 갖도록 했으며, 회귀 분석에 포함된 변수는 이들 6개 종류 사회단체에의 참여 정도의 평균값이다. 마지막으로 지역사회의 특성 중에서 지역사회 사업이 성공적으로 이루어지고 있는지를 묻는 5점 척도 문항을 통제변수로 활용하였다. 이러한 통제변수들과 더불어 앞서 살펴본 사회적 자본의 네 가지 형태 중 빈약한 사회적 자본의 형태를 기준 변수로 하고 나머지 세 가지 유형을 가변수로 처리하여 회귀식에 포함하였다. 〈표 6-3〉은 분석에 사용된 독립변수들에 대한 기술 통계량과 상관관계를 보여 주고 있는데, 핵심적인 독립변수인 사회적 자본의 유형과 통제변수들 간에 존재하는 상관관계는 그리 높지 않았다. 다만 농민들이 개인적 수준에서 사회적 자본이 비교적 높은 것으로 나타났고, 지역에 오래 거주하며 사회단체 참여 정도가 높은 사람들이 수평적 사회적 자본 유형에 속하는 경우가 많았으며, 이들이 속한 지역사회의 사업이 비교적 성공적인 것으로 평가되고 있었다. 하지만 전체적으로 다중공선성의 문제를 일으킬 만한 상관관계는 존재하지 않았다.

〈표 6-3〉 독립변수들에 대한 기술통계와 상관관계

	평균	표준편차	1	2	3	4	5
1. 여성	.40	.49					
2. 연령	48.47	10.65	-.01				
3. 고졸	.44	.50	.07	.20			
4. 전문대졸 이상	.37	.48	-.01	-.40	-.68		
5. 농민	.38	.49	-.20	.21	.11	-.17	
6. 이주/귀향민	.56	.50	.25	-.06	-.03	.17	-.03
7. 중간소득	.38	.49	-.01	.02	-.11	.08	-.07
8. 고소득	.33	.47	-.06	-.10	.16	.01	.12
9. 거주기간	29.62	17.35	-.40	.28	.12	-.38	.15
10. 지역사회 사업 성공적	3.26	.94	.05	.11	-.06	-.05	.19
11. 사회단체 참여 정도	2.30	1.34	-.18	.05	.14	-.05	.11
12. 단절된 사회적 자본	.15	.36	.13	-.08	-.07	.05	-.26
13. 위계적 사회적 자본	.15	.36	-.11	-.08	-.02	.17	.12
14. 수평적 사회적 자본	.31	.46	-.02	.24	.09	-.24	.20

	6	7	8	9	10	11	12	13
7. 중간소득	-.05							
8. 고소득	-.05	-.55						
9. 거주기간	-.64	.03	.05					
10. 지역사회 사업 성공적	-.01	-.06	.10	.06				
11. 사회단체 참여 정도	-.15	-.09	.19	.18	.05			
12. 단절된 사회적 자본	-.04	-.07	.08	-.05	.03	.05		
13. 위계적 사회적 자본	.02	.03	.05	.00	.02	.08	-.18	
14. 수평적 사회적 자본	-.09	.01	.04	.19	.25	.14	-.28	-.29

〈표 6-4〉는 사회적 자본의 유형에 따른 리더 교육의 다층적 효과에 대한 회귀 분석 결과를 보여 준다. 분석 결과에 따르면 통제변수 대부분은 리더 교육 효과에 뚜렷한 영향을 미치지 않는 것으로 나타났지만, 몇 개의 변수들은 리더 교육의 효과와 주목할 만한 상관성을 보였다. 첫째, 이주/귀향민은 지역에서 나고 자란 사람들에 비해서 리더 교육을 통해 개인적 성장을 경험하였으며, 리더 교육의 지역사회 파급 효과가 높은 것으로 평가하고 있었다. 또한 해당 지역사회에 거주한 기간이 오래되었을수록 리더 교육의 성과가 지역사회의 발전에 기여한다고 평가하는 정도가 높게 나타났다. 마지막으로 지역사회의 각종 사회단체에 활발하게 참여하는 사람들의 경우, 관계적 측면의 파급 효과를 매우 높게 평가하고 지역사회 파급 효과도 비교적 높은 것으로 보고 있었다. 한편 사회단체 참여 정도와 개인적 성장은 커다란 상관관계가 없었다. 사회단체 참여 정도가 리더 교육의 효과에 미치는 이러한 영향은 리더 교육을 통해 습득된 지식이나 개인적 성과가 참여단체의 구성원들에게 전이되기 쉬우며, 이러한 모임을 통해 지역사회에서 추진하는 각종 사업으로도 비교적 쉽게 파급되는 것으로 해석할 수 있다.

〈표 6-4〉 사회적 자본 유형과 리더 교육의 다층적 효과에 관한 회귀 분석 결과

변수	개인적 성장 효과	관계적 파급 효과	지역사회 파급 효과
여성	-.017 (.105)	-.005 (.125)	.095 (.115)
연령	.003 (.004)	.002 (.006)	.007 (.005)
고졸(기준 : 중졸 이하)	-.062 (.138)	-.014 (.165)	-.089 (.151)
대졸 이상(기준 : 중졸 이하)	-.118 (.163)	.004 (.195)	.099 (.179)

농민	-.097 (.107)	-.075 (.128)	.036 (.117)
이주 / 귀향민	.271* (.118)	.122 (.140)	.294* (.129)
소득 중간(150~300만 원)	.057 (.111)	.026 (.132)	-.086 (.121)
소득 상층(300만 원~)	.077 (.119)	-.039 (.143)	-.127 (.131)
거주기간	.007 (.004)	.006 (.005)	.012** (.004)
지역사회 사업이 성공적	.047 (.050)	.013 (.060)	-.011 (.055)
사회단체 참여 정도	.068 (.035)	.106** (.042)	.094* (.039)
단절된 사회적 자본 (기준 : 빈약한 사회적 자본)	.116 (.139)	.372* (.165)	.579*** (.152)
위계적 사회적 자본 (기준 : 빈약한 사회적 자본)	.414** (.138)	.735*** (.164)	.849*** (.151)
수평적 사회적 자본 (기준 : 빈약한 사회적 자본)	.285* (.119)	.609*** (.142)	1.095*** (.130)
상수	3.180*** (.350)	2.818*** (.417)	2.083*** (.383)
R square	.143	.208	.405
N	218	218	218

주 : ( ) 안의 수치는 표준오차. * < .05 ** < .01 *** < .001

개인적 특성과 지역사회 특성을 통제한 후에도 개인과 지역사회에 구축되어 있는 사회적 자본의 형태에 따라 리더 교육의 성과가 매우 커다란 차이를 보이는 것으로 나타났다. 사회적 자본은 세 가지 층위에서 그러한 차이를 만들어 내고 있지만, 그 효과는 개인적 수준에서 지역사회 수준으로 층위가 올라갈수록 크게 높아지고 있다. 다양한 변수들을 통제한 후에도 앞의 [그림 6-3]에서 보이는 차이의 형태가 거의 그대로 살아 있음을 알 수 있다. 리더 교육이 개인적 성장에 미치는 효과는 개인적 수준의 사회적 자본이 높은 두 범주(위계적 사회적 자본과 수평적 사회적 자본)가 다른 두 유형(빈약한 사회적 자본과 단절된 사회적 자본)에 비해 높게 나타났으나, 그 차이는 다른 층위들에서 보여 주는 차이와 비교할 때 그리 크지 않았다. 사회적 자본의 유형이 지역사회의 다른 구성원들에게 미치는 효과(관계적 파급 효과)도 앞의 경우와 대체로 유사한 형태를 보이지만, 그 효과가 조금 더 큰 것으로 분석되었다. 마지막으로 지역사회 파급 효과는 앞서의 두 경우와는 약간 다른 형태를 보인다. 사회적 자본의 형태에 따라 회귀계수의 크기를 비교해 보면 빈약한 사회적 자본, 단절된 사회적 자본, 위계적 사회적 자본 그리고 수평적 사회적 자본 순으로 회귀계수가 높아졌다. 즉 각종 통제변수를 고려한 모델에서도 [그림 6-3]에 나타난 바와 같이 개인적 수준과 지역사회 수준 모두에서 사회적 자본이 잘 구축되어 있는 경우에 리더 교육이 지역사회 및 그 사업에 미치는 파급 효과가 가장 컸다. 사회적 자본의 유형에 따라 층위별로 리더 교육의 효과가 어떻게 달라지는지 보다 명확히 보기 위해 각 통제변수에 평균(가변수인 경우 최빈값)에 해당하는 값을 넣은 뒤 사회적 자본 유형별로 리더 교육 효과의 기댓값을 계산해 보았다.[4] 계산 결과 [그림 6-3]에 나타난 효과와 매우 일관성 있는 패턴이 나타났다. 우선 리더 교육이 개인적 성장에 미치는 효과의 측면에 대해 기댓값을 계산한 결과를 보면 리더 교육의 효과는 빈약한 사회적 자본 유형이 4.11, 단절된 사회적 자본이 4.22, 위계적 사회적 자본이 4.52 그리고 수평적 사회적 자본이 4.39점으로 나타났다. 한편 관계적 파급 효과의 측면에서는 빈약한 사회적 자본의 기댓값은 3.51, 단절된 사회적 자본의 기댓값은 3.88, 위계적

4) 즉 고졸 학력을 지닌 48.47세 남성으로 농업에 종사하지 않고 해당 지역에 이주했거나 귀향했으며, 29.62년 동안 해당 지역에 거주해 온 중간 정도의 소득수준을 가진 응답자이다. 또한 각종 사회단체에의 참여 정도에 대한 평가에서 2.3점을 획득했으며, 지역사회 사업의 성공 정도에 3.26점을 부여한 응답자이다.

사회적 자본은 4.24 그리고 수평적 사회적 자본은 4.12로 계산되었다. 마지막으로 앞에 제시된 순서대로 지역사회로의 파급 효과의 기댓값을 계산한 결과 각각 3.07, 3.66, 3.92, 4.17로 나타났다. 전체적으로 리더 교육이 리더로서의 개인적 자질을 함양하는 수준을 넘어 지역사회의 타인에게 전이되고 영향을 미치기 위해서는 리더 교육 참여자 개개인의 사회적 자본이 충분히 발달되어 있어야 하며, 나아가 지역사회의 사업에서의 가시적 성과로 연결되기 위해서는 이에 더하여 지역사회 전반에 걸쳐 사회적 자본이 견고히 구축되어 있어야 한다고 해석할 수 있다.

4. 사회적 자본의 축적 수준

지역사회 리더 교육의 궁극적 목적은 다양한 역량과 자질을 습득한 지역 인재를 양성함으로써 지역사회의 활성화와 발전에 기여하는 것이다. 앞의 분석에서 우리는 리더 교육의 효과가 교육 참여자 개인의 성장에 그치지 않고 지역사회로 파급되도록 하기 위해서는 호혜적 규범과 신뢰의 상호 관계에 기초한 사회적 자본이 지역사회에 충분히 구축되어 있어야 하는 동시에, 참여자들이 지역사회에 영향을 미칠 수 있는 우호적 사회관계를 형성하고 있어야 한다는 점을 확인했다. 이 연구의 결과는 리더 교육과 관련하여 몇 가지 중요한 정책적 함의를 제공한다. 우선 리더 교육의 내용이 사회적 자본의 축적을 촉진할 수 있는 형태로 보강되어야 한다는 점이다. 둘째, 리더 교육과 더불어 지역사회의 사회적 자본을 축적하기 위한 다양한 정책적 노력이 이루어져야 한다는 점을 들 수 있다. 셋째, 리더 교육이 가지고 있는 궁극적인 목적을 달성하기 위해서는 리더 교육 참여자를 모집하는 단계에서부터 지역사회 내에서 견고한 사회적 자본을 구축하고 있는 인물을 선별할 수 있도록 노력해야 한다는 점이다. 앞의 두 가지에 관해서는 결론 부분에서 보다 자세히 논의하기로 하고, 여기서는 세 번째 함의와 관련하여 추가적인 분석을 수행하고자 한다. 지역사회에서 견고하고 폭넓은 사회적 자본을 구축하고 있는 사람, 즉 리더 교육의 개인적 성과를 개인적 연결망을 통해 파급시킬 수 있는 사람은 어떠한 사람들인지 살펴보는 것도 의미 있는 분석 작업이 될 것이다.

〈표 6-5〉 개인적 수준의 사회적 자본을 예측하기 위한 회귀 분석 모형

변수	회귀계수
여성	.047(.098)
연령	.002(.005)
고졸(기준 : 중졸 이하)	-.091(.127)
대졸 이상(기준 : 중졸 이하)	-.050(.151)
농민	.196(.098)*
이주/귀향민	.091(.111)
소득 중간(150만~300만 원)	.093(.104)
소득 상층(300만 원~)	.172(.112)
거주기간	.006(.003)*
사회단체 참여 정도	.078(.029)**
R square	.114
N	218

〈표 6-5〉는 개인적 수준에서 구축된 사회적 자본의 정도를 예측하기 위한 회귀 분석 모형을 제시하고 있다. 분석에 사용된 종속변수는 개인적 수준의 사회적 자본 4개 항목을 합산한 뒤 1점에서 5점까지의 분포로 표준화한 변수이다. 분석 결과를 보면 3개의 변수가 개인 수준의 사회적

자본 축적 정도와 매우 높은 상관관계를 보이고 있었다. 먼저 다른 직업군에 비해 농민의 경우가 사회적 자본 축적 정도가 높았으며, 지역사회에 거주해 온 기간도 이에 긍정적인 영향을 주고 있는 것으로 나타났다. 마지막으로 지역사회의 각종 사회단체에 활발히 참여할수록 사회적 자본이 높은 것으로 조사되었다.[5] 마을 리더 교육에 관한 한 질적 연구에 따르면, 위와 같은 특성을 갖는 사람들, 즉 지역사회에 오랫동안 살아오면서 다양한 지역사회의 활동에 참여해 온 사람들이 리더 교육에 참여하는 경우, 마을에서 추진하는 각종 사업에서 주민들의 저항을 줄이고 손쉽게 자원을 동원할 수 있었다(정동일 · 허목화, 2010). 이러한 점에서 볼 때 리더 교육 참여자를 어떻게 선별하느냐 하는 것이 리더 교육의 장기적 효과를 결정짓는 매우 중요한 요소임이 틀림없다.

IV. 결론 및 토론

이 연구는 그동안 지역사회의 발전 및 활성화와 관련하여 활발히 논의되어 온 두 가지 연구 영역을 결합하여 보다 포괄적인 이론화의 가능성을 탐색하기 위한 시도로 이루어졌다. 그 첫 번째 영역은 지역사회 리더 교육이다. 이에 관한 기존의 연구들은 대체로 리더 교육의 성과를 개인적 성취와 역량의 습득으로 이해하려는 경향이 강했다. 이 연구들은 리

---

5) 이러한 분석 결과는 다른 자료를 통해 개인적 수준의 사회적 자본의 양을 예측하고자 했던 김영범 · 이기원 · 안동규(2010)의 연구 결과와 대체로 일치한다. 한 가지 차이점은 이들의 연구에서는 사회단체 참여를 사적 연고단체와 공적 결사체로 나누어 분석을 했는데, 사적 연고단체에의 참여가 활발할수록 사회적 자본의 양이 감소한다는 점을 발견했다. 하지만 이 분석에서는 설문의 문항이 공적 결사체와 사적 연고단체의 범주를 구분하기에는 다소 모호하게 이루어져 있어서 이들을 구분하지 않았다는 점을 밝혀둔다.

더 교육을 전후하여 리더 교육 참여자들이 혁신적인 사고, 정보 활용 능력, 학습 능력, 지도력, 의사결정 능력 등 개인적 기술과 자질을 얼마나 습득하고 강화했는지를 중심으로 리더 교육의 성과를 측정하고자 하였다. 이러한 관점은 리더 교육의 성과를 평가하고 질적인 향상을 도모한다는 점에서 그 자체로 매우 중요한 연구들임에도 불구하고 리더 교육이 가지고 있는 궁극적인 목적, 즉 지역 리더의 육성을 통한 지역사회의 사회 경제적 발전이라는 목적에 대해서는 커다란 관심을 보이지 않았거나, 혹은 리더 개인의 자질 향상이 자연스럽게 지역사회발전으로 이어질 것이라는 '순진한' 가정을 하고 있는 것으로 판단된다.

이 연구는 리더 교육이 지역사회의 활성화와 발전으로 이어지는 핵심적인 조건을 탐색하기 위해 지역발전 연구에서 또 하나의 중요한 연구 흐름을 형성해 왔던 사회적 자본 개념에 주목했다. 특히 개인 수준에서 형성되어 있는 사회적 자본과 지역사회 수준에서 형성된 사회적 자본을 교차하여 네 가지 형태의 사회적 자본을 구분하고, 이에 따라 리더 교육의 효과가 개인에게서 주변 인물로, 나아가 지역사회 전체로 파급되는 과정에서 사회적 자본이 어떠한 역할을 담당하는지 살펴보았다.

강원 지역 리더 교육 참여자들에 대한 설문조사 자료를 분석해 본 결과, 참여자 개인이 가지고 있는 사회적 자본과 지역사회에 구축되어 있는 사회적 자본에 따라 리더 교육의 성과가 크게 달라지는 것으로 드러났다. 개인과 지역사회 모두 사회적 자본이 축적되어 있지 않은 '빈약한 사회적 자본' 형태에서는 리더 교육이 참여자 개인의 성장에는 크게 기여하지만, 그 이상의 파급 효과로 이어지기는 매우 힘들었던 것으로 판단된다. 한편 참여자가 자신이 속한 지역사회의 다양한 사람들과 폭넓고 우호적인 관계를 구축하고 공적인 신뢰 관계를 형성하고 있는 경우, 리더 교육이 개인의 성장을 넘어 주변의 다른 사람들에게 긍정적인 영향을 미치는 것으로 나타났다. 리더 교육을 통해 습득한 기술과, 지식, 역량과 가치관을 타인과 공유할 뿐만 아니라 이들이 향후 진행될 리더 교육에 참여하도록 독려함으로써 지역발전을 위한 잠재적 파트너를 형성하는 것이 가능해지는 것으로 보인다. 도시에서 어느 정도 성공한 후 농촌지역으로 이주한 이들이 지역사회 리더 교육 참여자의 상당수를 차지하는 현실을 감안하면, 이들과 지역사회 주민들 간에 형성된 호혜적 사회관계는 리더 교육의 성과가 지역사회에서 긍정적 영향을 주는 데 매우 중요한 조건이 될 수 있을 것이다. 여기서 나아가 지역사회에 강력한 사회적 자본이 구축되어 있다면, 리더 교육 참여자가 조밀하게 얽혀 있는 지역사회 연결망의 연쇄작용을 통해 인적·물적 자원과 정보를 동원하고, 그 역량을 결집하여 지역사회의 각종 사업을 기획·조직·실행할 수 있을 것이다. 종합적으로 보면, 개인적 차원의 사회적 자본과 더불어 지역사회 차원의 사회적 자본은 리더 교육이 개인적 만족을 넘어 타인에게로 파급되고, 나아가 지역사회 전반의 사회 경제적 활성화에 기여하게 되는 중요한 매개 요인이라고 할 수 있다.

이러한 연구 결과는 지역사회 리더 교육에 대한 몇 가지 중요한 정책적 함의를 제공해 준다. 첫째, 지역사회 리더 교육의 내용과 관련된 것으로서, 그동안 리더 교육에서 크게 다루어지지 않았던 사회적 자본 축적에 대한 교육 내용이 보강되어야 할 것이다. 물론 현재 이루어지고 있는 리더 교육에서도 설득력, 인간관계 기술, 조정 능력 등과 같이 사회적 지능 혹은 관계적 역량을 향상시키기 위한 교육 내용이 포함되어 있다. 하지만 이러한 일반적이고 추상적인 교육보다는 현실적으로 지역사회에서 대면할 수 있는 다양한 상황과 사례들을 중심으로 보다 구체적인 교육이 이루어질 필요가 있다. 예를 들어 이주민 집단과 토착민 집단 간의 융화와 신뢰 형성이나 전통적 권위 관계를 수평적이고 호혜적인 사회관계로 전환하기 위한 전략, 지역사회에 형성되어 있는 전통적 네트워크로의 진입을 위한 전략적 방안 등이 대표적인 예로 거론될 수 있을 것이다. 향후 지역사회에서 이러한 사례를 발굴하고 분석하여 지역사회 리더 교육을 위한 실무적 교육 자료를 축적해 나갈 필요가 있다.

둘째, 리더 교육이 지역사회의 활성화로 연결되기 위해서는 리더 교육 자체로는 커다란 한계가 있을 수밖에 없기 때문에 지역사회의 사회적 자본 형성을 위한 보완적인 정책적 노력이 병행되어야 하며, 이를 위한 연구 작업이 활발하게 이루어져야 할 것이다. 특히 지역발전 정책의 최근 경향이 지역사회 내부의 역량 강화와 참여의 활성화를 통한 상향식 지역발전으로 옮아가고 있다는 점에서 그 필요성은 더욱 크다고 하겠다. 사회적 자본이 결여되고, 따라서 지역발전과 관련된 합의가 좀처럼 형성되기 어려운 지역들은 상향식 발전 정책하의 지속적인 저발전의 늪에서 헤어나기 쉽지 않을 것이기 때문이다.

셋째, 리더 교육 참여자의 선발부터 지역사회로의 파급 효과를 제고하기 위한 장치를 세심하게 마련할 필요가 있다. 앞서 사회적 자본의 축적 수준에 대한 분석에서 밝혀진 것들이 한 가지 기준이 될 수 있을 것이다. 향후 사회적 자본의 축적에 관한 지속적인 연구를 통해 지역사회에 보다 영향력이 있는 주민을 선별하기 위한 도구를 개발하고, 이들을 지역사회 인재로 육성하여 리더 교육이 가지고 있는 근본적인 기대성과를 달성하도록 노력해야 할 것이다.

이 연구는 자료 및 분석과 관련하여 몇 가지 한계를 가지고 있다. 우선 이 연구에서 사용된 자료는 강원 지역에서 특정 시점에서 이루어진 리더 교육의 교육생을 대상으로 하고 있다. 따라서 우리나라의 모든 지역사회 리더 교육에 일반화될 수 없음은 자명하다. 앞으로 다양한 지역에서 이루어지는 다양한 형태의 지역사회 리더 교육에 대한 지속적인 연구를 통해 이 연구의 결과를 보다 세심하게 다듬어 갈 필요가 있다. 둘째, 이 연구는 리더 교육이 종료된 이후에 대한 추적조사가 아니라는 점에서 분명한 한계가 있다. 리더 교육의 효과가 지역사회로 파급되기 위해서는 적지 않은 시간이 소요될 수 있기 때문이다. 하지만 응답자의 50% 이상이 적어도 한 번 이상 비슷한 리더 교육에 참여했던 경험이 있었다는 점에서 응답자들의 평가는 리더 교육의 장기적 효과를 일부 반영한 것이라고 할 수 있다. 그럼에도 불구하고 향후의 연구는 장기적인 추적조사를 포함하여 보다 견실한 방법론적 설계를 시도해 보아야 할 것이다. 마지막으로 이 연구의 주요 독립변수인 사회적 자본의 유형은 응답자의 주관적 평가에 의존해 나뉘었으며, 유형분류의 기준도 다소 자의적인 면이 있다. 특히 네 가지 사회적 자본의 유형은 개인적 수준과 지역사회 수준의 사회적 자본을 평균값을 중심으로 '높다/낮다'의 이항변수로 변환한 뒤 만들어진 것이라는 점에서 분명 자의적인 기준이 적용되었다고 할 수 있다. 이는 원래의 두 변수 사이에 존재하는 다소 높은 상관관계를 고려한 방법론상의 선택이었으며, 동시에 두 변수 간의 상호작용을 보여 주기 위한 이론적 설계상의 선택이었다.

이러한 한계에도 불구하고 이 연구는 지역사회 리더 교육이 참여자 개인과 지역사회 수준의 사회적 자본과 결합할 때 지역사회에 긍정적 영향을 미칠 수 있다는 점을 보여 줌으로써 리더 교육과 지역발전 그리고 사회적 자본과 지역발전을 매개하는 '잃어버린 고리(missing link)'를 밝히고 있다는 점에서 그 의의를 찾을 수 있을 것이다. 오랫동안 낙후 농어촌 발전 정책의 주요 패러다임이었던 하향식 모델이 쇠퇴하고 상향식 지역발전 모델이 확산되면서 사회적 자본과 리더 교육에 관한 연구들이 빠르게 증가하고 있다. 하지만 리더 교육에 대한 기존의 연구들은 교육 평가에 초점을 둔 교육학적 · 경영학적 분석틀을 크게 벗어나지 못하고 있으며,

사회적 자본에 관한 연구들은 지역발전의 기초로서 사회적 자본의 필요를 역설하는 수준에 머물러 있는 것이 지역사회학의 학문적 현실이다. 이러한 점에서 두 가지 연구영역을 결합하여 보다 역동적인 지역발전의 모델을 찾으려는 이 연구는 낙후지역 활성화를 위한 학문적·정책적 연구에 돌파구를 제공해 줄 수 있을 것으로 기대된다.

제3부

사례 연구

제7장

춘천 지역 로컬푸드 운동의 프레임 변화와 그 현재

정동일

I. 머리말

탈물질주의 가치관의 확산은 자유, 평화, 사회적 형평성, 발언권 등 소위 '고차원적' 욕구에 대한 관심의 확산을 의미할 뿐 아니라 의식주와 같은 기본적인 생활 영역에서 사람들의 행동양식과 규범, 가치 체계 등의 변화를 동반한다(Inglehart, 1990; Hellevik, 1993). 우리나라에서도 경제성장의 성과가 축적되어 먹거리 확보의 '안정성' 문제가 어느 정도 해결되면서 먹거리 '안전성' 확보의 문제가 새로운 화두로 등장하고 있다. 광우병 파동, 멜라민 공포, 조류독감과 돼지독감의 확산 등 최근 불거진 일련의 사건들은 소위 '웰빙' 바람과 더불어 다소 비싼 가격을 지불하고서라도 안전한 먹거리를 구매하고자 하는 소비행태를 만들어 내고 있다(김자경, 2010). 안전한 먹거리에 대한 수요가 점증하면서 이에 대한 한 가지 대안으로 주목받고 있는 것이 이른바 '로컬푸드' 운동이다. 초국적 농식품 복합체에 의해 주도되는 현재의 농식품 공급 체계에서는 글로벌 자본의 이윤을 위해 안전성이 검증되지 않은 각종 첨가물이 가공식품에 투여되고 원거리 수송에 의해 발생하는 변질 · 부패가 소비자의 건강과 안전을 크게 위협하고 있다는 점은 일련의 먹거리 파동을 겪으면서 이미 상식이 되어 버린 사실이다(McMichael, 2005; Nestle, 2002). 농산물 및 가공식품의 생산 과정에 대한 직접적인 확인이 근본적으로 불가능하고 이를 감시 · 인증하는 공공감시 체계에 대한 저신뢰가 구조화되어 있는 현대사회에서 생산자와의 면 대 면 관계가 가능하고 필요에 따라 현장을 방문하여 생산 과정을 직접 확인할 수 있는 로컬푸드 시스템이 대안적인 먹거리 체계로 주목받고 있는 것이다(Halweil, 2004; Gorelick, 2002; 김종덕, 2005; 박덕병, 2005; 김철규, 2011; 윤병선, 2008). 이런 의미에서 볼 때 "소비자로 하여금 알게 하자(Let the buyer beware)"라는 구호에서도 나타나듯이 로컬푸드 운동은 소비자의 권리를 보호하고 선택권을 넓히기 위한 소비자주의(consumerism) 운동의 성격을 강하게 내포하고 있다.

다른 한편 로컬푸드 운동은 환경 운동과 지역사회의 경제적 자립 운동에 뿌리를 둔 사회개혁(reformism) 운동의 성격도 가지고 있다. 로컬푸드 운동은 과도한 농약과 제초제, 화학비료의 사용에 의한 토양과 수질 오염 그리고 이에 따른 생물종 다양성의 감소 등을 막기 위한 친환경농업 혹은 유기농산품 생산 운동과 밀접한 관련을 맺고 있다는 점에서 환경 운동의 한 줄기로 평가받기도 한다. 또한 도시의 소비시장을 장악한 대자본과의 경쟁에 의해 날로 피폐해져 가는 농촌의 현실을 개선할 뿐만 아니라 지역에 새로운 일자리를 창출하고, 지역소매상을 보호하며 나아가 건전한 사회적 자본을 바탕으로 활력 있고 지속 가능한 지역사회를 만들기 위한 지역경제 재건 운동이라고 할 수 있다(우장명 · 윤병선, 2009; 김철규, 2008; 김춘동, 2003). 로컬푸드 시스템의 한 형태로 1950년대부터 유럽, 일본, 북미 등지에서 시작된 지역사회지원농업 혹은 지역사회공유농업(CSA, Community-Supported Agriculture 또는 Community-Shared Agriculture)은 로컬푸드 운동을 지속 가능한 지역사회 재건 운동으로 연결시킨 대표적인 예라고 할 수 있다. 이 체계하에서는 지역의 소비자가 생산자에게 일정량의 화폐를 미리 지불한 뒤 정기적으로 농산물을 공급받게 되는데, 이를 통해 생산자는 농업생산에 필요한 재정을 충당하고 작황에 따른 위험을 소비자와 공유하게 된다(Henderson & Van En, 2007). 이 형태의 로컬푸드 시스템은 근본적으로 생산자와 소비자 간 공동체 정신 혹은 생산자와 소비자 간 강력한 연대의 정신에 기초해 있다. 경우에 따라 소비자는 생산자가 어떠한 농산물을 배달하더라도 불평하지 않을 것이라는 서약을 하기도 하고, 생산자는 더 좋은 기회가 생기더라도 지역 회원들에 대한 농산물 공급 책임을 최우선으로 해야 한다는 서약을 하는 경우도 많다. 이러한 형태의 로컬푸드 운동은 단순한 소비자주의 운동과는 구별되는 사회개혁적 운동이라고 볼 수 있으며, 이런 의미에서 로컬푸드 운동을 도덕적 구매(moral purchasing)라고 표현하기도 한다.

이렇게 볼 때 로컬푸드 운동은 소비자의 먹거리 안전과 선택권을 우선시하는 소비자주의 논리 그리고 생태주의적 관심과 신뢰 및 사회적 자본을 중심으로 지역사회의 산업, 고용, 경제적 · 사회적 문제를 해결하려는 개혁주의 논리라는 두 가지 제도적 논리(institutional logic)에 의해 추동되어 왔다고 할 수 있다(김철규, 2011). 로컬푸드 운동이 최근 그 당위적 측면에서 빠르게 확산되고 있음에도 불구하고 그 실질적 성과가 예상보다 빠르게 나타나지 못하고 있는 근본적인 원인은 이 두 가지 가치 체계가 상호보완적으로 융합되기 대단히 힘들다는 데 있다. 이념형적으로 볼 때 소비자주의의 핵심은 가격과 품질에 대한 종합적 평가를 기초로 최적의 선택을 하는 소비자의 이기적이고 합리적인 상품선택에 바탕을 두고 있다. 로컬푸드에 지불하는 가격이 다소 비싸더라도 생산 과정에 대한 감시가 비교적 용이하고 구매를 통해 확보되는 먹거리 안정성의 효용이 상대적으로 크기 때문에 로컬푸드가 선호된다는 입장이다. 이 입장에 따르면 최근 로컬푸드의 확산은 농산품 및 가공식품에 대한 공적 감시 체계가 소비자들의 불신을 받고 있다는 점에서 기인한 일시적 반사이익일 수 있으며, 따라서 적절하고 신뢰할 만한 감시 체계가 확립된다면 로컬푸드는 설 자리를 잃게 될지도 모른다고 할 수 있다. 이에 반해 개혁주의적 가치를 강조하는 입장은 환경과 지역발전이라는 공공재의 생산을 위해 상호신뢰와 호혜성에 기초한 사회적 자본의 동원이 이루어져야 한다는 것을 핵심으로 하고 있다는 점에서 이타적이며 도덕적 · 사회적 선택이 강조되는 영역이다. 극단적으로 말하면 비록 먹거리 안전성이 중요하다고는 하지만 어디까지나 이는 부차적인 효용을 지니는 것이고, 보다 중요한 것은 로컬푸드라는 매개체를 통해 지속 가능한 자립적 지역사회를 건설하자는 것이다.

로컬푸드 운동을 떠받치고 있는 이 두 가지 제도적 논리는 물론 실제 로컬푸드 운동에서 복합적으로 나타나는 것이 일반적이다. 하지만 이 두 제도적 논리가 어떻게 결합되는가는 운동의 성과와 결과에 영향을 미치는 매우 중요한 요소들 중 하나라고 할 수 있다. 로컬푸드 운동이 개혁주의적 비전을 가지고 있는 소수 활동가의 주도로 시작되는 경우가 많다는 점을 고려한다면, 이들의 개혁주의 논리가 지역 주민의 소비주의 논리와 유기적으로 결합되지 않은 채, 소비자의 먹거리 안전 확보 문제가 단순한 '립서비스' 혹은 '윈도우 드레싱' 차원에서 다루어지고 말 경우, 대중적 동원이 이루어질 가능성은 극히 낮다. 반대로 로컬푸드 운동이 먹거리 안전을 중심으로 한 소비주의 운동에 지나치게 치중할 경우, 그 사회 개혁적 성격을 상실하고 지역사회 전체가 아닌 중산층의 소비자 운동으로 전락할 여지도 충분히 있다. 흔히 로컬푸드 운동은 생산지와 소비지 사이의 물리적 거리, 생산자와 소비자 사이의 사회적 거리를 좁히고자 하는 운동으로 정의되곤 한다(김종덕, 2007; Cobb, 2011). 하지만 이와 동시에 두 제도적 논리 간 간극, 나아가 이 논리들을 담지하고 있는 운동 참여 집단 간의 '인지적 거리'를 좁히는 것 또한 운동의 지속성을 담보하기 위해 반드시 필요하다고 할 수 있다. 서로 다른 제도적 논리를 지지하는 집단들이 로컬푸드 운동에 동상이몽의 형태로 참여하고 있다면 이는 장기적으로 운동 주체들 간의 갈등과 충돌의 씨앗이 될 수도 있기 때문이다.

이렇게 볼 때, 로컬푸드 운동의 현재를 살펴보고 미래를 전망하기 위해서는 이상의 두 가지 제도적 논리가 현재의 운동 내에서 어떻게 결합되고 연결되어 있는지 실증적으로 분석해 보는 것이 대단히 중요하다. 그럼에도 불구하고 2000년대 중반 이후 꾸준히 진행되어 온 로컬푸드에 대한 연구들은 대체로 운동의 당위성을 주장하는 수준에서 크게 벗어나지 못하고 있는 것이 사실이다. 이 논문에서는 춘천 지역 로컬푸드 운동 사례를 중심으로 로컬푸드 운동을 둘러싼 제도적 논리들이 어떻게 발현되어 왔으며, 어떻게 변용되어 왔는지 그리고 그 현재는 어떠한지를 실증적으로 분석하고자 한다. 춘천은 충분한 잠재적 구매자의 풀(pool)을 가지고 있는 도심지역이 직거래가 가능할 만큼 가까운 거리에 위치한 농촌에 둘러싸여 있는 도농복합도시로서 로컬푸드 운동에 적합한 지리적 조건을 갖추고 있다. 그런 연유로 춘천은 비교적 일찍 로컬푸드 운동이 시작된 곳 중 하나이다. 1993년 운동권 출신 귀농자의 주도로 시작된 이 운동은 20년 가까운 기간 동안 다양한 변화를 겪어 왔다. 이 논문은 사회

운동론에서 발전되어 온 프레임 이론, 특히 프레임 정렬(frame alignment)과 프레임 연결(frame bridging)의 시각을 활용하여, 춘천 지역 로컬푸드 운동에 내재된 제도적 논리의 변화와 현재를 분석할 것이다.

II. 프레이밍과 로컬푸드 운동

사회운동론과 문화 연구에서 발전된 프레이밍 이론은 기존의 사회운동 이론이 사회운동 과정에서 나타나는 의미의 전략적 재구성 과정을 적절히 고려하지 못하고 있다는 비판으로부터 출발한다(Benford, 1997; Binder, 1993; Benford & Snow, 2000; Gamson, 1995). 이 입장에 따르면 운동의 출현과 전개에 있어서 중요한 것은 "사회적 불만이 존재한다는 것 자체가 아니라 그것이 어떻게 해석되고 어떤 방식으로 확산되는가" 하는 것이다(Snow et al., 1986). 왜냐하면 운동을 위한 대중 동원이 가능하려면 개인적 불만이나 경험이 공통의 사회적 문제로 인식되고 이 문제가 집합행동을 통해 해결될 수 있다는 것이 대중 사이에 광범하게 인식되고 공유되어야 한다(Johnston & Klandermans, 1995; McCammon et al., 2001). 이런 의미에서 운동의 리더나 활동가들은 일반인들의 개인적 경험을 집합행동에의 참여로 연결시킬 수 있도록 하기 위한 해석의 틀(schemata)을 제공해야 하는데, 이러한 틀을 흔히 '프레임'이라고 부른다(Goffman, 1974). 예를 들어 2008년에 있었던 미국산 쇠고기 수입 반대 운동은 '먹거리 안전'을 핵심적 프레임으로 하여 대중 동원에 크게 성공한 경우라고 할 수 있다.[1)]

---

1) 미국산 쇠고기 수입 반대 운동 이후 로컬푸드 운동이 일정 정도 탄력을 받은 것은 사실이지만, 이 운동 자체는 로컬푸드를 대안적 먹거리로 하는 프레임으로 설정하지는 않은 것으로 보인다. 달리 말하면 미국산 쇠고기, 더 넓게 보면 다국적 농식품이 우리의 안전을 위협하고 있다는 진단적 프레임(diagnostic frame)을 확산시키는 데는 성공했으

사회운동의 프레임은 본질적으로 문화적 구성물이다. 왜냐하면 운동의 프레임은 잠재적 피동원자들이 공유하고 있는 가치관, 규범, 사고의 틀, 세계관 등으로부터 출현하는 경우가 많기 때문이다. 예를 들어 중국의 천안문 운동에 대한 일련의 연구들에 따르면, 이 운동이 학생 운동의 범위를 넘어 대중적 지지를 받기 시작한 것은 전통적 유교가치관에 뿌리를 둔 프레임이 형성되면서부터였다(Zhao, 2010; Guthrie, 1995). 하지만 사회운동의 프레임은 문화적 구성물인 동시에 전략적 구성물이기도 하다. 대체로 프레임은 지지자의 동원, 상징적·물질적 자원의 확보 등을 통해 운동의 목적을 달성하려는 수단으로 만들어지고 유지된다. 활동가들은 운동이 가지고 있는 특징들 중 동원에 필요한 부분을 과도하게 강조하거나 참여에 따른 위험과 같은 부정적 측면을 의도적으로 약화시키고자 한다. 사회운동의 프레임은 전략적 구성물이기 때문에 운동의 정치적 기회 구조가 바뀌고 새로운 운동의 전략이 요청됨에 따라 변화될 수 있는 동적인 구성물이다(McAdam, 1996). 운동의 주도자들은 동원의 기반을 넓히기 위해 잠재적 피동원자들에게 중요한 이슈들을 기존의 프레임 안에 끌어들여 이를 확장시키기도 하고(frame extension), 기존의 프레임을 대체할 새로운 프레임을 구성(frame transformation)하기도 한다(Benford & Snow, 2000).

이 연구와 관련하여 주목해야 할 것은 프레임 연결이다. 프레임 연결이란, "이데올로기적으로 관련이 있지만 구조적으로 분리되어 있는 둘 혹은 그 이상의 프레임을 특정 이슈나 문제와 관련하여 연결하는" 전략적 과정을 말한다(Benford & Snow, 2000: 624). 프레임 연결은 서로 다른 둘 이상의 운동 집단들 사이에서 일어나는 경우도 있지만, 운동의 주도

나, 그 대안적 방안으로 지역친환경농산물의 구매를 제시하는 처방적 프레임(prognostic frame)의 구성에는 실패한 것으로 평가할 수 있다.

자들이 견지하고 있는 프레임과 일반 대중들 사이에서 광범하게 형성되어 있는 "동원되지 않은 감성적 풀 또는 여론의 클러스터" 사이에서 발생하는 것이 일반적이다. 즉 사회운동의 주도자들이 만들어 낸 사회운동의 프레임이 영향력의 범위가 좁거나 호소력이 낮아 대중 동원에 어려움을 겪는 경우, 대중들이 경험하고 인지하는 개인적 혹은 집단적 문제들을 사회적 문제로 부각시키고, 이를 기존의 운동 프레임에 포섭하여 동원의 기반을 확장시키는 것이 바로 프레임 연결의 일반적인 패턴이라고 할 수 있다. 일례로 세계은행과 IMF에 대한 서독의 반세계화 운동은 국제기구의 제국주의적 활동이 무기경쟁을 발생시키고 그로 인한 실업과 사회복지의 축소, 지역경제의 몰락, 성차별의 확대 등을 가져온다는 설득력 있는 프레임을 만들어 냄으로써 평화주의자, 생태주의자, 여성 운동가, 지역 운동가, 노조 및 이에 관심을 가지고 있는 대중을 세계은행 및 IMF 반대 운동에 성공적으로 동원할 수 있었다(Gerhards & Rucht, 1992).

문제는 이데올로기적으로는 연결 가능성이 있지만, 구조적으로는 분리되어 있는 프레임들 혹은 운동 프레임과 "조직화되지 못한 감성적 여론"을 어떤 방식으로 연결시키는가 하는 것이다. 둘 사이의 단순한 병렬적 연결은 대중 동원을 위한 강력한 기반을 구축하기 어렵다. 왜냐하면 프레임은 궁극적으로 잠재적 피동원자들이 개인적으로 경험한 다양한 사건들을 '논리적'으로 일관되게 해석하도록 도움을 주는 해석의 틀이기 때문이다. 따라서 잠재적 피동원자들의 해석과 희망을 활동가들의 프레임에 유기적으로 흡수하여 논리적으로 재구성하는 작업은 운동이 성공하기 위해 거쳐야 할 핵심적인 과정이라고 할 수 있다(Armstrong, 2005).

로컬푸드 운동은 앞서 지적한 바와 같이 소비주의 논리와 사회개혁적 논리가 연결되는 지점이라고 할 수 있으며, 이 두 논리가 얼마나 유기적이며 논리적으로 그리고 설명 가능하게(accountable) 연결되느냐에 따라

운동 엘리트가 주도하는 일시적 유행(fad)으로 종결될 수도 혹은 대중적 동원에 기초한 지속적 사회개혁 운동으로 발전할 수도 있다.

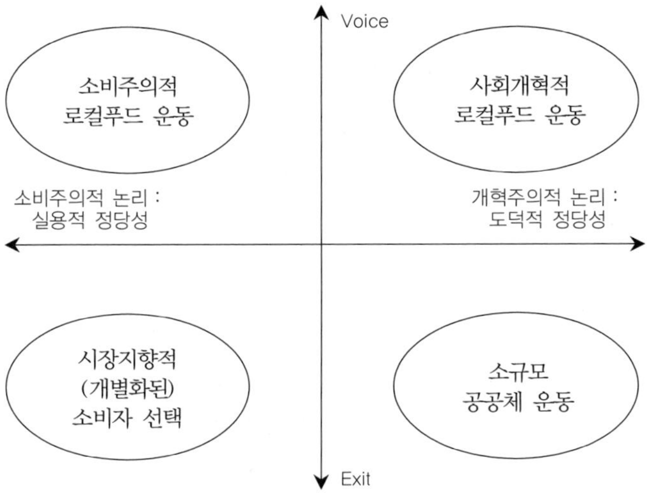

[그림 7-1] 로컬푸드 운동의 이념형적 분류

글로벌 자본이 주도하는 글로벌 푸드 시스템에 대한 소비주의와 개혁주의의 두 가지 제도적 대응논리와 허쉬만(Hirschman, 1970)의 탈출(exit)과 저항(voice)의 두 가지 유형론을 교차하면 글로벌 푸드 시스템에 대한 다음과 같은 네 가지 이념형적 유형이 도출될 수 있다. 먼저 [그림 7-1]에서 우측 하단의 탈출과 소비주의 논리가 만나는 '시장 지향적 소비자 선택'은 글로벌푸드 시스템의 안전성이 의심될 때 개별화된 소비자가 시장에서 보다 안전한 '친환경 농산물'을 선택하는 경우이다.[2)] 합리적인 소

2) 이 유형에서 소비자들이 선택하는 것은 로컬푸드와는 무관한 친환경 농산물일 수도 있다. 이와 더불어 개별화된 소비자의 선택이 공동의 목적을 가진 집단적 활동이 아니라는 점에서 이 유형을 사회운동의 한 형태인 로컬푸드 운동으로 보기는 어렵다고 판단된다.

비자들은 농산품의 안정성뿐만 아니라 가격을 동시에 고려하기 때문에 지역 농산물은 글로벌 농산품과 판로 및 가격에 대한 경쟁을 해야 하며, 일반적으로 경쟁력이 떨어지는 지역농업은 가격인하 압력에 노출되어 급격히 몰락할 가능성이 크다. 다음으로 환경 문제와 지역 문제를 심각하게 인식한 소수의 농가와 소수의 소비자들이 친환경 농산물을 직거래하는 '소규모 공동체 운동'이 가능한데([그림 7-1] 우측 하단), 이 역시 품종다양화의 문제, 소규모의 비경제성에 따른 문제, 소비자의 과도한 비용부담의 문제 등으로 인해 공동체의 지속성을 유지하는 것조차 힘들어질 가능성이 크다.

셋째로 우측 상단의 '사회 개혁적 로컬푸드 운동'은 지속 가능하고 환경 친화적인 지역발전을 위해 지역에서 생산한 농산물을 지역에서 소비해야 하며, 이를 위해서는 다소간의 손해가 따르더라도 지역 주민이 적극적으로 로컬푸드 운동에 동참해야 한다는 논리이다. 이 운동은 또한 지역 내에 사회적 자본을 확대하여 보다 건전한 시민사회를 구축한다는 것을 궁극적 목표로 하기도 한다. 하지만 소비자의 도덕적 선택에 주로 의존하는 이 유형의 운동은 일부 개혁적 소비자의 동원에는 성공할 수 있으나, 그 대중 동원의 기반을 확장하기는 쉽지 않다고 할 수 있다. 마지막으로 저항의 전략과 소비주의 논리가 교차하는 '소비주의적 로컬푸드 운동'은 로컬푸드 구매를 위한 소비자들의 집합행동을 핵심으로 하고 있다는 점에서 '시장 지향적 소비자 선택'에 비해 진전된 것이기는 하지만, 여전히 먹거리 안전을 확보하기 위한 소비자들의 합리적 선택에 기초해 있다는 점에서 도덕적 선택을 통한 지역사회의 재조직화라는 로컬푸드의 또 다른 측면을 간과하기 쉽다. 이러한 유형의 운동은 만약 유통망을 장악한 글로벌 자본 혹은 대자본이 값싼 친환경 농산물을 지역시장에서 판매하는 경우 급속히 와해될 가능성이 농후하다.

지속적인 로컬푸드 운동은 소비주의적 논리와 사회개혁적 논리가 결합되어 집합행동으로 나타날 때 가능하다고 할 수 있다. 일반적으로 로컬푸드 운동의 리더나 활동가들은 개혁주의를 운동의 시발점으로 하는 경우가 많고, 지역 주민의 대중 동원은 소비주의 논리와 밀접한 관련을 맺는다. 따라서 활동가들이 지역사회의 대안적 발전이라는 이슈와 먹거리 안전과 건강이라는 이슈를 선순환적인 것으로 정의하는 프레임을 구성하고 이를 적극적으로 활용하는 경우 운동의 개혁성을 유지하면서 동시에 대중동원의 기반을 구축할 수 있을 것으로 판단된다. 이러한 관점에서 다음 절에서는 춘천지역에서 전개되어 온 로컬푸드 운동의 역사를 되짚어 보면서 운동의 프레임이 어떠한 변화를 겪어 왔으며, 이러한 변화가 운동의 부침에는 어떠한 영향을 주었는지 살펴볼 것이다.

III. 춘천 지역 로컬푸드 운동의 전개와 프레임의 변화

춘천은 로컬푸드 운동이 성공할 수 있는 지리적 · 생태적 토양을 갖추고 있는 지역 중 하나이다. 1995년 춘천시와 춘성군이 통합되어 만들어진 도농통합도시인 춘천은 전체 면적의 95%를 차지하고 있는 농촌 공간과 농산물 소비자가 밀집되어 있는 도시 공간이 조화를 이루고 있는 지역이다. 춘천의 로컬푸드 운동은 우루과이 라운드 협상이 한창 진행 중이던 1990년대 초반, 운동권 출신 귀농자들을 중심으로 전개되던 농민운동에 그 뿌리를 두고 있다. 우루과이 라운드 타결 이후 밀려올 값싼 외국 농산물로부터 국내 농업과 농민을 보호하는 것이 매우 시급했는데, 투쟁 일변도의 농민 운동은 이러한 목표를 달성하기에는 커다란 한계에 봉착했다는 것이 이들의 기본적인 인식이었다. 그 대신 국내 농업 문제를 근본적으로 해결하고 지속적이고 안정적인 농업 발전을 위해서는 농산물 소비자의 적극적인 동참이 동반되어야 한다고 보았다. 이러한 인식 하에 몇 개의 생산자 집단이 춘천 외곽의 농촌지역을 중심으로 생겨나게 되었다. 이 중 춘천 로컬푸드 운동에서 가장 중요한 족적을 남긴 것은 춘천 북단에 위치한 사북면에서 친환경 농업을 하고 있던 운동권 출신 귀농자와 원주 한살림 운동에 개별적으로 참여하고 있던 춘천의 중산층 소비자 네 가정이 주축이 되어 만들어진 방주 공동체였다.

방주 공동체는 친환경 농업과 소비자·생산자 직거래라는 원칙으로 시작한 개혁주의적 운동이었으나, 적극적인 캠페인이나 홍보를 통한 지역 소비자의 대규모 동원보다는 뜻을 같이하는 생산자와 소비자 간의 강한 도덕적 연대에 기초한 소규모 공동체 운동이었다. 중산층이 중심이 된 소비자 회원들은 비록 친환경 유기농 먹거리에도 관심을 가지고 있기는 했지만, 방주 공동체 운동의 전체적인 초점은 생산자 쪽에 크게 치우쳐 있었다. 생산자는 정해진 시간에 교회 앞마당이나 공터에 농산물을 배달하고, 소비자들은 그 장소에 직접 찾아가 농산물을 찾아와야 했다. 또한 소비자 회원 가정은 농촌을 방문하여 직접 농사에 참여해야 했고, 농산물 재배와 관련된 교육을 받아야 했다. 방주 공동체의 회원은 단순한 농산물 소비자가 아니라 농업과 농촌의 소중함과 고마움을 지니고 있는 공동체의 구성원이 될 것을 요구받았으며, 이를 통해 소비자와 생산자의 사회적·심리적 거리를 축소하려고 했다. 이러한 관점은 방주 공동체의 운영 원칙에도 잘 나타나 있다.

> 내가 생산한 농산물은 최대한 춘천에서 직거래로 소비한다. 생산자와 소비자는 가족적 관계를 형성한다. 소비자 가족이 되려면 방주농원을 온 가족이 방문해야 한다. 1년에 4차례의 생산자-소비자 모임에 참여해야 한다. 소비자 가

족은 주문을 거르지 말아야 하고 만약 거를 경우에는 생산자의 양해를 구해야 한다. 질과 가격에 대한 문제 제기를 하지 않아야 한다. …… 농업 문제에 관심을 갖고 함께 해결하기 위해 노력해야 한다. 소비자는 이런 원칙을 이해하고 지킬 수 있는 다른 소비자를 가족이 되도록 힘써야 한다(방주 공동체 운영 원칙).

이처럼 초기 로컬푸드 운동의 성격은 지역 전체를 아우르는 대중적 지역 운동이라기보다는 개혁적 유기농 생산자와 개혁적 소비자들이 공동체적 유대를 형성하여 환경 친화적 농업의 가능성을 모색했다는 점에서 근본적으로 허쉬만이 말했던 '탈출' 전략에 가까웠다고 평가할 수 있다. 다시 말해 이 운동은 지역사회발전의 새로운 패러다임을 제시했다기보다는 공동체 운동의 도덕적 정당성(moral legitimacy)에 동의하는 생산자와 소비자를 결합하려는 시도였다고 할 수 있다(Barron, 1998). 따라서 초기 방주 공동체 운동의 핵심 프레임은 환경 친화적 농업을 가능하게 하는 '관심 있는 일부' 소비자의 도덕적 구매에 기초한 새로운 형태의 농업생산 공동체를 만드는 것이었다. 방주 공동체의 선언문에 가장 많이 언급된 단어들이 '환경', '가족', '공동체', '농업' 등이었다는 점은 이를 잘 반영한다고 하겠다.

방주 공동체는 회원들의 도덕적 구매에 기초한 소규모 공동체를 지향했음에도 불구하고 때마침 불어 닥친 웰빙 바람 덕에 생산자와 소비자의 규모가 급격히 확대되었다. 2000년을 전후한 시기에 소비자 회원 수는 90여 가구로 증가되었는데, 이러한 예기치 않은 성공은 방주 공동체 내부에서 소규모 공동체 운동을 지속할 것인가, 아니면 외연을 확대하기 위한 새로운 시도를 할 것인가에 대한 논쟁을 불러일으켰다. 한편에서는 공동체 운동의 운동성을 유지하기 위해서는 당분간 소규모 공동체를 중심으로 한 직거래 체제가 유지되어야 한다는 입장을 개진했으나, 다수의 의견은 보다 넓은 수요층을 확보하고 소비자의 접근성을 제고하기 위해서는 생산자와 소비자를 연결해 주는 독립된 고리가 만들어져야 한다는 입장이었다.

먼저 생산자들 사이에서 방주 공동체의 성공을 기반으로 유기농을 상업화하자는 주장이 제기되었다. 또한 새로 가입한 소비자 회원들을 중심으로 지역 농산물 이외에도 다른 지역의 친환경 농산물이나 유기농 가공품의 공급을 통해 품목을 다양화하고, 매장을 설치하여 접근성과 구매의 편리성을 제고해 달라는 요구가 크게 증가했다. 그 결과 2001년에 춘천소비자생활협동조합(이하 '생협')이 탄생하였고, 조합원의 가입비와 농림부의 지원을 통해 생협 매장을 마련하게 되었다.

초기의 생협은 비록 지역 농산물의 판로 확대와 소비자의 편리성 제고를 고려한 조치이기는 했지만, 동시에 방주 공동체가 가지고 있는 공동체 운동으로서의 성격을 유지하고자 노력했다. 일례로 초기의 춘천 생협은 조합원들이 매장에 나와 봉사하는 것을 조합원의 의무로 규정하고 있었다. 방주 공동체와 달라진 점은 생산자와 소비자의 끈끈한 인간관계에 기초한 소규모 공동체 운동의 성격을 벗어나 대안적 지역 운동으로서 로컬푸드 운동을 자리매김하고자 했다는 점이다. 이 당시 로컬푸드 운동의 핵심 프레임은 "물건을 팔면 슈퍼이고 이념을 팔면 생협이다"라는 슬로건에서 나타난 바와 같이 대안적 지역발전을 위한 '이념적' 생활 운동이었다. 그리고 그 이념을 달성하는 핵심적 수단은 '나눔'과 '도움'이었다.

> 우리가 추구하는 유기적 관계의 핵심은 나눔과 도움입니다. 서로 협동하고 협력하고 살자는 것입니다. 우리 사회는 오직 경쟁만이 최고의 가치인 양, 인간과 인간 사이에 경쟁 말고는 아무것도 할 것이 없는 것처럼 모든 사람을 경

> 쟁으로 내몰고 있습니다. 그야말로 요람에서 무덤까지 모든 과정에서 경쟁력을 키우기 위해 온 힘을 쏟아야 하는 살 맛 떨어지는 사회가 되어 버렸습니다. 여기 춘천생활협동조합에 모인 사람들은 좀 그러지 말자는 것입니다. 옆으로 조금 비켜서서 서로 돕고 나누자는 것입니다. …… 이렇게 농민 편에서나 소비자 편에서나 단순히 물건을 나누는 것만으로는 되지 않습니다. 서로 이해하는 마음, 고마운 마음을 나누어야 이 나눔이 됩니다. 시간을 할애하고 정성을 들여야 합니다. …… 우리는 서로 연결되어 있습니다. 자연과 사회가 내지르는 고통스러운 비명에 귀 막고 눈 돌리지 말고 적극적으로 개입하고 참여해야 합니다. 우리는 서로 나누고 돕는 진정한 생활 공동체를 지향합니다(춘천생협 창립선언문).

치열한 경쟁과 그로 인해 피폐해진 생활 공동체를 복원하여 강력한 사회적 자본에 기초한 조화와 협력의 지역사회를 만들기 위해서는 생산자와 소비자의 상호이해, 나눔 그리고 자기희생이 필요하다는 것이다. 초기 생협 운동이 가지고 있는 이러한 사회 개혁적 지향은 비단 농업 문제나 먹거리 문제에만 국한되는 것이 아니라 생활 전반에 걸친 매우 포괄적인 것이었다. 예컨대 춘천생협 창립선언문에서는 산성비 등 환경 문제나 "많은 아이들이 성적을 비관해 목숨을 끊는" 청소년 문제 등도 궁극적으로 생협 운동의 이념적 지평에 포함될 수 있다고 보았다. 먹거리 안전의 문제에 관해서는 "농민은 열심히 농사지어 생명력 넘치는 건강한 먹을거리를 길러 내야" 한다는 단 한 줄로 언급하고 있는 것을 볼 때, 이 문제는 여러 다양한 문제 중 단지 하나로 취급되었던 것으로 보인다. 따라서 초기 생협 운동은 소비자들의 이기적이고 합리적인 상품 선택의 행태적 특성을 바꾸어 조화와 협력, 희생과 나눔의 원리로 운영되는 지역사회를 만들어 보자는 전형적인 사회 개혁적 로컬푸드 운동으로 정의될 수 있을 것이다. 소비자의 권리, 글로벌 푸드 시스템으로부터의 소비자

보호 등은 이 시기 생협 운동의 프레임 안으로 깊숙하게 들어와 있지 않았다고 할 수 있다.

그럼에도 불구하고 초기 생협 운동은 소비자 조합원 수가 80가구에서 천여 가구로 급증하면서 양적인 측면에서 적지 않은 성공을 거두었다. 하지만 이러한 양적인 팽창은 생태주의적이고 사회개혁적인 운동 프레임을 통해 조합원을 효과적으로 동원했기 때문이라기보다는 매장 설립으로 인한 접근성의 제고와 더불어 2000년 초반부터 불기 시작한 웰빙 바람이 큰 몫을 했기 때문이다. 건강하고 안전한 먹거리에 대한 관심이 크게 늘어나면서 대형할인매장에서 판매하는 원거리 농산물보다는 안전하다고 여겨지는 생협 농산물(지역 농산물)에 대한 수요가 증가했던 것이다. 생협 운동의 주도자들이 '지산지소'를 통한 지역 공동체의 강화를 운동의 핵심 프레임으로 했던 것과는 달리, 건강하고 안전한 먹거리에 관심을 두고 있던 조합원들은 '지역'보다는 '친환경'에, 도덕적 구매보다는 실용적 구매에 초점을 둔 구매행태를 보였다. 이 같은 운동지도부와 소비자 사이의 인식의 괴리는 생협을 중심으로 한 로컬푸드 운동의 지속성에 커다란 타격을 주었다.

우선 조합원 수의 급격한 확대를 따라가기에는 지역 생산자의 수가 절대적으로 부족했으며, 열악한 조건에서 생산된 농산품의 질이 실용적 구매 패턴을 보이는 지역 소비자의 기호를 충족시키지 못했다는 점이다. 예를 들어 초기 생협에서 가장 많이 취급했던 지역 농산물 품목은 유정란, 사과, 밀가루 등으로 그 폭이 매우 좁았으며 이마저도 제철 이외에는 구매하기 쉽지 않았다. 생협 운영에 타격을 주었던 외적인 요인으로는 웰빙 바람의 진퇴에 따른 매장운영의 부침이 반복된 점, 가격경쟁력이 있는 대형할인마트가 춘천에 속속 들어오고 이곳에서 친환경 농산물 코너가 개시·확대되면서 생협이 경쟁력을 상실한 점 등을 들 수 있다. 생협은 자구책으로 지역 외 농산물의 비중을 점차로 늘여 나갔는데, 이는 다시 생산농가의 어려움을 가중시키면서 생산자 조직의 와해로 귀결되었다. 이로써 생협 운동은 소규모 공동체 운동에서부터 시작된 생산자 · 소비자의 끈끈한 관계에 기초한 개혁주의적 로컬푸드 이념을 상실한 채 '이념을 파는 생협'에서 '물건을 파는 슈퍼'로 전락하고 말았다.

초기 생협 운동의 실패를 여러 요인으로 설명할 수 있겠으나, 무엇보다 중요한 것은 먹거리 안전과 소비자의 선택권이라는 소비주의적 논리를 운동의 프레임 안으로 끌어들여 개혁주의적 논리와 유기적으로 통합하지 못했다는 점이다. 운동의 주도자들과 소비자들 간에는 지역 농산물을 매개로 한 연결이 존재했으나, 지역 농산물에 부여하는 의미는 두 집단 간에 커다란 차이를 보였다. 특히 생협 조합원의 급격한 증가는 농업 및 공동체에 대한 통합적 가치를 유지하는 데 커다란 장애가 되었다. 지역사회의 공동체성 회복보다는 안전한 친환경 유기농을 구매하고자 하는 조합원들의 비중이 크게 증가했고, 급증하는 조합원들에 대한 교육이 불가능해지면서 로컬푸드 운동의 주도자들과 소비자들 사이의 인지적 거리는 점차 멀어지게 되었다. 서로 다른 해석이 어설프게 공존하던 초기 생협 운동은 결국 미시동원의 한계를 드러내며 소비자들이 로컬푸드로부터 퇴거하면서 운동으로서의 동력을 상실하게 된 것이다.

생협을 주축으로 한 로컬푸드 운동과 함께 진행된 것이 학교급식 운동이었다. 학교급식 운동은 2002년 로컬푸드 운동의 외연을 확장하고자 6개 시민단체를 중심으로 '건강한 학교급식을 위한 춘천시민모임'이 결성되면서 시작되었다. 이 운동의 의의는 무엇보다도 운동의 주체 세력 내에서 먹거리 안전 문제가 본격적으로 논의되기 시작했다는 점이다. 운동의 일차적 목표는 지역 농산물을 학교급식에 사용한다는 조례를 제정하는 것이었으나 재정적 부담을 꺼려한 춘천시와 춘천시의회의 미온적인 태도로 의원발의 조례안이 본회의에서 부결되었다. 이후 2005년 6월에 생협과 농민회, 시민연대 등 19개 단체가 참여하는 '춘천학교급식운동본부'가 발족되었고, 그해 9월에는 직영급식 · 우리농산물 공급 · 무상급식 등의 원칙을 정하고 주민발의를 시작했다. 같은 해 12월에 춘천시에 조례안과 함께 5,750명의 청원명부를 제출했으며, 이듬해인 2006년 4월 춘천시의회 임시회에서 조례가 의결되었다. 조례제정 이후 운동본부에서 조례 실현방안에 대한 구체적인 논의를 진행하고 단체 간의 연대에서 '올바른 학교급식 실현을 위한 춘천시민모임'으로 조직 형태를 전환하였으나 2007년 예산에 학교급식이 반영되지 않으면서 운동의 동력을 급속히 상실하게 되었다.

이 운동이 실패로 돌아간 원인으로는 춘천시의 미온적 태도에 다차원적으로 대응하지 못했던 점, 일선 학교장이나 교육청과의 대화 노력이 부족했던 점, 학교급식을 실현하는 데 필요한 정책 및 사업적 역량이 부족했던 점 등이 흔히 거론되지만, 또 한 가지 중요한 한계는 학부모들을 효과적으로 조직화하고 동원하지 못했다는 점이었다(이강익, 2008). 비록 운동의 주체 내에서 역내 학생들의 먹거리 문제가 논의되고 이를 중심으로 시민 청원에 성공하기는 했으나, 로컬푸드 운동에 대한 통합적이고 총체적인 인식이 부족한 학부모들을 운동 과정에 동원하는 데에는 적지 않은 한계가 있었다. 학부모들은 자녀들이 "안전한 먹거리를 무상으로 공급받을 수 있다"는 것 이외에 로컬푸드 운동이 지역사회의 대안적 발전에 어떤 의미가 있는지에 대해서 명확히 인식하지 못하고 있었다. 실제로 춘천의 주부들을 대상으로 한 조사에 따르면 친환경 농산물을 제공하는 학교급식에 본인이 추가적으로 부담하는 것을 상당히 꺼리고 있었다(박정환, 2008). 이는 학교급식 운동이 비록 시민발의에 성공하기는 했으나 그 운동의 대중적 기반이 매우 취약했으며 따라서 조례 제정 이후 현실적인 논의를 진행하는 과정에서 지속적인 동원에 한계를 드러낼 수 밖에 없었음을 반증하는 것이라고 하겠다. 학교급식과 지역발전이 어떻게 관련이 되는지에 대한 명확한 비전이 제시되지 않은 상태에서 먹거리 안전이라는 소비주의 논리에만 기초했던 동원기반의 취약성이 이 운동의 중요한 한계로 지적되지 않을 수 없다.

생협 운동과 학교급식 운동이 침체로 접어든 이후 로컬푸드 운동이 쟁점화된 계기는 2006년 6월에 춘천고용포럼이 결성되면서부터였다. 춘천고용포럼은 이슈 중심형 사회운동의 한계를 인식한 시민운동단체들을 중심으로 '시민사회 주도형 고용친화산업의 육성'을 핵심 방향으로 한 대안적 경제 운동으로 시작되었다. 고용포럼 아래 환경농업분과가 결성되어 활동에 들어갔으나 이후 몇 차례의 포럼행사를 끝으로 해체되었다. 환경농업분과의 활동과 병행하여 춘천시 노동복지센터에서 FTA에 대한 대응 방법으로 소비자와 생산자를 연결하는 지역사회지원농업(CSA)의 가능성을 모색하기 시작했다. 때마침 2008년 광우병 정국 이후 친환경 먹거리에 대한 관심이 증가하자 춘천노동복지센터의 주도로 고용포럼 내에 '로컬푸드 정책팀'을 구성하였고, 이를 모태로 한 춘천지역먹거리순환위원회가 창립되면서 로컬푸드 운동이 급물살을 타게 되었다. 2008년 7월 30여 소비자 가구가 참여하는 '소비자회원직거래 시범사업'이 추진되었다.[3] 이 사업에 참여한 사북 지역 생산자들은 소비자와 생산자 사이의 강력한 도덕적 연대를 강조한 강한 CSA를 주장했다. 하지만 사업을 주도한 노동복지센터에서는 소비자들의 적극적인 참여를 유도하기 위해서는 소비자 주권론과 소비자의 구매 패턴을 고려한 약한 CSA가 현실적인 선

3) 시범사업에 참여한 30여 회원 가정들은 대부분 로컬푸드 활동가 가정이었다. 따라서 생산자 · 활동가 · 소비자 간의 소통이 매우 원활할 수 있었으며, 로컬푸드의 가치에 대한 집단 간 인식의 편차는 크지 않았다고 할 수 있다.

택이라고 판단했다.[4] CSA의 성격을 어떻게 규정할 것인가를 놓고 생산자 집단과 노동복지센터 사이의 갈등이 심화되면서 결국 생산자 집단을 고탄 지역으로 교체하고 약한 CSA로 운동의 방향을 정리하게 되었다.

2008년 12월에는 시범사업의 성과를 바탕으로 춘천생협, 춘천친환경농업인연합회, 춘천시민연대, 춘천여성민우회, 춘천노동복지센터, 한림대 산학협력단 등 6개 단체가 컨소시엄을 구성하여 '춘천친환경농산물유통사업단'이 발족되었으며, 이듬해 춘천 로컬푸드의 브랜드를 '봄내살림'으로 정하고 본격적으로 친환경지역 농산물유통사업을 시작하게 되었다. 시범사업에 참여했던 20여 소비자 가구를 회원으로 하여 2009년 2월에 시작된 꾸러미 사업은 소비자의 욕구를 고려하고 물품의 다양성을 확보하기 위해 지역 농산물뿐만 아니라 생협 물품을 가가호호 배송하는 형태를 취하였다. 과거 방주 공동체에 비해 소비자의 기호와 편리성을 더욱 강화한 꾸러미 사업에 대한 소비자들의 반응은 비교적 긍정적이었다. 최초 20여 가구에서 시작된 꾸러미 사업의 회원은 빠르게 증가하여 [그림 7-2]에서 보는 바와 같이 2009년 말에 80여 가구로, 2010년 말에는 다시 130여 가구로 늘어났으며, 2011년 말 현재 150여 가구가 회원으로 꾸러미 사업에 참여하고 있다(서종혁 외, 2011).

2009년 말부터 봄내살림은 꾸러미 사업과 더불어 안정적인 수요 확보를 위해 친환경학교급식사업에 주력하기 시작했다. 2009년 읍면 지역 어린이집과 복지 시설 19개소에 친환경 농산물을 일부 공급하는 것을 시작으로 2010년에는 읍면 지역 18개 초·중등학교에 친환경 쌀을 공급하게 되었으며, 2011년에는 강원도 친환경학교급식 정책 시행이 확대되면서 춘천시내 40개 초·중·고등학교로 공급범위를 확대하게 되었다.

---

4) 지역사회지원농업(CSA)을 강한 CSA와 약한 CSA로 분류한 논의는 김종덕(2007)을 참고.

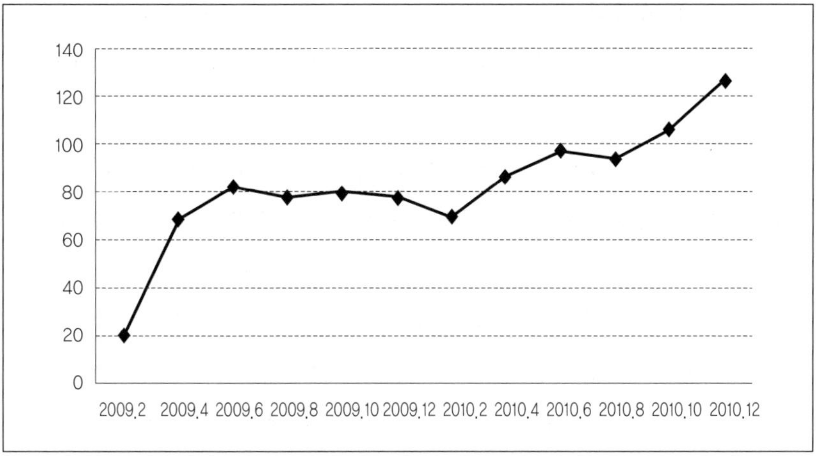

[그림 7-2] 봄내살림 회원 수의 변화(2009~2010)

출처 : 서종혁 외(2011)에서 재구성

학교급식에 지역 농산물을 제공하는 사업은 춘천의 로컬푸드 운동에서 대단히 중요한 의미를 갖는다. 지역 농산물의 안정적인 판로를 확보한다는 점에서도 그렇지만, 무엇보다 로컬푸드 운동의 기반을 대중적으로 확장할 수 있는 전기를 마련했다는 점도 매우 중요하다.

> 우리 지역에서 나온 농산물을 아이들이 먹는다는 것은 아주 중요한 겁니다. 아이들이 먹고, 부모들은, 부모가 결국 농산물을 사는 사람들 아닙니까? 그런데 그 부모들이 지역 농산물을 안전한 먹거리로 생각하게 되고, 학교에서 먹이니까 집에서도 그걸 먹이려고 할 겁니다. 안전하니까. 그럼 집에서 음식을 준비할 때도 그걸 사겠죠. 그러고 나면 가공식품 같은 거에 길들여진 입맛도 바뀌게 될 거고……(봄내살림 대표이사 ○○○).

봄내살림 대표이사의 말에서도 나타났듯이, 로컬푸드와 학교급식의 연계는 도덕적 구매에 지나치게 경도되어 있던 초기 로컬푸드 운동의 프레임을 먹거리 안전성과 소비자의 복지라는 이슈와 결합하여 로컬푸드의 가치를 대중화시킬 수 있는 계기를 마련했다는 점에서 커다란 의의를 가지고 있다.

봄내살림의 로컬푸드 운동은 노동부 사회적 일자리 창출사업의 재정적 지원을 받아 시작되었지만 사회적 일자리 창출뿐만 아니라 유기농업의 활로 모색, 지역의 환경 친화적 발전, 자조적 도농통합형 지역(경제) 공동체의 건설 그리고 이를 통한 참여와 협력의 건강한 시민사회 건설 등 대안적 지역발전을 그 핵심 이념으로 하고 있다(이진천 · 변창용, 2011). 한 예가 이주여성들을 중심으로 한 유기농 다문화 식당인데, 이는 로컬푸드를 매개로 이주여성들에 대한 일자리를 창출하고 집단 간의 사회적 거리를 좁혀 통합적 지역사회를 만들어 보려는 시도라고 할 수 있다. 하지만 봄내살림은 초기 로컬푸드 운동이 도덕적 구매에 주로 의존했던 것과는 달리 '안전하고 믿을 수 있는 먹거리'를 운동의 핵심 프레임으로 끌어들이려고 노력하고 있다. 소비자의 실용적 구매 패턴에 호소하여 도덕적 정당성뿐만 아니라 실용적 정당성을 확보하려는 소비자 동원 전략이라고 볼 수 있을 것이다(Suchman, 1995).

> 대도시 소비자를 위해서 농산물을 생산하는 과정에서 우리 지역을 대형 유통회사가 장악했고, 이러한 과정은 신선하고 안전한 먹거리와는 멀어진다. 시골에 계시는 부모님이 보내는 농산물이 아니면 마음 놓고 먹기 힘든 현실에서 봄내살림은 안전한 먹거리를 공급하고 안정적인 판로를 제공할 것이다(사업단장 ○○○).

이에서 보듯이 새롭게 출발한 춘천의 로컬푸드 운동은 지역 농산물을 매개로 한 대안적 지역발전이라는 지역사회 개혁의 비전을 소비자들의 먹거리 안전과 소비자 선택권의 확대에 대한 관심과 적극적으로 결합하려고 시도하고 있다. 초기 로컬푸드 운동에서 기본적인 원칙으로 제시했던 "소비자는 질과 가격에 대한 문제 제기를 하지 않아야 한다"라는 원칙은 "소비자의 선택권 확보를 위해 생산자가 최대한 협조해야 한다"라는 원칙으로 대체되었다. 로컬푸드 사업의 한 종류인 '시골밥상' 사업은 소비자가 직접 품목신청서를 작성하여 1년 동안 공급받을 농산물의 품목과 양을 선택하도록 하고, 공급 주기도 소비자가 원하는 방식으로 선택하도록 하는 맞춤형 사업이다. "생산자가 어려운 여건 속에서 유기농을 하고 있으므로 소비자는 값과 품질, 공급 방식 등과 관계없이 도덕적인 구매를 해야 한다"라는 초기 운동 프레임이 실패로 돌아가면서 활동가들은 소비자의 실용적 구매 패턴에 호소하지 않고는 로컬푸드 운동의 저변확대가 불가능하다는 점을 학습하게 되었으며, 그 결과 생산자와 소비자 모두의 상호이익에 초점을 둔 통합된 운동 프레임을 마련하기 위한 작업을 진행하고 있다.

흔히 사회운동의 프레임을 진단적 프레임과 처방적 프레임으로 나누는데(Snow & Benford, 1988), 새로운 로컬푸드 운동의 진단적 프레임에서는 지역 주민 개개인이 경험하는 먹거리에 대한 공포가 출처가 불분명하고 신선도와 안전성이 의심되는 농산물로 지역시장을 장악한 대형 유통업자들 때문인 것으로 규정함과 동시에 이들이 지역 내부의 선순환적 유통 흐름을 막아 건전한 지역발전을 저해하고 있다고 보고 있다. 물론 처방적 프레임의 핵심은 로컬푸드를 매개로 한 먹거리 안전 확보와 대안적 지역발전이다. 두 가지 제도적 논리를 결합해 보려는 시도는 춘천 로컬푸드의 브랜드를 '봄내살림'으로 정했다는 점에서도 분명하게 나타난다. 살림이 가진 이중적 의미[즉 죽어 가는 춘천(봄내)의 사회와 경제를 '살린다'는 의미와 안전하고 건강한 먹거리를 위주로 한 '살림살이'라는 이중적 의미]를 적극적으로 활용하겠다는 것이다.

춘천친환경농산물유통사업단에 단체회원으로 참여하고 있는 생협도 새로운 로컬푸드 운동에 적극적으로 나서고 있다. '동네 슈퍼'로 전락했던 생협을 지역살리기 운동의 거점으로 전환하기 위해 매장 내 지역 농산물 공급 확대, 직거래 장터 운영, 도농교류행사, 산지참여활동 확대 등 초기 생협 운동의 개혁주의 정신을 복원하는 동시에 소규모 공동체 지향적 운동의 한계를 극복하기 위해 일반 소비자의 참여를 확대하기 위한 노력을 전개하고 있다. 춘천생협이 춘천 지역 아토피 가족모임을 발족한 것이 대표적인 예이다. "아토피는 개인적 문제가 아니"라 "아이들이 아플 수밖에 없는 먹거리를 비롯하여 사회 환경적 문제"이며, 개인적 노력에 의해서가 아니라 "사회적으로 해결되어야 하는 것"이라는 생협 이사장의 말은 개인적인 것으로 치부될 수도 있는 개인적 사건을 집합적이고 사회적인 것으로 이해하도록 하려는 인식의 틀(schemata)이 제시된 것이라고 하겠다(전 생협 이사장 ○○○). 즉 소비자들의 "동원되지 않은 개인적 경험과 감성"을 로컬푸드 운동에 동원하기 위한 전략적 프레임의 구성이라고 볼 수 있을 것이다. 개혁주의적 논리와 소비주의의 논리를 결합하려는 시도는 춘천생협의 홈페이지 인사말에서도 나타난다(http://www.cccoop.org).

> 생명의 근본이고 인간이 돌아가야 할 보금자리인 농촌이 산업화 대세에 밀려 몰락해 가고, 농장에서 식탁까지 농약과 수입농산물로 채워지는 현실에서 올바른 지역 삶을 모색하고 깨끗한 농산물을 우리 아이들에게 먹여 보자는 뜻 하나로 지금까지 버텨 온 것입니다. …… 이분들(생산자)이 없으면 우리는 얼마나 멀리 떨어져 있는 나라에서 막대한 기름을 태우며 싣고 오는 오염된 농산물을 우리 아이들에게 먹이게 되겠지라는 생각과 함께.

이상에서 보는 바와 같이 새로운 흐름을 만들어 가고 있는 춘천의 로컬푸드 운동은 환경보호와 지역민 간의 끈끈한 연대에 기초한 대안적 지역발전이라는 사회개혁적 지향과 소비자의 합리적인 농산물 구매행태를 고려하는 소비주의적 지향을 모두 포괄하는 새로운 운동 프레임을 만들어 가고 있다고 평가할 수 있을 것이다.

Ⅳ. 춘천 지역 로컬푸드 운동의 현재 — 균열과 통합의 가능성

로컬푸드 활동가들의 이러한 노력에도 불구하고 여느 지역과 마찬가지로 춘천 지역도 활동가들과 로컬푸드 소비자들의 인식의 괴리는 여전히 큰 것으로 보인다. 활동가들이 명시적으로 두 가지 제도적 논리를 전면에 내세우고 있다는 것과 이 논리들이 운동의 참여자 전체를 아우를 정도로 통일된 프레임을 형성하고 있고 이 프레임이 참여자 모두에 의해 공유되는 것은 다른 문제이다. 이러한 문제의식에서 이 연구에서는 봄내살림에 농산물을 공급하는 생산자 12명, 로컬푸드 운동에 참여해 온 활동가 10명, 봄내살림 및 생협 소비자 회원 18명 등 총 40명에 대한 간단한 설문조사와 면접조사를 실시했다.

설문조사에서는 〈표 7-1〉에 제시된 것과 같이 로컬푸드와 관련된 18개의 용어를 제시하고 로컬푸드 하면 떠오르는 이미지 5개를 고르도록 했다. 여기에 제시된 용어들은 로컬푸드 혹은 지역 농산물과 관련된 논문, 신문기사, 발표자료 등을 검색하여 로컬푸드를 기술하기 위해 사용된 단어들을 추려 내어 정리한 것들이다. 〈표 7-1〉은 활동가, 생산자, 소비자 집단별로 각 용어들을 선택한 사례수와 백분율을 비교하고 있다. 전체적으로 보면, 응답자들이 가장 많이 선택한 용어는 먹거리 안전이며 건강과 유기농이 각기 55%로 그 뒤를 이었다. 신선과 농업 발전도 비교적 많이 선택한 용어에 속해 있다.

〈표 7-1〉 집단별 18개 용어 선택 빈도 및 비율

관련 용어	활동가	생산자	소비자	전체
환경 운동	4(40.0%)	3(25.0%)	5(27.8%)	12(30.0%)
소비자 선택권	1(10.0%)	-	6(33.3%)	7(17.5%)
지역발전	6(60.0%)	3(25.0%)	2(11.1%)	11(27.5%)
신뢰	1(10.0%)	3(25.0%)	3(16.7%)	7(17.5%)
먹거리 안전	9(90.0%)	5(41.7%)	15(83.3%)	29(72.5%)
건강	4(40.0%)	5(41.7%)	13(72.2%)	22(55.0%)
공동체	4(40.0%)	3(25.0%)	2(11.1%)	9(22.5%)
품질	1(10.0%)	2(16.7%)	7(38.9%)	10(25.0%)
유기농	4(40.0%)	7(58.3%)	11(61.1%)	22(55.0%)
농업 발전	3(30.0%)	8(66.7%)	4(22.2%)	15(37.5%)
신선	1(10.0%)	5(41.7%)	10(55.6%)	16(40.0%)
편리	-	1(8.3%)	5(27.8%)	6(15.0%)
투명성	3(30.0%)	1(8.3%)	2(11.1%)	6(15.0%)
사회정의 실현	2(20.0%)	-	1(5.6%)	3(7.5%)
나눔	2(20.0%)	3(25.0%)	2(11.1%)	7(17.5%)
고용창출	2(20.0%)	1(8.3%)	-	3(7.5%)
농가소득 향상	-	8(66.7%)	1(5.6%)	9(22.5%)
참여	3(30.0%)	2(16.7%)	1(5.6%)	6(15.0%)
응답자 수	10(100.0%)	12(100.0%)	18(100.0%)	40(100.0%)

세 집단을 비교해 보면 로컬푸드에 대한 인식이 집단 간에 커다란 차이를 보이고 있음을 알 수 있다. 먼저 활동가들이 상대적으로 많이 선택한 용어는 먹거리 안전과 함께 지역발전, 공동체, 환경 운동, 투명성, 농가소득 향상 등인 것으로 나타났다. 한편 생산자의 경우 농업 발전과 농가소득 향상 그리고 유기농이 절대적으로 많았으며, 신뢰도 다른 집단에 비해 선택 비율이 조금 높게 나타났다. 먹거리 안전이나 건강을 선택한

비율도 높았지만 소비자 집단과 비교해 보면 비교적 낮은 수준이었다. 마지막으로 소비자 집단은 로컬푸드를 먹거리 안전, 건강, 유기농, 신선 등 소비자주의적 시각과 연결시키려는 관점이 지배적이었다. 비록 응답자의 수가 많지 않기 때문에 이들의 응답 패턴이 춘천 지역 로컬푸드 운동 참여자들의 인식을 대표한다고 보기는 어렵지만, 적어도 로컬푸드에 대한 인식에 있어서 세 집단 사이에 커다란 괴리가 있다고 보는 데에는 무리가 없다고 판단된다.

로컬푸드에 부여하는 의미와 그에 대한 인식이 어떻게 다른지를 보다 명확히 알아보기 위해 응답자 40명과 18개 용어에 대한 대응분석(correspondence analysis)을 실시해 보았다. 대응분석은 행과 열로 표시된 응답자들의 응답 패턴을 2차원의 공간에 표시하는 기술적 분석 기법이다(이명진, 2005).

[그림 7-3]은 40명의 응답자와 그들이 선택한 용어들이 2차원에 어떻게 표시될 수 있는지를 보여 주는데, 이 그림은 크게 세 가지의 정보를 요약하고 있다.

우선 ■로 표시된 응답자들 간의 거리는 용어 선택에 있어서 응답자들 간의 거리를 나타낸다. 즉 응답자들의 거리가 가까울수록 비슷한 용어를 선택한 것으로 해석할 수 있다. 둘째, ▲로 표시된 용어들 간의 거리는 응답자들이 해당 용어를 공동 선택하는 정도를 나타낸다. 예를 들어 투명성(transparent)과 참여(participation)는 [그림 7-3]에 매우 가깝게 위치해 있는데, 이는 투명성을 선택한 응답자 대부분이 참여를 선택했다는 것을 의미한다. 셋째, [그림 7-3]의 대응분석은 18개 용어와 40명의 응답자 간의 거리 또한 보여 준다. 예를 들어 편리(convenience)라는 용어 주변에 소비자들이 주로 밀집되어 있는데, 이는 편리라는 용어를 선택한 응답자들이 대부분 소비자였기 때문이다.

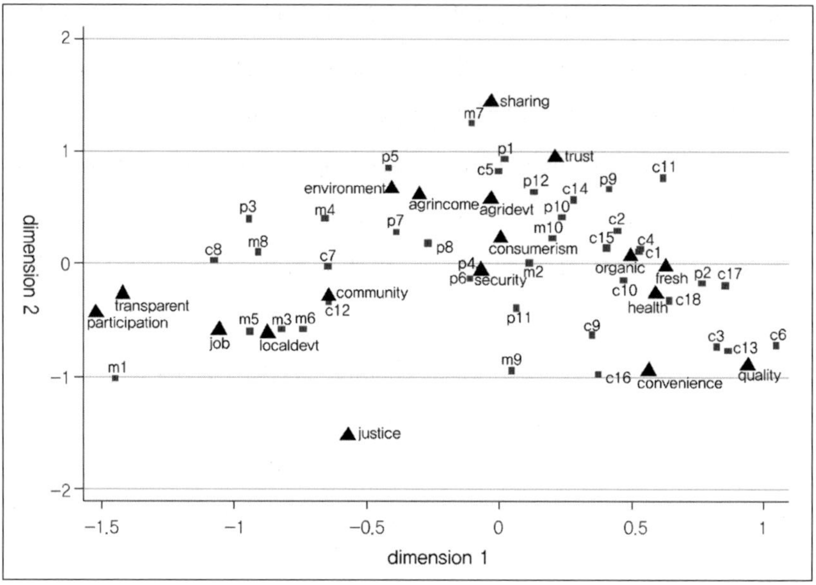

[그림 7-3] 응답자별 18개 용어 선택에 대한 대응분석 결과

주 1) environment : 환경 운동, consumerism : 소비자 선택권, localdevt : 지역발전, trust : 신뢰, security : 먹거리 안전, health : 건강, community : 공동체, quality : 품질, organic : 유기농, agridevt : 농업 발전, fresh : 신선, convenience : 편리, transparent : 투명성, justice : 사회정의 실현, sharing : 나눔, job : 고용창출, agrincome : 농가소득 향상, participation : 참여

2) p는 생산자, m은 활동가, c는 소비자

[그림 7-3]을 해석해 보면 우선 앞서 살펴본 바와 같이 로컬푸드 운동에 대한 인식이 세 집단 간에 차이를 보이고 있다는 것을 알 수 있다. 특히 소비자의 경우 대부분이 우측 하단에 밀집되어 있는데, 이는 로컬푸드에 대한 소비자들의 인식이 활동가나 생산자의 그것과 매우 큰 차이를 보이고 있다는 것을 의미한다. 또한 소비자들 주위에 위치해 있는 용어들을 보면 신선, 품질, 유기농, 편리, 품질 등으로 나타나 있다. 다시 말하면 이러한 용어들은 소비자 집단이 로컬푸드를 인식하는 전형적인 방

식과 밀접한 관련을 맺고 있다. 한편 활동가 집단은 좌측 하단에 주로 분포해 있으며, 이들과 가까운 용어들은 투명성 · 참여 · 고용창출 · 지역발전 · 공동체 · 사회정의 실현 등으로 나타나 있다. 마지막으로 생산자 집단의 상당수가 중앙 상단에 분포하고 있으며, 이들이 주로 선택한 용어는 농업 발전 · 농가소득 향상 · 나눔 · 신뢰 · 환경 운동 등인 것으로 분석되었다.

로컬푸드에 부여하는 의미와 가치가 집단별로 어떻게 다른지를 보다 명확히 알아보기 위해 다음의 [그림 7-4]를 제시했다. 이 그림은 18개 용어 선택의 빈도를 집단별로 표시한 행렬을 이용한 대응분석을 보여 주고 있다. 그림을 보면 활동가 집단과 소비자 집단, 생산자 집단 간의 거리는 상당히 멀고 각 집단별로 선택한 용어는 평균적으로 커다란 차이를 보인다. 먼저 활동가 집단에 근접해 있는 용어들을 보면 지역발전, 투명성, 참여, 공동체, 사회정의 실현, 고용창출 그리고 환경 운동 등이다. 춘천 지역 로컬푸드 운동가들에게 있어서 로컬푸드는 생산자와 소비자의 참여를 통한 지역 공동체의 재건 그리고 이를 통한 지역사회의 사회 경제적 발전을 위한 매개물로 인식되는 경향이 강하다는 것을 의미한다. 이는 춘천의 로컬푸드 운동이 학생 운동, 농민 운동의 배경을 가지고 있던 활동가들에 의해 시작되었다는 것과 밀접한 관련을 맺고 있다고 판단된다. 물론 방주 공동체를 비롯한 초기의 로컬푸드 운동이 가지고 있던 급진적 개혁주의에서 많이 벗어나 먹거리 안전 문제를 운동의 중요한 요소로 끌어안으려고 노력하고 있지만, 여전히 운동의 방점은 개혁주의적 비전에 찍혀 있다고 볼 수 있을 것이다.

한편 생산자 집단에서 주로 선택한 용어는 농업 발전, 농가소득 향상, 신뢰, 나눔 등이었다. 실제로 면접조사에서 생산자들은 "로컬푸드는 농업 편향에서 출발해야 마땅"하며, 그 이유는 "먹거리가 농에서 시작되기

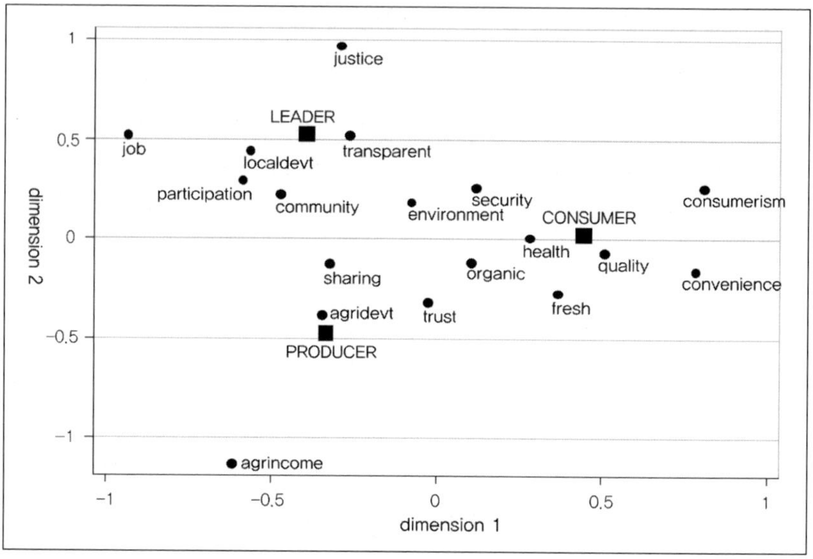

[그림 7-4] 집단별 18개 용어 선택에 대한 대응분석 결과

주 : 각 용어들의 의미는 [그림 7-3]과 동일

때문"이라는 시각을 가지고 있었다. 농업이 자립적 기반을 마련하지 못하고, 농민이 몰락하면 "안전한 먹거리란 말 자체가 물 건너가는 것"이라고 보고 있었다.

마지막으로 소비자 집단과 친화성이 높은 용어는 건강, 품질, 편리, 소비자 선택권, 유기농, 신선, 먹거리 안전 등이었다. 생협 관계자와의 면접에 따르면 방주 공동체나 초기 생협 시절부터 지역 농산물을 구매해 왔던 소비자 조합원들의 경우는 "농업과 생명의 소중함, 길러 낸 사람의 소중함과 노동의 소중함"을 중시하면서 책임 구매에 나서고 지역사회 전체의 사회적 건강성을 확보하는 데 관심을 가지고 있는 경향이 비교적 강하지만, 웰빙 바람과 식품안전에 대한 관심의 증가와 함께 비교적 뒤늦게 가입한 조합원들은 지역 농산물을 대안적 지역발전과 연관시키기

보다는 안전한 친환경 유기농 먹거리의 확보 문제에 집중하는 경향이 강하다.

이렇게 볼 때, 비록 최근 춘천에서 이루어지는 로컬푸드에 관한 담론이 개혁주의적 논리와 소비주의적 논리를 결합한 운동 프레임을 내세우고는 있지만, 운동 참여자들의 인식은 여전히 분절화된 구조를 가지고 있는 것으로 이해할 수 있다. 아직까지 신선하고 안전한 먹거리 확보라는 측면과 지역 농산물 소비를 통한 지역사회 공동체의 회복이라는 측면이 참여자들의 인식 속에서 완전히 융합되지 못하고 있다고 할 수 있다.

소비자 집단과 활동가 집단의 이러한 인지적 균열은 '로컬'과 '푸드'라는 말에 부여하는 의미가 근본적으로 상이하기 때문이라고 할 수 있다. 활동가 집단의 경우 '푸드'는 풍요롭고 지속 가능한 '로컬' 커뮤니티를 만들기 위한 중요한 매개체로 인식되고 있다. 특히 최근 건강과 식품 안전성에 대한 소비자의 관심이 증가하고 있는 상황에서 로컬푸드는 지역사회의 자립과 활성화, 강력한 시민적 공동체를 구축하기 위한 매개체로 중요성이 날로 증가하고 있다고 보고 있는 것이다. 일례로 봄내살림의 꾸러미 사업에서는 친환경 로컬푸드를 최우선적으로 공급하고, 다음으로 지역에서 생산된 관행 농산물을 공급하며, 이마저도 부족한 경우에만 지역 이외에서 생산된 친환경 농산물을 공급한다는 것을 기본적인 원칙으로 하고 있다(이진천 · 변창용, 2011). 활동가들의 이러한 인식과는 달리 소비자 집단의 경우 '로컬'은 안전하고 품질이 좋은 유기농 '푸드'를 공급받을 수 있는 통로로 인식하는 경향이 강했다. 따라서 '로컬' 자체가 중요한 것이 아니라 로컬에 부착된 친환경적이고 안전한 먹거리라는 의미가 더 중요하다는 것이다. 실제로 봄내살림과 춘천생협 회원들에게 "지역 이외에서 생산된 친환경 유기농산물과 춘천 인근지역에서 생산된 관행 농산물이 있다면 어떤 것을 구매하겠는지" 질문한 결과, 대부분의 소비자 회원들이 로컬이 아니더라도 친환경 유기농산물을 최우선적으로 구매하겠다고 답했다.

광우병 파동을 비롯해서 식품 안정성에 우려를 자아내게 하는 일련의 사건들이 발생하면서 로컬과 안전성의 거리가 급속도로 좁혀진 것이 최근 일어나고 있는 로컬푸드 운동의 확산과 무관하지는 않을 것이다. 하지만 2000년대 초반 유기농산물 코너를 갖춘 대형매장이 춘천에 진입하면서 생협 운동이 급속도로 와해되었던 것과 마찬가지로 안전한 먹거리를 확보할 수 있는 대안적 방안이 로컬푸드 이외의 루트를 통해 만들어진다면 춘천뿐만 아니라 우리나라의 로컬푸드 운동은 다시 한 번 위기를 맞을 가능성이 있다. 이러한 잠재적 위기는 아직 소비자들의 실용적 구매 패턴을 도덕적 구매와 적극적으로 결합하는 운동 프레임이 확고하게 자리 잡지 못한 것과도 무관하지 않을 것이다.

V. 결론

사회운동에 있어서 프레이밍은 정치적 기회 구조의 활용과 함께 미시 동원의 범위와 강도, 나아가 운동의 성공과 실패에 영향을 주는 매우 중요한 전략적 과정이라고 할 수 있다. 광우병 파동이나 웰빙 바람과 같은 정치적 · 사회적 기회 구조가 외부로부터 주어지는 측면이 강하다면, 프레이밍 전략은 운동 지도부 내부에서 형성되고 발전하는 측면이 강하다. 사회운동의 프레임은 외부에서 주어지는 정치적 기회 구조를 포착하고, 이에 조응하여 잠재적 피동원자들의 의식과 경험을 조직화하는 전략적 과정을 통해 만들어지기 때문이다. 그런데 문제는 현실에 대한 운동 지도부의 인식, 혹은 이들이 제시하는 이념과 목표가 잠재적 피동원자들이 인식하고 있는 현실이나 그들의 소망과 일치하지 않는 경우가 적지 않다는 점이다. 따라서 운동 지도부는 자신들이 애초에 내세운 프레임을 변형·확장하거나 다른 프레임과 결합하는 과정을 통해 임계집단(critical mass)을 형성하고 동원의 기반을 대중화하는 작업을 하게 된다(McAdam, 1996; Lounsbury, 2001). 만약 일반 대중을 운동으로 끌어들이기 위한 프레임을 적절하게 구성하지 못하는 경우, 운동은 제한된 소수 '선각자'들이 벌이는 엘리트 운동으로 종결될 수도 있기 때문이다.

최근 우리나라 각지에서 벌어지고 있는 로컬푸드 운동도 지속 가능한 대중적 운동으로 제도화될 것인지, 아니면 정치적·사회적 변화에 따라 부침을 반복하다가 결국에는 크게 위축되거나 소멸하게 될 것인지를 가늠하는 중요한 기로에 서 있다. 지역 농산물을 지역에서 소비함으로써 지역사회 내에서 농산물 유통 흐름의 선순환적 구조를 정착시키고, 이를 통해 먹거리의 안전성을 확보하고 건강한 지역사회를 구축하자는 당위론적 주장이 지역사회 연구자와 지역 활동가들 사이에서 빠르게 확산되고 있음에도 불구하고, 지역민들의 호응은 아직까지 미미한 수준에 그치고 있는 게 현실이다(김자경, 2010; 한혜경, 2010). 로컬푸드 운동이 농산물 소비자와 지역민 사이에서 정착되지 못하고 있는 이유들 중 하나는 "지역 농산물의 구매를 통해 건강한 지역사회를 구축한다는 것이 나에게, 나아가 우리에게 어떤 의미가 있는가?" 그리고 "대형 유통매장에도 친환경 유기농 코너가 있는데, 안전한 먹거리를 위해 왜 굳이 지역 농산물을 소비해야만 하는가?" 등의 질문에 로컬푸드 운동이 아직까지 설득력 있는 설명을 제시하지 못하고 있기 때문이다. 다시 말해 우리나라의 로컬푸드 운동이 "동원되지는 않았지만 잠재적으로 동원 가능한 지역민들의 정서와 이해"를 운동의 핵심적 프레임 안에 구축하는 데 아직까지는 눈에 띄는 성공을 거두지 못했기 때문이라고 할 수 있다.

이러한 문제의식을 가지고 이 논문에서는 20여 년의 역사를 가지고 있는 춘천 지역 로컬푸드 운동의 역사를 조명해 보았다. 춘천의 로컬푸드 운동은 소규모의 대안적 공동체를 실험해 보려는 의도에서 시작되었으나, 2000년대 초반에 불어 닥친 웰빙 바람과 맞물려 짧은 시간 내에 수적인 측면에서 상당한 성공을 거두었던 것이 사실이다. 하지만 이후 생협 매장의 설립, 조합원 수의 확대와 함께 로컬푸드 운동이 오히려 급격하게 약화되었던 것은 새롭게 가입한 조합원들이 가지고 있었던 소비주의적 기호와 활동가들이 가지고 있었던 개혁주의적 비전 그리고 농산물의 안정적 판로 확보에 대한 생산자의 관심 등이 통일된 운동 프레임 안에 조화롭게 결합되지 못했기 때문이다. '로컬'과 '친환경'을 연결하는 고리를 적절히 제시하지 못함으로써 생협 매장은 '로컬'이 아닌 친환경 농산물에 의해 잠식당했고, 지역 생산자 조직은 급속하게 와해되었으며, 대형할인매장의 춘천 진입과 함께 소비자들이 지역 농산물로부터 급속히 빠져나가게 된 것이다.

광우병 파동 등 먹거리 안전과 관련된 일련의 파동과 로컬푸드에 대한 전국적 관심으로 인해 정치 사회적 기회 구조가 열리면서 새롭게 시작된 춘천의 로컬푸드 운동은 초기의 로컬푸드 운동이 지향했던 자립적 지역 공동체의 형성이라는 개혁주의적 비전을 소비자 선택과 권리, 건강과 안전이라는 소비주의적 논리와 적극적으로 결합하려는 시도 속에서 진행되고 있다. 이러한 프레임 결합에 대한 노력은 초기 로컬푸드 운동의 실패가 주는 교훈으로부터 학습한 결과라고 할 수 있다. 로컬푸드 운동이 지니고 있는 도덕적 정당성과 소비자들이 우선시하는 실용적 정당성을 동시에 확보하기 위한 다양한 활동과 논의가 전개되고 있는 것이다. 춘천 지역 로컬푸드 운동의 핵심적 조직인 봄내살림은 2011년 사회적 기업 인증 획득을 계기로 지역사회에서 먹거리의 선순환 구조를 확립한다는 사회적 목적을 달성함과 동시에 농산물 소비자들의 욕구를 충족시킬 수 있는 경쟁력 있는 '기업'으로 거듭나기 위한 작업에 속도를 내고 있다. 또한 학교급식의 확대를 통해 농산물의 안정적 판로를 확보하고, 지역 농산물이 아동뿐만 아니라 지역사회 주민들의 건강과 복지에 기여할 수 있다는 인식을 확산시키기 위해 노력하고 있다. 이러한 노력에도 불구하고 대응분석의 결과에서 본 것처럼 로컬푸드의 의미와 가치에 대한 인식은 운동 참여자 집단 간에 여전히 커다란 차이를 보이고 있으며, 아직까지 이 두 가지 제도적 논리들 간에 존재하는 긴장을 해소하고 일관된 운동의 방향을 잡는 데까지 이르지 못하고 있는 것이 춘천 로컬푸드 운동의 현실임이 틀림없다.

"10년 후에도 웃으면서 로컬푸드를 이야기할 수 있기를 바란다(이진천 · 변창용, 2011)"는 봄내살림 대표이사의 말에서 나타나듯이, 새롭게 시작된 춘천 로컬푸드 운동이 짧은 기간 동안 이룩한 수량적 성과에도 불구하고 활동가들은 여전히 운동의 지속 가능성에 대해서 깊은 우려를 표시하고 있다. 실제로 봄내살림의 매출액 변화를 보면 2009년 1억 원 정도에 그쳤던 총 매출액은 2011년에는 9배 가까이 성장하여 9억 원에 육박하고 있다. 회원 수도 같은 기간 20여 명에서 150여 명으로 크게 증가했다. 이런 성과에도 불구하고 앞으로의 10년을 걱정하는 근본적인 이유는 이러한 성공이 먹거리 안전과 관련된 일련의 파동들 그리고 학교급식의 전국적 이슈화 등 외적인 요인에 힘입은 바 크다는 점 때문이다. 다시 말해서 로컬푸드 운동이 가지고 있는 개혁적 비전을 유지하면서도 춘천 지역 주민들을 안정적이고 지속적으로 운동에 동원할 수 있는 호소력 있는 논리가 아직까지는 매우 취약하다는 점 때문이라는 것이다.

물론 이 논문에서 분석한 춘천의 특수한 사례를 다른 지역의 로컬푸드 운동에 그대로 적용하기는 힘들다. 더군다나 면접조사와 설문조사가 엄밀한 표본추출 과정을 거쳐 이루어진 것도 아니고, 응답자의 수가 지극히 제한적이라는 점에서 섣불리 일반화를 논하기는 힘들 것이다. 운동의 프레임은 거시적 기회 구조의 변화에 대한 대응 전략인 동시에 지역의 역사와 전통 그리고 지자체의 협조 등을 비롯한 특수한 지역적 맥락 속에서 형성되는 문화적 구성물이라는 점을 감안할 때, 로컬푸드를 둘러싼 운동의 프레임이 어떻게 형성되고 어떻게 변용되는지 그리고 어떠한 프레임 전략이 보다 성공적인 동원을 가능하게 하는지를 풍부하게 이해하기 위해서는 다양한 지역들 간의 비교연구가 이루어져야 할 것이다. 이러한 비교연구를 통해 보다 효과적인 동원 전략을 발굴하고, 이를 공유하는 것은 춘천뿐만 아니라 우리나라 로컬푸드 운동의 발전을 위해서도 반드시 필요한 작업이라고 할 수 있다.

비교연구와 더불어 향후 연구에서는 로컬푸드 운동의 전개와 성패에 영향을 미치는 다양한 층위의 요인들에 대한 포괄적 분석이 이루어질 필요가 있다. 이 연구에서는 로컬푸드 운동과 관련된 담론과 프레임에 초점을 두고 분석이 이루어졌다. 하지만 여느 사회운동과 마찬가지로 로컬푸드 운동도 동원 프레임과 거시적 기회 구조 그리고 운동 내부의 자원동원 및 활용 역량 등이 상호작용하면서 전개되는 것이 사실이다. 물론 이 논문에서 이러한 상호작용이 부분적으로 다루어지기는 했지만, 향후 연구에서는 보다 풍부한 자료를 통해 구체적으로 분석될 필요가 있을 것이다.

대중적인 동시에 개혁적인 프레임을 견고하게 만드는 것은 많은 시간이 요구되는 지난한 과제임이 틀림없다. 그리고 이해관계가 충돌할 수 있는 다양한 집단을 운동에 동원하고 이들 간의 이해관계를 조율함으로써, 로컬푸드 운동이 대안적 지역발전 운동으로 확고하게 자리 잡도록 하기까지는 이보다 많은 시간이 요구될 수도 있다. 하지만 분명한 것은 시간이 다소 걸리더라도 도덕적 정당성과 더불어 실용적 정당성을 확보할 수 있는 프레임을 구성하는 작업은 춘천의 로컬푸드 운동, 나아가 우리나라의 로컬푸드 운동이 지속 가능한 대안적 지역발전 전략으로 제도화되기 위해 반드시 지나가야 할 '징검다리'라는 점이다.

제8장

원주 지역 의료기기 클러스터의 사회학

박준식

I. 문제의 제기

원주 의료기기 클러스터는 대학과 중앙정부 · 지자체 · 산업체 간의 전면적인 협력을 기반으로, 관련 산업 기반이 거의 없었던 지역에서 의료기기라는 새로운 틈새 산업을 성공적으로 육성하여 경제적 역동성을 만들어 내고, 산업 구조 전환과 고용 창출을 선도해 온 독특하고 성공적인 혁신클러스터의 사례로 평가되고 있다(국가균형발전위원회, 2004). 2004년 말 원주와 인근 지역에는 60여 개 이상의 의료기기 업체들이 활발한 생산 활동을 전개하고 있고, 425억 원의 생산 규모, 2000만 달러를 상회하는 수출 실적을 올리고 있다. 의료기기 업체들은 원주뿐 아니라 홍천과 춘천 등 인근 지역들에서도 빠르게 성장하여, 첨단 제조업 기반이 취약했던 강원 지역의 산업 이미지를 전환시키는 데 주도적 역할을 담당하고 있다. 그러한 점에서 볼 때 원주 지역 의료기기 클러스터의 형성과 발전 과정에서 나타나는 사회학적 시사점들을 파악하는 것은 향후 우리나라의 지역 정책에 대해서도 여러 가지 점에서 중요한 함의를 제공할 수 있을 것으로 기대된다.

이 글에서 우리는 의료기기산업의 기반이 거의 없었던 원주 지역이 지난 10여 년 동안 한국의 주요 의료기기 관련 산업을 구성하는 인적 자원과 조직 네트워크의 중심 지역으로 빠르게 성장할 수 있었던 과정을 역사적 측면과 혁신 네트워크 형성이라는 두 측면을 통해 보고자 한다. 이를 위해 본 연구에서는 우선 원주 지역 의료기기 클러스터의 지역적 위상과 성장 과정을 살펴본 다음, 원주 지역 의료기기 혁신클러스터의 현 상황과 문제들을 대학 · 산업체 · 지자체를 중심으로 형성된 조직적 네트워크와, 지역 대학들을 중심으로 역동성을 이어 가고 있는 인적 자원 네트워크 형성이라는 두 차원에서 접근해 보고, 새로운 지역의 혁신 네트워크가 사회 경제적 역동성을 생산하는 데 필요한 과제들을 제시해 보고자 한다.

II. 클러스터의 지역적 위상과 특징

1. 의료기기 클러스터의 지역적 위상

원주 의료기기 클러스터의 성장 과정을 이해하기 위해서는 강원 지역 의료기기산업의 역사적 맥락과 특성에 대한 이해가 필요하다. 원주 지역에서 의료기기산업이 본격적으로 육성된 직접적 계기는 1988년 영상의료기기 분야의 대표 기업이었던 주식회사 메디슨이 홍천에 생산 기지를 만들고 같은 해 강원도에서 3각 테크노밸리 사업을 시작하면서, 의료기기산업을 중심으로 원주 지역을 발전시키기 위한 정책이 시행되는 것과 그 맥을 같이한다(한국은행 강원본부, 2005).

한국의 의료기기산업을 사실상 주도해 온 메디슨은 1985년 한국과학기술연구원(KAIST)의 연구원들이 주축이 되어 1986년부터 초음파 의료진단기기를 생산하기 시작하면서 급성장을 거듭해 왔다. 메디슨의 매출액은 1986년 5억 원에서 2001년에는 2077억 원으로 급성장하였으나 2002년 무리한 확장으로 부도가 발생한 후 현재까지 법정관리 상태에 있지만, 기업 구조 개선과 꾸준한 기술 개발 노력의 결과 초음파 진단기기 분야에서 GE · 필립스 · 지멘스 등에 이어 세계 6위의 시장점유율을 확보할 정도로 성장하였다. 메디슨은 법정관리하에서도 자체 기술력을 바탕으로 영업 실적을 호전시켜 2004년에는 매출액 1543억 원, 영업 이익 247억 원, 수출 1억 2000만 달러를 기록하였고, 특히 수출의 경우에는 강원도 내 의료기기 수출액의 88%, 강원도 내 전체 수출액의 18%를 차지하는 핵심적 위치에 있다.

메디슨의 강원도 진출을 결정적 계기로 탄력을 받기 시작한 강원 지역 의료기기산업은 1988년 강원도와 원주시가 3각 테크노밸리 사업의 중심 거점인 원주 지역에 의료기기산업을 집중 육성하기 위한 시책을 발표하면서 새로운 도약의 기회를 잡기 시작하였다. 이후 메디슨이 소재한 홍천 지역은 민간 기업이 주도하는 영상의료기기 클러스터를 지향하며 발전하고 있고, 원주 지역은 원주시와 연세대 의공학부, 관련 중소기업들이 산 · 관 · 학 협력 방식으로 성장해 왔다.

의료기기산업은 강원도의 미래를 주도할 핵심 주력 산업으로 집중적인 육성과 지원을 받고 있고, 기업체와 대학, 지자체와 중앙정부가 협력 체제를 구축하여 짧은 기간 동안 강원도의 대표 산업으로 성장하는 괄목할 만한 성과를 거두었다. 2003년 현재 강원도 내 의료기기산업의 생산 규모는 1915억 원으로 전국 의료기기산업의 12.6%, 강원도 제조업의 2.8%를 차지하고 있고, 여기에 종사하는 종업원 수는 750명 수준에 달하고 있다(한국은행 강원본부, 2005). 〈표 8-1〉에서 강원 지역 의료기기 생산이 2001~2002년 사이에 급감한 것으로 나타나는데, 이는 이 지역 의료기기 생산과 수출에서 절대적인 위치를 차지하던 (주)메디슨의 부도에 따른 일시적 생산 축소에 기인한 것이지만, 2003년 이후부터는 다시 생산 규모가 꾸준한 증가 추세로 돌아섰다.

〈표 8-1〉 강원도 내 의료기기산업 생산 추이

(단위 : 억 원, %)

		1999	2000	2001	2002	2003
강원	의료기기 생산액(A)	2,740 (-)	2,670 (-2.6)	2,616 (-2.0)	1,655 (-36.7)	1,915 (15.7)
	제조업 생산액(B)	61,642	61,536	64,283	65,553	68,170
	A/B	4.4	4.3	4.1	2.5	2.8
전국	의료기기 생산액(C)	9,026 (-)	11,804 (30.8)	15,117 (28.1)	15,509 (2.6)	15,148 (-2.3)
	A/C	30.4	22.6	17.3	10.7	12.6

주 : ( ) 속은 전년대비 증감률

자료 : 통계청, KOSIS 통계DB, 광업 · 제조업통계조사보고서, 한국은행 강원본부, 2005

강원 지역 의료기기산업이 현재 직면하고 있는 가장 큰 애로는 두 가지로 나눌 수 있다. 첫 번째는 대다수 기업이 종업원 수 50인 미만의 영세 중소기업들이라는 데 있다. 한국은행 강원본부의 조사에 따르면 강원 지역에 진출한 의료기기 제조업체 중 메디슨 1곳을 제외하면 88.9%의 절대 다수 기업들이 종업원 20인 미만의 중소 영세기업들이며, 9.5% 정도가 20~50명 사이의 규모에 달하고 있다. 기업 규모의 영세성으로 인해 연구개발과 생산 등에서 규모의 경제를 달성하기 힘들며, 높은 제품 인지도와 브랜드 이미지가 필수적인 세계 시장 진입에 상당한 애로를 겪고 있는 것이 사실이다(한국은행 강원본부, 2005).

강원 지역 의료기기산업이 직면하고 있는 두 번째 애로는 첨단 기술과 지식집약산업의 특성을 지닌 산업에서 수도권 지역과 경쟁 가능한 우수 인재를 육성·확보하는 데 있다. 산업의 특성상 장기간의 숙련과 경험을 보유한 우수 인력이 기업의 핵심 경쟁력을 좌우하는 산업에서 숙련과 경험, 창의력과 기업가 정신을 지닌 우수 인재를 확보하는 것은 기업 경쟁력의 핵심 부분에 속한다. 그러나 수도권에 비해 양호한 고용 및 정주 여건을 제공하기 힘든 지역적 현실에서 이러한 문제를 극복하고, 국내외적으로 경쟁력 있는 산업 클러스터를 육성하는 것은 결코 쉬운 일이 아니다. 원주를 중심으로 한 의료기기 클러스터의 추진 주체들은 이러한 문제들을 주체적으로 극복하면서 혁신클러스터를 발전시켜야 하는 과제를 안고 있는 것이다.

2. 산학협력 클러스터의 형성

원주 지역에 의료기기 업체들이 입주하기 시작한 것은 1998년 무렵부터였다. 원주 지역에 의료기기 업체들이 집중될 수 있었던 것은 다음과 같은 몇 가지 중요한 장점들 때문이었던 것으로 보인다.

첫째, 연세대학교 원주캠퍼스 의공학부를 비롯한 3개 종합대학과 2개 전문대학 등을 통해 관련 분야 전문 인력을 풍부하게 확보할 수 있다는 점, 둘째, 2개 고속도로가 교차하고 수도권과 1시간 이내에 접근이 가능한 수도권 인근의 교통과 물류 중심지로 수도권 기업들과의 연계가 용이했다는 점, 셋째, 인근의 홍천 지역에 주식회사 메디슨이 입주하여 관련 기업들 간의 기술과 정보를 공유하고, 인재를 확보할 수 있는 기반이 형성되었다는 점, 넷째, 청정 무공해 지역의 장점을 활용하여 의료기기와 건강 관련 산업을 유치하는 것에 대하여 지자체와 대학의 전면적인 협력이 용이했다는 점이다.

〈표 8-2〉 원주 지역 의료기기 업체 수, 생산 및 수출규모 추이

(단위 : 억 원, 백만 달러, 개)

	1999	2000	2001	2002	2003	2004
생산	0	30	120	230	320	425
수출	0	2	-	-	13	15
업체 수	10	20	20	22	38	51

자료 : (재)원주의료기기테크노밸리, 2006

원주 지역이 의료기기 클러스터 육성사업을 본격 추진하던 1988년 무렵 원주 지역에는 의료기기 전문 생산 업체가 하나도 없었으며, 단지 연세대학교 의용전자공학과만이 존재했을 뿐이다. 그러나 이로부터 7년 여가 지난 2004년에 이르면 원주 지역에만 전용공단과 산업단지 등에 85개 업체가 입주하게 되었고, 9개 기업부설연구소, 의료기기 테크노밸리를 비롯한 클러스터 지원 기관들이 들어섰으며, 주변 대학들을 중심으로 의료기기 분야의 인적 자원 육성을 위한 전문 고등교육 기관들이 인재육성, 연구개발, 산학협력 등에서 활발한 활동을 전개하고 있다(국가균형발전위원회, 2006a).

현재 본격적인 활성화 초기 단계에 있는 원주 지역의 의료기기 클러스터 수준을 선진국의 첨단 의료기기 클러스터와 직접 비교하는 것은 다소 무리가 있다. 또한 홍천 지역에 입주한 메디슨을 제외하면 대다수 기업들이 종업원 50인 미만의 중소기업 중심인 현재의 상황을 수도권을 비롯한 대규모 산업단지들과 평면적으로 비교하기는 힘들 것이다. 그러나 원주 지역의 의료기기산업은 몇 가지 점에서 클러스터의 형성과 역동적 발전, 특히 클러스터와 핵심 인적 자원의 바람직한 역할을 설명하는 중요한 정책적 시사점들을 제공하고 있다.

3. 클러스터의 특징

원주 의료기기 클러스터에서 첫 번째로 주목되는 것은 산업 클러스터의 태동과 발전 과정에서 대학의 역할이었다. 특히 혁신클러스터의 형성 과정에서 핵심 인력을 육성하고, 역동적인 기업가 정신을 공급한 주체가 대학이었다는 점에서 원주 지역의 특성에 주목할 필요가 있다. 외국의 경우 혁신클러스터의 성장과 발전은 고급 인적 자원과 기술 역량을 육성하고, 이들의 기업가 정신을 공급한 대학의 역할이 핵심적인 필요조건이었음을 볼 수 있지만, 원주 지역은 이러한 점에서 대학과 기업체들 간의 역동적인 협력 관계를 유기적으로 발전시켰던 전형적인 사례로 볼 수 있다(Porter, 2000; Kenney, 2002; Koepp, 2002).

원주 지역에서 의료기기산업의 태동을 주도한 것은 연세대학교 의공학부였다. 이 과정에서 특히 중요한 역할을 수행한 것은 의료기기산업 기반이 전무한 상태에서 관련 산업의 잠재력과 가능성을 인식하고, 정부 지원 없이 자체적으로 관련 전공 육성에 주력해 온 윤형로 교수를 비롯한 교수들은 클러스터의 비전과 리더십, 기업가 정신을 지역에 공급하는 데 결정적으로 중요한 역할을 수행했던 것으로 평가된다(연세의료공학 교육혁신사업단, 2005).

원주 지역의 의료기기산업은 2002년부터 본격적으로 발전하기 시작하여 '원주 의료기기 테크노밸리'라는 이름을 공식적으로 사용하게 되었고, 산업자원부 등으로부터 지역 산업 인프라 구축에 필요한 장기 지원이 이루어지게 되었다. 대학의 주도적 노력을 기반으로 중앙정부의 지원이 이어지면서 대학에서는 여러 곳에 산재한 각종 기업 지원 시설과 기관들(TIC, RRC, 창업보육센터)을 한 곳에 집중시켜 시너지 효과를 도모하기 위해 대학 내에 '첨단의료기기 테크노타워'를 입주시키고, 여기에서 창업보육 기업들의 시제품 생산을 지원하기 위한 '의료기기 시제품 생산 시설'까지 구축하였다.

이로써 대학은 교육과 연구 기능 이외에 '연구 지원 · 장비 지원 · 창업 지원 · 테스트 베드' 등 산업 클러스터 형성에 필요한 기본 기능들을 집적시킬 수 있게 되었고, 이를 기반으로 관련 산업 분야에서 인력과 기술, 지식과 정보, 기업가 정신 등을 효과적으로 주도하는 중심 기관으로 성장하게 된 것이다(국가균형발전위원회, 2006a). 이러한 원주의 경험을 외국의 경험과 비교해 볼 때 원주 지역은 혁신클러스터의 형성과 발전에 필수적으로 요구되는 대학의 바람직한 역할 모델이 될 수 있을 것으로 판단된다.

두 번째로 원주 지역은 대학과 지자체의 긴밀한 협력으로 볼 수 있다. 원주 지역은 중앙정부 차원의 집중적 지원이 거의 없었던 상황에서 의료기기산업의 중요성을 인식하고, 이를 지역의 핵심 산업으로 집중적으로 육성하고자 했던 지자체의 노력이 대학의 기능과 유기적으로 결합되어 역동적 상호 협력 관계로 발전할 수 있었던 사례이다. 원주의 경우 지자체와 지역 대학은 의료기기산업의 육성과 관련된 긴밀한 협력 관계를 지속·발전시켜 왔고 지자체는 의료기기산업의 육성뿐 아니라 도시의 이미지를 '건강도시'로 설정하여 관련 산업에 대한 적극적 지원을 주도해 왔다.

〈표 8-3〉 원주 의료기기산업기술단지 사업의 전개 과정

	원주 의료기기산업 기술단지	원주 의료기기 전용단지	원주 의료기기 외국인 전용단지	첨단의료기기 테크노타워
조성	'99년 10월 '03년 5월	'04년 7월 준공예정	'05년 12월 준공예정	'03년 5월
규모	1만 평	10만 평	2만 평	2,700평
입주 현황	32개사 입주	25개사 입주예정 (14개사 계약)	10～15개사 입주 예정	창업보육, 기업연구소 등 26개사
생산('03)	382억 원	–	–	–
수출	1500만 달러	–	–	–
고용	480명	–	–	110명
생산 품목	환자감시장치, 심장충격기, 심전계, 저주파치료기 등	MRI, X-ray, CT, 환자감시장치, 초음파진단기	초음파진단기, MRI, X-ray 등 첨단의료기기	연구개발 및 창업보육 지원
성장 추이	◆ 입주, 생산, 고용추이 구분 / '00 / '01 / '02 / '03 입주 업체 수 / 24 / 26 / 26 / 50 생산 액수 / 247 / 307 / 341 / 382 고용 규모 / 213 / 337 / 339 / 521			매년 10～15% 성장 전망

자료 : 국가균형발전위원회, 2006b

원주시는 2004년 10만 평 규모의 의료기기 전용공단 조성을 통해 지역 의료기기산업 인프라를 신속하게 구축하였고, 2006년에는 혁신도시 유치에 성공하여 건강 및 의료 분야 국가 기관들을 지역에 유치할 수 있는 기반을 마련하였던 것이다. 대학이 클러스터에 필요한 인적 자원과 기업

가적 역량의 공급에 주도적인 역할을 수행하였다면, 지자체는 이러한 혁신의 가능성과 잠재력이 성장·발전할 수 있는 제도의 정비, 정책적 지원, 기업 인프라를 적기에 제공해 왔다는 점에서 지역과 대학의 모범적인 파트너십 사례로 볼 수 있다.

원주 의료기기 클러스터의 세 번째 특징은 대학과 기업을 중심으로 '기업가 역량(entrepreneurship)'과 인적 네트워크가 활발한 '스핀오프(spin-off)'를 전개하고 있다는 점이다. 활발한 기업가 정신과 이를 기반으로 다수의 기업들이 만들어지는 과정이 클러스터 형성에서 중요한 필요조건이 된다면(권영섭, 2006), 원주 지역은 이러한 기반을 조성하는 데 어느 정도 성공한 것으로 평가할 수 있을 것이다.

강원 지역에서 의료기기산업의 인적 네트워크가 형성되는 과정은 크게 두 계기로 정리된다. 그 첫 번째는 홍천에 위치한 메디슨을 중심으로 형성된 인적 네트워크이며, 두 번째는 원주시와 연세대학교 중심의 네트워크이다. 강원 지역에서 의료기기산업의 인적 네트워크 형성을 초기에 주도한 것은 홍천에 공장과 본사를 둔 주식회사 메디슨이었다.

한국의 대표적인 의료기기 메이커로 의료기기 분야의 시장과 기술을 선도해 온 메디슨은 강원도 진출과 더불어 의료기기 분야의 인적 자원들이 강원 지역에 형성되는 발판을 마련하였다. 특히 메디슨은 한국의 대표적인 전자 의료기기 벤처 기업으로 성장하여 1986년 5억 원의 매출을 시작으로 2001년에는 매출액 2077억 원 규모의 대표적 성공 벤처 기업으로 급성장하였으나, 무리한 타 업종 진출에 따른 경영 부실로 2002년 부도 발생 후 현재까지 법정관리 상태에 빠져 있다.

한국의 대표적인 의료기기 메이커인 메디슨은 지역에 입주하면서 클러스터의 가장 중요한 요소인 창의적이고 역동적인 기업가 문화를 확산시키는 데 결정적으로 기여하였다. 메디슨의 성장과 구조조정 그리고 기업

회생에 이르는 역동적 과정을 거치면서 회사에서 의료기기산업의 지식과 경영 노하우를 쌓아 온 다수의 전문 경영자들, 기술 전문가들이 새로운 기업들을 만들어 독립하는 역동적 스핀오프의 계기가 만들어진 것이다. 홍천에 본사를 둔 메디슨은 자체 고용뿐 아니라 관련 분야의 다양한 협력 업체들을 만들어 냈다. 특히 메디슨은 영상 의료기기 분야에서 연구개발을 제외한 여타 부분에 대해 과감한 분사 및 하청 기업체들의 성장을 주도하였고, 이로 인해 다수의 의료기기 분야 중소기업들이 지역에 만들어질 수 있는 계기를 제공하였다.

연세대학교 의공학부는 이와는 별도로 원주 지역에서 기업가 역량을 육성하여 공급하고, 대학을 중심으로 이들 상호 간의 긴밀한 인적 네트워크와 지식 · 정보 공유를 촉진하는 데 결정적으로 중요한 역할을 담당하였다. 역설적으로 수많은 기업들이 경영 위기에 직면하여 줄줄이 파산하던 1990년대 후반은 새로운 기업가 역량이 지역에서 성장하는 중요한 시기였다.

경영 위기에 직면한 대기업들이 구조조정을 감행하면서 신규 고용 창출 역량이 급속히 줄어들자 기업을 떠난 우수 엔지니어와 관리자들이 독자적인 창업을 추구하기 시작하였고, 이러한 분위기는 대학의 인적 자원들이 지역에서 활발한 창업과 기업 활동에 매진하는 중요한 계기를 제공한 것이다. 메디슨 이후 많은 벤처 기업이 의료기기산업에서 새롭게 창업되는 과정에서 의공학 관련 분야의 기술 전문 인력을 배출하게 되었다. 이렇게 배출된 핵심 인적 자원은 활발한 창업과 연구개발 분야 진출을 주도하기 시작하였다. 대학의 전문 인력은 각종 인턴십, 창업 동아리, 산합협력 연구 등을 통해 창업 기업들과 긴밀한 인적 네트워크를 형성하게 되었고, 이를 통해 다수의 의료기기 업체들이 네트워크 관계를 발전시켜 간 것이다(인터뷰a, 2006. 5. 24).

III. 혁신클러스터와 조직 네트워크

1. 대학

원주 의료기기 클러스터는 연세대학교와 원주시, 중앙정부 간의 긴밀한 협력 체제와 불가분의 관련성을 맺고 발전해 왔다. 〈표 8-4〉는 연세대학교와 원주시, 중앙정부 간에 1977년부터 형성된 의료기기 테크노밸리 사업 추진 과정을 요약하고 있다. 이 표를 통해 나타난 바와 같이 대학은 지자체와 중앙정부의 집중적인 지원을 통해 지난 10여 년 동안 의료기기 테크노밸리 사업을 주도적으로 추진해 왔다. 대학은 중앙정부와 지방자치단체 간의 상호 긴밀한 협력을 사실상 주도한 것으로 볼 수 있으며, 한 대학을 중심으로 단일한 리더십이 혁신클러스터를 주도적으로 이끌어 온 것은 전국적으로도 매우 드문 사례로 볼 수 있다. 원주 지역에서 산·학·관 협력 체제를 실질적으로 주도하고 있는 것은 원주 의료기기 테크노밸리 사업이며, 그 핵심에는 1999년 12월에 산업자원부가 지정한 '첨단의료기기 기술혁신센터(TIC)'가 위치하고 있다. 원주 지역의 테크노밸리 사업에서 주목되는 것은 혁신클러스터의 중심 기관인 첨단의료기기 테크노타워를 대학 내에 건설하고, 이를 중심으로 의료기기산업 육성을 위한 각종 연구소와 기관들·테스트베드·전문교육 기관 등을 입주시키고, 의료기기 전용공단과 산업단지를 연계하는 방식으로 교육·연구·산학협력을 주도하고 있는 것에서 찾을 수 있다.

연세대학을 중심으로 운영되는 TIC사업의 애초 목표는 기술력과 노하우가 취약한 중소 벤처 기업들이 경쟁력을 키우는 공공재를 공급하는 데 맞추어져 있었지만, TIC사업이 발전하고, 기업체들의 만족도가 증가함에 따라 그 역할이 지속적으로 확대·강화되었다. 현재 원주 지역의 TIC는

〈표 8-4〉 연세대학교와 원주시의 의료기기 테크노밸리 사업 추진 과정

연도	주요 사업
1997. 5	원주 의료기기테크노파크 조성사업 협정 체결(원주시, 연세대학교)
1998. 5	원주 의료기기창업보육센터 개수(총 10개 업체)
1999. 5	'의용계측 및 재활공학 연구센터(RRC)' 지정(과학기술부)
1999. 5	원주 의료기기창업보육센터 공식 지정(중소기업청)
1999. 10	원주 의료기기산업기술단지(Post BI) 입주(20개 업체)
1999. 12	'첨단의료기기기술혁신센터(TIC)' 지정(산업자원부)
1999～2004. 3	국제의료기기전시회(KIMES) 원주관 설치(제15～20회)
2000. 11	벤처촉진지구로 지정(중소기업청)
2001～2002. 11	국제독일의료기기전시회(MEDICA)에 원주관 설치
2002. 10	현장인력 재교육을 위한 '의료공학 교육센터' 지정(산업자원부)
2002. 10	연세 특성화 사업으로 '의료공학 특성화사업단' 지정
2002. 12	'재택건강관리시스템 연구센터' 지정(보건복지부)
2003. 4	연세대학교 원주캠퍼스를 의료공학 중심으로 특성화하기로 결의(연세대학교 원주캠퍼스 특성화위원회)
2003. 6	연세대학교 내 첨단의료기기 테크노타워 지원동 준공(원주시)
2003. 6	원주 의료기기산업기술단지 증축(강원도, 원주시, 산업자원부)
2003. 6	'연세의료공학연구원'을 교책연구원으로 지정(연세대학교)
2003. 7	재단법인 원주 의료기기 테크노밸리 설립
2003. 10	연세대학교 특성화 분야 평가에서 최우수 특성화사업단으로 선정
2003. 12	강원테크노파크(의료기기, 생물산업, 신소재) 지정(산업자원부)
2004. 6	원주 의료기기 전용공단 완공(강원도, 원주시)
2004. 7	의료공학 교육혁신사업(대형) 지정(교육인적자원부)
2006. 11	연세대학교 내 첨단의료기기테크노타워 벤처동 완공 예정(산업자원부)

자료 : 교육인적자원부 외(2006. 6)

의료기기산업에 필요한 인력 양성, 연구 지원, 창업보육, 생산 지원, 정보 및 마케팅 지원 등을 종합적으로 연계하는 지원 체계를 구축하여 의료기기 산업 발전의 핵심 역할을 담당하고 있다. TIC는 전용 공간 확보(610평), 장비구축 및 공동 활용(장비 121건 구축 · 101개 기업체 활용), 연구개발(10개), 창업보육(10개 업체), 교육훈련(23강좌), 정보유통(세미나 74회, 간행물 24건), 기업유치 지원(52개 업체) 등을 통해 지역 내 산학협력의 기반을 구축하는 데 중추적 역할을 수행하고 있음을 보여 준다.

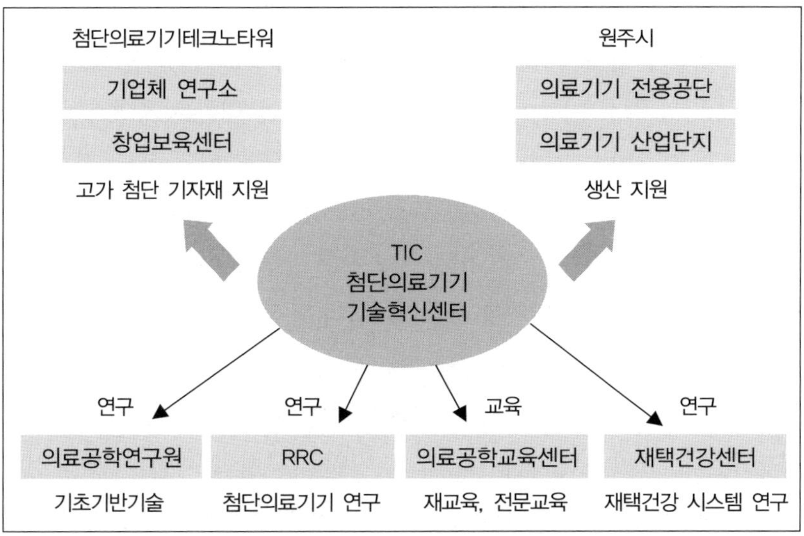

[그림 8-1] TIC와 원주지역 혁신클러스터

혁신클러스터에서 TIC는 수출에 의존하는 중소기업들이 필요로 하는 장비를 공동으로 활용하여 자원과 정보를 공유하고, 지역 이전 기업들에 대한 인프라 지원과 창업 활동의 활성화를 촉진한다. 원주 지역에서 TIC는 의료기기산업에 필요한 인력 양성, 연구 지원, 창업 보육, 생산 지원,

정보 지원, 마케팅 지원 등을 통해 혁신클러스터 네트워크의 중추 기관으로 핵심 기능을 수행해 왔으며 이러한 기능은 국내외적으로도 독특하다. 이러한 TIC의 활동은 지역 기업체들의 경쟁력을 직접적으로 향상시키는 데 중요한 역할을 수행한다. 그 예로 중소기업들의 해외 진출을 위한 각종 활동 지원, 국제규격 인증 지원, 세계시장 정보 지원 등을 들 수 있으며, 현장 인력의 수준 향상을 위한 교육과 포럼 활동 등도 TIC를 통해 추진되고 있다(교육인적자원부 외, 2006).

한국의 다른 지역들과는 달리 원주 지역의 TIC는 대학 내의 첨단의료기기 테크노타워에 위치하고 있고, 이곳에 의료기기 관련 산업과 관련된 제반 기능들이 집중된 네트워크 허브 체제가 구축되어 있다. 이처럼 혁신클러스터의 핵심 기능이 대학에 위치함에 따라 대학은 자연스럽게 혁신 네트워크의 중심 기관으로 부상하여 혁신클러스터의 선도 기관으로 부상하였다. 원주 지역이 대학을 중심으로 산·학·관 협력 시스템이 모범적으로 형성할 수 있었던 것은 무엇보다 관련 분야의 전공 교수들이 장기간에 걸쳐 일관된 팀워크하에 리더십의 구심 역할을 수행할 수 있었기 때문인 것으로 판단된다.

원주를 의료기기 클러스터로 발전시키려는 생각은 1990년대 초반부터 시작되었다. 그러나 당시에는 정부의 지원이나 창업 지원 기관이 전혀 없이 문제의식만 키우고 있었다. 그러다가 1998년 현재의 김규열 시장이 원주 지역 보건소장을 하면서 창업보육센터 공간을 제공하였고, 이때부터 자신의 학생들을 중심으로 창업보육사업을 시작하여 관련 분야의 기술 인력이 배출되기 시작하였다. 이 과정에서 학교는 선후배 간의 활발한 정보와 기술 공유, 상호 학습의 공간이 되었고 선후배 간의 인적 네트워크도 이를 통해 활발하게 연결될 수 있었다(인터뷰a, 2006. 5. 24).

비슷한 시기에 홍천 지역에 주식회사 메디슨이 강원도로 진출하면서 학교와 산업계의 교류는 더욱 활성화될 수 있었다. 메디슨은 강원 지역에 진출하면서 다수의 유능한 엔지니어 · 전문연구원 · 경영자 등의 네트워크가 형성될 수 있는 계기를 마련하였고, 원주 지역의 대표적인 의료기기 메이커인 메디아나를 비롯하여 다수의 경영자들을 배출하여 학교와 더불어 인재공급 허브 역할을 수행하였다.

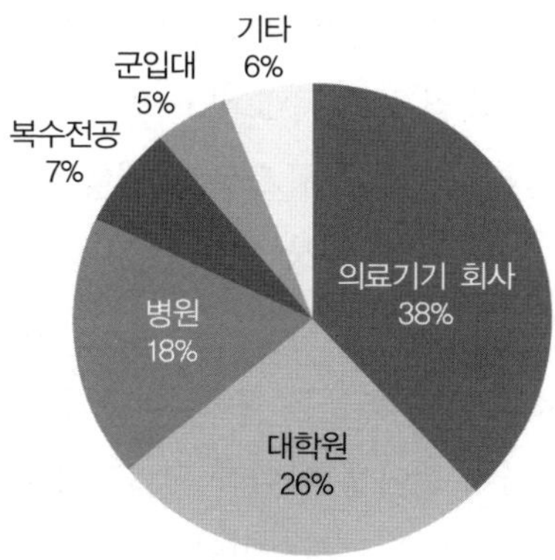

[그림 8-2] 연세대학교 의공학과 졸업생 사회 진출 현황(2002. 12)

자료 : 연세대학교 의공학부 홈페이지(2006)

원주에서 의료기기 클러스터에 요구되는 핵심 인력의 공급은 의공학 분야의 기능과 역할에 크게 의존하지만, 이 외에도 산업의 특성상 의학 · 전자공학 · 산업 디자인 등 다양한 분야의 인적 자원을 필요로 한다. 이 중에서 인적 자원공급의 핵심 역할을 수행하고 있는 연세대학교 의공학부의 경우 1979년 연세대학교 원주분교 보건학과 내에 의용전자전공이 개설된 이후 약 1,400명 이상의 졸업생들을 배출하였다. 이들의 진출 분야는 매우 다양하여 병원, 진학, 창업, 연구소, 기업체 등에서 활동하고 있으며, 25% 정도가 대학원에 진학하여 지속적인 학습으로 이어지고 있다

(연세대학교 의공학부 홈페이지).

연세대학교의 경우, 의용 공학은 처음 공학 계열의 일부로 출발하였으나 점차 의공학의 인지도가 높아져 왔으며, 2004년 교육부가 주관하는 지방대학 인재육성사업(일명 누리사업)을 주관하면서 80명 정도 정원의 독립 학부 체제로 전환하여, 의료공학 분야의 핵심 인재를 육성하고 있다.

대학에서는 누리사업을 추진하면서 관련 분야의 교과 과정, 교육 콘텐츠 개발과 더불어 지역 기업체들과의 긴밀한 협력에 기초하여 방학 기간 중의 인턴십 프로그램 운영 등을 주도하고 있다. 의공학 전공의 경우 지역 기업체들과의 협약을 통해 공동으로 교재를 개발하거나 기업체에서 교과목을 개발하여, 이를 통해 현장 실습 등 산업체와의 실질적 연계 고리를 확보하고 강화하기 위한 노력을 추진하고 있다. 연세대의 경우 의공학 전공을 통해 배출된 인력들은 주로 해당 분야에서 활동하는 것을 목표로 하지만, 의료기기 분야뿐 아니라 전기전자 분야의 다양한 전공으로 배출되고 있다. 이와 같은 누리사업의 추진 체계 속에는 지역 의료기기 업체들이 적극적으로 참여하고 있으며, 이들 기업체들과의 연계를 통한 창업동아리와 인턴십 프로그램이 운영되고 있다(연세의료공학 교육혁신사업단, 2005).

핵심 인력의 경험과 숙련이 경쟁력의 핵심 요소로 작용하는 의료기기 분야에서는 학부 수준의 교육뿐 아니라 대학원 교육도 중요한 부분을 차지한다. 특히 대학원 단계에서 많은 학생들이 연구뿐 아니라 벤처 창업 등을 통해 실질적인 산학협력과 연구개발, 창업 등을 수행하기 때문에 이 과정에서 이루어지는 역동적인 산학협력이 대단히 중요하다. 우수한 대학원의 발전 여부가 혁신클러스터의 성공에 결정적인 변수로 작용하고 있는 것이다(Florida, 2000). 연세대학 의공학부의 경우, 학부 과정을 전공한 학생들의 4분의 1 정도가 동일계 대학원 진학을 선택함으로써 대학원과 학부를 유기적으로 연결시키는 인재 육성의 기반을 처음으로 구축하는 데 성공한 것으로 보인다.

장기간에 걸쳐 지속적인 학습과 기술력의 축적을 요구하는 의료기기 분야에서 학부 수준의 학습은 주로 대학원 프로그램과의 연계를 통해 심화되고, 기업체들과의 실질적 협력 관계로 발전한다. 연세대 의공학과는 1993~1994년경부터 석사 과정이 개설되었고, 대학원에 진학한 학생들과 교수들을 중심으로 자생적인 소규모 프로젝트들이 만들어지기 시작하였다. 대학원을 통해 형성된 인적 네트워크는 창업 등으로 이어지고, 회사가 발전하면서 새로운 회사를 만들어 내는 방식으로 일련의 기업 간 네트워크로 발전한다.

한 예로 원주 지역의 유력한 벤처기업 중 한 회사는 의료기기 분야에서 오퍼 수입 업무에 종사하던 졸업생에 의해 창업되었다. 이 회사의 창업자는 처음에는 외국산 제품을 판매하였지만, 점차 제품에 대한 전문 노하우를 축적한 다음 모교 교수들과 협력하여 독립 회사로 발전하게 된다(메디아나). 이와 같은 방식의 유기적 산학협력 네트워크는 1998~1999년 무렵부터 원주 지역에서 본격적으로 발전하기 시작하였고, 첨단 의료기기 테크노파크의 유치는 대학과 현장 네트워크 발전의 결정적인 계기가 되었다.

학부와 대학원을 통해 육성된 인적 자원들은 테크노파트의 인큐베이션을 통해 기업가 역량과 전문 인적 역량의 지역 공급으로 이어진다. 이러한 방식으로 바이아크론, 메디아나, 메디게이트, CU 메디컬 등과 같은 대표적 벤처 기업들에서 연구소장, 임직원, 엔지니어, 연구원 등이 배출되기 시작하였고, 이들은 다시 크고 작은 산학협력 연구로 대학과의 관계를 지속한다. 이러한 프로젝트 등을 통해 업계와의 연계가 형성되고 산업 네트워크가 발전한다. 이 중에서 핵심 기술 아이템이 개발되면 또 다른 창업으로 이어질 수 있다. 선배들의 꿈이 현실로 전환되는 과정을 보면서 후배들은 희망을 갖기 시작하고, 이들 성공 기업의 경영자, 직원들은 후배들에게 미래의 '역할 모델'을 제공하면서 선후배 간의 사회적 유대가 발전하는 '사회적 구조(social structure)'가 형성된 것이다.

연세대학교의 경우 대학 내에서도 의과대학이나 보건 분야 등과 활발한 협력 연구가 이루어지고 있다. 의료기기의 경우 산업의 성격상 기술개발의 협력자로서, 기기의 수요자로서 의과대학의 역할이 매우 중요하다. 그러한 이유로 인해 자체에 의대를 확보하고 있는 대학이나 기관과의 긴밀한 협력 연구와 상호 교류 등이 중요한 비중을 차지한다. 지금까지 원주 지역에서는 이러한 협력 연구가 연세대 의과대학 등을 통해 진행되어 왔지만, 2005년 한의대를 보유한 상지대에서도 한방 의료기기 전공 학과를 신설하여 신입생을 모집하면서 병원과의 협력 기반이 확대되고 있다. 그러나 산업체와는 달리 병원의 의공학에 대한 자체 인력 수요는 대규모 종합병원의 경우에도 20~30명 수준에서 제한되고 있고, 이직도 거의 없어 신규 인력 수요를 만들어 내는 데에는 한계가 있다.

인적 자원공급 기관으로서 대학이 안고 있는 주요한 고민은 한국의 지방 대학들이 안고 있는 일반적 문제와 유사하다. 연세대 의료공학의 경우에도 누리사업 등의 지원에도 불구하고 지역 대학 지원자들의 수준을 높이는 데 일정한 한계에 직면하고 있다. 지방 대학 인재육성사업을 시작하면서 대학의 입학 경쟁률은 평균 9대 1 수준으로 유지되고 있지만, 지역 대학 공대의 인적 자원 수준을 수도권 대학들과 경쟁할 수 있는 수준으로 향상시키는 것은 여전히 한계로 남아 있다. 입학 자원의 수준을 획기적으로 높이기 위해서는 막대한 투자가 요구되지만 이러한 투자 능력을 확보하지 못한 대학들은 고급 핵심 인력 육성에서 일정한 한계에 직면할 수밖에 없다(인터뷰a, 2006. 5. 24).

연세대학교의 경우 대학과 지역 산업체와의 협력이 비교적 잘 이루어지고 있는 편이지만, 대학의 목표와 기업의 목표 간에 현실적 차이가 존재하는 것도 부인할 수 없다. 교수들의 경우 수준 높은 기초 연구를 선호하는 반면, 기업체들은 당장 현장에 적용 가능한 실용적 현장 연구와 관련 인력 배출을 기대한다.

대학에 대한 산업체의 수요가 고도 기술 개발 분야보다는 현장의 기능적 필요에 국한됨에 따라 클러스터의 핵심 요소라 할 수 있는 기초기술 분야에서 세계적 수준의 연구개발 활동을 수행하기 힘든 것이 현재의 한계로 볼 수 있다. 대학이 지향하는 기초 연구와 현장 연구의 비중을 적절한 수준에서 관리하고, 산학협력과 기초 연구가 상호 보완적 관계로 발전할 수 있도록 하는 것이 클러스터 전략에 기초한 산학협력 연구의 중요한 과제로 등장하고 있는 것이다.

의료기기 클러스터와 대학의 관계에서 제기되는 새로운 과제는 지역 대학들과 클러스터의 연계 협력 네트워크를 효과적으로 확장하고 발전시키는 것이다. 원주의 경우, 클러스터 형성의 초기 과정은 전적으로 연세대학교에 의해 주도되어 왔다. 그러나 의료기기산업이 발전하고 관련 기업들이 속속 입주하면서 인근의 상지대학교와 한라대학교는 물론, 춘천 지역의 강원대학교와 한림대학교에서도 관련 분야의 전공을 개발하고 교과 과정을 개선하여 인적 자원을 육성하기 위한 노력을 본격적으로 시작하였다. 그 한 예로 상지대학교는 한방 의료기기 전공을 신설하여 2005년부터 신입생을 성공적으로 모집하였고, 한라대학교에서도 의료용 이송 시스템 개발 분야에 뛰어들었다. 연세대학교의 경우, 전자 의료기기와 재활 의료기기 분야에 주력하면서 대학 간의 유기적 경쟁과 협력 체제를 효과적으로 구축하는 것이 새로운 과제로 등장하고 있다.

〈표 8-5〉 원주 지역 전자 의료기기 관련 학과 및 대학 연구소 현황

<table>
<tr><th rowspan="2">대학명</th><th colspan="2">관련 학과 및 연구소</th><th rowspan="2">대학원 여부</th></tr>
<tr><th>관련 학부 또는 학과</th><th>대학 내 연구소</th></tr>
<tr><td>연세 대학교</td><td>의공학부, 방사선학과, 임상병리학과, 정보기술학부, 디자인학부, 패키징학과</td><td>연세의료공학 연구원, 첨단의료기기 기술혁신센터, 의용계측 및 재활공학 연구센터, 재택건강관리시스템연구센터, 기초과학연구소, 보건과학연구소</td><td>유</td></tr>
<tr><td>상지 대학교</td><td>컴퓨터전자물리학과, 생명과학과, 산업경영공학부, 컴퓨터정보공학부, 한의학과</td><td>생명과학연구소, 생산기술연구소, 정보통신연구소, 한방의학연구소, 산업경영연구소</td><td>유</td></tr>
<tr><td>한라 대학교</td><td>기계공학부, 정보통신공학부, 시스템응용공학부, 전기전자제어공학부</td><td>경영경제연구소, 정보통신연구소, 산업기술연구소</td><td>무</td></tr>
<tr><td>국립 원주 대학</td><td>전산정보처리과, 전자통신과, 동력기계과, 전기과</td><td>-</td><td>무</td></tr>
<tr><td>상지 영서 대학</td><td>디지털정보전자과, 컴퓨터정보기술과, 전자상거래과, 유통정보과, 국제통상과</td><td>산업개발연구소</td><td>무</td></tr>
</table>

자료: 국가균형발전위원회, 2006b

〈표 8-5〉는 2005년 현재 원주 지역 대학들의 전자 의료기기 유관 학과들을 보여 주고 있다. 원주 지역에 산재한 대학들 중 연세대학교는 학부와 대학원 체제를 갖추고 관련 분야에서 수직적이고 종합적인 인력양성 체제를 갖추고 있으며, 상지대학교는 아직은 학부 수준의 관련 전공 인력을 양성하고 있다. 이 대학들에 근무하는 교수는 약 600여 명이고, 전체적으로 2만 5000명 정도의 대학생을 배출하고 있다. 전자 의료 분야와 연관된 전공 분야로는 전기 · 전자, 전산 · 컴퓨터 · 정보통신 등이 있고, 재활 · 기계, 물리 · 화학, 임상병리, 의공학 분야 전공 인력이 대학들을

통해 배출되고 있다.

이와 함께 원주 지역의 원주기독병원(1,000병상), 원주의료원(300병상), 상지대 한방병원(99병상) 등은 의료기기산업에 필수적인 협력 기관들로 임상 지식과 연구개발 분야에서 기업체들과의 긴밀한 협력 체계를 구축하고 있거나 이러한 협력 체계를 발전시킬 계획으로 있다.

클러스터와 대학의 바람직한 관계에서 핵심 역할을 수행하는 것이 클러스터의 최고 인적 자원인 교수의 역할이다. 교수들은 대학에서의 연구와 기술 개발, 인재 육성, 산학협력 등에서 항상 모든 네트워크의 중심에 위치한다. 이들은 혁신클러스터가 형성되는 초기 단계에서 '비전 제시자(vision provider)'이며, '시스템 통합자(system organizer)' 그리고 '전문 요소 공급자(specialized supplier)'로서, 기술과 인적 자원의 '중계인(broker)'으로서 핵심적인 역할을 요구받고 있다(복득규 외, 2003). 이들은 지역 대학의 산학협력의 중심에서 대학과 기업체 · 국가 기관 그리고 국제 네트워크까지 연결되는 클러스터 네트워크의 중심이며, 따라서 이들의 역할과 기능이 얼마나 역동적으로 수행되는가에 따라 혁신클러스터의 발전과 지속 가능성이 일정한 부분 결정되는 것으로 볼 수 있다. 원주 지역은 대학과 기업, 그 속에서 활동하는 인적 자원 네트워크의 중심에서 지역 대학의 성원들이 어떠한 방식으로 그 기능을 수행할 수 있는가에 대한 방향을 설정하는 데 의미 있는 역할 모델이 될 수 있을 것으로 판단된다.

2. 기업체

원주 의료기기산업 클러스터에는 2004년 60여 개의 기업들을 통해 450억 원 정도의 생산과 1500만 달러 정도의 수출이 이루어지고 있다. 1998년까지만 해도 관련 분야에서 아무런 기업과 생산도 없던 불모의 상황에서 불과 6년 만에 이 정도의 성장을 이루어 낸 것은 괄목할만한 성과로 볼 수 있다. 의료기기 클러스터는 기초 인프라 형성의 단계를 넘어 국내외적으로 경쟁력을 갖춘 혁신 네트워크로 발전해 가는 초기 단계에 있다. 원주 의료기기 테크노밸리에서는 2008년 무렵까지 업체 수를 140여 개로 확대하고, 고용 규모도 2,000명 수준으로 증가시킬 수 있을 것으로 판단하고 있다(원주 의료기기 테크노밸리, 2006).

원주 지역 의료기기 클러스터에 입주한 기업체들은 몇 가지 점에서 독특한 특성을 지니고 있다. 지역 의료기기 업체들이 갖고 있는 중요한 특징의 하나는 지역에 입지한 핵심 기업들 중 대다수가 연구개발 분야의 비중이 매우 높고, 관련 기능을 지역에서 가동하고 있다는 점이다. 의료기기 단지의 중심 업체로 볼 수 있는 메디아나의 경우 70여 명의 종업원 중 10여 명 정도가 연구개발 분야에 종사하고 있으며, 리스템의 경우 20여 명, CU 메디컬의 경우 전체 고용 인력의 30% 이상이 연구개발 인력이다. 영세 기업의 경우에도 기술 집약적 성격이 강한 메디게이트 등은 50% 정도가 연구개발 인력이다. 이처럼 연구개발 기능이 지역에 소재하는 경우 수도권의 우수 인재를 확보하기 힘들다는 한계가 있지만, 원주 지역의 경우에는 지역 대학과 지자체의 긴밀한 연계 협력을 통한 성장 모델을 추구해 온 결과 이러한 특성을 보이게 되었다는 점에서 중요한 시사점을 제공하고 있다(인터뷰c, 2006. 6. 24).

원주 지역 클러스터에 입지한 기업들의 두 번째 특징은 외부로부터의 기업 유치보다는 대학을 중심으로 창업을 통해 스타 기업을 육성하는 자생적 발전 모델을 지향하고 있다는 점이다. 이러한 작업은 의료기기 테크노밸리와의 긴밀한 협력 속에서 진행되고 있으며, 창업보육, Post BI (창업 후 독립 준비), 전용공단 입주 등의 단계적 과정을 거치면서 추진되어 왔다([그림 8-3] 참조). 현재 원주 지역에는 동화 의료기기 전용공단과 태장 의료기기산업단지 등에 임대공장과 전용 공단이 마련되어 기업들의 입주가 활발하게 진행되어 의료기기산업 분야에서 활동하는 국내의 주요 중소기업들을 가장 많이 입주시키는 데 성공하였다. 그리고 이러한 기업들 중 상당수는 대학의 창업보육사업을 거쳐 대학과의 긴밀한 네트워크를 형성하면서 발전해 온 기업들이라는 점에서 주목되고 있다.

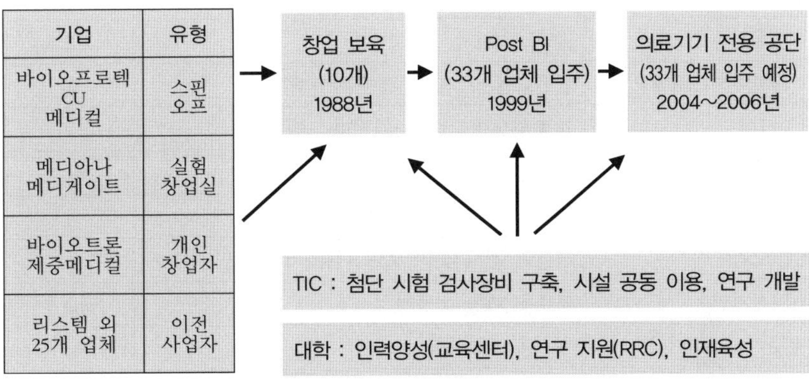

[그림 8-3] 원주 지역 의료기기 클러스터 입주 기업 육성 모형

또한 이들 기업체들은 중소규모임에도 불구하고 현지에 자체 연구소들을 운영하고 있을 뿐 아니라, 이러한 연구소들이 기술 개발 등의 부문에서 대학과 긴밀한 연구협력 체제를 유지하면서 핵심 연구개발 인력들을 보유하고 있는 특징을 보인다. 이 기업체들과 더불어 창업보육센터에 입주한 기업체들은 기본적으로 연구원 중심의 특징을 보인다. 이들은 자체 생산 설비보다는 핵심 기술 개발과 확보, 비즈니스 모델 등을 배양하는 과정에 있기 때문에 소수의 핵심 연구개발 및 경영 관련 인력을 중심으로 운영되고 있다. 이러한 기업체들에서 연구소 인력들은 대학의 석 · 박

사 과정에 연구원 신분을 유지하거나 대학원 과정과 창업 과정을 병행하고 있는 사람들이 다수를 차지한다.

〈표 8-6〉 자체 연구소를 보유한 원주 지역 의료기기 전용공단 입주 업체('04년 5월)

업체명	품목	연구원 수
메디게이트(주)	체지방계, 심전계, 홀터심전계	4
(주)메디아나	환자감시장치	5
(주)엠닉스	휴대용저주파 피부자극기	5
(주)휴먼테크노피아	골밀도측정기	2
(주)바이오프로테크	심전도센서, 경피신경자극기 패드	1
(주)삼손	치료용기기(저주파, 간접파, 초음파)	9
(주)헬스피아	모바일 혈당측정기	na.
(주)이너맥스	무선청진기, 엑스선 영상장치	4
(주)코리아레이져	저출력 레이저다이오드 이용 치료기 및 의료기	na.
(주)신기연	의료용 화학 소독기	na.
우주바이오메디칼	개인용 조합자극기	na.
(주)바이오트론	의약품 주입펌프	na.
(주)소망메디칼	전립선염 치료기	na.

자료 : 국가균형발전위원회, 2006b의 자료를 기초로 작성

창업보육 과정 혹은 공단 입주 기업들과 대학이 연계되는 핵심 통로는 정부나 공공 기관 등을 통해 수행되는 갖가지 형태의 연구개발 프로젝트들이다. 원주 지역의 기업체들은 주로 의료기기 테크노밸리와 협력하면서 3년에서 5년 정도의 기간에 걸쳐 진행되는 다양한 형태의 프로젝트들을 수행하며, 여기에는 지역 대학 및 연구소, 정부 유관 기관들과 공동작업이 수행된다.

대학원과 연구소 수준의 산학협력과 더불어 학부 수준의 인턴십은 기

업체와 대학의 인적 자원 육성에서 중요한 비중을 차지하는 영역이다. 의료기기 공단의 업체들은 원주와 강원 지역의 주요 대학들과 여름방학을 활용한 인턴십 프로그램들을 운영한다. 이러한 인턴십 프로그램은 대학, 학생, 기업체 모두에게 여러 가지 측면에서 긍정적인 기능을 수행한다. 대학들은 학생들에 대한 현장 실습 기회를 부여하며, 학생들은 현장 실습을 통해 자신의 미래를 보다 구체적으로 준비하는 데 필요한 경험을 축적한다. 다른 한편 회사들은 잠재적 인적 자원을 확보하는 데 인턴십 프로그램을 활용할 수 있다. 회사에서는 학생들을 미리 접촉하고 관계하면서 일을 통해 능력을 관찰하고 개인에 대한 심도 깊은 평가를 할 수 있다. 정부에서는 지방대학 인재육성 프로그램 등을 통해 이와 같은 노력을 재정적으로 뒷받침한다. 원주 지역의 주요 전자 의료기기 업체들은 이러한 방식으로 지역 대학들과 협력 관계를 맺고 있다. 이러한 방식을 통해 의료기기 공단의 한 업체는 2~3명 정도의 지역 출신자들을 채용하는 성과를 거두었다(인터뷰c, 2006. 6. 24).

또한 기업체는 대학과의 크고 작은 공동 프로젝트들을 통해 확보하지 못한 우수 인적 자원을 활용하고 현장 실무를 통한 기술 개발 효과를 거두고 있다. 원주 지역의 응급 의료장비 업종에 종사하는 한 유력 기업체는 이러한 방식으로 지역의 디자인 학부 등과 제품 디자인 분야에서 협력하고 있다.

그러나 원주 지역에서도 고부가가치 분야로의 진출에 절대적으로 필요한 우수 인재의 확보 문제가 심각한 애로 요인이 되고 있다. 전자 의료기기산업이 고부가가치 시장에 진입하기 위해서는 관련 분야에 특화된 고급 인재 육성이 절실하다. 의공학의 경우 한국에서는 연세대 의공학부 · 건국대 · 인제대 등에서 인력이 배출되고 있지만, 이들의 경우 석사 수준 이상의 경력이 있어야 독자적 연구개발 능력을 갖출 수 있게 된다는 것이다.

원주 지역의 경우 대학에서 관련 분야의 인적 자원 수요를 일정한 부분 감당함으로써 핵심 인재 부족에 시달리는 기업들의 애로를 지원하고 있다. 의료기기산업은 매출액 대비 연구개발 인력의 비율이 높다. 따라서 고급 기술 인재 공급이 원활치 못할 경우 클러스터의 발전은 한계에 직면할 수밖에 없다. 원주 의료기기 클러스터 기업들은 성장 초기 단계에서 이러한 문제를 대학과의 긴밀한 인적 유대를 통해 해결해 왔다. 현재 연세대는 의공학과 대학원을 중심으로 70여 명의 학생들을 교육하고 있고, 이들 중 상당수는 학생 신분으로 활동하면서 동시에 창업 기업 혹은 지역 기업들의 핵심 연구개발 인력으로 활동하고 있다. 현장의 일과 학업을 병행함으로써 새로운 지식과 기술, 정보와 자원을 교류하고 현장이 요구하는 인적 자원 수요를 감당하고 있는 것이다.

원주 의료기기 클러스터는 자생적 성장 모델을 통해 클러스터 형성의 초기 단계에 필요한 기반을 구축하는 데 일정한 성과를 거둔 것으로 평가할 수 있다. 그러나 클러스터의 초기 기반이 조성되고, 일정한 수의 기업들이 현지에 입지한 상태에서는 외형 중심의 성장 단계를 넘어 기업과 기술·인력의 질을 높이는 것이 결정적인 문제로 등장한다. 현지의 의료기기 업체들은 최근 들어 매출액이 빠른 속도로 증가하고 있지만, 시장의 성격상 국제적 규모에서 규모와 기술력을 갖춘 업체를 만들어 내는 것이 핵심 과제의 하나로 떠오르고 있다.

의료기기산업은 기본적으로 시장의 지역적 제한이 없는 산업이다. 특히 판로에 있어서 지역적 네트워크보다는 세계적 네트워크와의 연결이 국내 시장 진출을 위해 더 중요한 것으로 지적된다. 그러한 이유 때문에 대다수 전자 의료기기 업체들은 처음부터 국제 시장 진출을 목표로 하고 있다. 시장 자체가 글로벌화되어 있으므로 이를 위한 노력 역시 글로벌화를 지향할 수밖에 없다. 수준 높은 기술 인력과 더불어 국제적 능력을 갖춘 인재가 요구되고 있는 것도 바로 이 때문이다.

이러한 과제를 해결하기 위해서는 우수 인재 유치가 어려운 중소기업의 한계를 극복할 수 있는 현실적 대안을 만들어 가는 것이 중요한 과제로 등장하고 있다. 우수 인재의 절대 다수를 대기업들이 독식하고 있는 한국의 현실에서 중소기업 중심으로 발전해 온 의료기기 업체들이 핵심 연구개발 인력을 확보하고, 활용하는 것은 대단히 어려운 것이 현실이다. 원주와 같은 지역에서 중소기업과 대학의 긴밀한 협력이 더욱 절실히 요구되는 것은 바로 이러한 현실 때문에 기인하는 것으로 판단된다.

3. 지원 기관

원주 의료기기 클러스터가 안고 있는 핵심 경쟁 요인의 하나는 클러스터 지원 기관들이 단일한 운영 주체를 중심으로 집중적인 지원이 이루어지고 있다는 데 있다. 원주 의료기기 테크노밸리를 중심으로 원주시와 중앙정부의 일관된 집중 지원 체제가 정비되어 있고, 수도권에 비해 우수 인재와 기술 역량 확보가 힘든 문제들을 지역의 확고한 육성 의지와, 우수한 기업 지원 인프라를 통해 어느 정도 보완하고 있다. 또한 기업도시와 혁신도시 지정으로 향후 지역적 차원에서 의료기기산업과 상호 연계될 수 있는 유력한 연관 기관들이 지역에 입지할 경우 상당한 시너지 효과를 기대할 수 있다. 최근 들어 부동산 가격 등의 상승으로 비용 부담이 증가하고 있지만, 수도권에 비해 현저히 저렴한 입지 비용도 중요한 인센티브 요인으로 작용하고 있다.

[그림 8-4]는 의료기기 클러스터의 삼각 협력 체제 구도를 보여 주고 있다. 이 그림에 따르면 의료기기 클러스터는 대학, 지방정부, 의료기기 테크노밸리의 삼각 협력 체제를 기반으로 하고 있음을 알 수 있다. 원

주시가 기업 유치 및 기업 이미지 구축 · 산업 환경 조성 등에서 핵심적인 역할을 수행하는 반면, 대학과 의료기기 테크노밸리는 클러스터가 필요로 하는 인적 자원 육성 · 연구개발 · 창업보육 등 다양한 형태의 '공공재' · '인적 자본' · '사회적 자본'을 공급하는 데 중심 역할을 수행하고 있다.

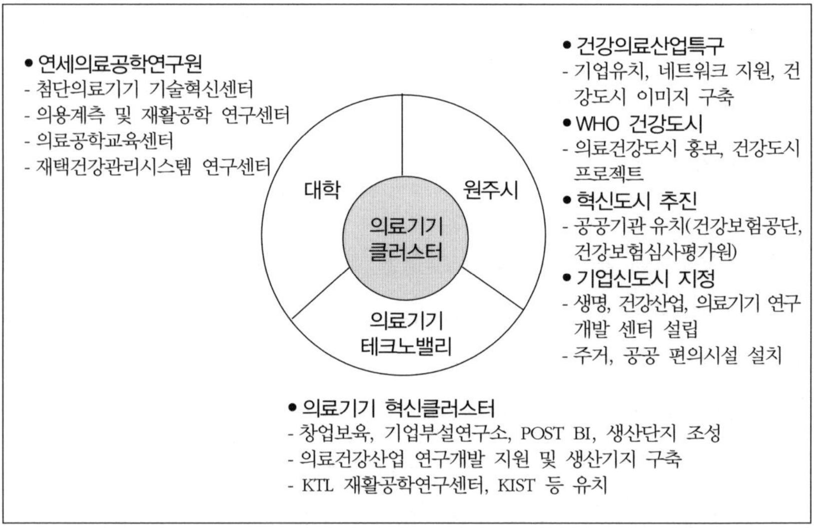

[그림 8-4] 의료기기 클러스터의 삼각 협력 체계

원주시는 의료기기 클러스터 형성의 기반을 조성하는 데 대학과 더불어 주도적 역할을 수행해 왔다. 원주시는 1998년경부터 의료기기 클러스터 기반 조성과 기업 유치를 위해 대규모 투자를 주도해 왔고, 수도권의 배후지이자 교통 환경이 우수한 이 지역을 의료기기 클러스터로 육성하기 위하여 집중적인 노력을 경주해 왔다.

[그림 8-4]는 이 중에서 대학과 의료기기 테크노밸리가 수행하는 인적

자원 관련 협력 체계의 구도를 보여 준다. 이 표에 따르면 인력 양성 부문에서 핵심 역할을 수행하는 것은 연세대학교 의공학부로 설정되어 있으나, 이 밖에 지역 대학 · 전문대 · 직업훈련원 · 공고 등에서도 2004~2005년 사이에 의료기기 클러스터 관련 부문의 다양한 인력 수요에 부응하기 위한 전공 학과 등을 개설하고 인력 양성 작업에 본격적으로 나서고 있다. 이들 기관들이 본격적으로 졸업생을 배출하는 2007~2008년 무렵부터는 다양한 분야와 층위에서 기능적 체계를 갖춘 인력양성 환경이 구축될 수 있을 것으로 전망된다.

IV. 클러스터와 인적 자원 네트워크

1. 기업가 역량과 사회적 자본

클러스터의 역동적 발전의 가능성은 창의력과 도전 정신을 기반으로 역동적인 기술 혁신을 주도할 수 있는 기업가 역량과 문화가 얼마나 잘 발전되고 재생산될 수 있는가 그리고 창의적 혁신 능력을 지닌 전문가 집단이 활동할 수 있는 지역적 기반이 얼마나 발달되어 있는가 등을 기준으로 판단해 볼 수 있다(Kenney, 2002; Florida, 2002). 이러한 점에서 볼 때 원주 지역은 중소 전자 의료기기 중심으로 비교적 역동적인 기업가 역량이 성장할 수 있는 조기 조건은 갖추어 가고 있는 것으로 평가된다.

원주를 포함한 강원도 지역에서 전자 의료기기산업과 기업가 역량의 형성은 주식회사 메디슨과 불가분의 관련성을 맺고 있다. 한국의 전자산업에서 삼성이나 LG전자가 인재사관학교의 역할을 수행하고 있는 것과 마찬가지로 메디슨은 전자 의료기기 분야의 인재사관학교로 중요한 역할을 담당해 왔다. 전자산업 분야의 중소기업 인재와 기업가들이 경력을 축적하고 창업해 온 것처럼 의료기기 분야에서는 메디슨이 그러한 역할을 수행하였다. 원주 지역의 대표적인 의료기기 업체인 메디아나, 메디게이트, 미주텍을 비롯한 주력 업체들뿐 아니라 홍천과 춘천(멕 ICS) 등지의 많은 의료기기 업체들이 메디슨의 영업, 연구개발 혹은 마케팅 업무에 종사하면서 기업가 역량을 축적해 왔다. 원주 지역에 입주한 의료기기 메이커들 중에서 초기 창업 멤버들의 상당수는 메디슨 출신자들로 파악된다. 이들은 지역 의료기기 업체들의 연구개발 분야에서도 중요한 역할을 담당하고 있다.

하나의 예로 원주 의료기기 공단에 입주한 한 회사의 연구소장인 L 씨는 1990년에 메디슨에 처음 입사한 후, 자회사인 바이오시스라는 회사에서 공장장으로 처음 의료기기산업에 종사하게 되었다. 그 후 같은 회사에서 일하던 현재의 사장과 개인적 친분과 신뢰 관계로 다른 의료기기 업체의 계열사에 근무했다. 그리고 L 씨는 현재의 회사에 합류하여 4년 가까이 연구개발 총괄 책임자로 일하고 있다. L 씨는 지난 10여 년 동안 관련 분야의 3개 회사에서 근무하면서 경력을 축적해 왔고, 지금은 현재의 회사에서 연구 책임자의 역할을 담당하고 있는 것이다(인터뷰c, 2006. 6. 24).

의료기기산업의 경우에는 관련 분야 인력은 한 번 채용되면 거의 장기근속을 하거나 이직을 하는 때에도 관련 분야에서 좋아하는 편이다. 이들이 전자 의료기기 업체에 근무하면서 독자적으로 업무를 수행하기 위해서는 평균 2~3년 정도의 경력을 축적하여야 한다. 의료기기산업은 다양한 기술들을 조합해야 하기 때문에 전문 분야뿐 아니라 관련 분야에 대한 폭넓은 이해가 중요하다. 전자 의료기기의 중요한 요소 기술인 소프트웨어, 하드웨어, 의학뿐 아니라 규격과 규제 등에 대한 지식도 중요하다. 결국 핵심 기술과 다양한 인접 분야의 기술적 요소들을 적기에 결합하여 신뢰도 높은 제품을 공급하는 종합 기술 경쟁 능력이 중요한 것이다.

이러한 문제를 해결하기 위해서는 우수한 인재를 확보해야 하는데, 여기에서 의료기기 업체들의 가장 큰 애로가 발생한다. 원주의 경우 자금과 제도적 지원 등은 도리어 기업 활동의 부차적 애로 요인이다. 정작 필요한 핵심 기술 능력을 구비한 유능한 인재를 확보하기 힘들다는 것이 중소기업들의 공통적인 고민인 것이다. 의료기기산업에서 인적 네트워크가 중요한 이유는 바로 이 대목이다.

의료기기산업의 독특한 인적 네트워크는 이들의 기업 활동, 거래, 고용시장에서 중요한 사회적 자본의 기능을 수행한다. 그리고 이러한 사회적 자본은 기업가 역량 형성의 초기 단계에서 중소기업이라는 불리한 여건을 극복하는 데 중요한 역할을 수행한다. 중소기업들은 대체로 근로조건 보수 등에서 대기업들과 비교하기 힘들다. 따라서 수도권의 노동시장에서 경쟁을 통해 우수 인재를 확보하기 힘든 조건에 있다. 산업의 성격상 고급 숙련 기술 인력이 절대적으로 중요한 의료기기산업에서 어려운 여건에도 불구하고 오랜 기간 기술 개발에 참여할 수 있는 인재를 확보하는 것은 매우 힘들다. 미래의 비전과 기대 그리고 인맥과 신뢰로 연결된 팀워크는 이들의 현실적 어려움을 극복하는 중요한 수단이 되고 있는 것이다.

그러한 이유 때문에 의료기기 분야의 중소기업 종사자들은 인맥으로 묶여 함께 일하는 속성이 강하며, 새로운 직원을 채용하는 경우에도 공채에 의존하는 경우는 거의 없다. 이들은 신규 인력을 채용할 때 교수 추천 등을 활용하는데, 이러한 관계가 채용 이후에도 장기간에 걸쳐 기술 축적을 가능하게 만드는 하나의 요인으로 작용한다는 것이다.

2. 사회적 자본과 노동시장

원주는 초창기 특정 지역과 특정 대학의 특정 학과를 중심으로 한 울타리 내에서 자생적으로 성장하기 시작한 모델로 볼 수 있다. 이제는 일정한 수준의 발전 단계와 성장 확대가 요구되는 상황이어서 지역의 타 대학들과 동반 성장을 모색하는 단계에 와 있다. 현재 상지대학에서 한방의료공학과를 신설하고, 한방의료센터를 신축하여 우수 신입생을 유치하는 데 성공하였으며, 한라대에서도 관련 학과를 만들어 인재를 육성하려 하고 있어 앞으로 지역 인재 육성 능력에서 상당한 변화가 예상된다. 클러스터가 발전하면서 향후 지역을 넘어 전국적 노동시장으로의 확대가 필요할 것이며, 현재 그 진행 과정에 있는 것으로 판단한다.

초창기 원주 지역의 의료산업 네트워크는 연세대학교 의공학과 출신들의 역할과 불가분의 관련성을 맺으며 발전해 왔다. 특히 의료기기 단지의 핵심 연구개발 인력들은 의공학 분야 전공자들이 중요한 역할을 수행한다. 이들은 학부 혹은 대학원 시절부터 교수 연구실에서 오랜 기간 동안 함께 연구를 수행하며, 이 과정에서 서로에 대한 인간적 유대뿐 아니라 선후배 간의 상호 학습 관계를 형성한다. 연구원들은 석·박사 과정에서 담당 교수의 연구실을 중심으로 활동하면서 자연스럽게 일정한 팀워크를 형성하게 되고, 이들은 학생이면서 동시에 기업에 소속되기 때문에 사회적 관계를 통해 자연스러운 신뢰 관계를 형성하는 경향을 보이는 것이다.

그 예로 원주 지역 의료기기 공단의 한 중소기업체 연구소는 6명의 연구원이 모두 의공학과 출신이며, 다른 회사는 13명의 연구원 중 10명 정도가 동일 학과의 졸업생 혹은 석·박사 과정에 있다. 이들을 사업 초기부터 동문 네트워크를 통해 관련 회사에 취업한다. 동문 출신이 회사를 경영하는 한 유력 업체의 경우 20여 명의 연구원 중 10여 명 정도가 의공학 전공자들이다. 지역에서 자생적으로 성장한 기업들 이외에도 외부에서 입주한 업체들도 일정한 연고 관계를 통해 우수 인력을 채용하는 경향을 보인다. 이들은 대개 성장 초기의 중소기업체들이기 때문에 핵심 인적 자원들 간의 초기 팀워크를 구축하는 과정에서 특정 전공과 학부의 인적 네트워크에 상당한 부분 의존하는 경향을 보이는 것으로 판단된다(인터뷰b, 2006. 5. 26).

원주의 경우 의공학 전공자들은 대부분 연구개발 분야에 종사한다. 동일한 전공 분야에 종사하면서 대학원 과정 등을 통해 관련 분야의 전문 지식과 사업 정보를 획득하며, 인적 네트워크를 통한 사업 관계가 발전한다. 이러한 관계는 기업 간 거래 관계에서도 일정한 영향을 미친다. 특히 다품종 소량생산에 의존하면서 거래 관계에서 높은 신뢰도가 요구되는 의료기기산업 분야에서는 이러한 사회적 네트워크가 중요한 변수로 작용한다.

중소기업들은 인적 네트워크를 기반으로 동일한 디지털 플랫폼을 공유하여 제품 개발 원가를 절감할 수 있고, OS 등을 공유함으로써 개발비 등을 절감할 수 있다. 신기술 습득과 학습에서도 이러한 인적 네트워크는 전문 인력들 간의 원활한 협력을 가능케 하고 있다. 업체들은 고부가 가치 분야로 진출할수록 더 높은 기술 장벽과 까다로운 인증 절차를 극복해야 하며, 신뢰도가 극히 중요한 의료기기 시장 개척을 위해서는 인적 네트워크를 기반으로 장기간에 걸쳐 형성된 신뢰 관계가 중요하다. 기존에 개발된 제품들의 결함 등에 대해 신속하게 대처하고, 기술적 애로를 해소하는 과정에서도 인적 네트워크를 통한 협력 관계는 중요한 기능을 수행한다. 대학의 학습 및 연구 조직, 테크노밸리의 공동 시설, 동일 분야 종사자들의 인적 네트워크는 이러한 '사회적 자본(social capital)'

을 축적하는 핵심 무대가 되고 있는 것이다.

그러나 많은 기업들이 원주 지역에 빠른 속도로 새롭게 진출하고, 원주 이외의 지역에서도 의료기기 분야 기업들이 성장하면서 특정한 학교와 전공 분야의 선후배, 교수·학생 관계 등을 통해 형성된 사회적 유대는 점차 시장 네트워크 속으로 연결되는 경향을 보인다. 이러한 경향은 인정받은 기술자, 엔지니어 등에 대한 외부 업체들의 선호가 증가하고, 이들이 좋은 조건으로 외부 노동시장에 진출하면서 점점 강화되는 경향을 보이고 있다. 초기 단계에서 특정 지역과 대학 출신자들로 국한되어 있던 지역의 전문 인적 자원이 점차 다원화되는 경향을 보이고 있다. 원주 이외의 지역에서 관련 분야 전공자들이 진출하는 한편, 전문 인력 육성 기관들도 증가하고 있다.

이러한 경향은 점차 인적 네트워크를 중심으로 발전해 온 인적 자원 네트워크를 전문 인적 자원 시장과 연결시키는 방향으로 발전한다. 원주 지역 의료기기 업체들에 종사하는 전문 인력에 대한 외부에서의 평가가 높아지고, 수도권 기업들에서도 경험을 축적한 원주 출신 인적 자원에 대해 관심을 보이고 있는 것이다. 이에 따라 국내 굴지의 대기업, 전자회사 등에서도 의료공학 전공자들을 더 많이 채용하는 경향을 보이고 있다. 이것은 인재의 활발한 이동으로 이어지고 지역 인재의 외부 유출로 이어지기도 하지만, 역으로 외지로부터 원주로 유입하는 인적 자원도 증가시킨다. 이로 인해 특정 대학과 전공 분야의 인적 네트워크는 점차 관련 분야 전문 인력시장과 결합되는 경향을 보인다.

인적 자원 시장의 확장은 우수 인재 확보를 위해 외국 인력을 채용하려는 기업들의 움직임도 재촉하고 있다. 원주 지역 의료기기 회사들은 대부분 수출 지향적 중소기업들이다. 내수 시장의 비중이 매출에서 차지하는 비중이 크지 않기 때문에 국제 규격과 품질 기준을 획득하는 것이 필수적이다. 이를 해결하기 위해서는 우선 규격과 해외 마케팅 등의 분야에서 어학 능력을 지닌 우수 인재가 요구되는데, 필리핀이나 인도 등 외국 인재들은 이러한 문제를 해결할 수 있다. 해외 진출을 도모하는 다수의 기업들이 값싼 외국 인재에 관심이 많은 것은 당연하다. 이에 따라 의료기기 업체들 중 일부는 영어 능력이 우수한 외국 인재를 이미 채용하였고, 앞으로는 전자공학 분야에서도 외국 엔지니어 채용이 늘어 갈 것으로 보인다. 한국에서 외국어 능력을 갖춘 실력 있는 대학 졸업자들은 거의 중소기업에 들어오지 않기 때문에 외국 인재의 활용은 증가할 수밖에 없다. 국내외적 차원에서 일어나는 이와 같은 변화는 지역 수준에서 네트워크적 사회 자본과 더불어 전문 인력의 노동시장이 형성될 수 있는 가능성을 열어 놓고 있다(인터뷰c, 2006. 6. 24).

V. 시사점

원주 의료기기 클러스터는 전자 의료기기라는 독특한 틈새 산업 분야에서 대학과 정부, 지자체와 기업이 연세대학교 원주캠퍼스를 중심으로 통일된 리더십을 중심으로 산업 혁신클러스터를 성공적으로 만들어 가고 있는 의미 있는 사례로 주목되고 있다. 전체적으로 볼 때 원주 지역 혁신클러스터는 정부가 지원하는 주요 혁신클러스터 사업들을 단일한 리더십을 중심으로 잘 묶어 내고, 의료기기산업에 유리하게 작용하는 지역적 여건과 정책적 지원을 바탕으로 현재까지 성공적인 혁신클러스터 사업을 추진해 온 것으로 볼 수 있다. 현재 원주 지역 의료기기 클러스터는 지금까지의 성과를 바탕으로 새로운 도약을 위한 인적 자원 기능 측면에서 한 단계 진전된 협력 체계를 구축해야 하는 과제를 안고 있는 것으로 보인다. 이와 관련하여 지역이 안고 있는 몇 가지 과제들을 제시하면 다음과 같이 정리될 수 있다.

원주 혁신클러스터의 인적 자원 지원 기능의 심화·발전을 위해서는 특정 대학의 단일 분야를 중심으로 발전해 온 인적 자원 육성 기능의 장점을 활용하는 가운데, 이를 통해 공급되기 어려운 분야에서 폭넓고 수준 높은 인적 자원이 공급될 수 있도록 클러스터의 인적 자원 기능을 확대·강화해야 할 것으로 보인다. 전자 의료기기산업에서 의공학은 핵심적인 위치를 차지하면서 클러스터의 중심에서 인적 자원 육성의 핵심 기능을 수행하지만, 전자 의료기기산업은 다양한 전공 분야의 수준 높은 지식과 기술이 결합될 수 있는 협력 체계를 형성할 수 있어야 온전한 발전이 가능하다. 이를 위해서는 의공학에 편중된 단일 중심 구조를 다원적 협력 네트워크 체제로 확대·발전시켜야 하는 과제를 안고 있다. 원주 의료기기 클러스터는 지금까지 단일 리더십에 의한 집중성과 통일성을 확보하는 데 성공하였지만, 이제는 이러한 집중성이 자칫 빠지기 쉬운 폐쇄성의 도전을 극복하고 여타 기관들과 상호 협력 및 경쟁 등을 통해 그 역동성을 확장시켜 갈 수 있도록 하는 것이 필요하다.

의료기기 클러스터의 발전을 위해서는 인근 대학, 관련 전공 그리고 특히 병원과 관련 기관들 간의 협력 관계를 진전시켜 나아가는 것도 중요하다. 의료기기산업은 진입 장벽이 높고 제품의 신뢰도 검증에 많은 시간을 소요하며, 관련 분야에서 장기간에 걸쳐 축적된 브랜드 이미지가 중요한 산업이며, 까다로운 승인 절차 등으로 인해 규제 기관들과의 유기적 협력 체계를 구축하는 것이 시장 확대에 결정적으로 중요하다.

의료기기산업의 경우 핵심 수요자는 병원인데, 지역에는 좋은 의과대학 등이 있으면서도 병원들은 외국의 고가 장비를 선호한다. 의료기기산업의 특성상 병원·의과대학 등의 적극적 참여와 상호 연계가 필수적이지만, 수요자들과의 연계가 발전되지 못하고 있는 것이다. 의과대학과 병원 등에서는 자신들의 이익을 남기기 위해 고가 외국 장비들을 활용해야 하고, 그 이용률을 높이는 것이 더 유리하다고 판단한다. 반복된 사용을 통해 충분한 신뢰도가 검증되지 않는 장비의 수요 기반이 취약한 것이다. 해외 시장 진출보다 국내 시장에서의 신인도 확보가 더 어려운 것이 현실이다. 이러한 문제를 극복하고 국제 시장 진출을 위한 안정적인 성장 기반을 확보하기 위해서는 병원 및 관련 기관들 간의 협력 체계를 구축하기 위한 노력이 요구되고 있는 것이다.

원주 혁신클러스터의 2단계 발전을 위한 두 번째 과제는 50인 미만의 중소, 벤처기업 구조의 활력을 유지하면서 혁신클러스터 정체성을 구성하는 핵심 기업체나 기업군을 육성하는 것이다. 현재 원주 지역에 진출한 의료기기 메이커 대부분은 심도 깊은 기술적 연관성이나 분업 관련성이 취약한 상태에서 기업들 간에 상호 연관 구조가 발전되어 있지 못하다. 이들 기업들이 주력하는 분야들도 영상의료기 · 환자감시 장치 · 운반기구 등으로 매우 다양한 편이며, 독일 등 선진국 클러스터의 경우처럼 특정 분야에 특화된 기업들 간의 네트워크적 구조를 만들어 내지 못하고 있다.

원주 지역 의료기기 클러스터가 기업들 상호 간의 네트워크 구조가 발달되지 못한 기본적인 이유는 여전히 벤처형 기업들이 주된 부분을 구성하고 있다는 점과 더불어 아직은 클러스터 육성의 초기 단계라는 한계 때문으로 이해할 수 있다. 그러한 이유 때문에 원주 지역에서 세계적으로 경쟁력 있는 의료기기 메이커를 유치 혹은 육성하는 것은 혁신클러스터의 도약을 위해 대단히 중요한 의미를 지닌다. 강원 지역의 경우 초기 단계에서 그 역할을 수행한 것은 메디슨이었다. 대학이 의료기기 테크노밸리를 중심으로 인적 자원 지원 기능을 수행하고 있지만, 세계 시장에서 경쟁력을 갖춘 핵심 기업이 육성되지 않으면, 이와 같은 양호한 지원 여건과 잠재력을 충분히 활용할 수 없다. 의료기기산업 클러스터는 핵심 기술을 보유한 기술혁신 기업이나 이와 연관된 혁신 네트워크가 중요하다.

원주 지역의 의료기기 전문 기업들은 크게 두 유형으로 나뉜다. 첫 번째는 지역 대학과의 산·학·관 협력 체제를 기반으로 지역에서 성장한 벤처형 중소기업들이며, 두 번째는 외지로부터 원주 지역을 선택하여 현지에 진출한 기업들이다. 이들 기업들은 현지 공장 건설과 더불어 이제 막 생산과 수출을 시작하는 단계에 있지만, 이들 중 핵심 기술을 기반으로 국제적으로 경쟁력 있는 업체 수준으로 발전한 기업체들은 나타나지 않고 있다. 혁신클러스터의 기술 선도 업체들이 형성되어 이들 간에 높은 신뢰에 기초한 가치 교환 사슬이 형성되지 않을 경우 지역 업체들은 대부분의 핵심 기술을 수도권이나 글로벌 시장에서 조달할 수밖에 없다. 핵심 기술력을 지닌 기업이 존재하지 않으므로, 산업 간 연관 효과를 만들어 낼 수 있는 '아웃 소싱'과 기술 네트워크 시장이 발전되지 않고 있으며 규모의 경제를 형성하는 데 애로에 직면할 것이다.

이러한 문제를 해결하고 지속 가능한 발전을 이루기 위해서는 기존 입주 업체들의 기술력과 경쟁력 향상을 통해 고부가가치 기술 기업들이 성장하고 이들 간의 기술적 네트워크가 발달되어야 하나, 여전히 핵심 요소 기술들을 거의 수도권이나 외국 업체들에 의존하고 있는 것이 현실이다. 원주 지역이 의료기기 클러스터로 안정적 성장 궤도에 진입하기 위해서는 매출액이 일정한 수준 이상의 중견 기업들이 이곳에서 3~4개 정도는 성장해야 한다는 진단이 가능하다. 이와 관련하여 지역 차원에서 일관된 지원이 이루어지고 기술력 있는 기업들의 입주가 증가할 경우 지속 가능한 안정적 성장을 기대할 수 있다. 최근 원주 지역에 리스템, GE 등 기술력 있는 글로벌 기업들이 입주하거나 입주할 움직임이 있는 것은 이러한 변화의 긍정적 조짐으로 볼 수 있을 것이다.

기업 간 네트워크 구조의 심화 발전을 위해 강원 지역이 필요로 하는 또 하나의 과제는 원주 지역 중심의 의료기기 클러스터와 홍천 지역 중심의 영상의료기기 클러스터와의 상호 협력과 보완 구조를 만들어 내는 것이다. 강원도는 원주 지역과 더불어 메디슨이 입지하고 있는 홍천 지역에 별도로 의료영상기기 단지를 조성하여 메디슨과 관련 업체들의 유치를 본격 추진하고 있지만, 현재의 수준에서 볼 때 2개의 클러스터는 상당한 부분 별도의 경로를 따라 발전하는 과정을 거칠 가능성이 높다. 이렇게 볼 때 향후 의료기기 분야에서 2개의 지역 클러스터 간에 상호 협력과 경쟁의 생산적 구도를 만들어 가기 위한 노력이 중요한 과제로 대두하고 있다고 볼 수 있다.

인적 자원 육성 분야에서 특정 전공과 대학에 의존하는 사회적 네트워크의 외연을 확장하기 위한 노력도 중요하다. 원주 지역의 경우, 다수의 기업들이 이제 막 인큐베이션 단계 이후의 초보적 제품 생산 수준에 진입하고 있다. 이러한 기업들이 수도권의 기업들과 경쟁하기 위해서는 지역 수준에서 우수 인적 자원을 확보하는 것이 중요하다. 혁신클러스터의 성장과 발전은 핵심 인적 자원 육성 기관인 대학의 성장 발전과 깊은 관련성을 맺고 있다. 기업이 요구하는 인적 자원 수준이 높아지면 대학의 수준을 높일 수 있고, 그 반대도 성립하므로 대학과 산학클러스터는 우수한 인적 자원 육성 체계를 만들어 가기 위한 상생 관계를 발전시켜야 한다. 현재의 수준에서 지역 기업과 대학들이 이러한 문제를 단기간에 해결하는 것은 쉽지 않은 것으로 보인다. 그러한 이유 때문에 일부 업체들은 우수 인력 유치와 수도권 영업 강화를 위해 수도권 지역에 별도의 연구소나 사무실을 개설하는 움직임을 보이고 있다. 대학과 기업들의 긴밀한 상호 협력을 통해 배출된 우수한 인재들이 지역에 머물 수 있도록 제반 여건을 조성하는 것이 시급한 과제로 떠오르고 있는 것이다.

지역적 수준에서 우수 인재 유치 문제를 해결하기 위해서는 지자체의 적극적인 역할이 대단히 중요한 것으로 판단된다. 이를 위해서는 지자체의 정책 패러다임 또한 한 단계 높아질 필요가 있다. 지금까지 지자체는 다수의 기업 유치를 위해 주로 의료기기 공단 인프라를 구축하고 대학의 기능을 강화하는 데 주력해 왔지만, 정작 기업체의 인재들이 필요로 하는 '우수한 정주 여건'을 제공하는 데까지 관심을 기울일 수는 없었다. 그러나 기업체만 입주하면 좋은 일자리가 만들어진다는 단순한 물량 위주의 접근으로 혁신클러스터에 우수 인재를 확보하는 것은 불가능해 보인다. 우수 인재에 회사의 궁극적인 경쟁력을 의존해야 하는 산업에서 이들이 지역에 뿌리내릴 수 있는 양호한 정주 여건을 제공하는 것은 혁신클러스터의 핵심 필요조건으로 등장한 것이다.

원주 지역 의료기기 업체들도 정주 여건의 중요성을 서서히 인식하기 시작하고 있다. 수도권 등에서 핵심 인재들이 내려오지 않고, 도리어 기존의 인재들을 수도권으로 빼앗겨야 하는 상황에 처할 경우, 원주 지역은 혁신클러스터보다는 단순 생산 하청 기지로 머물 수밖에 없기 때문이다. 의료기기 업체들의 핵심 인력들 역시 정주 여건 문제를 크게 의식하기 시작하고 있다. 대학이나 대학원을 막 졸업한 시기에는 정주 여건이 크게 중요하지 않지만, 장기적으로 지역에서 가족과 생활 기반을 만들어가야 하는 입장에서는 교육·문화·복지 등에서 양호한 정주 환경이 중요한 판단 요인이 되고 있는 것이다. 혁신클러스터의 인적 자원 기능이 지역 중심의 자기 완결적 체계를 구축하기 위해서는 장기적 관점에서 기업 환경뿐 아니라 생활 문화 환경까지 양호한 수준으로 개선·발전시키기 위한 지역 혁신 주체들 간의 사회적 합의와 꾸준한 노력이 지속 가능한 자립적 혁신클러스터 형성의 필수조건임을 말해 주고 있다.

원주 지역의 혁신클러스터는 이 지역에서 의공학 인재육성사업을 도모하던 대학에 의해 처음 주도되었다. 인적 자원을 육성하던 대학이 클러스터 형성의 기회 구조를 처음 열어 갔던 것이다. 이후 원주 지역은 중앙정부와 지자체의 전폭적인 집중 지원, 수도권에 비해 저렴한 입주비용과 물류 여건, 혁신적 중소기업의 지역 진출과 스핀오프, 대학을 기반으로 발전한 벤처 중소기업들 그리고 외부 입주 기업들이 속속 결합하면서 빠른 속도로 경쟁력 있는 혁신클러스터를 지향하고 있다. 이와 같은 클러스터의 발전은 역으로 대학 입학 인적 자원의 수준을 향상시키고, 취업 경쟁력을 높이고, 지역 대학과 전문대 등의 적극적인 참여를 촉발함으로써 클러스터의 인적 자원 지원 기능을 강화시키는 선순환 구조를 만들어 낼 가능성을 보여 주고 있다. 여기에 우수 인적 자원의 정주를 위한 제반 생활 여건을 확충하고, 관련 분야에서 혁신도시 기능을 강화하기 위한 지자체의 노력이 성공적으로 결합될 수 있다면, 이러한 선순환의 사이클을 기반으로 창조 지역으로의 전환을 모색할 수 있는 가능성을 열어 놓을 수 있을 것으로 기대된다.

제9장

지역 대학의 위기와 대안 모색

박준식

I. 문제의 제기

제조업과 하드웨어 중심의 성장을 통해 수출 중심의 경제발전을 도모해 온 한국 사회에서 산업적 시각으로 교육을 바라보는 것은 여전히 생소한 시선일 수 있다. 그러나 선진 글로벌 경제에서 경쟁의 중심은 눈에 보이는 요소로부터 눈에 보이지 않는 요소가 중시되는 지식 서비스 경쟁으로 전환되고 있으며, 교육산업은 글로벌 패러다임 전환의 핵심에 위치하고 있다(스테판 가렐리, 2006). 그럼에도 불구하고 한국 경제에서 교육산업은 정책 당국과 산업계의 관심 밖에 있었고, 그 누구도 교육을 글로벌 산업의 핵심 영역으로 인식하지 못했다.

한국의 고등교육산업이 안고 있는 구조적 문제점은 지역으로 갈수록 더욱 심각한 양상을 드러낸다. 대표적인 예로 강원도의 고등교육은 한국의 교육산업이 안고 있는 취약한 단면을 적나라하게 보여 주고 있다고 해도 과언이 아닐 것이다. 2012년 현재 강원도에는 4년제 대학과 전문대학을 합쳐 모두 30개 국공립 및 사립대학이 있고, 이 대학들은 대부분 지역의 주요 산업 및 인구 집중 지역에 분포해 있다. 그러나 이 대학 중 무려 9개 학교가 지난 2년 동안 교육과학기술부의 대학 평가에서 이른바 부실대학으로 지정되어 한 번 이상 정부의 제재를 받는 초유의 위기에 직면해 있다. 이는 현재 강원 지역 대학들과 고등교육산업이 안고 있는 위기의 현실을 잘 보여 준다.

이러한 상황에서 지역 대학이 지역사회와 경제에서 차지하는 역할과 기능 그리고 지역발전에 대한 효과 등을 면밀히 검토하고, 지역의 고등교육산업이 직면한 위기를 극복할 방안을 모색하는 것은 대학 자체뿐 아니라 지방정부를 비롯한 지역경제 주체들의 절실한 과제가 되었다. 본 연구는 이와 같은 문제의 심각성을 지역경제와 대학의 역할을 중심으로 환기시키고, 지역 차원에서 지역 대학의 경제적 기능과 역할 재정립을 위한 진지한 고민의 필요성을 제기하는 데 주된 목적이 있다.

II. 지역경제와 대학 : 이론과 현실의 딜레마

지난 20여 년 동안 고등교육산업은 글로벌 서비스 산업으로 그 위상이 급격히 변화해 왔으며, 그 중심에는 대학을 산업의 핵심 주체로 인식하는 흐름이 자리하고 있다. 글로벌 경제의 선진국들에서는 대학들이 산업 혁신과 지식 개발을 이끌어 가는 주도 세력으로 급부상하였을 뿐 아니라 교육과 학습, 연구와 개발이라는 대학 고유의 영역 자체가 세계적 규모의 산업이 되었다(Washburn, 2011).

한국 사회에서도 대학에 대한 사회의 인식과 정책은 교육산업에서 일어난 세계적인 변화의 흐름과 궤를 같이하면서 변화해 왔다. 그리고 그러한 변화를 이끌어 가는 관념 체계의 핵심에는 대학을 산업 혁신과 기업가 정신의 핵심 주체로 파악하고, 그 기능과 역할을 산업 경쟁의 관점에서 근본적으로 전환시키려는 '시장 모델'이 자리하고 있다. 한국에서 대학에 대한 산업적 관점의 접근은 대학을 경제 혁신과 미래 성장의 새로운 동력으로 간주하는 신산업 혁신 이론의 흐름을 거의 전적으로 모방한 것으로 볼 수 있다. 산업과 시장에서 대학의 역할을 중시하는 입장은 정부가 추구해 온 대학 정책의 핵심적인 문제의식을 담고 있을 뿐 아니라 산업계의 광범위한 지지를 받고 있다.

지식기반 사회에서 대학에 대한 새로운 기대는 기본적으로 선진국의 최첨단 지식산업 지역에서 출발한 새로운 경제 혁신과 발전의 경험을 기반으로 형성된 것이다. 1980년대 이후 실리콘밸리나 뉴욕, 보스턴, 케임브리지 등 글로벌 지식 서비스 산업의 중심 지역에서 일어난 대학과 산업 간의 거대한 경제적 융합과 이를 기반으로 한 기업가 정신의 분출은 이른바 '신산업 혁신'의 핵심에 대학에 존재하고 있다는 사실에 주목하였다. 실리콘밸리를 비롯한 새로운 산업 혁신 지구에서 대학과 산업 간의 경제적 협력과 혁신의 성공 사례들이 잇따라 이어지면서, 대학과 지역경제 사이에 존재하는 역동적인 혁신과 기업가 정신은 산업 혁신의 새로운 동력으로 큰 관심의 대상이 되었다(Saxonian, 1996; Reich, 1993; Polese, 2009).

고등교육에 대한 전통적 시각에서 볼 때 대학을 산업과 경제의 관점에서 접근하는 논리는 한국뿐 아니라 세계적으로도 커다란 쟁점이 되어 왔다. 정치나 경제의 작동 방식과 구분되는 학술의 독자적인 영역을 고수하고 속세와의 거리를 유지하는 것이 대학이 존재해야 하는 근본 이유라는 전통적 '상아탑'의 관점에서 볼 때, 기업과 정부가 대학을 산업으로 육성하고 대학의 연구와 교육을 기업과 노동시장이 원하는 '경쟁력'의 논리로 재편하면서 이를 위해 국가적 차원에서 공적 자금을 투입한다거나 기업들의 이익을 위해 수많은 연구를 지원하고, 지원에 대한 산출 효율성 관점에서 대학과 그 성원들을 평가하고, 보상을 차별화한다는 개념은 순수 학문과 예술·교육 등의 이념과는 근본적인 거리가 있는 것이었다 (Washburn, 2011).

그러나 이러한 비판에도 불구하고 고도의 기술 생산과 교육 서비스가 지식 중심 경제의 핵심 영역이 되어 버린 오늘날의 경제 시스템에서 대학과 산업 간에는 경제적 상호 의존성이 심화될 수밖에 없고, 대학과 그 대학이 뿌리하고 있는 지역의 경제적 관계에 대해서도 심도 깊은 고찰이 필요한 이유들 또한 분명히 존재한다.

고도 정보 기술과 기술력이 경제력을 주도하는 지식 중심 경제에서 창조적 인적 자원을 보유한 대학들이 사회로부터 고립된 상아탑의 영역에 안주하지 말고 창조적이고 역동적인 경제의 주도 세력으로 새로운 경제 사회발전 패러다임의 주도 세력이 되어야 한다는 사회 경제적 요구가 그것이다. 지역경제의 관점에서도 대학의 존재는 그 자체로 지역의 정치적·경제적·문화적 위상을 가늠하는 핵심 지표가 되고 있음은 주지의 사실이다. 좋은 대학을 보유한 지역들이 지식과 정보의 발신 기능을 주도하고, 혁신 중심 경제의 주도 세력으로 등장하고 있는 것은 오늘날 대학에 대한 사회의 기대가 그만큼 크고 복합적이라는 것을 의미한다 (Reich, 1993).

한국의 경우에도 대부분의 중소도시에서 대학은 사회의 구석구석에 삶의 활력소들을 공급하는 문화적 존재로 기능하고 있다. 지역사회에 대학이 존재할 경우 지역 공동체는 학생들의 소비만으로도 크고 작은 수많은 경제 단위들을 유지할 수 있고, 이는 지역사회의 고용과 생존 기반 유지의 필수 요소로 작동한다. 대학이 입지한 지역들은 다른 중소도시들이 피하기 어려운 도심 공동화의 위기로 인한 경제적 위협에 더 잘 대처하는 경향을 보인다.

유수한 대학의 존재와 그 성원들을 통해 발산되는 소프트 파워는 궁극적으로 지역의 브랜드 가치를 상승시킴으로써 보이지 않는 무형의 경제적 효과를 발휘할 수 있으며, 그러한 혜택은 대체로 지역 주민 대다수가 고루 향유하는 최상의 공공재가 될 수 있다. 그러한 점에서 대학은 공장의 유치나 산업 시설의 이전 등과 견주어 비교할 수 없이 높은 간접적 경제 가치를 생산하고 있는 것이다.

대학과 지역의 긍정적 시너지 효과의 하나로 빼놓을 수 없는 요소는 지역과 세계의 핵심 연결 통로로서 대학이 갖는 독특한 지위일 것이다. 오늘날처럼 빠르게 격변하는 세계화 시대에 대학은 모든 분야에서 '지역인'과 '세계인'을 연결시키는 국제적 네트워크의 핵심 통로로 중요한 복합적인 경제적 · 사회적 · 문화적 기능을 수행한다(Burger et al., 2002; Polese, 2009).

이러한 논리는 한국 사회에서 지역의 지위와 가치에 대한 평가에서도 거의 그대로 적용될 수 있다. 좋은 대학을 보유한 지역들이 양질의 고용을 창출하고 사회적 네트워크와 위신을 공유하며, 수준 높은 소비문화를 활성화하고 경제적 네트워크를 주도하며, 세계화를 선도하는 상황은 이미 1980년대 이후 미국을 중심으로 본격화되었지만, 이러한 추세는 전 세계의 공통적인 패턴으로 정착되고 있다.

이러한 점들을 종합하여 볼 때 오늘날의 지역경제에서 대학과 지역은 불가분의 경제적 운명 공동체의 관계에 있다고 볼 수 있으며, 특히 지역의 입장에서 좋은 대학을 보유하는 것은 지역경제의 발전과 역동성을 유지하는 데 필수적인 조건이라는 주장은 충분한 타당성이 있다. 대학과 지역에 대한 이와 같은 인식은 특히 대학에서 생산된 지식과 산업을 성공적으로 연결시켜 대학과 산업이 고도의 경쟁력 있는 생태계를 구축하여 지식 서비스 경제를 성공적으로 주도해 온 미국 등 주요 선진국의 경제 거점 지역들의 역동성이 부각되면서 더 큰 주목을 받아 왔다(Porter, 2000; Saxennian, 1996).

그러나 대학과 지역경제의 관계에 대한 새로운 이론과 엄청난 기대에도 불구하고 이러한 이론들이 실제 현실화되어 지역경제에 경제적 선순환의 생태계로 이어지는 성공 사례들은 생각보다 많지 않은 것 또한 사실이다. 기존의 이론은 주로 선진국 중심의 산학협력 성공 사례들에 관심을 집중한 나머지, 글로벌 고등교육산업의 생태계 전반에서 진행되는 현상을 종합적으로 파악하는 데에는 상당한 한계가 있었다. 이로 인해 글로벌 경쟁에서 다수의 대학들이 직면한 위기와 어려움의 현실을 제대로 파악하지 못하는 문제점을 안고 있다.

산업으로서 대학이 지니는 잠재적 가치에 대한 손쉬운 과대평가가 안고 있는 문제점을 단적으로 보여 주는 현상의 하나가 급속히 진행되는 대학의 서열화와 양극화, 그러한 경쟁에서 탈락하는 대학들의 붕괴 현상으로 볼 수 있다.

다시 말해 고도 지식 기반 글로벌 서비스 산업으로 고등교육산업이 차지하는 역할과 중요성은 날로 커지고 있음에도 불구하고 이 분야에서도 지역 간, 대학 간 격차는 줄어들기보다는 도리어 양극화로 인한 생태계의 근본적인 재편성이 진행되고 있다. 이는 지역과 대학이 결코 안정적 환경에서 존재하는 것이 아니라 치열한 경쟁 생태계 속에서 끊임없는 역동적 수급균형과 치열한 경쟁에 따른 경제적 부침에 적응해야 하는 상황에 처해 있음을 말해 준다.

실제로 경쟁 생태계에 성공적으로 진입하여 인적 자원과 창조적 혁신 능력을 구축할 수 있었던 소수의 대학들을 제외한 여타의 다수 대학들은 도리어 생태계의 지위 경쟁에서 점점 뒤떨어져 대학의 위상 격하뿐 아니라 대학의 존재 가능성마저 불확실해지는 극단적인 양극화의 위협에 시달리는 상황이 전개되고 있다. 대학에 대한 이론적 기대가 현실의 성공으로 연결되는 경우는 소수에 불과하고, 경쟁에서 밀린 대학들이 심각한 구조 조정과 변화의 압력에 시달리는 상황은 이론과 현실 간에 얼마나 큰 간격이 존재할 수 있는지를 보여 주는 단적인 예로 볼 수 있다.

대학 산업을 둘러싸고 진행되는 이러한 변화는 지역경제에 대해서도 적지 않은 파장을 미칠 가능성이 높다. 특히 대학에 대한 지역사회의 의존도가 매우 높은 강원 지역의 경우 지역사회에서 대학의 위축과 붕괴는 궁극적으로 지역경제에 큰 악영향을 미칠 수 있고 이로 인한 악순환을 극복하지 못할 경우, 대학의 위기가 도리어 지역경제의 위기로 전환될 가능성을 충분히 예견할 수 있기 때문이다.

오늘날과 같은 지식 경제 사회에서 대학은 모든 분야에서 지역경제발전에 기여할 수 있는 고부가가치 서비스 산업의 중심에 있음에 틀림없다. 그러한 이유 때문에 전 세계의 유수한 국가들이 경쟁력 있는 대학과 관련 지식 서비스 산업의 육성을 위해 전면적인 노력을 기울이며, 소중한 자원을 아낌없이 투자하고 있는 것이다.

그러나 이러한 노력에도 불구하고 경쟁력 있는 고도의 교육 및 연구 관련 지식 서비스 산업 기반이 하루아침에 구축되지 않는 것 또한 확실하다. 고등교육 분야에서도 과거처럼 안정적인 고용이 유지될 수 있다는 믿음 또한 더 이상 유지되기 어렵다는 것을 양극화 속에서 구조조정 압력에 노출된 지역 대학들의 상황을 통해 충분히 인식할 수 있다.

지역 대학들이 처한 오늘의 현실은 세계를 주도하는 첨단 글로벌 지식 서비스 기관의 이미지가 아니라 당장의 고용을 유지하고 학생들을 유치하며 그나마 남은 평판을 지키기 위해, 간신히 현재의 자리를 유지하거나 사라지지 않기 위해 전력을 다해야 하는 한계는 기업들의 상황에 더 가까운 것으로 보이기 때문이다.

오늘날 지역 대학들은 대학에 대한 높은 기대와 열악한 현실적 상황 간에 존재하는 엄청난 괴리 속에서 급속히 변화하는 환경의 도전에 따른 직면하여 커다란 위기에 직면하고 있으며, 그 와중에 자신의 생존뿐 아니라 지역의 발전과 번영에 핵심적인 역할을 수행해야 한다는 거대한 압력에 직면해 있다고 보는 것이 보다 냉정하고 객관적인 판단일 것이다. 이러한 관점은 지역과 대학의 관계를 경제적·산업적 관점에서 보다 냉정하고 객관적으로 파악하여 합리적인 접근을 모색하는 데 도움을 줄 수 있다.

III. 지역 대학과 지역경제

1. 지역경제와 교육산업의 전략적 위상

강원도에서 지역 대학과 지역경제의 관련성을 종합적으로 파악하는 것은 쉽지 않다. 강원 지역경제에 대한 대학의 기여 정도를 계량적으로 파악하기 위한 최초의 시도는 2007년 강원발전연구원에서 이루어진 춘천의 한림대학에 대한 연구였으며, 이 연구의 결과에 따르면 한림대학교 하나의 사례만을 볼 때 지역 대학이 지역에 미치는 항구적인 경제적 효과는 최대 3조 2000억 원을 상회하는 것으로 집계되었다(황규선 외, 2007).

〈표 9-1〉 강원도의 주요 산업과 교육 서비스 산업의 위상(2009)

단위 : 개, 명, ( ) : %

전체		제조업		도소매업		음식 숙박업		교육 서비스업	
사업체 수	종사자 수	사업체 수	종사자 수	사업체 수	종사자 수	사업체 수	종사자 수	사업체 수	종사자 수
117,569 (100.0)	479,165 (100.0)	6,181 (5.3)	42,029 (8.8)	28,929 (24.6)	72,847 (15.2)	33,520 (28.5)	82,272 (17.2)	5,400 (4.6)	45,379 (9.5)

주 : 교육서비스 산업에는 초중고, 대학, 일반 학원 등 교육 기관 전반을 포함
자료 : 동북지방 통계청

우선 교육산업의 관점에서 강원도의 주요 산업 생태계에서 교육산업의 위상을 점검해 볼 필요가 있다. 강원도의 주요 산업에서 대학이 속한 교육 서비스 산업이 차지하는 위상은 고용 규모를 통해 어느 정도 파악이 가능하다. 〈표 9-1〉에 따르면 2006년 현재 교육 서비스 산업에는 5,400개 사업체가 존재하며, 이 산업에 종사하는 인력은 4만 5379명으로 종사자 규모에서 제조업보다 많은 사람을 고용하고 있다. 이렇게 볼 때 대학이 속한 교육 서비스 산업은 강원도의 고용과 경제를 지탱하는 핵심 서비스 산업임이 분명하다.

교육 서비스 산업이 지역경제와 고용에서 차지하는 비중을 볼 때, 일자리와 산업의 관점에서 교육의 중요성을 인식하고 새롭게 접근하는 것은 당연한 것으로 볼 수 있다. 그러나 교육산업에 대한 지역의 관심은 이 산업이 지역의 고용과 일자리에서 차지하는 비중에 비하면 미미하다고 해도 과언이 아니다. 특히 대학을 중심으로 한 고등교육산업의 지역적 위상과 역할에 대한 관심은 거의 없었다고 보아 무방할 것이다. 교육산

업 종사자의 규모가 강원도 전체 일자리의 9.5%에 달하고 있을 정도로 클 뿐 아니라 서비스 산업 전체에서도 절대적인 위상을 차지하고 있음을 알 수 있지만, 정작 이 산업 생태계의 정점에서 산업의 향방을 좌우하는 대학에 대한 경제적 관심은 거의 없었던 것으로 보인다.

한국 사회에서 대학이 문제가 되는 가장 중요한 경제적 이유의 하나는 거대한 '인구 유발 효과' 때문일 것이다. 따지고 보면 수도권과 지방 간의 경제적 갈등도 그 구체적인 뿌리는 인구 유발 효과가 큰 수도권 대학의 정원 확대 혹은 신·증설 문제와 깊은 연관성을 맺고 있다. 오늘날의 경제에서 젊은 학생 자원은 결정적으로 중요한 경제적 자원이다. 여기에는 두 가지 주요한 근거가 있다.

첫 번째는 인적 자원의 '질' 때문이다. 대학생 자원은 곧 고학력의 젊은 인구를 지칭한다. 특히 오늘날처럼 심각한 저출산·고령화의 시기에는 일정한 수준의 젊은 청장년 인구를 유지하는 것이 지역경제 활성화와 직결되는 중요한 의미를 지닌다. 지역의 입장에서 젊은 인구의 유출은 대부분 생산성과 활력이 최고조에 달한 지역의 핵심 인력층의 상실을 의미한다. 젊은 인구의 가치는 여타 인구의 가치와 비교할 때 훨씬 항구적일 뿐 아니라 높은 경제적 영향을 미친다. 젊은 인구의 유출에 지역이 극도로 민감할 수밖에 없는 이유는 여기에 있다.

두 번째는 젊은 인구가 자연스럽게 유발하는 경제 활력 증진 효과 때문이다. 젊은 인구는 왕성한 학습, 문화, 소비 활동 등을 통해 지역경제 활성화에 큰 영향을 미친다. 이들은 어떤 인구층보다 주변의 산업과 경제에 긍정적 영향을 미치며, 이들을 중심으로 생산과 소비의 경제 순환 네트워크가 움직인다. 젊은 인구를 많이 포함하는 지역일수록 경제 활력이 높은 것은 그러한 이유 때문일 것이다.

강원도의 경우 학생 자원의 절대 다수는 높은 유동성을 특징으로 한다. 그러나 젊은 유동 인구는 정착 인구와 비교할 수 없이 큰 경제적 영향을 미친다. 이들이 일상생활과 이동을 통해 일으키는 크고 작은 소비 효과는 인구 밀집 도시 지역뿐 아니라 인근 지역 전반에 광범위한 경제적 활성화 효과를 발휘한다. 학생 자원이 강원도에 미치는 영향을 가늠하기 위해서는 그러한 자원의 규모를 파악하고, 이를 통해 연결되는 경제적 영향을 가늠해 볼 필요가 있다.

〈표 9-2〉는 2008년부터 2010년까지 강원 지역 대학들의 학생 자원 추이를 국공립대와 사립대로 분류해서 정리해 본 것이다. 교육과학기술부의 대학 정보공시 자료를 통해 재구성한 이 표에 따르면 강원 지역 대학들의 재학생 수는 2008년 8만 7442명, 2009년 9만 635명, 2010년 9만 3627명으로 거의 10만 명에 육박하는 것으로 나타났다. 2010년의 경우 전체 재적생이 14만 여 명에 달하는 것을 감안할 때 강원 지역 대학들은 현재 재적 입학 자원의 67~68% 정도를 보유하고 있으며, 최근 3년 간 재학생 수는 매년 3,000여 명씩 증가하는 추세를 보인다.

이러한 추세가 향후에도 장기적으로 지속될 가능성은 장담할 수 없지만, 적어도 지금까지의 추세를 볼 때 강원도는 2010년을 기준으로 대학을 통해 강원도 전체 인구 142만여 명의 6.5% 수준에 달하는 젊고 활력 넘치는 최고의 인적 자원과 소비 세력을 항상 포용하고 있다는 판단이 가능할 것이다.

또한 이들 대학생 자원 중 30% 정도가 강원도 이외의 지역에서 들어오는 현실을 감안할 때 강원도는 도내 대학들을 통해 매년 3만여 명에 달하는 젊은 인구를 받아들임으로써 부족한 청장년 인구의 균형을 유지하고 있음을 알 수 있다. 그리고 향후의 인구 전망과 외국인 유학생 유치 등을 감안할 때, 대학들의 외부 인구 유입 효과는 어느 정도 유지될 것으로 보인다.

〈표 9-2〉 강원 지역 대학의 학생 자원 추이(2008~2010)

구분		2008		2009		2010	
		재학생	재적생	재학생	재적생	재학생	재적생
국공립	대학	27,067	39,636	29,994	45,073	30,527	46,196
	대학원	4,099	5,108	4,027	5,051	4,271	5,342
	전문대	1,386	1,949	1,387	2,013	1,356	2,235
	소계	32,552	46,693	35,408	52,137	36,154	53,773
사립	대학	38,283	58,247	38,898	59,630	40,320	61,590
	대학원	2,358	2,661	2,414	2,712	2,668	2,942
	전문대	14,249	21,038	13,915	20,521	14,485	21,649
	소계	54,890	81,946	55,227	82,863	57,473	86,181
총계		87,442	128,639	90,635	135,000	93,627	139,954
재학률		68.0		67.1		66.9	

주 : 1) 전체 30개 대학 중 국공립대 8개, 전문대 10개, 대학원 포함
2) 재학률＝재학생/재적생

자료 : 교육과학기술부, 2011년 대학알리미(http://www.academyinfo.go.kr) 자료에서 재구성

2. 지역 대학의 일자리 효과

대학과 같은 고등교육 기관이 지역에 미치는 직접적인 경제적 영향에서 빼놓을 수 없는 것은 지역사회에 좋은 일자리를 제공하는 고용주로서의 효과로 볼 수 있다. 고용을 인구 유발과 더불어 경제적으로 중시해야 하는 근거는 이를 발판으로 소득과 소비, 교육과 가족, 미래의 복지 등 개인과 가구가 취하는 거의 모든 경제적 선택의 기본 틀이 규정되기 때문일 것이다. 그러한 관점에서 볼 때 지역 대학이 지역경제에 미치는 가장 중요한 긍정적 효과는 이른바 좋은 일자리 공급 효과로 보는 것이 마땅할 것이다.

강원 지역의 30여 대학들은 지역 일자리와 노동시장의 정점에 위치

하고 있다. 다시 말하여 지역 노동시장에서 대학이 제공하는 일자리는 해당 지역사회에서 일자리 안정성 · 급여 수준 그리고 만족도 등이 높은 고용을 점하고 있으며, 이 때문에 대학의 일자리는 지역경제의 안정성을 유지하는 데 핵심적인 경제적 안전판이 될 수 있다. 대학이 지역사회에 제공하는 일자리는 크게 '교원'과 '직원'이라는 두 집단으로 나뉠 수 있다.

〈표 9-3〉 강원 지역 대학의 교원 수 추이(2009~2011)

구분	2009			2010			2011		
	전입	비전임	합계	전임	비전임	합계	전임	비전임	합계
교원 수	8,026	4,171	12,197	8,567	4,676	13,243	8,713	4,733	13,446
비전임 비율(%)	52.0			54.6			54.3		

주 : 비전임 비율＝비전임/전임
자료 : 교육과학기술부, 2011년 대학알리미(http://www.academyinfo.go.kr) 자료에서 재구성

〈표 9-3〉은 2009년과 2011년 강원 지역 대학의 교원 고용 추이를 정리한 것이다. 이 자료에 따르면 2011년 강원 지역 대학들은 8,713명의 전임 교원과 4,733명의 비전임 교원을 포함하여 모두 1만 3446명의 교원을 고용하고 있는 것으로 나타났다. 대학의 고용 규모는 지난 3년 동안 전임과 비전임 모두 매년 약 200여 명 규모로 증가해 왔고, 이러한 추세는 대학이 수행하는 기능들이 계속 다양화되고 재정 규모가 증가하는 한 당분간 지속될 것으로 전망된다.

[그림 9-1]은 2010년 지역 교육과학기술부의 2010년 대학정보 공시자료에 나타난 강원 지역 대학 교원들의 직위별 평균 연봉 수준을 정리하여 본 것이다. 이 표를 통하여 볼 수 있는 것처럼 지역 대학들의 교수 급여

수준은 교수의 직위와 대학의 성격에 따라 상당히 커다란 편차를 보이고 있다.

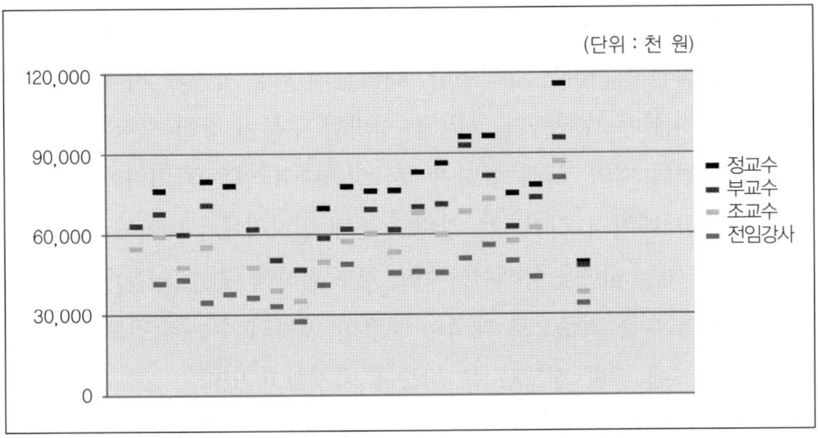

[그림 9-1] 강원 지역 대학 교원 2010년 직급별 평균 연봉 현황

자료 : 교육과학기술부, 2011년 대학알리미(http://www.academyinfo.go.kr) 자료에서 재구성

참고 : 교육과학기술부에서 2010년부터 대학정보공시제도를 시행하면서 대학정보알리미를 통해 제공된 정보는 현재 2009년부터 2011년까지 제공되고 있음. 공시정보는 매년 4월 1일을 기준으로 작성

그럼에도 불구하고 교원들의 급여는 우리나라 근로자들의 평균 연봉 수준과 비교하여 볼 때 현저히 높은 수준에 있음을 보여 준다. 교원들의 연봉 수준이 대학의 현실을 그대로 반영하는 것은 아니지만, 여전히 대학들은 지역에서 가장 좋은 양질의 일자리를 제공하고 있음을 알 수 있다.

직원은 교원과 더불어 대학 고용의 양대 축을 형성하고 있는데, 강원 지역 소재 대학에 근무하는 직원의 수는 역시 2008년 1,841명, 2009년 1,874명, 2010년 1,966명으로 소폭이지만 꾸준히 증가하는 추세를 보여 주고 있고, 이들 역시 지역의 대표적인 안정적 일자리이다(교육과학기술부, 2012).

대학이 직접 고용하는 교직원의 일자리 수는 2010년을 기준으로 1만 5209명에 달하고 있다. 이는 강원도 교육 서비스 산업 전체 일자리 1만 2980명을 훨씬 상회하는 규모이다. 대학들의 고용 규모가 지역 내 고용보다 많은 이유는 대학들의 고용 중 상당한 부분이 강원 지역뿐 아니라 강원도 이외의 지역, 특히 수도권에서 일어나고 있음을 의미한다. 지역 고용에 대한 대학의 기여도는 강원도 전체 일자리에서 대학의 직접적인 고용이 차지하는 비중을 통해서도 어느 정도 짐작해 볼 수 있는데, 2010년 대학 일자리 수를 기준으로 대학이 보유한 일자리 수는 강원도 전체 일자리의 3.5%에 달할 정도로 큰 비중을 차지하고 있다.

대학이 지역에 제공하는 일자리는 규모뿐 아니라 질에서도 다른 업종과 비교할 때 뚜렷한 질적 차별성을 보여 준다. 대학의 교직원은 대체로 해당 지역에서 중상층의 안정적 일자리로 인식되고 있으며, 급여 수준 또한 타 업종에 비해 상대적으로 높을 뿐 아니라 근로 조건과 일의 자율성, 노동의 질은 다른 업종과 비교하기 힘든 측면이 있다.

비록 최근 들어 대학 일자리의 수월성이 상대적으로 낮아지고 있는 것은 사실이지만, 여전히 대학은 한국 사회에서 인재를 끌어당기는 흡인력이 강한 산업의 하나로 간주되고 있고 이러한 경향은 강원 지역에서도 여전히 유효하다.

다른 한편 대학이 보유한 교수 인적 자원이 지닌 학력과 지적 자산은 지역의 다른 어떤 조직에서도 제공할 수 없는 무형의 자산 가치를 발현한다. 그러한 관점에서 볼 때 좋은 일자리에 대한 대학의 영향은 무시할 수 없는 긍정적 효과를 미친다고 보아야 할 것이다.

3. 지역 대학의 경제적 영향 : 기업가 역량(entrepreneurship)

계량적으로 측정하기 힘들지만, 어떤 경제적 단위가 미래의 고용과 수입원을 창출하고, 지속적인 성장을 구가하기 위해서는 역동적인 기업가 역량의 공급이 필수적이다. 슘페터가 일찍이 지적한 끊임없는 '창조적 파괴(creative destruction)', 즉 혁신을 도모할 수 있는 역량을 갖춘 경제적 단위는 자본주의 경제의 핵심 동력인 창조적 파괴력의 발산을 통해 지속가능한 미래 지향적 경제 생태계를 스스로 만들어 갈 수 있다. 혁신적이고 역동적인 경제에서 지역의 창조적 에너지는 결국 발명과 발견, 도전과 혁신, 창업과 성장을 지향하는 기업가 역량을 통해 수혈된다. 기업가 역량의 공급은 지역경제의 미래를 만들어 가는 보이지 않는 핵심 동력으로 볼 수 있다.

대학들이 일으키는 기업가적 활동은 산학협력 회계 지출을 통해 총괄된다. 산학협력 회계에는 대학의 각종 연구 및 용역, 국가 및 민간협력사업 등이 포함되는데, 대학들은 산학협력 활동을 통해 수행하는 각종 소비와 고용 등으로 지역경제 활성화에 기여한다(안영진, 2003). 강원 지역 대학들의 산학협력 실적과 규모는 산학협력단의 지출을 통해 간접적으로 파악할 수 있고, 우리는 이 자료를 통해 기업가적 활동의 규모와 추이 등을 파악한다.

2008년부터 2010년까지 도내 대학들의 산학협력 지출의 추이를 보면([그림 9-2]), 그 규모는 2008년의 2240억 원에서 2010년의 2680억 원 수준으로 매년 9~10% 수준에서 꾸준히 성장하는 것을 볼 수 있다. 물론 산학협력 지출이 모두 지역경제 활성화로 연결되는 것은 아니지만, 이는 교육을 제외한 연구 및 용역 등을 통해 대학들이 지역에 미치는 효과가 매년 어느 정도 수준인지를 가늠하는 데 유용한 지표가 된다.

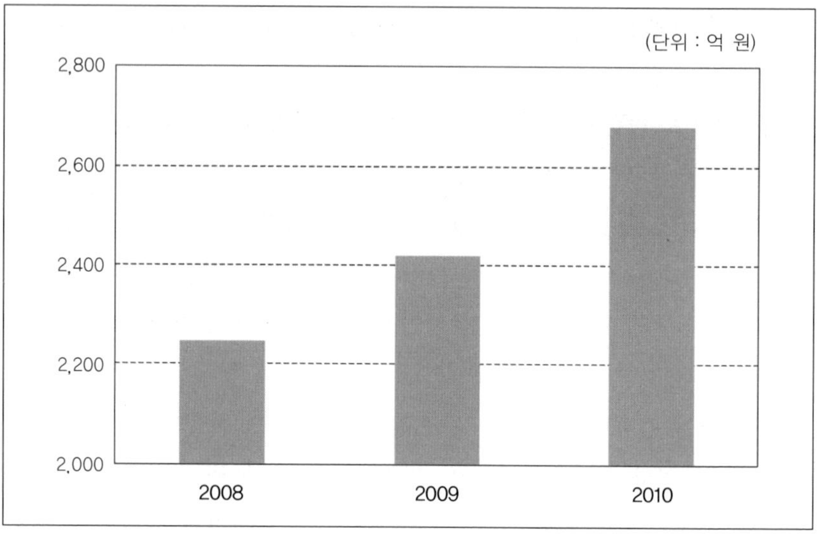

[그림 9-2] 지역 대학의 산학 협력 회계 지출 추이

자료 : 교육과학기술부, 2011년 대학알리미(http://www.academyinfo.go.kr) 자료에서 재구성

[그림 9-3]은 지난 3년 여 동안 강원 지역 대학들이 생산한 각종 국내외 특허 등록 및 출원 추이를 보여 준다. 이 표에 따르면 지역 대학들의 국내외 특허 출원 건수는 2008년 430건에서 2010년 631건으로 적어도 양적으로는 매우 빠른 증가 속도를 보여 주고 있다. 지역 대학들의 특허 생산을 산업 생산과 연구개발 활동이 활발한 수도권 등의 대도시 지역 선도 대학들과 직접적으로 비교하기는 어렵지만, 대학의 창조적 지식 생산 기능은 강원 지역에서도 일정한 정도 작동하고 있는 것으로 볼 수 있다.

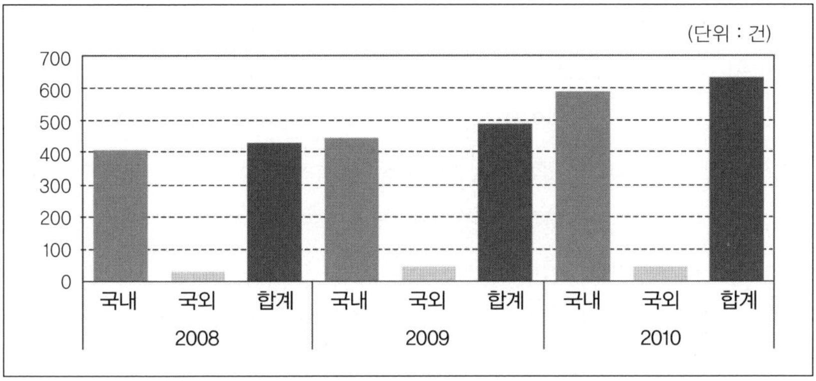

[그림 9-3] 강원 지역 대학의 특허 출원 및 등록 추이(2008~2010)

자료 : 교육과학기술부, 2011년 대학알리미(http://www.academyinfo.go.kr)에서 재구성

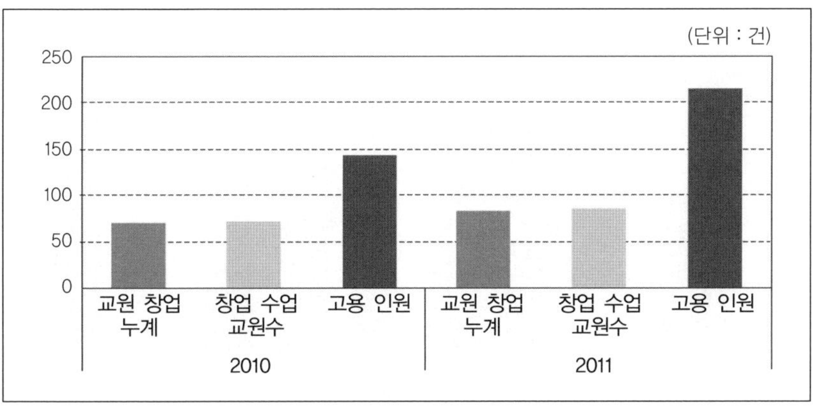

[그림 9-4] 강원 지역 대학의 창업 활동 추이(2008~2010)

자료 : 교육과학기술부, 2011년 대학알리미(http://www.academyinfo.go.kr) 자료에서 재구성

이러한 평가는 최근 지역 대학들의 창업 추이에 대한 자료를 통해서도 일정한 부분 확인할 수 있다. 최근 2년간 지역 대학 교원들의 창업 활동을 보여 주는 [그림 9-4]는 2011년 현재 지역 대학들을 통해 만들어진

기업이 83개 정도에 달하며, 교원들이 직접 창업한 기업에 종사하는 고용 인원은 2010년 142명에서 2011년 215명으로 지속적인 증가세를 보여준다.

창업 활동은 대학의 졸업생, 동문 등을 통해 이루어지는 관련 분야의 크고 작은 연쇄 창업 활동과 경제적 네트워크들을 고려할 때 공시된 자료 이상으로 큰 영향을 미치는 것으로 볼 수 있다. 대표적으로 원주 지역의 의료기기산업이나 춘천 지역의 바이오산업을 포함한 지역의 선도 산업들이 대학의 지적 자산과 인적 자원을 바탕으로 성장하고 있음을 감안할 때 대학이 공급하는 기업가 역량은 지역경제 활성화에 결정적인 의미를 지니는 것으로 평가해야 할 것이다(변용환 · 김중화, 2006).

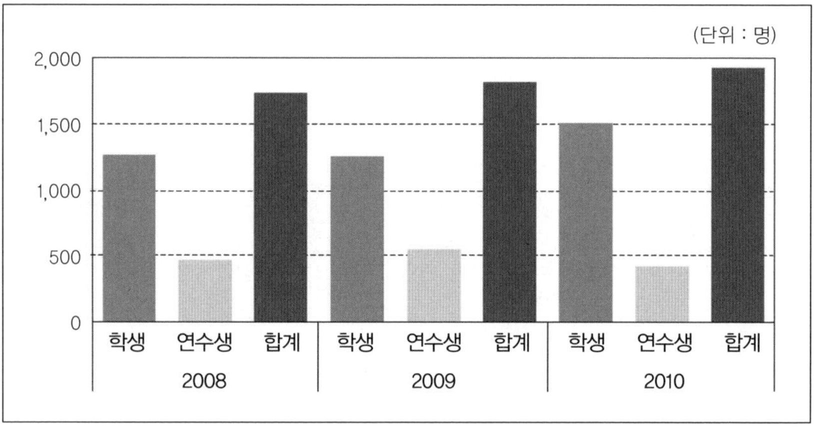

[그림 9-5] 강원 지역 대학의 외국인 학생 추이(2008~2010)

자료 : 교육과학기술부, 2011년 대학알리미(http://www.academyinfo.go.kr) 자료에서 재구성

[그림 9-5]는 외국인 학생 수가 2008년 1,737명 수준에서 2010년 1,934명 수준으로 증가하는 경향을 보여 주고 있는데, 이러한 경향은 더욱 강화

될 것으로 전망되며, 장기적으로 강원 지역 대학들은 외국인 학생 자원 유치를 국내 학생 못지않은 전략적 자원으로 인식할 수밖에 없을 것이다. 외국인 학생의 중요도가 커지면서 향후 대학의 글로벌화는 교육산업의 선진화를 견인하는 중요한 요인이 될 것이다.

대학의 기업가 역량은 이 외에도 각종 국책사업의 유치, 국제적 연구기관 및 협력 네트워크 형성, 연구비 수주 등 다양한 방식으로 전개되고 있으며, 이러한 활동들은 지역의 기업가 역량을 향상시키고 지역경제를 견인하는 데 더욱 큰 영향을 미칠 수밖에 없다. 그러한 이유 때문에 지역 대학과 지역경제 간의 상호 협력과 의존의 망을 지원하는 것은 높은 생산적 결과를 산출할 수 있다.

4. 지역 대학의 경제적 영향 : 무형 자산 효과

대학의 지역에 대한 영향은 고용과 소득 창출, 인구 유발과 같은 당장의 직접적인 효과에 그치지 않는다. 대학은 그 존재 자체로 지역의 매력도와 평판을 높이고 삶과 문화의 품격을 높이며, 지역사회의 미래에 큰 영향을 미치는 다양한 효과를 '발산'한다. 경제적으로 측정하기는 힘들지만, 대학이 존재하는 지역사회의 성원이라면 누구나 쉽게 공감하는 대학의 보이지 않는 긍정적 효과 전반을 경제적 용어로 전환한다면, 우리는 이를 '무형 자산 효과'로 부를 수 있을 것이다.

대학의 무형 자산 효과는 대학과 지역사회의 관계가 심화되고, 연륜이 축적되면서 더욱 큰 영향을 미친다. 대학이 보유하고 배출한 인적 자산의 연계망들이 긴밀하게 엮여 인간관계의 '연결망(network)'에 속한 사람들에게 긍정적인 경제적 효과를 불러오는 현상은 실리콘밸리, 보스턴, 케임브리지 같은 세계적 산업 혁신 단지뿐 아니라 다른 지역들에서도 유사한 방식으로 독특한 경제적 생태계를 생성하는 경우를 볼 수 있다(Saxenian, 1996).

대학을 중심으로 형성된 비즈니스 생태계와 사회적 네트워크의 긴밀한 경제적 연결망이 산업 혁신 비즈니스 네트워크로 발전할 수 있는 가능성은 강원 지역에서도 충분히 존재한다. 원주 지역의 의료기기산업, 춘천 지역의 바이오산업, 강릉 지역의 소재산업 등은 초보적 형태이지만, 인적 자산과 사회적 네트워크, 기업가 정신, 정부의 지원 등이 연결되어 역동적인 산업 생태계를 만들어 가고 있는 경우로 볼 수 있다.

이러한 지역들에서 이루어지는 산업 생태계는 대학을 중심으로 연결된 사회적 네트워크와 긴밀한 상호 보완 관계 속에서 형성된 인적 자원의 사회적 수급 구조를 통해 형성되기 때문에 '지역 특수성'이 강하며, 쉽게 모방하기 힘든 독특한 진입 장벽을 형성함으로써 차별화된 산업 지역의 형성에 기여할 수 있다. 물론 대학은 이 과정에 필수 불가결한 네트워크의 중심에 존재한다. 그 하나의 예로, 춘천 지역 바이오산업 벤처 기업들은 지역 대학들을 통해 공급되는 전문 여성 인적 자원과 지역 대학 관련 학과들의 역할이 없다면, 애초부터 발전하기 어려웠을 것이다(김양희 외, 2007).

경제가 선진화되고 국민의 소득 수준이 향상되면, 소비자의 안목과 문화적 감수성 · 도덕적 요구와 기대 수준이 높아지며 자연스럽게 문화의 경제적 가치가 부각된다. 문화와 소프트웨어, 기술과 하드웨어의 융합이 일상의 삶 속에서 융합화되어 감에 따라 대학의 문화 및 경제적 기능을 간과할 수 없게 되었다. 특히 새로움에 대한 갈망과 차별화에 대한 욕구가 강해지면서 크고 작은 삶의 구석에서 문화적 삶의 가치가 중시되는 문화 경제의 시대가 오면 대학의 지역적 자산 가치는 더욱 긴요해진다.

이른바 '문화 자본(cultural capital)'이나 창조적 혁신 능력의 생산은 대학을 통해 배출된 인적 자원과 문화적 기반이 형성되지 않으면 지속되기 힘든 영역이다. 문화자본과 창조성의 경제적 효과에 대한 관심은 경제와 산업의 소프트화가 가속화되는 최근에 특히 주목받고 있다. 문화가 경제의 새로운 원동력으로 부각되는 오늘날, 대학은 필연적으로 문화적 창조성의 핵심 공급처 역할을 담당할 수밖에 없다. 대학이 축적한 지적 자산, 문화 자원은 본질적으로 '인적 역량'에 크게 의존하는 문화 서비스 산업의 경쟁 기반이 되기 때문일 것이다.

대학이 지역에서 문화 창조를 선도하는 이유는 이른바 '창조 계급(creative class)'이 대학의 핵심 인적 자원을 구성하고 있기 때문이다. 창조 계급의 중요한 특징은 이들이 주어진 일상적 작업이나 단순 대인 서비스 등에 얽매이지 않고, 유연성과 자율성을 통해 새로운 지식과 정보를 생산하는 데 주도적인 역할을 수행할 수 있기 때문이다. '연구개발'이나 '창업'·'벤처' 등으로 통칭되는 이러한 활동들은 다만 기업의 단기적 이익과 연관된 활동들에 국한되지 않고, 중장기적 차원에서 광범위한 영역을 포괄하면서 이루어지는 지식 창조 활동들까지 포함하는 경제 사회 및 문화적 삶의 영역이 될 수 있다.

시장에서의 경쟁에 시달리는 대부분의 기업은 당장의 생존을 위해 단기적 이익에 주력할 수밖에 없으며, 이로 인해 장기간에 걸친 연구와 깊은 천착이 요구되는 창조적 활동을 제대로 지원할 수 없다. 대학은 기업들이 수행하기 힘든 장기적 지식 창조 활동들을 수행함으로써 지식정보사회에서 지속 가능한 경쟁력의 기초 자양분을 제공하고 지역경제의 발전에 기여할 수 있는 것이다(Kenney, 2002).

다양한 대학의 기능들이 종합되어 지역에 대한 긍정적인 경제적 효과가 종합적으로 발산되는 현상을 우리는 지역에 대한 대학의 '브랜드 효과(brand effect)'로 지칭할 수 있다. 브랜드 효과는 지역에 대한 대학의 무형적 자산 효과가 종합되고, 다양한 매력 요소들이 연결되어 나타나는 창발성의 결과로 볼 수 있다. 대학의 브랜드 효과가 발산되는 지역들은 이를 통해 더 많은 인적 자원을 끌어들이며, 이것이 자연스러운 인적 교류를 통해 경제 활성화로 이어지고, 그 결과 지역의 가치가 격상되고 '평판(reputation)'이 올라감으로써 지역의 자산 가치와 삶의 질이 향상되며, 공동체의 도덕적 수준이 향상됨으로써 바람직한 경제적 결과를 만들어 낸다. 교육산업 생태계의 정상에 위치한 대학이 지역에 전달할 수 있는 가장 귀한 선물은 이러한 무형 자산 효과일 것이며, 지역이 대학을 소중하게 인식해야 하는 이유 또한 궁극적으로 여기에 있다.

개인이나 기업과 마찬가지로 지역을 하나의 경쟁 단위로 설정할 때, 지역의 '평판(reputation)'이나 '명성(fame)' 혹은 '매력(attractiveness)'은 그 자체가 지역의 가치를 판가름하는 기준이 된다(Fombrun, 1996). 다시 말해 다른 지역들과 비교할 때 그 지역만이 갖는 독특한 장소적 가치와 평판 등을 획득함으로써 더 많은 사람의 관심을 이끌어 내고, 이를 통해 더 많은 사람의 시간과 자원을 끌어들일 수 있으며, 궁극적으로 사람들의 관심을 유도하고 양질의 인적 자원을 통해 새로운 문화와 소비를 이끌어 낼 수 있는 지역들이 경쟁력을 지닌 지역으로 발전할 수 있는 것이다. 이 때문에 오늘날 국내외의 수많은 지역은 경쟁적으로 자신들의 평판과 명성을 올리기 위해 과거와 비교할 수 없는 다양한 대규모 투자를 과감하게 전개하고 있다.

대학의 존재는 '평판 경쟁'을 유리하게 이끌어가는 데 핵심 자산이 되고 있다. 대학의 존재 자체가 지역사회 전반의 문화적 수준을 향상시키고 높은 안목의 소비 세력을 공급하며, 장소의 가치를 향상시킬 수 있는 사회 문화적 활동들을 조직하고 운영하는 데 더할 나위 없는 소중한 인적 자원을 제공하고 있기 때문이다. 좋은 대학을 보유한 지역이 좋은 지역이 될 수밖에 없는 이유, 지역의 장소적 가치를 향상시키는 데 대학이 결정적으로 중요한 역할을 수행하는 이유는 바로 대학의 '브랜드 기능'에서 찾을 수 있다.

대학이 지역사회에 제공하는 또 하나의 기능으로 '사회적 자본(social capital)'의 공급자로서의 역할에 주목해야 한다. 경쟁과 발전의 전략적 단위로서 지역의 역할이 강조되는 배경에는 사회적 자본의 문제가 자리하고 있다. 주지하는바, 사회적 자본은 '금융자산'이나 '실물자산'처럼 그 자체가 당장 돈으로 환산되는 경제적 가치는 아니다. 그러나 사회적 자본은 지속 가능한 지역의 발전과 경제적 역동성 등이 지속되는 데 반드시 요구되는, 사람들 사이의 '신뢰'나 '호혜성(reciprocity)' 등을 공급함으로써 장기적으로 지속 가능한 지역경제의 버팀목 구실을 수행한다. 사회적 자본의 축적과 발달 정도, 공동체 성원들 간의 신뢰 수준이 높은 지역일수록 경제 행위자들 간의 활발한 경쟁과 협력 네트워크 등을 통해 더 높은 수준의 경제적 거래나 혁신 활동이 발달하고 있다는 사실은 이미 잘 알려져 있다(Putnam, 2000).

대학은 존재 자체로 다양하고 이질적인 사람들 간의 네트워크 활동을 촉진하는 기능을 수행한다. 다른 조직들과는 달리 개방성을 핵심 특징으로 하는 대학사회는 다양하고 이질적인 사회 경제적 행위자들이 함께 연결되는 사회적 소통과 연결의 통로를 제공한다. 대학을 통해 이루어지는 수많은 워크숍 · 세미나 · 심포지엄 · 학습 동아리와 동창회 등은 근대적이고 개방적인 사회적 자본이 형성될 수 있는 공간으로 기능하며, 오늘날의 글로벌 경제 시대에 대학의 사회적 네트워크 활성화 기능은 지역사회의 범위를 뛰어넘어 글로벌 영역으로 확장되고 있다.

글로벌화를 지향하는 사회적 관계의 중심에는 이처럼 국제적 네트워크의 중심 기관인 대학이 서 있는 것이다. NGO, 행정 기관, 이익단체 등은 대학이라는 공간을 적극적으로 활용하여 공식 · 비공식 교류 활동들을 전개한다. 이러한 활동들은 그 자체가 당장 가시적인 경제적 가치를 생산하지 않는 것처럼 보이지만, 사람들 사이의 교류와 커뮤니케이션 · 네트워킹 등을 촉진함으로써 사회적 자본의 축적에 기여하며, 장기적으로 지역사회발전의 사회적 토대를 형성하는 데 기여할 수 있다.

지금까지 우리는 창조성, 브랜드 가치 형성 그리고 사회적 자본의 공급자로서 대학이 지역사회에 미치는 다양한 직 · 간접적인 경제적 기능들을 지적해 보았다. 이러한 기능들을 종합적으로 고려해 볼 때 발전하는 선진 지역들이 대학을 혁신 활동의 거점으로 설정하며, 이를 기반으로 지역의 비전을 창조하고 미래의 전략을 구체화시켜 나가는 것은 당연한 것으로 볼 수 있다. 다른 한편 지역사회와 불가분의 기능적 관련성을 맺고 있는 대학의 기능과 역할을 중시하고 그 경제적 잠재력을 효과적으로 활용하는 데 지역사회가 적극적인 관심을 기울이는 것은, 지역의 장기적 생존과 지속 가능한 발전을 위해 불가결한 전략적 선택으로 간주되어야 한다.

V. 대학의 위기 : 완벽한 삼각파도

1. 인구 압력

지역에 대한 대학의 경제적 순기능에도 불구하고, 대학과 지역사회의 경제적 상호 의존의 네트워크는 강력한 해체의 압력에 직면해 있다. 이는 지역과 대학이 동시에 직면하고 있는 것이지만, 당장 가장 크고 전면적인 위협 앞에 직면해 있는 것은 대학이다. 지역 대학이 직면하고 있는 위협 요인들은 매우 복합적이지만, 우리는 이를 대략 '인구 요인'·'산업 요인' 그리고 '소비자 선호 요인'으로 나눌 수 있다. 이 세 요인은 거의 동시적이고 복합적으로 대학의 위기를 증폭시키고 있다는 점에서 지역 대학들이 한 번도 경험해 보지 못한 '퍼펙트 스톰(perfect storm)'임이 분명하다.

2010년 이후 강원도 대학 입학 정원을 기준으로 강원도 대입 학령인구 전망과 수도권 대입 학령인구 전망 추이를 함께 비교한 [그림 9-6]은 대학에 가해지는 인구 압력의 추이와 정도가 얼마나 심각할 수 있는지를 보여 준다.

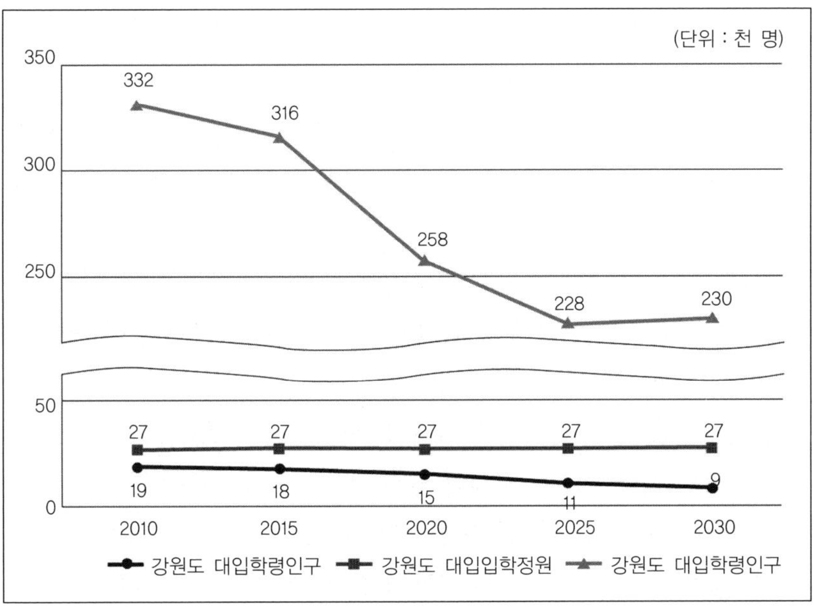

[그림 9-6] 강원 지역 대입정원 및 대학학령인구, 수도권 대입학령인구 추이

참고 : 대입학령인구=18세 인구; 강원도 대학입학정원=대학 및 전문대 2010년 입학정원 기준 : 수도권=서울, 경기, 인천

자료 : 시도별 장래인구 추계 결과(통계청 보도자료, 2007. 5. 23)

이 그림에 따르면 2010년 현재 강원도 내 대입 학령인구는 지역 대학의 입학 정원과 비교할 때 이미 크게 부족한 상태이며, 이러한 추세는 해가 갈수록 가속화된다는 것을 알 수 있다. 지역 대학의 입학 정원이 지역 내 입학 자원을 크게 상회하는 상황에서 지역 대학들은 불가피하게 부족한 입학 자원을 타 지역에 의존할 수밖에 없다.

지역 대학들은 학령인구가 풍부한 수도권의 학생들을 끌어들일 수밖에 없다. 그러나 수도권 대학들의 높은 경쟁력과 매력도를 감안할 때 지역 대학들의 수도권 접근성과 통학 및 거주 여건이 획기적으로 개선된다고 하더라도 수도권 대학들과 대등한 수준에서 경쟁하는 것은 사실상 불가능에 가깝다. 이러한 점에서 강원 지역 대학들은 '입지의 숙명'이라는 어려운 상황에 처해 있다고 볼 수 있다. 그리고 이는 지역 대학 스스로의 힘으로 극복할 수 있는 능력의 범위를 넘어서는 문제로 보아야 한다.

한편 이 그림에 따르면, 2015년 이후에는 수도권의 학령인구마저 급격한 감소세를 보일 것으로 보인다. 이러한 상황이 전개될 경우 강원지역 대학들은 당장 입학 자원을 채우는 것도 힘들 정도로 어려운 상황에 처할 것이 분명하다. 대학들이 입학 정원을 감축하는 적극적 구조 조정에 나선다 하더라도 입학 자원의 급격한 감소는 대학들의 자구노력만으로는 넘을 수 없는 장벽이 될 것이다.

이러한 상황에서 구조조정의 압력에 직면한 지역 대학들은 정원 감축뿐 아니라 캠퍼스 이전을 포함한 극단적인 생존 전략을 모색할 수밖에 없고, 이는 이미 영동 지역의 몇몇 지역에서 캠퍼스 이전과 정원 축소 조치들을 통해 진행되고 있다. 이러한 상황이 장기화될 경우 대학과 지역사회 간에 오랜 기간 유지되어 온 경제적 호혜성은 점차 붕괴되고, 대학이 떠난 지역은 지금과는 상당히 다른 방식으로 축소되고 위축된 사회경제 구조로 재편될 가능성이 현실화되고 있는 것이다.

2. 경쟁 압력

한국의 교육산업은 1990년대 이래 해외 유학생 수의 폭발적인 증가와 더불어 글로벌 경쟁에 본격적으로 노출되었다. 과거 소수 상류층의 전유물이었던 해외 유학과 각종 연수는 소득 수준의 상승과 높은 교육열을 지닌 중상층의 성장과 더불어 초·중·고·대학·대학원을 망라하는 교육의 전 과정에서 활발하게 이루어지고 있다.

교육 경쟁과 학부모의 열의가 유난히 강한 한국 사회에서 해외 어학연수나 유학은 중산층 가족의 전형적인 교육 투자 전략이 되었다. 이로 인해 한국은 2011년 한 해에만 약 10조 원을 상회하는 엄청난 교육비를 해외로 송금하는 반면, 해외 유학생의 국내 유치를 통한 수입은 거의 없는 나라가 되었다. 한국 교육산업의 무역 구조는 수출은 거의 없는 반면, 필요한 서비스를 거의 전량 해외에 의존한다는 점에서 원자재나 농축산업의 무역 역조 구조와 거의 유사하다.

오늘날 대학 진학 연령에 도달한 한국 학생들의 약 10%는 이미 외국 학교에 다니고 있거나 최소한 일정 기간 외국 학교를 다닌 경험을 지니고 있다. 고등교육의 글로벌화는 우수 인적 자원뿐 아니라 평범한 학생들에게 기존 대학과 경쟁하는 새로운 서비스의 선택 가능성을 열어 주었고 학생들은 이미 자발적으로 외국 유학이나 연수를 선택하고 있다. 이는 오늘날 한국의 교육산업이 대표적인 무역 역조, 적자 산업이 된 이유를 설명해 준다. 교육산업의 글로벌화로 인해 가장 큰 경쟁 압력에 직면하는 것은 국내 시장에 안주해 온 국내의 한계 대학들이다. 초등학교 시절부터 체계적으로 이루어지는 학생 자원의 국내외 이동이 대규모로 지속되는 과정에서 국내 대학들은 교육 서비스의 질뿐 아니라 가격 측면에서도 외국 대학들과 치열한 경쟁을 벌여야 하는 상황에 직면해 있는 것이다.

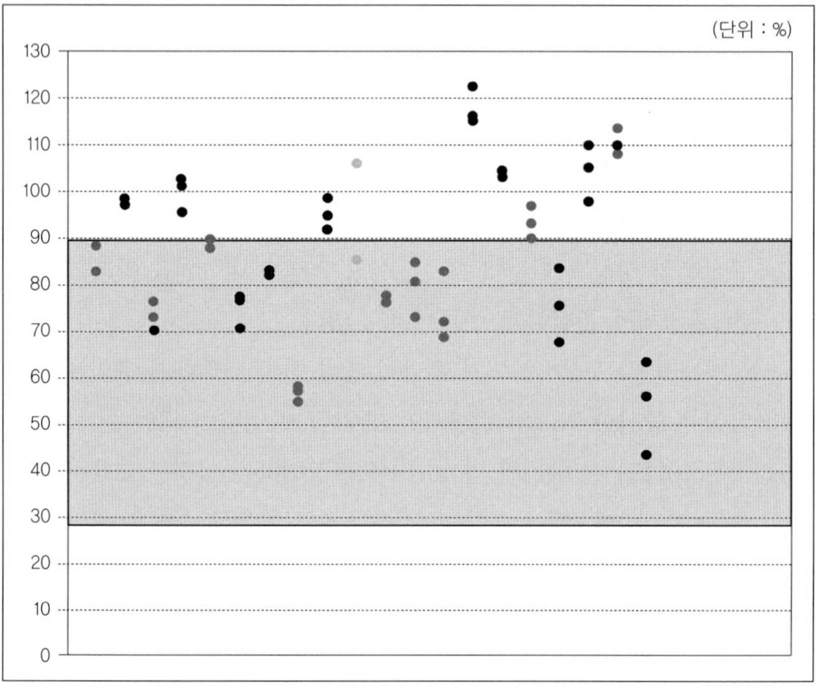

[그림 9-7] 강원 지역 대학의 재학생 충원률(2008~2010)

자료 : 교육과학기술부, 2011년 대학알리미(http://www.academyinfo.go.kr) 자료에서 재구성

인터넷, 원격 교육, 교육 콘텐츠 시장의 급속한 성장 역시 대학의 입지를 품질과 가격 양 측면에서 위협하는 요인이 되었다. 인터넷 시대의 도래와 더불어 고등교육산업에서는 교육의 본질 자체를 새롭게 규정하고, 게임의 틀을 전환함으로써 전통적 방식에 안주하는 대학들에 대한 불만을 흡수하려는 노력이 지난 십수 년 간 끊임없이 전개되고 있다. 대학의 영원한 독점물이었던 '교육'과 '학습', '연구' 등의 전 분야에서 대체 수단들이 등장하고 있다. 기업 자체가 학습 조직화되어 대학보다 훨씬 양질의 교육과 학습 체제를 구축한 지 오래이며, 지적 자산과 특허 생산의 주

도권 역시 기업들로 이동하거나 대학과 기업 간의 양자 협력 체제로 전환하였다.

고등교육과 시장의 규칙이 완전히 전환된 것은 아니지만, 기존의 대학 교육 기능의 상당 부분은 이미 대학을 떠나 기업으로, 학습 조직들로, 인터넷 공간으로 속속 이동할 조짐을 보여 주고 있다. 이러한 경향은 창의성과 혁신, 속도와 경쟁이 강조되는 시장의 영향력이 커질수록 강화될 것이 분명하다.

학생 자원의 이동은 대학 간에도 활발하다. 지방에서 시작해서 수도권과 외국 등으로 이어지는 학생 자원의 연쇄 이동 구조에서 강원 지역 대학들은 전형적인 인적 자원 유출에 시달린다. 매년 강원 지역 대학에 입학한 학생 자원들 중 평균 7% 정도가 수도권 등지로 이동하여 지역 대학들은 그들이 떠난 자리를 채워야 하지만, 가치 사슬의 하방으로 내려갈수록 자원은 고갈되고, 학생 이동 사슬의 말단에 위치한 지역의 많은 대학이 학생들의 중도 이탈에 따른 극도의 재정적 압박에 직면하고 있다.

[그림 9-8]은 강원 지역 대학에 입학한 학생들의 2009년 중도 탈락률 실태를 보여 주고 있다. 높은 중도 탈락률을 기업에 비유하면 그만큼 이직률이 높다는 것을 의미한다. 결국 대학들은 탈락한 학생 자원이 많을수록 그만큼의 자원을 보충해야 하지만, 이는 이동의 사다리를 내려갈수록 어려워지고, 결국 높은 중도 탈락은 등록금 수입 감소 및 재정 압박으로 이어질 수밖에 없다.

게다가 정부는 2010년부터 재학생 확보 및 유지에 어려움을 겪는 지역 사립대학들의 15%, 국공립 대학들의 10%를 선정하여 이들 대학들에 대해 장학금, 재정 지원 등을 중단하거나 축소하는 강력한 제재 조치들을 시행하기 시작하였다. 이러한 상황에서 강원 지역에서는 지난 2년 동안 30여 국공립 대학들 중 무려 9개 대학이 정부의 각종 제재 대상이 되었

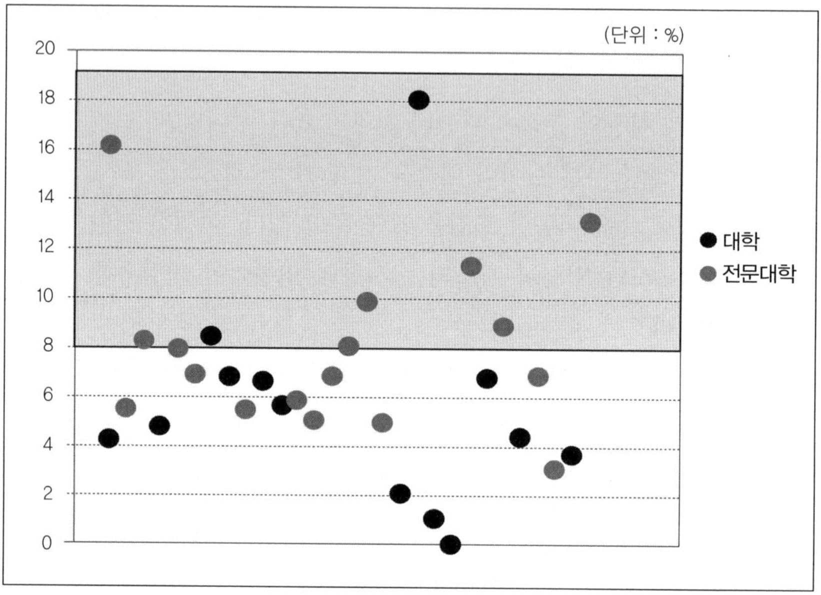

[그림 9-8] 강원 지역 대학 학생들의 중도 탈락률 추이(2009)

자료 : 교육과학기술부, 2011년 대학알리미(http://www.academyinfo.go.kr) 자료에서 재구성

으며, 경쟁력 향상을 위한 노력이 획기적인 성과를 거두지 못하는 한 이러한 상황의 어려움은 앞으로도 더욱 심화될 가능성이 높다.

IV. 대학의 위기와 지역의 협력

오늘날 강원 지역 대학이 직면한 위기는 완벽한 삼각파도와 다름이 없다. 강원도의 핵심 서비스 산업이면서 좋은 일자리와 경제적 기회를 제공해 온 지역 대학들의 절반 정도가 이미 '한계 대학'의 처지에 몰려 있다. 시장 경쟁에서 퇴출 위기에 직면한 기업들이 한계 상황에 직면하는 것과 유사한 시장의 어려움이 고등교육산업에서도 심화되고 있다. 인구과소 지역에 젊은 인구를 공급하고, 지역경제의 안전판 역할을 수행해온 서비스 산업의 기반이 빠른 속도로 사양산업화할 위기에 직면해 있는 것이다.

강원도 대학들의 위기는 근본적으로 대학의 노력 부진보다는 교육 자원 집중 지역인 수도권과의 통학 거리가 너무 먼 지역 대학들의 열악한 지정학적 리스크, 즉 입지의 숙명 때문에 기인한다고 볼 수 있다. 수도권과의 통학 거리가 멀어질수록, 주변 인구가 적어질수록 한계 대학이 많아진다는 것은 이러한 사실을 입증한다.

강원 지역 대학의 위기를 결정적으로 심화시킬 수 있는 또 다른 변수의 하나는 지금도 치열한 정책 쟁점의 하나인 수도권 대학들에 대한 정원 규제 정책 완화 문제이다. 수도권 대학들은 오랜 기간 수도권 인구 집중 규제 전책으로 인해 대학의 정원이 부당한 규제에 묶여 있다는 주장을 펴왔으며, 실제로 대학 정원 규제는 수도권 규제 문제를 둘러싼 핵심적인 정치 쟁점의 하나가 되어 있다(변용환, 2008). 이러한 상황에서 대학 정원 문제에 대한 정부의 입장이 규제 완화 쪽으로 기울 경우 지역 대학들은 사실상 거의 살아남을 수 없는 절체절명의 위기에 직면할 수도 있다. 이러한 모든 상황을 종합해 볼 때 지역 대학들이 직면한 현실적 위기의 폭과 강도는 전례 없는 수준으로 보아야 할 것이다.

그럼에도 불구하고 대학들이 직면한 위기를 주변 상황의 악화 탓으로 돌리기에는 상황이 너무 급박한 것으로 보인다. 이는 확실하고 결정적인 전략적 선택 없이는 장기적으로 예견되는 위기를 타개하기 어렵다는 것을 의미한다. 대학들의 위기 타개 전략이 얼마나 효과를 볼 수 있을지 모르지만, 우리가 생각할 수 있는 위기 타개 전략의 방향은 기본적으로 세 가지 정도로 분류 가능할 것으로 보인다.

그 첫 번째는 대학 자체를 이전하는 것이다. '탈출(exit)'로 부를 수 있는 이러한 선택은, 지금의 지역에서 상황 타개가 불가능할 경우 취할 수 있는 극단적인 생존 전략이다. 이미 강원도에서는 몇몇 대학이 탈출 전략을 적극적으로 시도하고 있다. 그러나 이러한 탈출 전략은 기본적으로 강원도 내에서 이루어져야 하는 문제점을 안고 있으며, 결과적으로 취약한 지역 대학들의 경쟁 환경을 더욱 악화시킬 수 있다. 결국 탈출 전략은 위기 타개를 위한 경쟁력 향상 전략과 분명히 연계되지 못할 경우 일정한 한계를 지닐 것으로 보인다.

두 번째는 대학들이 살아남을 수 있는 영역 중심으로 극단적인 '특화(specialization)' 전략을 추구하는 것이다. 이러한 전략은 자체의 정원 조정, 경쟁력 있는 학과 중심의 재편 등을 통해 이루어질 수 있으며, 이를 위해서는 대학 내에서 대대적인 구조조정을 포함하여 조직의 유연성 확보를 위한 다양한 수단들이 신속하게 취해져야 하는데, 이미 상당수의 대학에서는 이러한 방향으로 적극적인 변화가 진행 중이다. 대부분의 대학은 기본적으로 특성화를 통한 생존 영역의 확보를 위해 전력을 다할 가능성이 높다. 그러나 다른 대학들 역시 유사한 경쟁에 뛰어들고 있기 때문에 이러한 경쟁은 '레드 오션' 상황에 가깝다고 보아야 할 것이다.

세 번째는 치열한 '지위 상승(status up)' 경쟁을 통해 대학의 평판과 상대적 지위를 성공적으로 유지하거나 끌어올리는 것이다. 이른바 '트레이드 업(trade up)'으로 부를 수 있는 이러한 전략적 선택은 모두가 희망하는 것이지만 치열한 노력과 인내, 교육과 연구에 대한 장기간 투자, 제도와 환경의 끊임없는 선진화를 요구한다. 대학 산업의 경쟁 게임을 명성과 평판 우위 점유라는 무형의 가치를 둘러싸고 진행되는 치열한 경쟁으로 볼 때 강원도 내에서 이러한 전략으로 성공할 수 있는 대학은 소수에 불과할 것이다. 그러나 소수에 불과한 몇몇 대학이 이러한 트레이드업 전략으로 성공할 경우 지역과 대학이 나눌 수 있는 보상은 지금보다 훨씬 클 수 있다. 전국적 명성을 넘어 국제적 명성을 획득한 대학을 지역이 보유할 수 있다면, 지역의 가치 또한 함께 상승할 것이 분명하기 때문이다.

대학이 취할 수 있는 위기 극복 전략의 방향은 상당히 제한된 선택의 틀 속에서 어떤 하나의 선택에 집중하거나 몇 가지 전략적 선택을 결합하는 방식으로 진행되지만, 어떠한 경우에도 큰 기회비용을 요구한다. 생존을 위한 결정적 선택은 필연이지만, 어떠한 선택도 대가를 치르게 되어 있고 그러한 선택의 결과 또한 커다란 불확실성에 직면해 있다.

지역과 대학이 궁극적으로 협력해야 하는 부분은 바로 이 지점일 것이다. 장기적으로 공동의 리스크가 크게 걸린 전략적 선택을 위해 대학과 지역사회가 지속 가능한 번영과 공존 전략을 함께 고민하고, 지역발전에 대한 비전을 도출하여 지역에서 국가로, 국가에서 세계로 성공적으로 도약하는 데 대학 자체의 노력만으로는 한계가 있기 때문에 지역과 대학이 전략적 동반자 관계를 형성해야 하는 것이다.

다른 한편 대학들은 지역의 적소성이 갖는 장점을 극대화하고, 특정한 분야에서 대학들 간의 상호 협력과 유기적 분업 체계에 기초한 전략적 지역산업 생태계를 만들어 가는 데 긴밀히 협력할 수 있을 것이다. 지방정부와 중앙정부는 이러한 대학들의 전략적 선택과 산업 생태계 구축을 위한 정책적 지원 등을 유기적으로 결합시켜 대학의 특성화를 유도할 수 있을 것으로 보인다.

대학과 지역의 새로운 협력 체제 구축에서 중요한 부분의 하나는 학생들이 정주하는 대학을 만들기 위한 노력에서 동반자 관계를 구축하는 것이다. 강원도의 지역 대학들은 점점 더 역외 인구에 의존할 수밖에 없다. 지역 역시 인구 구조의 질적 저하와 지역의 침체를 막기 위해 젊은 유동

인구가 지역에 머물 수 있는 최적의 시간과 공간을 제공하지 않으면, 젊은 인구 자원의 경제적 효과를 누릴 수 없다.

대학과 지역 노동시장의 긴밀한 연계와 경제적 네트워크 형성을 위한 협력도 대학과 지역의 협력이 반드시 요구되는 분야의 하나로 볼 수 있다. 산업 기반이 취약한 강원 지역의 경우, 대학들은 점점 더 외부에서 찾아오는 인구를 교육시켜 이들을 다시 역외로 유출시켜야 하는 일종의 '인력 가공' 기관 역할을 수행할 수밖에 없었다.

지역 노동시장과 대학의 유기적 연계 구조가 발달하지 못한 한국의 지역사회는 대부분 이러한 문제를 안고 있지만, 강원 지역의 경우 소중한 청년층의 역외 인구 유출은 훨씬 심각하다. 대학을 마친 젊은 미래의 노동력이 지역에서 더 많은 일자리를 구하고, 지역에 정착할 수 있도록 대학과 지역사회가 긴밀히 협력하는 것 역시 대학과 지역이 긴밀히 협력해야 할 가장 중요한 영역으로 볼 수 있다.

V. 결론

지금까지 본 연구는 산업적 시각에서 강원 지역 대학들의 지역사회와 경제에 대한 기여를 분석하고, 대학이 지역사회에 미치는 경제적 기여를 인구 유발 · 고용 창출 · 소비 등 직접적인 경제적 영역과 더불어 기업가 역량의 육성 · 인적 자원공급 · 지역 브랜드 가치 제고 등 다양한 무형적 자산 효과 등을 통해 검토해 보았다. 이러한 분석을 통해 지역 대학은 지역경제와 불가분의 관련성이 있으며, 지역의 고부가가치 미래 서비스 산업의 핵심 동력인 동시에 지역경제의 미래와 불가분의 관련성이 있음을 논의하였다.

그러나 다른 한편 지역 대학들은 급속히 심화되고 있는 대학 간 경쟁, 교육산업의 글로벌화 그리고 대학 진학 인구의 급속한 감소 등으로 근본적인 위협에 직면해 있다는 사실도 지적하였다. 이러한 상황 변화는 그동안 강원 경제의 핵심 안전판 역할을 수행해 오던 고등교육산업에서 시장 구도의 근본적 변화, 즉 공급자 중심에서 수요자 중심으로의 전환을 배경으로 하고 있기 때문에 생존 자체에 영향을 미칠 수 있는 전례 없는 위기로 보아야 한다. 따라서 새로운 도전에 대응하는 대학들의 혁신 노력과 지역사회의 동반 협력이 뒷받침되지 않을 경우, 지역 대학의 미래를 낙관할 수 없다는 점 또한 분명하다는 것을 지적하였다.

그동안 지역 대학들은 강원 지역 서비스 산업에서 양질의 일자리를 제공하고 외지 인구 유입의 중심 기관으로 지역경제 활성화에 큰 역할을 담당해 왔지만, 대내외 경쟁 환경의 급속한 악화 등으로 학생 자원 이탈·대외 평판도 하락 등 본질적인 위기에 직면해 있다. 대학들은 이러한 위기를 극복하기 위해 자체의 구조 조정, 캠퍼스 이전 등 극단적인 자구노력을 경주하고 있다. 그러나 현재의 위기는 대학들의 자구노력만으로 극복하기 어려울 정도의 근본적인 환경 변화를 동반하고 있기 때문에 대학 자체의 힘만으로는 극복하기 어렵고, 따라서 대학과 지역사회의 긴밀한 협력이 어느 때보다 절실히 요구되고 있다.

지역사회에 뿌리 박고 지역과 함께 성장해 온 지역의 대학들이 직면하는 위협은 과거 강원도의 지역경제 전체를 위기에 빠트렸던 석탄산업 구조조정과 거의 유사한 악영향을 미칠 수 있으며, 이러한 현상은 이미 진행 중에 있다. 그러나 지역 대학의 붕괴는 과거의 산업 구조조정과는 비교할 수 없는 큰 지역적 손실과 사회적·문화적 자산의 붕괴로 이어질 가능성이 높다.

오늘날의 글로벌 사회에서 우리는 산업이 떠나고 고용이 사라진 지역이 순식간에 차갑고, 어둡고, 삭막한 사회로 뒤바뀌는 것을 얼마든지 목격할 수 있다. 산업과 고용이 사라지고 사람들이 떠난 붕괴되는 지역사회의 어두운 모습을 상상하는 것은 어렵지 않다. 학생이 떠나고 대학이 사라진 지역들이 직면하게 될 지역사회의 현실 또한 이와 유사할 것이다. 대학과 지역사회의 상생을 위해 양자가 함께 고민하고 지역 대학의 역할을 증진하기 위한 단합된 노력이 절실한 이유가 여기에 있다.

대학 역시 지금의 방식이 무한정 지속될 수 없다는 사실을 냉정하게 인식하고, 창의적 혁신을 통한 경쟁력 향상에 매진해야 한다. 이를 위해 대학들은 기업가 역량을 키우고, 전국적 차원뿐 아니라 국제적 차원에서 경쟁 가능한 차별화된 경쟁 우위 요소를 확보하기 위해 전력을 기울여야 한다. 대학들의 생존 전략은 저마다 지닌 입지적 특성과 인적 역량의 장점과 잠재력을 가장 효과적으로 극대화할 수 있는 방향으로 모색되는 것이 필연적 선택이 될 것이다. 위기 타개를 위한 대학들의 노력을 기반으로 지역과 대학, 지역과 산업의 협력 체계를 구축하고 차별적 경쟁 우위를 확보하여 지역경제 활성화의 중심축에 대학이 제 역할을 할 수 있도록 지역과 대학이 협력하는 것이 중요하다.

문제는 얼마 남지 않은 시간이다. 4~5년 후면 대학 진학 인구는 매년 2~3%씩 급격히 감소할 것이다. 이는 지금까지 아무도 경험해 보지 못한 전례 없는 규모와 속도의 변화이며, 수요의 감소이다. 결국 차별화된 경쟁력을 갖추지 못한 대학들은 소리 없이 소멸되거나 간판만 유치한 채 겨우 살아남는 극단적인 어려움에 직면할 것이 분명하다. 이러한 시나리오는 앞으로 다가올 현실이 아니라 이미 진행 중인 현실이기에 지역사회와 대학에 남겨진 시간은 별로 없다.

지역과 대학의 미래를 위한 협력은 상호 간의 깊고도 절실한 경제, 사회, 문화적 상호 의존의 필요에 기반하고 있다. 대학에 대한 투자가 높은 가치를 지니는 이유는 미래의 시간에 대한 투자이기 때문일 것이다. 다음 세대를 위한 투자 없이 미래의 시간을 담보하기 어렵기 때문에 대학에 대한 투자는 높은 미래 가치를 지닌다. 지역과 대학이 미래를 위해 사용 가능한 소중한 자원과 에너지를 어떻게 쓸 것인지를 절실하게 고민해야 할 진실의 순간에 선 것이다.

제10장

산천어 축제의 작은 일자리 만들기

박준식 · 최윤재

I. 문제의 제기

국가나 기업 혹은 그 사회에 속한 하나의 집단이 소기의 목적을 달성하기 위하여 단순히 예산을 책정하고 계획을 세워 자본금을 중심으로 일을 진행하며 움직였던 시대는 그 일의 효율성과 창출되는 결과의 성과적 측면에 대한 강력한 도전을 받고 있다. 오늘날의 사회는 물적 자본 및 인적 자본에 대한 개발과 투자 강화를 토대로 실제 일에 투입되는 물적 자본의 최소화를 이루려는 행동을 넘어, 물적 자본과 인적 자본 이외에 사회 구성원들 간의 관계와 관련하여 존재하는 다양한 요소들의 결합인 사회적 자본에 대한 활용이 필요하다.

사회적 자본의 활용은 전혀 새로운 개념이 아니다. 그 용어의 정립이 이루어지지 않았을 뿐 사회적 자본의 핵심 역할을 차지하는 네트워크와 호혜성, 신뢰 그리고 규범(Bourdieu, 1986; Coleman, 1988; Putnam, 1993a; Fukuyama, 1995; EOCD, 2001)은 인간사회 곳곳에서 나타난다. 뉴욕의 유대인 보석상인 공동체 혹은 카이로 상인들에게 나타나는 모습이 대표적이라 할 수 있다. 두 상인 집단은 이미 오래전부터 사회적 자본의 핵심 요소인 신뢰와 네트워크 그리고 호혜성에 바탕을 둔 공동체를 형성하고 있었다(Coleman, 1988).

유럽의 역사에서도 중세의 길드(Guild)와 같은 공동체 조직이 존재했다. 길드는 단순히 중세도시의 성립과 그 발전 과정에서 나타난 상공업자들의 동업 조직을 넘어 사회적 자본의 속성을 내포하는 양태를 띠기도 했다. 사회적 자본은 사람들이 의도적으로 사회적 자본을 규정하고 활용한 것이 아니라 그저 오랜 옛날부터 행해졌던 인간 공동체 사회 안에서 나타나는 신뢰와 소통 관계를 통해 상호 간 호혜를 이루려는 모습이라고 이야기할 수 있겠다.

사회적 자본에 대하여 잘 알려진 대표적인 연구로는 미국의 정치학자인 퍼트넘(Putnam)의 연구를 들 수 있다. 퍼트넘은 1994년 이탈리아의 전 지역에 대한 오랜 기간의 연구를 통하여 정책의 영향력이 시민사회의 구조에 따라 각각 상이하게 반응한다는 것을 과학적 분석을 통하여 입증하였고 그 중심영역에 사회적 자본이 존재하며 영향력을 행사한다고 이야기한다. 퍼트넘 이외에도 부르디외(Bourdieu, 1986), 콜만(Coleman, 1988) 등의 여러 학자들이 사회적 자본에 대한 연구와 그 성과를 내고 있다.

사회 공동의 이익과 개인의 이익이 서로 상충되는 오늘날의 현실에서 개인 이익과 공동의 사회 이익을 함께 풀어 줄 수 있는 연결고리인 사회적 자본(Coleman, 1998)에 대한 연구는 참으로 반갑고도 값진 일이 아닐 수 없다. 이런 사회적 자본의 효율적인 활용을 통해 공동의 이익과 개인의 이익을 모두 얻고 있는 좋은 사례가 있다. 바로 국내의 한 지자체에서 매년 겨울 산천어라는 민물고기를 주제로 축제를 여는데, 그 축제에 사용되는 등(燈)을 만드는 프로그램이 바로 그것이다.

대한민국 강원도에 위치한 인구 2만 4000여 명(2011) 남짓의 작은 도시 화천에서 매년 평균 94만여 명의 관광객이 찾아들며 문화체육관광부 지정 2011 문화관광최우수축제로 선정된 산천어 축제가 행해지고 있다. 특히 축제의 핵심 요소 중 하나인 산천어등(燈) 게시 행사가 함께 행해지고 있는데, 이 행사의 이면에 실로 고무될 만한 사회적 자본의 활용이 숨어 있다(http://www.narafestival.com).

본 연구에서는 화천 산천어 축제의 산천어등 만들기 프로그램에서 나타나는 사회적 자본의 특성과 비교·분석하고 지난 1년간 실제 지역 주민들과 겪으며 체험한 심층 인터뷰의 내용을 첨가하여 그 바탕을 토대로 사회적 자본 활용에 대한 이론적 근거를 제시하는 질적 연구 방법을 택한다.

특히 본 연구를 통하여 사회적 자본의 활용 사례인 산천어등 만들기 프로그램에 참가하는 농촌지역 노인들의 꾸밈없는 삶의 모습과 그 속에서 나타나는 사회적 자본의 긍정적 영향력의 모습을 확인할 수 있다. 마지막으로 화천군에서는 산천어등 만들기 프로그램을 세계적 수준의 문화축제로 계획하여 추진하고 있는데, 이로 인하여 산천어등이 국제적으로 알려지면서 산천어등을 제작하는 지역 노인들이 단순히 지자체의 노인일자리 사업의 수혜자 수준을 넘어 세계화 시대에서의 지역 노인들의 역할 제시라는 성과를 나타내고 있는 사실 또한 밝혀 보려 한다.

II. 작은 공동체의 사회적 자본

부르디외는 『자본의 유형 The forms of capital』에서 자본을 크게 네 가지로 분류한다. 경제적 자본, 문화적 자본, 사회적 자본 그리고 상징적 자본이 그것인데 그는 사회적 자본에 대해 단체 구성원 상호 간에 지속적인 네트워크를 유지함으로써 구성원 상호 간의 제도화된 관계를 인정하게 되고, 결과적으로 각 구성원이 집단적으로 소유하게 된 실제적 또는 잠재적 자원의 합이 바로 사회적 자본이라고 이야기한다(Bourdieu, 1986).

부르디외는 사회적 자본에 대한 연구를 개인 차원에서 분석한 학자이다. 즉 사회적 자본이 '나'를 넘어서 '우리'를 강조한 개념이기는 하지만 여전히 그 중심에는 하나의 개인인 '나'가 존재함을 간과할 수 없는 것이다. 개인과 집단에 대한 담론은 사회적 자본의 또 다른 핵심 요소인 제도에 대한 어젠다 형성에도 큰 영향을 끼친다. 고대로 거슬러 올라가 보면 그리스의 아리스토텔레스는 효율적인 민주주의가 사회발전과 경제적인 번영에 달려있다고 생각했고 그의 주장을 뒷받침하는 수많은 학자들이 그 학파의 혈통을 이어 왔다. 효율적이고 안정된 민주정부를 유지함에 있어 중요한 것은 경제적 부, 교육 등 근대화의 제 측면이라는 강조가 달(Robert A. Dahl)과 립셋(Seymour Martin Lipset) 같은 학자들에 의해 주장되기도 하였다.

부르디외는 사회적 자본의 개념을 경제의 영역에서 가져왔다. 그는 물질적 형태인 경제적 자본이 문화자본이나 사회적 자본과 같은 비물질적 형태로 전환되고, 그 반대의 경우도 발생할 수 있다고 이야기한다. 경제적 자본이 현금과 같은 가시적 형태나 재산권 같은 직접적 형태로 제도화될 수 있는 것처럼 사회적 자본 또한 특정한 조건하에서 경제적 자본으로 전환될 수 있는데, 이는 부르디외가 사회적 자본을 사회구성원들 간의 제도화된 네트워크 연계를 실제적 혹은 잠재적 자산으로 보기 때문이다. 이러한 그의 관점에 따라 사회적 자본형성에 참여하는 개인은 얼마든지 자신의 이익을 얻을 수 있으며, 이러한 그의 접근 방식은 각 개인에 대한 사회성 발현을 독려할 수 있는 도구적 접근으로 바라볼 수 있다.

〈표 10-1〉 부르디외의 자본유형 구분

자본 유형	내용	종류
경제자본	생산의 3요소와 재화로 구성되는 경제적 능력	토지, 노동, 자본, 수입 등
사회적 자본	개인 또는 집단이 동원하여 활용할 수 있는 사회적인 연결망과 관계망	인맥, 클럽, 집단적 오락 등
문화자본	사회화 과정에서 획득하는 문화에 대한 감각과 능력	지식, 교양, 취미, 감성 등
상징자본	위의 자본들이 승인됨으로서 부여되는 자본	위신, 명예, 명성, 신용 등

출처 : 황준성, 「사회적 자본으로서의 신뢰와 한국경제. 신뢰연구」, 2005, 15(2): 15쪽

퍼트넘은 1994년 이탈리아의 전 지역에 대한 오랜 기간의 연구를 통해 그의 저서인 『사회적 자본과 민주주의Making Democracy Work』를 펴내고 정부 정책의 영향력이 시민사회의 구조에 따라 각각 상이하게 반응한다는 것을 보여 주었다.

그는 이탈리아에서 노동조합, 교회 그리고 정치정당이 중요한 세 가지 단체라고 말한다. 그중 교회와 그 구성원에 대한 연구에서 그는 교회에 잘 나가는 사람들은 시민성에 대하여 다른 두 단체에 비해 영향을 덜 받는다고 이야기하고 있는데, 이는 종교적 믿음이 모임에 가장 큰 영향을

끼치고 있어 세속적인 신뢰를 바탕으로 하는 노동조합이나 정치정당과 차별성을 두고 있기 때문이다. 노동조합이나 정치정당은 집단의 이익을 대표적 강령(綱領)으로 두고 있는 데 반해, 교회는 그 외적 형태가 두 단체와 비슷하기는 하나 그 모임의 목적이 신(神)을 위한 이익추구이기 때문이다.

퍼트넘은 사회적 자본의 큰 특징 중 하나인 네트워크를 이야기함에 있어 사회적 자본을 형성하는 공동체 안에서의 수평적 관계를 중요시한다(Putnam, 1993). 수직적 관계에서 나오는 강제성이 아닌 수평적 관계를 통해 얻을 수 있는 자발적 참여가 사회적 자본 형성에 효과적으로 작용한다는 것이다. 자발적 참여를 통해 사회구성원들은 상호 간의 이익을 추구하며 이를 위한 서로 간의 조정과 협력을 촉진할 수 있다. 이 과정에서 반드시 필요한 요소가 신뢰와 규범이며 이러한 관점으로 본다면 사회적 자본은 전통적인 경제적 자본과 달리 사회구성원 간의 조정과 협력을 통해 자본으로서의 효율성을 높일 수 있는 공공재라고도 이해할 수 있겠다.

콜만은 사회적 자본이 기능적인 측면에서 사회 구조 일련의 측면을 구성하며 그 구조 내에 속한 행위자의 특정한 행위를 촉진한다고 이야기한다(Coleman, 1988). 행위자의 행위 촉진은 일련의 구조 안에서 강제력을 수반하는 규범의 존재를 야기하게 되며, 이는 가치 있는 사회적 자본이 다른 사람들에게는 쓸모없거나 오히려 해가 되는 결과를 초래할 수 있다. 즉 사회적 자본을 형성하는 수평적 관계의 조직뿐 아니라 수직적 관계의 조직도 그 개념에 포함시키는 것이다. 사회적 자본의 개념을 수평적 관계를 통한 자발적 참여의 조직으로 규정한 퍼트넘과 달리 콜만은 수직적이고 권위적이며 배타적인 사회네트워크까지 확대시켜 사회적 자본의 개념을 정의하고 있다.

〈표 10-2〉 주요 학자들의 사회적 자본 정의

연구자	사회적 자본 정의
Bourdieu(1986)	사회적 자본은 단체 구성원 상호 간에 지속적인 네트워크를 유지함으로써 구성원 상호 간 제도화된 관계를 인정하게 된 결과, 각 구성원이 집단적으로 소유하게 된 실제적 또는 잠재적 자원의 합이다.
Coleman(1988)	사회적 자본은 단일한 실체가 아니라 일반적으로 두 요소 내의 다양한 실체로서 사회 구조의 일련의 측면을 구성하며, 구조 내 행위자의 특정한 행위를 촉진하는 것이다.
Putnam(1993)	사회적 자본은 신뢰·규범·네트워크 등과 같은 사회 조직의 특징과 관련되는 것으로, 사회 구성원의 상호이익을 위해 조정과 협력을 가능케 함으로써 경제적·정치적 효율을 높이는 것이다.
North(1990)	사회적 자본(비공식제도)은 정부·정권·법의 지배·법원 체제 등과 같은 공식적 제도를 변화시키고, 사람들 간의 복잡한 교환에 있어서 협동적인 해결을 위한 친밀한 환경을 형성하는 것이다.
Fukuyama(1995)	사회적 자본은 집단 내 구성원 간의 협력을 가능하게 하는 일련의 비공식적 가치나 규범으로 집단 또는 조직의 공동목표를 위해 구성원이 함께 일할 수 있는 구성원의 능력이다.
Inglehart(1997)	사회적 자본은 광범위한 자발적 결사체의 네트워크가 출현할 수 있는 신뢰와 관용의 문화이다.
Lin(2001)	사회적 자본은 시장에서의 보상을 기대하고 사회적 관계에 투자하는 것이다.
OECD(2001)	사회적 자본은 사회적 관계에 내재되어 있는 것으로 장래 이익이 될 것에 투자하는 자원으로 생각되는 것이다.

출처 : 박희봉, 2009

1. 화천군 산천어 축제

대한민국 강원도에 위치한 인구 2만 4000여 명(2011) 남짓의 작은 도시 화천에서 매년 평균 94만여 명의 관광객이 찾아들며 문화체육관광부 지정 2011 문화관광최우수축제로 선정된 산천어 축제가 행해지고 있다. 화천 산천어 축제는 도시 중심부를 흐르는 북한강 최상류의 1급수 하천이 겨울에 40cm 이상의 두께로 어는데 이때 얼어붙은 강위에서 구멍을 내고 토종 민물고기인 산천어 낚시를 하던 것에서 발전하여 지난 10여 년간 이어져 오고 있다. 또한 축제가 단순히 화천천(川)의 얼음낚시에서 끝나는 것이 아니라 화천군에 속한 5개 읍면에서 각각 다양한 프로그램과 행사를 준비하여 산천어 축제기간을 중심으로 연계 개최한다. 이로 인해 산천어 축제에 참여한 외부 관광객이 관광을 끝낸 후 인접한 다른 마을로 이동하여 또 다른 축제를 즐기며 지역 공동체의 활성화를 이끌어 내는 시너지 효과를 이루어 내고 있다.

다음의 내용은 화천군 관광정책과의 신광태 홍보담당관과 화천군 나라축제조직위원회의 오세빈 기획팀장의 인터뷰 내용을 토대로 작성된 화천군 산천어 축제에 관한 내용이다.

· 축제의 설립 과정

2003년 처음 축제가 시작되기 전까지 화천 지역의 경제는 군부대와 관련된 면회객이나 파로호의 낚시 관광객들에 의해 움직였다고 보아도 과언이 아닐 만큼 기반영역이 부실했다. 그러던 중 2003년 북한 임남댐으로 인해 평화의 댐 2단계 증축 공사가 시작되었다. 공사기간 동안 강의 상류인 파로호의 물이 빠지고 낚시꾼들의 발길이 끊어지자, 이들을 상대로 장사를 하며 생계를 유지하던 지역 상인들의 피해가 발생했다. 또한 지역의 특성상 남북한 대치 상황에 따른 외교적 갈등이 군인들의 휴가통제로 여실히 나타나면서 이들에 대한 의존도가 높았던 지역경제에 역시 악영향을 미쳤다. 소규모의 1차 산업이나 3차 서비스 산업이 중심이었던 지역경제에서 이러한 악영향들은 살길을 찾아 외부로 유출되는 인구 공동화 현상을 더욱 가속화시켰고 지역 주민들은 침체된 지역의 경제와 분위기를 살릴 수 있는 대안을 찾기에 이르렀다. 그러던 중 대안으로 떠오른 것이 바로 '화천 산천어 축제'이다.

화천은 지역면적의 86.2%가 산지로 형성된 산악지대이며 그 지맥들이 험준한 고산 지대를 이루고 불규칙하게 분포되어 있다. 게다가 북한과 인접한 위치에 있으며 전국에서 유일하게 3개 사단이 하나의 도시에 주둔하고 있는 산악의 군사도시이기도 하다. 공장과 같은 산업 시설은 전무한 상태로, 주요 경제활동은 화전농업(火田農業)과 휴가 장병들을 대상으로 하는 서비스업이었다. 2002년 민선3기로 당선된 정갑철 군수와 그의 행정부는 이러한 상황을 극복하고자 청정자연환경과 사람이 전부였던 화천에서 그동안 소규모로 이루어지던 '남촌 얼음축제'라는 겨울철 얼음낚시 축제를 확장시켜 '산천어 축제'를 개최하게 되었다. 처음 축제를 시작할 당시만 해도 군부대 면회객과 파로호 낚시꾼들을 포함하여 연간 관광객 인원이 10만 명 미만이었던 경험으로 인하여 지역 주민들, 심지어는 축제 개최의 주최 측에서조차 축제의 성공을 반신반의 하였다. 하지만 축제를 개최한 첫 해에 22만여 명이 화천군을 방문하는 기염을 토해 내었다. 당시 지역의 노인들은 너나 없이 "화천에서 6·25전쟁 당시 중공군이 내려온 이후로 가장 많은 인원을 보았다"고 이야기하며 놀라워했다고 한다.

화천군에서는 산천어 축제를 기반으로 하여 아래와 같은 다양한 행사들을 운영하며 지역사회의 발전을 도모하고 있다.

· 축제의 운영

화천 산천어 축제는 "얼지 않은 인정, 녹지 않는 추억(Unfrozen Hearts, Unforgettable Memories)"을 주제로 청정한 자연환경을 구호로 내세우며 축제를 이어 오고 있는데 흥미로운 것은 축제의 주관이 화천군청이 아닌 민간 조직 기구 '화천군 나라축제조직위원회'라는 재단법인에서 맡고 있다는 것이다. 축제와 관련된 모든 행사 내용과 일정은 조직위원회에서 계획을 세워 추진하며 행사에 필요한 시설물의 제작 및 유지 보수까지 담당한다. 화천군에서는 축제를 운영함에 있어 권위적인 행정적 방식을 탈피하며 현장 중심, 지역 주민들과의 소통강화를 위해 실질적 축제 운영 조직을 민간 기관에 의탁함으로써 행정 기관을 벗어나 민간인의 자발적 참여를 증대시키는 효과를 얻고 있다.

〈표 10-3〉 화천 산천어 축제 프로그램 및 관련 행사

1. 축제 운영	
주최	화천군
주관	(재)화천군 나라축제조직위원회
후원	문화체육관광부, 강원도, 한국관광공사, 한국철도공사, 지역 기관/사회단체, 지역 군부대 등
2. 주요 프로그램(40여 종의 다양한 프로그램)	
항목	내용
산천어 체험	산천어 얼음낚시(현장/예약/외국인, 어린이 전용), 산천어 루어낚시, 산천어 맨손잡기 등
눈/얼음 체험	눈사람광장, 눈썰매, 눈조각, 빙상/레포츠광장(스케이트 · 아이스하키 · 스노우사커 등), 빙벽, 크로스컨트리, 얼곰이열차, 얼음미끄럼틀, 얼음썰매, 얼음축구, 콩닥콩닥 봅슬레이, 짚라인, 보트눈썰매(예정) 등
문화/이벤트	거리콘서트, 겨울문화촌, 군부대/전의경의 날, 산천어 공방, 선등거리, 세계 겨울도시 광장, 아시아 빙등광장, 얼곰이성, 오늘의 산천어 이벤트, 축제홍보관 등
편의/먹거리	공공캠페인, 기념품판매소, 낚시점, 농특산물나눔촌, 단체관광객 만남의장, 매점, 물빛누리 산천어식당, 물품보관소, 보험사 현장지원센터, 산천어 구이터, 일반식당(먹거리터), 얼곰이 낚시교실, 외국인 휴게소, 응급의료센터, 자율캠핑촌, 종합안내센터(+작은 안내센터), 회센터, 화천군의회, 향토주전부리장, 휴게소 등

사랑방마실	화천읍 풍산리 풍산마을, 화천읍 동촌1리 마을, 화천읍 대이리 청년회, 하남면 원천2리 하늘빛호수마을 사랑방마실, 간동면 파로호권역 사랑방마실(바로파로 겨울축제), 사내면 사창리 제4회 동심(冬·童心)눈사람축제

출처 : 화천 군청 홍보실

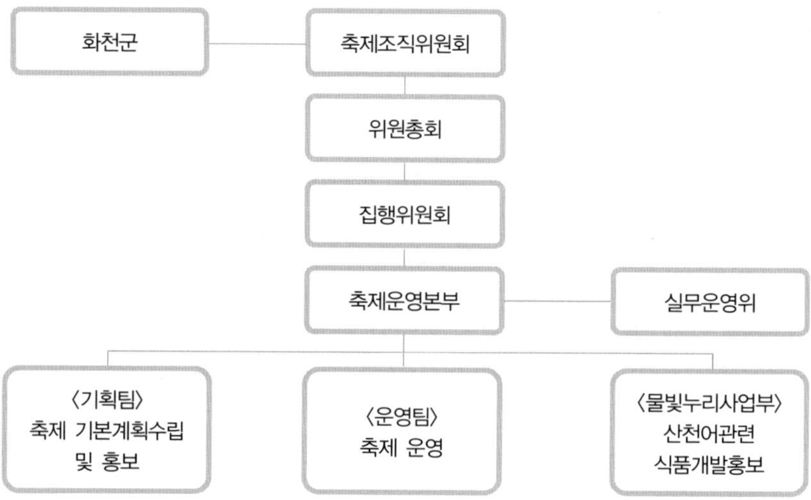

[그림 10-1] 화천 산천어 축제 조직 구조도

출처 : (재)화천군 나라축제조직위원회

축제와 관련하여 정부의 예산 지원과 같은 업무들은 군청에서 맡고 그 이외의 전반적인 모든 부분은 재단법인 나라축제조직위원회에서 맡는다. 화천군 산천어 축제에 관한 지난 8년간의 인원 통계, 경제적 파급 효과 및 관련 자료들은 다음의 표로 정리할 수 있다(2003~2010 산천어 축제 총괄자료 〈표 10-4〉, 〈표 10-5〉 참조).

〈표 10-4〉 방문객 수, 프로그램 총수입, 경제적 파급 효과

연도별	축제기간	방문객 수 (외지인) (외국인)	프로그램 총수입	경제 파급 효과			
				전체	간접	직접	고용
2003 (제1회)	1. 11~ 1. 26 (16일 간)	22만 명		23억		23억	
2004 (제2회)	1. 1~ 2. 1 (32일 간)	58만 명		94억		94억	
2005 (제3회)	1. 7~ 1. 30 (24일 간)	87만 명 (83만)		886억	525억	361억	1,322명
2006 (제4회)	1. 7~ 1. 30 (24일 간)	103만 명 (100만) (1,200)		906억	485억	421억	1,514명
2007 (제5회)	1. 6~ 1. 28 (23일 간)	125만 명 (123만) (1,370)	10억 원	1169억	620억	549억	2,049명
2008 (제6회)	1. 5~ 1. 27 (23일 간)	130만 명 (122만) (2,050)	16억 원	967억	510억	457억	1,675명
2009 (제7회)	1. 10~ 2. 1 (23일 간)	105만 명 (100만) (3,030)	17억 원	841억	447억	394억	1,485명
2010 (제8회)	1. 9~31 (23일 간)	133만 명 (125만) (7,000명)	21억 원	1164억	630억	533억	2,040명
2011	구제역으로 인해 축제 취소						

출처 : 화천군 나라축제조직위원회 홍보문서

〈표 10-5〉 상품권 발행(지역화폐), 사랑방 마실[산천어등(燈) 제작 공방(工房), 기념품 판매], 언론보도현황, 축제예산, 문화관광부 등급

연도별	축제기간	상품권 발행 (천 원)	사랑방 마실	언론보도 현황	축제 예산	문광부 등급
2003 (제1회)	1. 11～ 1. 26 (16일 간)	-	-	국내 56회	7천	-
2004 (제2회)	1. 1～ 2. 1 (32일 간)	-	-	국내 74회	3억	
2005 (제3회)	1. 7～ 1. 30 (24일 간)	-	-	국내 116회	3억	예비
2006 (제4회)	1. 7～ 1. 30 (24일 간)	농촌 315,175(63,035매) 화천 239,825(30,365매)	1,847명 29,000,000원	국내 243회	3억	유망
2007 (제5회)	1. 6～ 1. 28 (23일 간)	농촌 504,440(100,888매) 화천 358,645(77,329매)	7,134명 45,300,000원	국내 349회 해외 53회	4억	유망
2008 (제6회)	1. 5～ 1. 27 (23일 간)	농촌 643,410(128,682매) 화천 648,056(140,670매)	48,833명 173,400,000원	국내 558회 해외 30회	4억 7천	우수
2009 (제7회)	1. 10～ 2. 1 (23일 간)	농촌 657,215(131,443매) 화천 517,510(123,502매)	56,719명 320,354,000원	국내 806회 해외 32회	7억 5천	우수
2010 (제8회)	1. 9～ 31 (23일 간)	농촌 826,850(165,370매) 화천 596,056(133,966매)	80,970명 436,020,000원	국내 1,333회 해외 100회	6억	최우수
2011	구제역으로 인한 축제 취소					

주 : 간접효과=생산+소득유발 효과
직접효과=외지관광객 1인 직접 지출비용×외지인 방문객 수
문광부 등급=문화체육관광부에서 선정하는 대한민국 대표 축제 등급
출처 : 화천군 나라축제조직위원회 홍보문서

〈표 10-6〉 연도별 사랑방마실 운영 현황

<table>
<tr><th>연도</th><th>구분</th><th colspan="2">화천읍</th><th colspan="2">간동면</th><th colspan="2">하남면</th><th>상서면</th><th>사내면</th><th>합계</th></tr>
<tr><td rowspan="2">2006</td><td>방문객</td><td colspan="2">800명</td><td colspan="2">760명</td><td colspan="2">593명</td><td>494명</td><td>-</td><td>2647명</td></tr>
<tr><td>수익금</td><td colspan="2">900만 원</td><td colspan="2">800만 원</td><td colspan="2">380만 원</td><td>820만 원</td><td>-</td><td>2900만 원</td></tr>
<tr><td rowspan="2">2007</td><td>방문객</td><td colspan="2">221명</td><td colspan="2">1,699명</td><td colspan="2">434명</td><td>980명</td><td>3,800명</td><td>3,334명</td></tr>
<tr><td>수익금</td><td colspan="2">280만 원</td><td colspan="2">-</td><td colspan="2">650만 원</td><td>1800만 원</td><td>1800만 원</td><td>2730만 원</td></tr>
<tr><td rowspan="2">2008</td><td>방문객</td><td>8020명</td><td>582명</td><td colspan="2">7,470명</td><td colspan="2">735명</td><td>2,026명</td><td>30,000명</td><td>18,833명</td></tr>
<tr><td>수익금</td><td>3180만 원</td><td>770만 원</td><td>5640만 원</td><td>1700만 원</td><td colspan="2">830만 원</td><td>2620만 원</td><td>2600만 원</td><td>1억 7340만 원</td></tr>
<tr><td rowspan="2">2009</td><td>방문객</td><td>7,562명</td><td>5,365명</td><td colspan="2">6,170명</td><td colspan="2">3,062명</td><td>2,560명</td><td>32,000명</td><td>56,719명</td></tr>
<tr><td>수익금</td><td>8280만 원</td><td>6420만 원</td><td colspan="2">5870만 원</td><td colspan="2">3649만 원</td><td>4442만 원</td><td>5873만 원</td><td>3억 4534만 원</td></tr>
<tr><td rowspan="2">2010</td><td>방문객</td><td>3,750명</td><td>5,650명</td><td colspan="2">25,650명</td><td>3,195명</td><td>3,157명</td><td>4,538명</td><td>35,030명</td><td>80,970명</td></tr>
<tr><td>수익금</td><td>3794만 원</td><td>8116만 원</td><td colspan="2">1억 5965만 원</td><td>2827만원</td><td>3262만 원</td><td>6110만 원</td><td>3528만 원</td><td>4억 3602만 원</td></tr>
</table>

주 : 2006년 화천읍 동촌리/간동면 구만리/하남면 원천리/상서면 신대리/사내면 광덕리
2007년 화천읍 동촌리/간동면 구만리/하남면 원천리/상서면 신대리/사내면 용담
2008년 화천읍 풍산리, 동촌리/간동면 파로호권역마을, 구만리/하남면 원천리/상서면 신대리/사내면 문화마을
2009년 화천읍 풍산리, 동촌리/간동면 파로호권역마을/하남면 원천리/상서면 신대리/사내면 문화마을
2010년 화천읍 풍산리, 동촌리/간동면 파로호권역마을/하남면 원천리, 논미리/상서면 신대리/사내면 문화마을
출처 : 화천군 나라축제조직위원회 홍보문서

1) 산천어 축제의 산천어등 만들기

화천군 산천어 축제에는 대표적인 이색 볼거리가 있다. 바로 산천어 모양의 등(燈), 일명 '산천어등(燈)'이다. 철사로 산천어 모양의 뼈대를 만들고 겉에 한지를 붙인 후 색을 칠한다. 등의 가운데 부분을 비워 전구를 넣을 수 있게 만든 후 고리를 달아 거는 형식이며 특히 산천어등 1만 7000여 개를 내건 선등거리는 12월 한 달간, 매일 밤 점등되며 수많은

관광객들의 이목을 사로잡는다. 산천어등은 공장에서 제작되는 것이 아니라 지역의 노인들이 1년간 축제를 기다리며 만든 수공예품이다. 지역의 노인들은 연간 2만~2만 5000여 개의 산천어등을 제작한다.

(1) 산천어등 제작의 배경

축제가 시작되면서 낮에 축제를 즐기던 관광객들이 밤이 되면 즐길 거리가 없다는 문제가 발생하였다. 이를 위해 나라축제조직위원회에서는 기존에 축제의 상징물로 제작하였던 대형 산천어 모양의 등에서 그 아이디어를 착안하여 산천어등 거리를 계획하게 되었다. 등의 크기를 줄이고 개수를 늘려 화천군·화천읍·중앙로 전체에 산천어등을 달고 점등식을 하였으며, 특히 소설가 이외수 선생(2011년 현재 화천군 다목리 거주)이 “이 거리를 걸으면 누구나 신선(神仙)이 된다”라는 의미로 ‘선등거리’라는 이름을 지어 주면서 축제의 새로운 문화로 자리매김하게 되었다.

(2) 산천어등 제작과 노인 일자리

처음 산천어등을 제작하면서 축제조직위원회에서는 전문적으로 등을 제작하는 공방에 제작을 의뢰했다. 그때 축제 담당자가 지역의 노인 몇 명과 동행했는데 등이 제작되는 과정을 보면서 이 정도면 지역의 노인들도 충분히 제작할 수 있겠다는 생각을 했다. 당시 군청에서는 일자리창출사업을 진행하면서 예산을 집행할 곳을 찾고 있었고 기왕이면 축제와 노인들에게 모두 도움이 되면서 기존의 대표적 일자리창출사업이었던 거리 청소나 제초작업보다 작업량도 적고 실내에서 할 수 있는 산천어등을 만드는 것이 적합하다고 판단하여 시행하게 되었다. 또한 산천어등을 제작하는 공방을 관광상품화함으로써 겨울에만 한정되어 있던 산천어 축제가 지역의 연중 관광 자원으로 연계되는 효과도 얻게 되었다. 산천어등 만들기 프로그램의 특징은 민간에서 자발적으로 참여하게 된 사업이라는 것이다. 산천어등 만들기 프로그램은 산천어 축제를 더욱 풍성하게 하며 더불어 노인들의 일자리 창출도 이루어 내는 주민과 행정 기관 간의 협력에 대한 좋은 예로 볼 수 있다.

산천어등 제작은 주로 70대 이상의 고령 노인들이 주축이 되어 월요일 오전 9시에서 금요일 오후 5시까지 오전반과 오후반으로 나누어 운영된다. 보통 14명이 한 조를 이루어 오전반 혹은 오후반에 배정이 되며 남자 노인들이 철사를 휘어 뼈대를 만드는 작업을 하고 여자 노인들이 만들어진 뼈대 위에 한지를 붙이고 색을 칠하는 작업을 한다. 1인 평균 하루에 2~3개 정도의 산천어등을 제작한다.

산천어등 만들기는 공식적으로 노인 일자리창출사업의 일환으로 운영되는 형태이기 때문에 강제나 의무성이 없다. 이는 생산적인 측면에서 공장의 기계로 생산하는 것에 비해 다소 부족할 수 있다. 하지만 소일거리가 없이 집에서 홀로 무료한 시간을 보내는 노인들을 대상으로 이루어지는 '일자리창출사업'인 만큼 등 만들기 사업의 주된 관심은 생산되는 등이 아닌, 산천어등을 만드는 노인들에게 집중되어 있다. 하지만 조금 여유로워 보일 수 있는 이러한 생산 방식에도 불구하고 화천군의 5개 읍면에 위치한 산천어 공방에서는 연간 2만~2만 5000여 개의 산천어등을 생산해 내고 있다. 또한 군청에서는 기존의 선등거리행사를 확대하여 12월 한 달간 화천군 읍내의 모든 가정이 등을 밝혀 도시의 새로운 문화축제로 만드는 계획을 추진 중에 있으며, 해외의 여러 겨울 축제와 연계하여 해외관광객 유치에도 박차를 가하여 세계적인 문화축제로의 확대를 도모하고 있다.

산천어등 제작은 화천군에 속한 5개 읍면에 설치된 산천어 공방에서 이루어지며, 제작에 참여한 노인들은 군청의 일자리창출사업계획의 시행사항에 포함되어 매월 약 30만 원의 급여를 받고 있다. 참여를 원하는 노인들은 누구나 면사무소를 통해 신청 가능하며 참여에 대한 특별한 제약은 없다.

2) 산천어등 만들기에 나타나는 사회적 자본의 특성 분석

사회적 자본에 대한 개념 정의를 내림에는 수많은 학자들의 다양한 의견이 존재한다. 하지만 그럼에도 여러 학자들의 의견에서 몇 가지 공통점을 발견할 수 있다. 사회적 자본에 대한 단일한 정의가 존재하지 않고, 학자들 간에 규범(Dorothy, 1997; Eisenberg, 1998) 또는 신뢰(Fukuyama, 1995) 등과 같은 사회적 자본의 한 측면을 상대적으로 강조한다 하더라도 사회적 자본이 사람들 간에 발생하는 사회적 상호 관계에 기초한다(de Souza Briggs, 1997; Lappe & Du Bois, 1997; Leana & Van Vuren III, 1999)는 데는 일치를 보인다. 부르디외(Bourdieu, 1986), 콜만(Coleman, 1998), 린(Lin, 2001), 버트(Burt, 1992), 포르트(Porte, 1986) 등은 모두 사회적 자본이 한 행위자가 추구하는 목적이 잘 달성될 수 있기를 희망할 때 동원될 수 있는 사회관계 및 사회 구조 내에 배태되어 있는 자원으로 구성된다고 보고 있다. 또한 사회적 자본은 흔히 신뢰와 호혜성에 기초해 있고, 사람들 사이의 관계 속에 배태되어 있으며, 특정한 목적 지향적 행위에 동원될 수 있는 자원으로 정의된다(Lin, 2001; Granovetter, 1985; Portes, 1998; Coleman, 1988)라고 이야기하기도 한다. 결국 사회적 자본에 대한 학자들의 다양한 의견에서 나타나는 공통적 내용들 그리고 그 내용들 안에 나타나는 공통적인 요소들이 존재하는데 크게 네트워크, 신뢰 그리고 이 모든 것의 목적이 되는 상호 간의 호혜성을 들 수 있다. 특히 지역 축제와 관련하여 나타나는 사회적 자본 특성의 경우 아래 그림에서 볼 수 있듯이 신뢰, 네트워크 그리고 규범이 중심 요소가 된다고 이야기 할 수도 있다.

또한 앞에서 언급한 것 이외에 사회적 자본을 구성하는 요소들로는 자발적 참여, 공통분모 등을 들 수 있다. 그러나 이러한 요소들은 네트워크, 호혜성 그리고 신뢰를 기본바탕에 두어야 이루어질 수 있는 것들이기 때문에 이 세 가지 요소를 사회적 자본의 핵심 요소라고 이야기하겠다. 특히 네트워크, 호혜성 그리고 신뢰는 화천군 산천어 축제의 산천어등 만들기 프로그램에서 쉽게 발견할 수 있는 특성이기도 하다. 이런 세 가지 핵심 요소들을 중심으로 하여 화천군 산천어 축제의 산천어등 만들기 프로그램에서 나타나는 사회적 자본의 특성에 대해 알아보도록 하겠다.

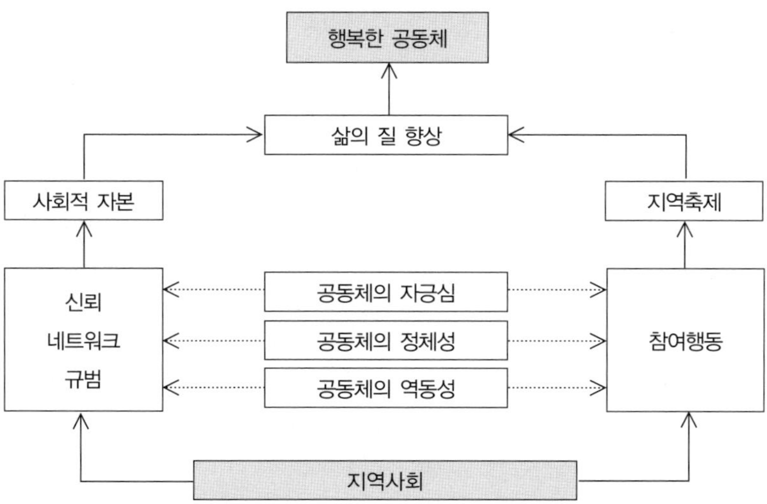

[그림 10-2] 지역 축제와 사회적 자본의 관계

출처 : 이승철 · 허중욱(2010)

(1) 네트워크

사회적 자본을 구성하는 핵심 요소의 첫 번째는 '네트워크' 또는 그 '네트워크의 형성과 참여'이다. 사회적 자본 형성을 위한 네트워크는 개인이나 집단 내부에서 구성원들 간의 수직적·수평적 관계를 맺음으로써 가능하다. 이러한 관계의 구성은 자발적이며 동등한 성격을 지닐 때 그 효과가 증가될 수 있다. 이러한 네트워크의 형성은 조직력을 강화시키며 공동체의 성장을 이끌어 내고 집단 내의 정보공유 효율성을 증대시켜 공식적·비공식 제도가 정확한 정보를 제공하도록 하여 시장 실패를 최소화할 수 있다. 화천 산천어등 만들기 사업의 모습에서 이러한 사회적 자본의 영역인 네트워크의 특징들을 살펴볼 수 있다. 앞서 말한 네트워크를 통한 시장 실패의 최소화라는 조직의 목적을 산천어등 만들기 사업에 비추어 볼 때 노인 일자리창출사업에 대한 실패의 최소화와 그 사업의 효과적인 운영으로 연결해 생각할 수 있다. 산천어등 만들기 사업에서 사업의 주체인 노인들의 자발적 참여를 촉발시키는 핵심 요인이 있는데 그것은 바로 노인들이 등 만들기라는 일에서 얻는 즐거움이다. 산천어 공방에 나오는 노인들은 60대 중·후반에서 80대 초반까지의 연령대이다. 이들과의 대화를 통해 얻을 수 있는 공통적인 이야기는 공방에서 작업을 할 때 재미가 있다는 것이다.

– 질문
산천어등 만들기 하면서 혹시 힘든 점은 없으신가요?

– 답변
하는 사람은 다 재미있지, 다른 데 가면 어디 이렇게 좋은 데 있습니까? 늙은이들 어디 가서 이렇게 일 못해요. 여름에 더우면 에어컨 틀어 주고 겨울에는 바닥 따뜻하고 얼마나 좋은지 몰라(이음전 할머니, 76세).

하루에 딱 4시간 하고 가는 거라서 힘들지도 않고 딱 좋아요. 집에 있으면 뭐 하나 이런 데 나와서 서로 이렇게 둘러앉아서 우스갯소리도 하고 아주 좋아요(이억실 할머니, 71세).

힘들지 않고 오히려 재미있어요. 우리는 여기서 일할 때 서로들 찐 감자, 찐 옥수수 같은 간식거리를 가져와서 나눠 먹지요. 아주 재미있어요(주광순 할머니, 69세).

일 시작하고 전에 비해서 어디 갈 곳이 있다는 사실이 즐겁고 고맙고 그래요. 이 나이에 어디 가서 일한다는 게 쉽지가 않잖아요? 그런데 여기 오면 노인들이 모여서 대화도 하고 좋아요. 혼자 있으면 적적하고 그래. 그전에는 노인정에서 주로 모였는데 여기서 일하면 돈도 주고 하니까, 노인정에서 마냥 노는 것보다는 낫잖아? (웃음)(김옥순 할머니, 74세)

한평생 살면서 장사도 하고 이것저것 다 해봤는데 이게 제일 나은 것 같아. 아주 천국 같아, 여름에 시원하고 겨울에 따뜻하고 하니까. 내가 몇 년 전까지 무료 봉사활동도 하고 그랬어요. 그런데 나이가 들면 힘에 부치니까 뭔가 활동을 하고 싶어도 못하는 거지. 그런데 여기 오면 이렇게 내가 무엇인가를 할 수 있다는 일자리가 있으니까 좋아요. 여기 노인들이랑 눈치 보지 않고 떠들고 웃고 하면서 만드니까 재미있고 집에서 노는 것보다 보람도 있고 그래요(장정필 할머니, 80세).

어르신들이 얼마나 즐겁게 일을 하시는지 웃음소리가 밖에까지 들릴 때가 많은데 그럴 때마다 정말 좋은 제도가 생긴 것 같아 보람을 느끼고 기분이 좋아요(한명자, 산천어 공방 담당자).

질문을 던지자 노인들은 마치 약속이라도 한 듯 이구동성으로 힘들지 않고 재미있다는 말로 이야기를 시작했다. 또한 산천어등 제작 공방에 상주하며 늘 노인들과 시간을 보내는 공방 담당자는 노인들이 항상 출근 시간보다 10~15분 먼저 출근해서 일을 시작하고 퇴근하기 전 스스로 간단한 작업장 청소를 하고 간다고 한다. 이는 어느 누구의 강요가 없었음에도 본인들 스스로 하는 것이며 공방에 나와 일하는 것을 즐거워한다는 것이다.

작업장에서는 연령의 차이가 있을 뿐 산천어등을 만드는 데에 있어서는 모두가 수평적 관계에 놓여 있다. 또한 등 만들기에 참여하는 노인들은 모두가 이웃 주민의 소개를 통해 참여하게 되었다고 한다. 이들의 네트워크 관계는 아래 그림의 형태로 볼 수 있다.

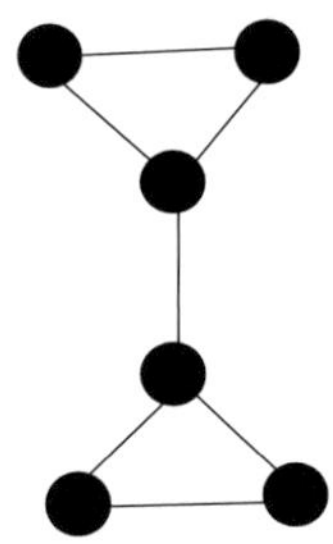

[그림 10-3] 사회적 연결망의 가상적 형태

그림은 서로 연결된 2개의 집단 사이에 하나의 연결이 추가됨으로써 모든 사람이 서로에게 직간접적인 영향을 줄 수 있게 되어 있다(정동일 · 허목화, 2010). 통상적으로 공방에서 일을 하기 위해서는 군청에 신청을 해야 한다. 사업 초기 군청에서는 오전반과 오후반에서 각각 반장 노인을 뽑아 이들에게 주변 노인들에게 산천어등(燈) 제작에 대한 홍보를 하도록 부탁했다. 그것이 시초가 되어 노인 개인이 직접 군청을 찾아가는 경우도 있지만, 대부분은 반장 노인이 군청의 담당자와 연결하여 작업인원을 관리하는 형태를 띠고 있다. 사업의 성격이 노인 일자리창출사업의 일환인 만큼 반장 노인이나 군청의 담당자는 공방 작업자들에 대한 해고 등의 수직적 관리 업무가 아닌 단순한 인원 보고나 작업 중 발생할 수 있는 고충 및 건의사항에 대한 전달의 역할을 수행하게 된다. 이는 자칫 상하 수직적 관계의 발생으로 작업장 내에서 일어날 수 있는 경직된 분위기와 반장 노인의 근로 노인 선택권한의 강화로 인한 갈등의 발생을 차단할 수 있게 하기 위함이다.

> 등 만들기를 하고 싶은 사람은 이제 회장님한테 가서 말하면 돼. 그리고 그렇게 안 해도 회장님이 이제 직접 돌아다니면서 사람 모으고 그래. 워낙 동네가 작아서 사람들이 서로 다 알고 또 회장님하고 다 친분이 있어. 그리고 등 만들기 하는 사람들끼리는 또 굉장히 친하지. 일 끝나면 같이 집에 가서 그냥 앉아서 놀고 텔레비전 보고 그래. 주말에는 집에서 그냥 놀고 그래(이음전 할머니, 76세).

반장 노인과 군청, 반장 노인과 산천어등 제작 노인들 그리고 산천어등 제작 노인들 각각의 네트워크 형성은 작업장 내의 분위기를 화목하고 유연하게 해주며 그들 간의 인간적인 친목을 더욱 돈독하게 만들어 준다. 또한 이로 인해 등 만들기 사업은 정부에서 지원되는 예산과 기본적인 행정사항 이외의 모든 것이 지역의 노인들 스스로의 움직임으로 이루어지게 되며 이는 인원 관리, 생산되는 생산품의 관리 등 강제와 규제에 대한 비용의 절감을 이루어 낼 수 있다. 산천어등 만들기에서 나타나는 네트워크의 형성이 행정의 효율성을 극대화하며 노인 일자리 창출이라는 정부의 정책을 효과적으로 수행할 수 있게 하는 것이다. 더불어 사업의 참여 노인들은 자신들의 자치활동을 통하여 스스로 애향심을 고취시키기도 한다.

(2) 호혜성

호혜성은 간략히 말해 계산된 교환이 아닌 단기적인 이타주의(altruism)와 장기적인 자기 이익 간의 조화라고 설명할 수 있다. 사회적 자본을 이해함에 있어 중요한 또 하나는 바로 공동체에 대한 이해이다. 사회적 자본은 '나'를 넘어 '우리'를 인정함에서 출발한다. 개인과 집단 간의 관계는 나누어서 설명할 수 없다. 개인의 모임이 곧 지역 공동체가 되고 지역 공동체의 존재는 개인의 존재를 더욱 보완해 주기 때문이다. 그렇기에 사회적 자본을 단순히 개인의 이익을 무시한 채 지역 공동체의 이익만을 강조한다고 설명할 수는 없다. 지역 공동체의 이익을 통하여 결국 개인에게도 그 이익이 돌아가기 때문이다. 사회적 자본을 개인 차원에서 연구한 부르디외는 사회적 자본이 '나'를 넘어서 '우리'를 강조한 개념이기는 하지만, 여전히 그 중심에는 하나의 개인인 '나'가 존재함을 간과할 수 없다고 이야기한다(Bourdieu, 1986).

– 질문

화천군에서 하고 있는 산천어등 만들기가 생활에 도움이 되시나요?

– 답변

집에서 아무것도 안하고 가만히 있으니까 이상하잖아. 다만 몇 시간이라도 나가서 재미로 만들고 손자들 과자 값이라도 생기니까 좋아요. 나가면 여럿이 떠들고 우스갯소리도 하면 재미있고 하니까 좋지. 또 하나하나 만들어 놓으면 예쁘고 좋잖아? 보람도 있고 주말에 집에서 쉴 때면 빨리 월요일이 됐으면 하는 맘이 들어. 집에 있으면 심심하잖아. 그리고 생활비는 자녀들이 조금씩 보내 줬는데 아무래도 내가 내 용돈을 벌어서 쓰니까 애들한테 부담도 덜 되고 그래. 명절에 식구들이 찾아오면 자랑할 거리도 생기고 내가 산천어등 작은 모양으로 몇 개 만들어서 우리 애들도 주고 그랬어. 이거 다 내가 만든 거야(보

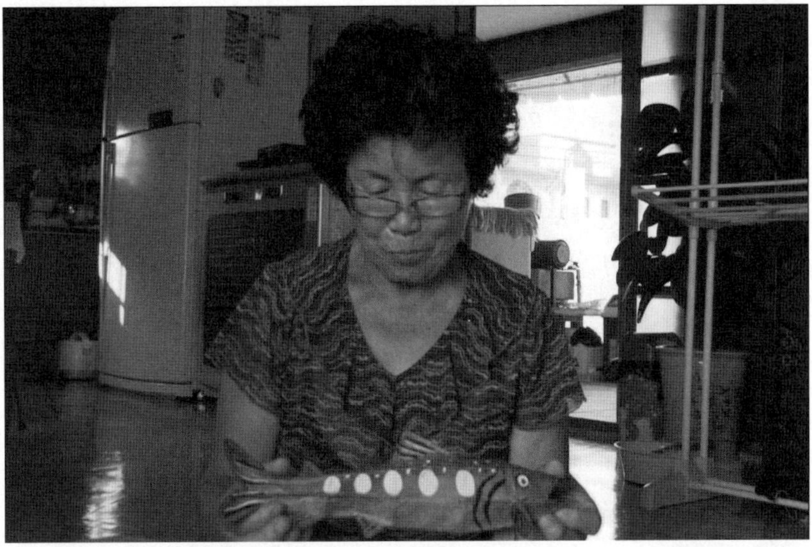

인터뷰 중 자신이 손자들을 주기 위해 직접 따로 만들었다는 산천어등을 보여 주고 있다 (이억실 할머니 71세).

여 주면서). 처음부터 끝까지 내가 붙이고 칠하고 해서 다 만든 거야. 색칠을 해가지고 손자들도 주고 그랬어. 딸들이 우리 엄마 기술 좋다고 그러면 기분 좋지. 이건 물고기가 입도 벌리고 있어. 공 많이 들인 거야. (웃음)

일 하면 좀 여유가 있지 내가 벌어서 용돈이라도 쓰고 그러니까. 그게 좀 다른 거지. 생활비는 원래 애들이 보내 주는데, 자기들도 애들 가르치고 많이 보내 줄 수가 없지. 많이 보내 줘 봐야 20만 원, 10만 원 나한테 보내 주고. 그런데 등 만들기 하면 여유가 조금 있어. 아무래도 한 30만 원 좀 넘게 버니까 재밌지. 애들 오면 용돈도 좀 주고 나 먹고 싶은 것 사먹고. (웃음) 앞으로도 계속 해야지. 집에서 한나절은 놀아도 그냥 종일 놀려면 심심해. 우리에게는 이 일이 딱 맞아. 가만히 앉아서 하니까 그렇게 힘 안 들고 좋아. 나이가 먹어서 네 시간 일하면 딱 좋아 힘들어서 더 하지도 못해(이음전 할머니, 76세).

산천어등 만들기의 강점은 바로 노인들의 자발적 참여이다. 인터뷰의 내용에서 나타나듯이 노인들에게 있어 산천어등 만들기는 그들 삶에 없어서는 안 되는 중요한 한 부분을 차지하고 있다. 노인들은 등을 만들고 받는 급여가 시간당 4,000원으로 최저임금에 미치지 못하고 있음에도 등 만들기에 대하여 긍정적인 반응을 보인다. 사적 활동과 보람된 일을 하고 싶은 욕구가 있음에도 나이가 들어 마땅한 일자리를 찾지 못하는 노령의 노인들에게 산천어등 만들기 사업은 좋은 기회인 것이다.

– 질문

화천군에서 하고 있는 산천어등 만들기에 대해서 어떻게 생각하시나요?

– 답변

솔직히 늙은이 할 일 있나? 매일 나와서 놀고 노인들하고 화투치고 그래요. 세월 보내는 거지 뭐. 죽을 때만 바라는 거야. 그런데 그런 것도 가서 만들고 그러면 관광객들 와서 좋아하고 보람 있잖아. 나도 하고 싶은데 나는 힘들고 어지럽고 해서 도저히 못해. 할 수가 없어요. 귀찮기도 하고 그래서 난 그냥 이렇게 아침 먹으면 여기 나와서 세월 보내는 거예요(길찬식 할아버지, 80세).

산천어 만드는데 어이구 그거 일자리 창출이라고 좋죠. 노인네들 집에 앉아 있는 것보다 벌이 하니까(훨씬 좋지). 누가 좋지 않게 생각하겠어. 여기는 동네가 작아서 다들 이야기해. 군수가 좋은 거 한다고(주민 A, 공원).

산천어등 만들기 사업은 고령의 나이임에도 여전히 사회적 활동을 원하는 노인들에게 사회적 · 경제적 욕구를 충족시키는 좋은 수단이 되고 있다. 이는 분명 노인 개인의 이익을 위한 행동임에도 결과적으로 군청에서 시행하는 사업의 성취를 높이는 긍정적인 영향을 행사하게 되는 것이다. 또한 이러한 결과는 사업의 생산물인 산천어등의 제작으로 나타나게 되고 지역의 문화와 경제를 활성화시킬 수 있는 축제에 큰 보탬이 된다. 이러한 점에서 산천어등 만들기 사업은 사회적 자본의 호혜성을 활용한 좋은 사례라고 할 수 있다.

(3) 신뢰

네트워크와 호혜성 다음으로 산천어등 만들기 사업을 통해 볼 수 있는 사회적 자본의 특성에는 신뢰가 있다. 군청과 노인들 간의 네트워크의 형성, 상호 간 호혜성의 증대는 사회적 자본의 특성 중 하나인 신뢰의 증대로 연결된다. 산천어 축제의 산천어등 만들기 사업의 효과적인 운영은 지역 주민과 연계된 행정운영에 대한 자신감 상승으로 나타나게 되어 향후 새로운 사업을 시행할 때 이전보다 더욱 지역 주민들과의 소통, 지역 주민들의 자치활동을 활용한 사업으로 나타나게 된다. 우리 지역 주민들이 저력이 있으며 어떠한 일을 함에 있어서 그 성취도가 타 지역에서부터의 인적 자본 혹은 물적 자본 등이 투입되는 경우와 비교하여도 뒤처지지 않는다는 자신감과 지역 주민들에 대한 신뢰를 이끌어 내는 것이다.

> 처음에 축제를 하면서 지역 주민 2만밖에 안 되는 곳에서 10배도 넘는 22만여 명이 참석한다는 것은 일종의 충격이었습니다. 지역 주민들, 특히 어르신들은 6 · 25전쟁 때 중공군이 내려온 이후로 가장 많은 최대의 인원을 봤다고 하시며 좋아하시더라고요. 2003년 당시에 이 말이 거의 유행어처럼 사람들 입가에 오르내렸습니다. 지역 주민들, 특히 어르신들이 감격하시더라고요. 저희는 산천어 축제를 시작하면 단순하게 축제장에만 관심을 집중시키는 것이 아니라 지역화폐를 만들어서 재래시장 활성화라든지 주변 마을과 연계된 다양한 행사들을 개최합니다. 한마디로 산천어 축제가 시작되면 도시 전체가 축제의

> 한복판이 되는 것이지요. 그런데 이 기간이 되면 도시의 거리마다 감동적인 광경이 펼쳐집니다. 12월 한겨울이라 추운데도 어르신들이 다들 자신의 집 앞에 나가서 앉아 계세요. 도시가 워낙 작아서 축제기간 동안 주차공간이 많이 부족한데 이 때문에 관광객들이 주차할 공간을 찾아다니면 어르신들이 자신의 집 앞에 앉아 계시다가 자신의 집 앞이나 마을의 빈 공터를 소개해 주시는 겁니다. 자신들도 축제에 도움이 되고 싶지만 몸이 불편해 실질적이고 주도적인 도움이 되지 못하니까 이렇게라도 하시는 겁니다. 놀라운 것은 어느 누가 시킨 것도 아닌데 말이죠. 직접 거리를 청소하시는 것은 말할 나위도 없습니다. 저희들은 이런 모습을 볼 때마다 이분들을 위해 행정적으로 지원할 수 있는 무언가를 더 해야겠다는 일종의 사명감 같은 것들이 생깁니다(오세빈, 나라축제조직위원회 기획팀장).

> 사실상 산천어 축제가 시작되면 가장 큰 이익을 얻는 사람들은 당연히 지역의 상인들이고요, 가장 소외되는 분들은 지역의 노인들입니다. 그래서 어떻게 하면 그분들을 함께 축제에 참여하게 할 수 있을까 해서 나온 대안이 바로 산천어등 만들기 사업입니다. 산천어등 만들기는 일자리 창출의 의미에서도 중요하지만 저희가 원하는 것은 지역 주민들로 하여금 더 많이 지역의 행사에 함께 참여해서 진정한 축제를 열고 싶은 것에 있습니다. 그런 면에서 볼 때 화천 시내 어느 곳에 가시든지 상점 앞에는 산천어등이 걸려 있는데 그렇게 등을 내걸면서 축제에 동참한다는 의미가 있는 것입니다(최수명, 화천군 자치행정과).

지역 주민들의 경우에도 마찬가지이다. 산천어등 만들기 사업에 대한 만족 상승은 곧바로 군청에서 하는 일에 대한 긍정적 평가로 나타난다.

> 화천에서 실제로 일어났던 유명한 일화가 있습니다. 2003년 초창기 산천어 축제가 시작되었을 때 각 방송사에서 취재를 나왔는데 기자들이 지역 주민들에게 산천어 축제에 대한 질문을 하면 모두들 하나같이 정갑철 군수 이야기만 하더라는 겁니다. 그런데 모든 사람이 다른 이야기는 하나도 하지 않고 하나같

이 군수에 대한 칭찬만 하니까 방송 공정성의 문제로 인해 하나도 나가지 않았다는 것입니다. 기자들 말이 '여기가 무슨 북한이냐, 군수를 무슨 경외하는 수령 모시듯 한다'고 하며 놀라워했고요. 그만큼 지역 주민들이 군정에 대한 만족도가 높았다는 것이죠(신광태, 화천군 관광정책과 홍보담당관).

군수가 등 만들기다 뭐다 해서 하는 것 보면 참 잘해. 나는 참여는 하지 않는데 주민들 보면 다들 환영하고 그래요, 나도 그렇고. 노인들 소일거리 만들어 주고 하는데 누가 불평불만을 갖나? 그거 잘하는 거야. 화천 경제를 살리려고 노력을 많이 해. 여기는 젊은 사람들이 다 나가고 나이 먹은 사람들만 있어 갖고 뭘 하기가 힘든데도 뭔가를 계속 해내서 지역을 활성화시키는 것 보면 참 잘해(이영천 할아버지, 75세).

산천어등 만들기 사업의 시행 주체인 군청의 행정과 사업의 수혜 주체인 노인들 간에 형성된 신뢰는 산천어 축제를 넘어 군청의 행정에 대한 지역 주민들의 긍정적 영향으로 나타난다. 산천어 축제와 그와 연계된 산천어등 만들기 사업이 민간과 군청의 상생협력을 이끌어 내고 나아가 주민과 군청 간의 신뢰를 높이게 된 것이다.

2. 세계 속의 지역, 지역 속의 노인

화천군에서는 산천어 축제와 산천어등을 소재로 한 문화축제를 기존의 지역 축제에서 세계적 규모의 축제로 성장시키려는 계획을 세우고 추진 중에 있다.

저희 산천어 축제는 해외의 여러 유명 축제들과 자매결연을 맺는 등, 향후 체계적인 교류활동을 벌일 계획을 추진 중에 있습니다. 그 예로는 중국 하얼빈 빙등제, 일본 삿포로 눈 축제와 같은 축제들을 들 수 있겠습니다. 문화관

> 광부의 발표나 저희들이 체감 정도를 감안할 때 산천어 축제가 겨울 축제에서는 국내에서 어느 정도 정점에 올라왔다고 생각을 합니다. 물론 외부에서 그렇게 안 보실 수도 있겠지만, 저희는 이제 국내에 머무는 것이 아니라 세계를 무대로 한국과 화천의 축제문화를 알리는 세계적인 축제로 거듭나기 위해 준비 중에 있습니다(오세빈, 나라축제조직위원회 기획팀장).

> 산천어등과 관련해서 기존에는 선등거리라는 특정한 거리에만 등을 걸었지만, 앞으로는 도시의 모든 가정마다 축제기간 동안 산천어등을 내걸어 밝히는 일종의 문화적 트랜드를 만들 계획을 하고 있습니다. 산천어등과 관련해서 몇 가지 계획을 구상했는데, 그중에 하나는 세계적으로 일시에 가장 많은 등을 켜는 행사를 해서 기네스북에 도전하는 것입니다(신광태, 화천군 관광정책과 홍보담당관).

군청과 축제조직위원회의 이러한 기획과 활동은 자연스럽게 산천어등을 제작하는 노인들에게도 영향을 미친다. 산천어 축제와 산천어등 만들기 사업이 국내를 넘어 세계시장에 나갈 경우, 노인들의 활동은 단순히 지역 축제에서 사용하기 위한 장식용 등을 생산하는 것 이상의 의미를 갖게 된다. 세계 속에서 한국과 화천의 축제문화를 알리는 일련의 상징물을 생산해 내는 것이다. 교통과 통신의 발달로 전 세계의 공간적 거리가 좁아지고 문화의 공유가 점차 활발해지는 오늘날 자신만의 고유한 색깔을 갖고 범람하는 문화적 생산물들과 경쟁한다는 것은 쉬운 일이 아니다. 그런데 강원도 화천이라는 작은 산간 마을의 노인들이 세계화 물결 속에서 당당히 자신들만의 문화적 아이콘을 생산해 내며 많은 해외관광객들에게 볼거리와 즐길 거리를 제공하고 있는 것이다. 이는 참으로 고무적이고도 바람직한 일이 아닐 수 없다. 화천군의 산천어등 만들기는 세계화 시대를 살아가는 지역 노인들에 대한 새로운 역할 제시라고 볼 수 있다. 이미 산천어등을 만드는 산천어 공방에는 680여 명의 외국인

관광객들이 찾아와 노인들과 함께 산천어등 만들기를 체험하였다. 산간 마을에서 평생을 살면서 외국인을 만나고 심지어 그들에게 자신들의 문화를 보이는 일은 결코 쉬운 일이 아니다. 특히 고령의 나이에는 더욱 그러하다. 하지만 화천 지역 산천어 공방의 노인들은 산천어등을 통해 그러한 일들을 실현하며 결과적으로 세계화의 물결 속에서 개인을 넘은 지역 공동체의 위상을 높이고 있다.

III. 결론

화천 산천어 축제의 산천어등 만들기 사업에서 나타나는 사회적 자본의 특성은 크게 세 가지로 네트워크, 호혜성 그리고 신뢰이다.

첫 번째로 나타나는 특성은 네트워크이다. 화천군청과 산천어 공방의 노인들은 반장 노인을 중심으로 상호 간의 네트워크를 형성하고 있다. 산천어 공방의 반장 노인은 등 만들기 작업에 참여하는 노인들 그리고 사업을 주관하는 군청 사이에서 연결고리 역할을 하며 나아가 지역 주민들에게 산천어등 만들기 프로그램 참여에 대한 홍보활동을 하는데 이로 인하여 군청의 산천어등 만들기 프로그램과 관련한 행정적 효율성은 높아지게 된다. 또한 산천어 공방의 여러 노인들과 반장 노인 그리고 공방의 노인들 개개인은 서로가 친분을 통한 네트워크를 형성하고 있다. 이는 작업장의 분위기를 유연하게 만들고 일하는 노인들로 하여금 즐거움을 느끼게 하여 일에 대한 자발적 참여도와 만족도를 높이는 결과를 얻게 한다.

두 번째는 호혜성이다. 산천어등 만들기에 참여하는 노인들은 고령의 나이임에도 여전히 생산적인 사회적 활동의 참여를 원한다. 또한 등 만들기를 통해 매월 받는 일정의 금액은 등 만들기 프로그램에 대한 이들의 참여도를 높이는 중요한 요소라는 것을 인터뷰 내용을 통해 알 수 있었다. 산천어등 만들기 프로그램을 통해 노인들은 사회적 활동 및 경제적 활동에 대한 욕구를 충족시킨다. 군청의 경우에도 마찬가지이다. 화천군청은 산천어등 만들기 프로그램을 통해 노인 일자리 창출을 이루며 결과적으로 군정에 대한 지역 주민들, 특히 지역 노인들의 만족도와 신뢰를 높이게 되는 결과를 얻게 되었다. 지역 주민들, 특히 노인들과 군청 간의 호혜성이 발생하는 것이다.

세 번째는 신뢰이다. 네트워크와 호혜성을 바탕으로 이루어지고 있는 산천어등 만들기 프로그램의 효과적인 운영은 지역 주민들의 힘으로 외부의 도움이나 막대한 예산의 지원 없이도 효과적인 사업을 수행할 수 있다는 지역 주민들에 대한 군청의 신뢰를 불러일으켰다. 지역 주민들, 특히 지역 노인들의 경우에도 군청에서 시행하는 사업을 통해 지역발전을 이루고 더불어 개인에게도 이익이 발생한다는 믿음을 주었다. 군청에 대한 지역 주민들의 신뢰가 발생한 것이다. 이를 통해 군청과 지역 주민 상호 간의 신뢰형성은 산천어 축제와 산천어등 만들기 사업에 대한 자신감으로 이어졌고, 산천어등 만들기를 단순한 국내의 문화축제에 머물게 하는 것이 아니라 세계적 수준의 문화축제로 발전시켜 세계시장에서 경쟁을 위한 도약을 기획하고 추진할 수 있도록 하였다.

결과적으로 산천어등 만들기의 효과적인 운영은 각종 문화적 생산물들이 그 고유한 색깔을 뽐내며 존재가치를 나타내고 있는 세계문화축제의 한복판에 화천 산천어등 공방의 노인들을 세움으로써 당당히 그들의 위상을 나타낼 수 있는 기회를 제공하였다.

고령화로 인한 지역의 활력 감소, 사회 참여에서 배제되는 노인들 그리고 노인 자살과 같은 문제가 갈수록 심각해지는 오늘날의 현실에서,

산골 한 작은 마을의 노인들이 군청과 연계하여 자신들의 손으로 문화적 아이콘을 생산해 내며 입지를 나타냄은 물론 경제적 이윤까지 창출해 내며 지역발전에 이바지 하고 있는 산천어등 만들기 프로그램은 좋은 귀감이 아닐 수 없다. 또한 거시적으로 바라볼 때 이는 곧 세계화 시대를 살아가는 지역 노인들에 대한 새로운 역할제시라고 볼 수 있다. 산간마을에서 평생을 살면서 외국인을 만나고 심지어 그들에게 자신의 문화를 보이는 일은 결코 쉬운 일이 아니다. 특히 고령의 나이에는 더욱 그러하다. 그럼에도 화천 산천어 공방의 노인들은 산천어등을 통해 그러한 일들을 실현하며 그들의 남은 인생을 즐기고 있다. 한 가지 사업이나 정책을 통해 특정한 사회 문제를 완벽하게 해결할 수는 없다. 하지만 그 문제들을 보완해 나갈 수는 있다. 화천군 산천어 축제의 산천어등 만들기 프로그램은 오늘날 수많은 지역경제와 문화의 활성화 그리고 노인 문제라는 다소 거대한 사회적 문제들에 대한 해결책 중 한 가지로 당당히 자리 잡을 수 있을 것이라 기대한다. 또한 이를 위하여 더 많은 연구가 행해져 학문적 기반을 바탕으로 한 관련 정책들이 세워지고 타 지역 지자체에게 좋은 선례로 알려지기를 더불어 기대해 본다.

제11장

사회적 경제와 대안의 모색

엄한진

I. 문제의 제기

본 논문은 사회적 경제(social economy)의 대안 운동적 측면을 다룬다. 한국의 경험에서 도출된 연구질문을 토대로 사회적 경제의 이론과 실천을 선도하고 있는 프랑스 사례를 검토하고자 한다. 먼저 논의의 배경이 된 한국 사회적 경제의 상황을 살펴보자. 정부와 대기업의 선한 의지를 보여 주는 광고, 공약, 정책, 이벤트, 사업 등이 범람하고 있다. "누구나 다 알고 있지만 실천을 하지 못하는 것이 문제"라는 내용을 담은 최근의 한 텔레비전 공익광고처럼 이제 사회적 공헌, 기부는 절대선이다. 다소 성급하게 사회적 기업은 한국 사회의 다양한 문제를 해결해 줄 대안으로 제시되고 있다. 이 주제에 대한 다양한 의견과 접근 방식, 이 현상이 지니는 다양한 의미에 대한 논의는 '실천하라'는 윤리적 요구 앞에서 존재 근거를 상실하였다. 이러한 양상은 1990년대 시민사회, 세계화, 정보화에 관한 신앙적 차원의 담론들을 떠올리게 한다. 한국 사회적 기업의 발전이 정부 주도로 이루어지는 측면에 대한 비판, 사회적 기업이 정부의 인증에 종속됨으로 인해 아래로부터의 시도가 지녔던 초기의 정신이 약화되고 왜곡되는 경향에 대한 현장의 우려는 이 거대하고 '착한' 담론의 파도 속에 묻히고 있다.

학계나 현장에서의 한국 사회적 경제에 대한 논의는 실용적인 성격의 유사한 내용이 반복되는 양상을 띠고 있다. 사회적 경제 및 사회적 기업[1]에 대한 논의의 현실을 보면 조직의 경제적 지속 가능성 문제를 중심으로 정부의 사회적 기업 육성 전략에 적응하는 다소 수동적인 경향을 보이고 있다. 사회적 경제 및 사회적 기업의 이론적이고 역사적인 측면도 과도하게 표준화된 형태로 공급되고 있다. 이러한 논의구도의 가장 심각한 폐해는 근본적인 측면에 대한 논의가 생략된 채 진행되고 있다는 점이다.

이 글에서는 최근 논의에서 간과되고 있는 측면 중 사회적 경제가 19세기 이래 자본주의에 대해 제기된 다양한 비판과 대안의 일환이었고, 20세기 말 '새로운 사회적 경제(new social economy)'의 등장도 신자유주의 세계화라는 자본주의의 최근 국면에 대한 대안으로 제시되었다는 점에 주

1) 사회적 경제가 영역이라면 사회적 기업은 최근 새롭게 만들어진 사회적 경제의 하위범주를 가리킨다고 할 수 있다(드푸르니, 2007: 150). 유럽에서 사회적 기업은 협동조합과 민간단체의 일부를 포함하며 두 영역 사이의 교량역할을 수행한다. 두 개념의 또 다른 차이는 협동조합, 민간단체, 공제조합, 공동체와 같은 고전적인 사회적 경제가 상대적으로 동질적인 조직들이라면 사회적 기업은 유급노동자, 자원봉사자, 이용자, 지원기관, 지방자치단체 등 다양한 주체들이 참여한다는 점이다.

목한다. 또한 현재 사회적 경제에 대한 논의는 1세기 전과 마찬가지로 동시대 반자본주의 또는 비자본주의의 다양한 사상 및 경험들과의 비교를 요구한다. 이런 맥락에서 대안세계화 운동과 사회적 경제의 관계 그리고 대안 운동으로서의 사회적 경제의 가능성과 한계에 대한 논의가 필요하다.

이러한 측면에서 볼 때 협동조합, 사회적 기업 등 한국의 사회적 경제[2]는 2세기 전부터 자본주의 경제에 대한 대안으로서 제시되어 왔던 사회적 경제로서의 측면이 매우 미약하다고 볼 수 있다. 먼저 한국 사회적 경제의 대표적 형태인 협동조합은 그것이 태동한 일제 강점기부터 국가에 종속되고 이윤과 성장 위주의 일반 기업과 유사한 경향을 보여 왔다. 물론 협동조합은 다양한 형태를 띠고 있어서 이러한 협동조합 정신의 변질은 최근 사회 문제로까지 비화된 농협 등 몇몇 사례에 국한된 것이긴 하나, 생활협동조합을 포함해 다른 사례의 경우 역시 국지적인 실험에 그치거나 개량적인 한계를 보이고 있다.

한국 협동조합의 역사는 일제 강점기에 농업협동조합, 축산업협동조합, 수산업협동조합, 소비조합 운동, 생산자협동조합 등이 생겨나면서 시작되었다. 한국 정부 수립 이후에는 1961년 농협이 금융사업과 경제사업

2) 한국의 사회적 경제의 대표적인 형태는 협동조합과 사회적 기업이다. 협동조합은 농협, 축협 등 전통적인 형태와 보다 최근에 등장한 생협, 노협 등으로 구성되어 있다. 본래적 의미의 협동조합에 보다 가까운 생협의 경우 유럽과 달리 노동자보다는 시민, 특히 주부가 많이 참여하고 있다. 사회적 기업에는 사회적 일자리 사업 수행 기관, 자활 공동체나 자활지원센터, 장애인단체, 시민단체, 협동조합 등 다양한 주체들이 참여하고 있다. 2011년 5월까지 정부로부터 514개 기업이 인증을 받았으며 유급근로자는 1만 2146명으로 기관당 평균 24.2명을 고용하고 있다(http://www.moel.go.kr). 수적으로 아직 미미하지만 한국 사회의 다양한 문제를 해결하는 유력한 수단으로 간주되고 있다. 세계의 다른 지역과 마찬가지로 사회적 경제는 실업, 노인, 소수자, 환경, 지역의 낙후성 등 '새로운 사회 문제'와 '사회적 배제'가 심각해진 상황에 대한 대응으로 나타났다. 최근에는 사회적 경제의 또 다른 기능인 지역사회의 사회적 유대 재건에도 관심을 기울이고 있다.

을 병행하게 되었고 1960년 부산 지역에서 신용협동조합이 탄생하였다. 신협이 민간에서 시도된 것이라면 비슷한 시기에 등장한 새마을금고는 정부의 지원을 받는 변형된 협동조합이다. 협동조합의 가장 중요한 특징은 국가로부터의 자율성과 조합원들의 민주적 참여일 것이다. 이런 점에서 볼 때 농협은 멀게는 일제 강점기부터 가깝게는 1960년대부터 국가의 영향력이 크고 조직문화 역시 일반 은행과 다르지 않은 관료제적인 구조를 가지고 있다는 점에서 협동조합 본연의 정신이 많이 퇴색되었다고 볼 수 있다.

한편 1990년대가 되면 소비자협동조합의 성격을 띤 생활협동조합[3]이 발전하였는데, 생협은 기존 협동조합의 경험을 반면교사로 삼아 자주적이고 민주적이며 사람 중심의 협동조합 원칙에 충실한 모습을 보이고 있다. 특히 생산과 소비의 관계에서 대안적인 시도를 해왔다. 그러나 생협 역시 대안 운동으로서의 몇 가지 문제점을 보이고 있다. 첫째, 조합원의 참여와 같은 민주적 조직문화의 부재를 들 수 있다. 규모가 커지면서 조합원의 참여 그리고 이를 위한 교육이 형식적으로 이루어지는 등 민주주의의 위기를 경험하고 있는 것이다(구도완, 2009: 57). 둘째는 활동이 경제영역에 국한되어 있고 지역사회 등 외부세계와 단절된 폐쇄성을 들 수 있다. 이와 관련해서 하승우는 소비자생협법 제4조에 있는 정치관여 금

3) 한국의 생협은 일제 강점기의 소비조합 운동에서 비롯되어 1985년 한살림 설립을 계기로 도시 생협의 형태를 띠게 된다. 주요 조직을 보면 한살림, 아이쿱생협연합회, 민우회생협, 생활협동조합전국연합회, 두레생활연합회 등 소비자생협 그리고 이들과 연결된 생산자협동조합, 안성·원주·인천 등지의 의료생협, 원주의 밝음신협이나 서울의 논골신협 등 신용협동조합이 있다(하승우, 2009: 45). 양적인 측면을 보면 2008년 말 현재 255개의 생협이 있으며 이 중 지역구매 생협이 156개로 가장 많고 부문별 생협으로는 대학생협(23개), 의료생협(79개)이 있으며 직장생협과 노인생협, 문화생협 등이 각각 1개씩 있다. 조합원은 2008년 말 현재 470만 명으로 인구의 1% 정도이다. 그러나 생협은 가구제 가입의 원칙을 가지고 있기 때문에 한국의 4인 가족을 기준으로 한다면 약 4% 정도로 추정된다(김용우, 2009: 2).

지 규정을 거론하며 생협 등 한국 협동조합이 정치활동에 매우 소극적이라는 점을 지적한다(하승우, 2009: 46-49).

최근 등장한 사회적 기업 역시 유사한 문제점을 나타내고 있다. 한국사회에서 사회적 기업은 사회적 일자리 사업의 한 방식으로 등장하였다. 즉 2003년 시작된 사회적 일자리 사업이 2005년부터 사업유형을 공익형과 수익형으로 구분하여 수익형 사업의 비중을 높이는 방향으로 나아갔고 그 일환으로 사회적 기업법이 추진되었으며, 2007년부터는 보다 안정적이고 지속 가능한 일자리를 창출하기 위하여 공익형은 폐지하고 자립 지향을 통한 사회적 기업화가 추진된 것이다(김영철 · 이민환, 2007: 85-86).

그러나 한국의 사회적 기업은 여전히 국가나 시장의 보조자, 즉 잔여복지적인 성격이 강하고 틈새시장에 국한됨으로써 시민사회의 주도성, 혁신, 자본주의 경제에 대한 대안으로서의 사회적 경제의 측면이 미약하다고 평가할 수 있다. 1960, 1970년대 당시 협동조합을 변질시켰고 신협 운동을 약화시키기 위해 새마을금고를 만들었던 경험을 가지고 있는 국가는, 이제 인증제도를 통해 시작된 지 얼마 되지 않아 자생력을 갖추지 못한 사회적 기업에 절대적 영향력을 행사하고 있다.

이러한 맥락에서 장원봉은 사회적 경제가 자신의 존재가치를 보여 주기 위해서는 규범적인 호소나 치밀한 시장 전략만이 아니라 현실적인 힘을 가질 수 있는 새로운 사회적 관계의 형성을 필요로 한다고 지적한다. 그에 따르면 시장과 국가를 완전히 대체하는 경제원리로서의 사회적 경제의 가능성 그리고 정치적 측면 없이 대안적인 자원공급을 담당하는 복합경제 체계로서의 사회적 경제의 가능성이라는 양자의 환상으로부터 자유로워질 수 있다면 좀 더 현실적인 힘을 발휘할 수 있는 실천적 전략으로서의 대안적 개념화가 가능할 것이다(장원봉, 2007). 사회적 경제의 제도화, 주변화, 변질, 즉 복지혼합 속에서 정부의 하위파트너로 전락, 시장에서의 생존을 위해 이윤추구 모델로의 퇴행을 극복하려는 문제의식에서 장원봉은 사회적 경제의 정체성을 정치, 경제, 사회의 분리에 대한 대응으로 출발한 역사적 기원에서 찾고 있다. 따라서 사회적 경제의 주된 역할은 정치, 경제, 사회를 재결합할 수 있는 사회적 관계의 혁신에 있다는 것이다.

이상에서 간략히 살펴본 한국 사회적 경제의 실태로부터 이 글은 다음과 같은 연구질문을 제기한다.

첫째, 자율성을 생명으로 하는 사회적 경제가 국가에의 의존성을 극복하는 방안은 무엇인가?

둘째, 경제 영역에 속하는 사회적 경제가 대안적인 사회를 만드는 과정에서 경제 이외의 영역에 어떻게 관계를 맺을 수 있는가?

셋째, 사회적 경제의 조직들은 자신의 외부와 어떤 관계를 맺을 수 있는가?

넷째, 규모가 커지고 시장성이 더욱 중요해지는 등 민주주의를 위협하는 요인들에 사회적 경제 조직들은 어떻게 대처해야 하는가?

다음에서는 이러한 질문에 대해 지역개발의 혁신적 사례로 손꼽히는 프랑스 '지역관리기업'이 어떠한 답을 제시하고 있는지 살펴보고자 한다. 그에 앞서 19세기에 사회적 경제의 이론과 실천이 탄생하였고 최근에는 '연대적 경제(économie solidaire)' 또는 '사회적 · 연대적 경제(économie sociale et solidaire 또는 사회연대경제)'라는 이름의 새로운 사회적 경제를 발전시켜 온 프랑스의 논의를 중심으로 사회적 경제의 대안 운동적 측면을 검토한다.

II. 대안 운동으로서의 사회적 경제

사회적 경제의 사상적 기원의 하나인 유토피아 사회주의는 사회적 경제의 핵심 요소 중 하나가 대안사회의 모색임을 잘 보여 준다. '사회적 경제'의 기초를 확립했다고 평가되는 이 사상적 전통에서 '유토피아'는 세 가지 축으로 구성되어 있다. 현실에 대한 비판적 분석, 기존 상황의 거부, 가능성으로 열린 태도가 그것이다. 결과적으로 좌파의 역사에서 패배자로 남게 된 유토피아 사회주의는 경제가 사회의 핵심이고 생산이 경제의 핵심이며, 이 생산 영역에서의 계급 간 투쟁을 역사의 동력으로 간주하는 마르크스주의와는 상이한 관점을 제시했다. 정치적 영역에서의 계급투쟁이라는 급진적 원리가 아닌 밑에서부터의 조직과 실험을 강조한 유토피아 사회주의 사상은 당대의 공동체 운동, 결사, 협동조합 운동과 연관성을 가지고 있었다. 이들은 생산자와 소비자의 결사를 통해 프롤레타리아화 과정을 회피하려 했다. 생산과 소비, 생산자와 소비자의 분리를 극복하려는 시도는 일본의 '생활자 운동'(한영혜, 2004)이나 '볼로냐시의 실험'(마사유키, 2004)에서도 찾아볼 수 있다. 한편 이들에 대한 비판의 핵심은 이들이 미래 사회를 생각하거나 그렸다는 데에 맞추어져 있는 것이 아니라 이들이 인류를 구원하기 위해 노동자들이 가야 하는 고난의 길을 근본적으로 그리고 고의적으로 우회하는 이행 경로를 제시했다는 데에 맞추어져 있다. 그리하여 유토피아는 현실 사회와는 동떨어진 프티 부르주아 엘리트의 환상과 보수적 태도의 산물로 돌려졌다(일리, 2008: 67-74).

사회적 경제의 존재가치는 역사적으로 변화를 겪어 왔다. 자본주의 초기 국가주의, 개인주의에 대한 대안으로서의 제3의 길로 제시된 사회적 경제는 복지국가의 등장 이후 존재가치를 상실하게 된다. 그러다가 복지

국가의 위기 이후 부활하게 되는데, 이때 사회적 경제 조직 내부의 규범적 측면, 즉 참여민주주의와 도덕성 등에서 정당성을 찾는 논의의 경향이 주도하게 되면서 초기의 대안적인 의의가 약해졌다. 68혁명 이후 새로운 사회적 경제가 등장했는데, 당시만 해도 사회적 경제는 무엇보다도 대안으로서의 의미가 강했다. 예를 들어 1980년대에 등장한 프랑스의 '의료의 집(maison medicale)' 운동을 보면 터부 없이 에이즈를 포함해 모든 의료 문제를 다루었다. 또한 서로 다른 분야의 전문가들이 공동으로 상의하여 진료하였고, 인체를 부분으로 나누어 다루는 서양의학과 다른 의학을 실천했다. 그러나 최근 유럽 사회의 현실은 이와 많이 다르다. 벨기에의 경우를 보면 정부의 관련 부처에서는 기업의 사회적 책임(CSR)과 사회적 경제를 구분하지 않고 대하는 경향이 있다. 그러나 후자와 달리 전자는 이윤이 우선이고 사회적 측면은 부차적이다. 그리고 1990년대부터 실업 문제가 가장 중요한 사회 문제로 부각된 유럽의 경우, 국가는 사회적 경제를 실업 문제 해결에 국한해 사고하는 경향이 있다. 즉 실업 문제 해결의 수단으로 인식하고 그 이외의 영역에서의 사회적 경제를 인정하지 않는 경향이 있다. 보호구역에 머무는 자본주의의 보조수단으로 간주하는 것이다. 근대사회 또는 자본주의가 지닌 문제점에 대한 근본적인 처방으로서의 사회적 경제의 의미를 찾기 어려운 것이다.

그렇지만 자본주의에 대한 대안, 더 정확히 말하자면 자본주의의 위기에 대한 대응(Harribey, 2002)으로서의 성격은 전통적으로 미국보다 유럽에서 상대적으로 강하다. 제3섹터 또는 사회적 경제에 대한 인식에 있어서 유럽은 생산된 재화 및 서비스의 사적 소유에 대한 제한을 중시하는데 비해 미국은 이익의 재분배가 없어야 한다는 점을 강조한다. 유럽의 경우 영리활동 자체를 거부하는 것(non-profit)이 아니라 영리를 우선적으로 추구하지 않는 것(not-for-profit)이다. 미국의 제3섹터 논의와 비교해 볼 때 유럽의 사회적 경제 논의는 조직의 형태, 복지다원주의와 다원적인 경제 내에서 사회적 경제가 지니는 매개적 위치 그리고 참여를 통한 시민권 함양 등 정치 사회적 측면을 경제적 측면과 더불어 강조하는 경향이 있다(Evers & Laville, 2004: 11-13). 이러한 차이의 배경을 보면 전통적으로 미국 사회의 경우 경제는 시장의 것이라는 인식이 강하다. 시민사회 또는 민간단체가 상업 활동을 하고 수익은 내는 데에는 매우 관대하지만, 이들이 자본주의 경제원리를 비판하거나 수정을 시도할 수는 없는 것이다. 이와 달리 유럽에서 경제는 근대 이후에도 시장의 전유물이 아니라 국가 및 시민사회도 참여하는 영역이라는 인식이 있었다. 경제의 주체는 다양할 수 있다는 다원적인 경제관(plural economy)이 상대적으로 강한 것이다.

유럽의 논의에서는 영리 대 비영리의 구분보다 자본주의적 조직 대 사회적 경제 조직의 구분을 중시한다. 사회적 경제 또는 제3섹터는 자본주의 경제 체제와의 관계에서 정의되는 것이다. 즉 비자본주의적인 모든 것이 포함되는 것이다. 대안 운동으로서의 측면은 프랑스에서 선호하는 개념인 '연대적 경제' 또는 '사회적 · 연대적 경제'에서 더욱 강조되고 있다. 연대적 경제는 사회적 경제 개념이 어떤 조직들을 포함할 것인가에 초점을 두는 것과 달리 경제와 민주주의에 대한 다양한 접근이 가능하다는 점을 강조하기 위해 탄생한 개념이다(Laville, 2004). 연대적 경제의 핵심은 경제에 대한 새로운 관념에 있다. 폴라니의 경제이론을 따라 연대적 경제에 대한 논의는 경제가 단지 시장원리로 이루어진 것이 아니라 재분배와 호혜성, 즉 비화폐적이고 수평적 관계를 포함하는 것임을 강조한다.

연대적 경제는 인간적인 경제에 대한 사회적 요구를 바탕으로 등장한 것으로서 경제는 인간이 수동적으로 받아들여야만 하는 '시장의 법칙'에 따른다는 지배적 사고에 대항해 일반 시민이 생산, 분배, 유통의 일부분을 재전유하기 위한 시도하고 말할 수 있다. 유럽과 미국에서 연대적 경제가 등장한 배경을 보면, 1970년대 초 미국을 시작으로 경제성장이 국민 다수의 삶의 질을 높이지 못하고 양극화가 심화되는 양상을 띠게 되었다.

자동화로 인간이 노동과 기계에서 해방되고 에너지 등 원자재를 덜 쓰는 생산 방식을 통해 환경이 보호되는 세계를 믿게 했던 정보화가 실제 가져온 결과는 더욱 자유로워지고 확장된 시장이었다. 사적 이해가 국가 개입으로부터 해방되고 지금까지 시장논리에서 벗어나 있던 많은 영역이 시장의 지배를 받게 된 것이다. 이러한 변화 속에서 일상생활은 점점 더 시장화되었고 연대적 경제는 바로 이에 대한 대응으로 대두된 것이다. 연대적 경제는 시민들 자신의 개입을 통해 경제를 민주화하려는 것이다. 이러한 시도는 세 가지 측면에서 전개되었다(Eme, Laville, & Marechal, 2001).

첫째, 공정무역에서와 같이 국제적인 교환 과정에 생산자, 소비자 그리고 환경의 보호라는 원칙을 관철시키는 것, 즉 시장경제에 사회적·환경적 원칙을 도입하는 것.

둘째, 지역화폐와 지역순환경제의 경우처럼 비화폐적인 교환 또는 대안적인 화폐에 의존하는 교환 네트워크의 창출.

셋째, 비물질적이고 관계적인 새로운 서비스의 창출 : 영리적이고 경쟁적인 원리에 의존하지 않는 결사체적 경제형태의 발전이 서비스 영역의 상품화와 시장화를 막아 보려는 목적을 지닌 대표적인 사례. 영리성을 약화시킴으로써 서비스 제공자와 서비스 이용자 간의 밀접한 상호작용을 가능케 함.

사회적 경제가 대안 운동이라는 사실은 이 새로운 시도가 대안 운동[4] 및 대안 세계화 운동 일반과 연관해 이해되어야 함을 말해 준다. 프랑스의 경우 신자유주의 세계화에 대한 반대 운동을 주도해 온 단체는 바로 아탁(ATTAC, Association pour la Taxation des Transactions financières et l'Aide aux Citoyens : 일반적인 시민을 돕기 위해 국제금융거래에 세금을 부과하기 위한 모임)이다. 이 단체는 노벨경제학상 수상자 토빈(Tobin)이 제안한 토빈세 부과를 목적으로 1998년 10월에 창설되었다. 그런데 아잠(Geneviève Azam), 라빌(Jean-Louis Laville), 해리베이(Jean-Marie Harribey), 플리옹(Dominique Plihon) 같은 프랑스의 사회적 · 연대적 경제의 이론가들은 대부분 아탁에서 활동하고 있다. 아탁이 대표적인 대안 세계화 운동 단체라는 점에서 우리는 적어도 프랑스의 경우 사회적 · 연대적 경제가 자본주의 체제에 대한 대안 운동의 성격을 강하게 지니고 있음을 알 수 있다.

아탁이 추구하는 신자유주의 세계화에 대한 대안은 다음과 같은 문제의식에서 비롯되었다. 프랑스의 대표적인 사회운동단체와 지식인들이 참여한 이 네트워크는 현재의 세계가 남과 북 모두에서 불평등을 심화시키고 환경을 악화시키며 인간 삶의 모든 영역을 시장화하고 있다는 현실 인식을 기반으로 오로지 상업적이고 화폐적인 활동만이 평가받고 있는 현실을 바꾸려고 한다. 그런데 이들은 초기부터 자신들이 주창해 온 토빈세 부과나 제3세계 부채탕감과 같은 시장경제의 '조절(regulation)'로는

4) 윤수종(2007)은 대안 운동을 대안교육 운동, 생산 공동체 운동, 생활 공동체 운동, 대안문화 운동, 기타 대안 운동으로 크게 분류하고 각 대안 운동들을 다시 분류하여 살펴보고 있다. 대안교육 운동은 공동육아 운동과 대안학교 운동, 생산 공동체 운동은 노동자 인수기업, 생활 공동체 운동은 생활협동조합 운동, 마을 공동체 운동, 대안경제 운동으로 분류하고 대안경제 운동에는 대안화폐 운동, 대안식생활 운동, 대안에너지 운동, 대안 세계화 운동을 포함시키고 있다.

해결이 어려울 정도로 문제가 심각하다고 진단한다. 따라서 현 세계경제의 지배적 논리에 대한 대안의 제시가 요구된다는 것이다. 그런데 이러한 대안의 창출은 이미 존재하고 있는, 민주적이고 생태적이고 연대적인 경제를 위한 수많은 시도들에서 시작될 수 있다는 것이다. 이들은 기존 경제 체제와 근본적으로 단절하면서도 현실성 있는 세 가지 양상을 언급한다. 첫째는 사회적 경제에 속하는 경제 조직들의 부상에 따른 경제 조직 형태의 다양화, 둘째는 지속 가능한 발전의 증진, 셋째는 국제적 연대의 증진(ATTAC, 2003)이다.

III. 새로운 도시 문제와 지역관리기업의 태동

프랑스[5]의 '지역관리기업(régis de quartier)'은 대안적인 노동과 지역사회를 모색하는 의미 있는 사례로 사회적 경제가 자본주의적 경제와 근대적 생활세계에 대한 대안 운동임을 잘 보여 준다. 지역관리기업은 프랑스, 벨기에, 캐나다, 영국 등에서 발달했다. 현재 프랑스에는 150개 정도의 지역관리기업이 존재하는데 거의 대부분 심각한 문제를 안고 있는 집

5) 프랑스와 사회적 경제의 관계는 국내총생산 및 고용의 10%를 차지하고 있다는 현실적인 비중을 넘어서는 역사적인 차원을 가진다. 19세기 태동 당시 사회적 경제는 프랑스적 현상이었다. 사회적 경제의 이론적·실천적 기원 중 핵심적인 요소인 유토피아 사회주의와 아나코생디칼리즘은 자본주의에 대한 대응이자 국가, 전체, 중앙 중심의 프랑스 공화주의에 대한 대응이었던 것이다. 또 다른 사회적 경제의 사상적 기원인 기독교 사회주의 역시 국가와 개인 사이의 매개적인 조직을 강조함으로써 결사체에 적대적이었던 프랑스 대혁명의 전통에 반기를 든 것이었다. 프랑스 대혁명의 정신은 무엇보다도 자유로운 개인에 입각한 것이었고 국가의 주권은 결사체의 자유와 충돌하였다. 결사체를 만드는 것은 오랫동안 특권을 누려 왔던 교회나 길드와 같은 매개집단을 만들거나 보다 큰 국가적 이익을 위해 억압될 필요가 있는 반체제적이고 파괴적인 활동의 거점을 만드는 것으로 받아들여졌다(드푸르니 & 데벨테르, 2007).

단주거지역에 존재한다. 기본적으로 지역관리기업의 사명은 "지역을 유지하고, 아름답게 하며, 보살피는 일"이라고 규정된다. 이 과정에서 지역관리기업은 지역 내 취약계층의 일자리 제공과 사회적 통합 그리고 부족했던 사회적 서비스를 지역 주민들에게 제공하는 역할을 수행하며, 더 나아가 지역사회의 공동체성 강화를 위한 다양한 역할을 수행한다.

지역관리기업은 1970년대 프랑스 루베(Roubaix)시 알마가르 구역에서 발생한 지역 주민들의 전투적인 지역철거반대 운동에서 기원하였다. 지역철거반대운동을 중심으로 형성된 일군의 사회학자들과 연구자들이 모여 자신들의 구역을 재구조화시키는 조직으로서 '도심민중작업장(APU, atelier populaire urbain)'을 만들었다. 지역 주민들의 참여와 지역커뮤니티의 활성화를 통해 지역을 개선하고, 일자리를 창출하는 이 모델은 지역관리기업이라는 형태의 민간단체(association)로 성장하게 되었다.

지역관리기업이 존재하는 지역은 실업률이 심한 편이다. 프랑스 평균 실업률이 8%인 데 비해 지역관리기업이 있는 지역들의 실업률은 20~25%이다. 개인주의로 인한 고립을 넘어서 같이 잘살아 보자, 가난하지만 생활환경을 개선하자는 것이 궁극적인 목표이다. 지역관리기업에는 두 가지 유형이 있다. 첫째, 지역관리기업(régis de quartier)으로 인구밀도가 높은 서민주거지역(cité)에서 조직된다. 둘째, 낙후지역관리기업(régis de territoire)으로 인구밀도가 낮은 지역에서 조직된다.

1991년 제정된 '지역관리기업헌장(Charte nationale des Régies de Quartier)'에 따르면 지역관리기업의 성격은 공적인 기관은 아니지만 주민, 각종 기관 및 단체, 사회적 노동자들과 같은 지역의 다양한 주체들의 파트너십의 산물이다(CNLRQ, 1991). 지역관리기업은 활동영역의 측면에서 지역경제 영역에 속하는 단체이며 특히 지역 내에서 이루어지는 근린경제 활동(activités économiques de proximité)을 기반으로 지역의 재생을 시도하고 있다(CNLRQ, 1993). 지역관리기업은 1970년대부터 발전해 온 프랑스의 '노동통합 사회적 기업(Les entreprises sociales d'insertion par le travail)'의 하나로 분류되기도 하는데 실제 이 단체가 수행하는 활동의 일부분은 경제활동을 통해 사회에 재통합할 수 있는 기회를 주는 '노동통합기업(EI, entreprise d'insertion)'의 형태를 띤다. '지역관리기업전국네트워크(CNLRQ)'[6]는 지역관리기업의 특징을 다음과 같이 설명하고 있다.

첫째, 도시 전체 또는 마을 차원의 환경을 개선하기 위한 지역 단위의 개입으로서 기술적인 측면과 사회적인 측면을 함께 고려한다. 후자는 주민들이 피고용인이자 주체로서 직접 참여하는 것을 의미한다.

둘째, 경제활동을 통한 취약계층의 사회통합.

셋째, 지역사회의 새로운 사회적 유대(lien social) 창출 : 공동체 논리에 입각한 새로운 민주주의 방식을 지역경영에 도입하는 것. 이런 측면에서 지역관리기업은 민주적인 지역 정책의 주체로서의 정치적 성격을 지닌다. 그리고 다양한 주체들이 참여하는 거버넌스와 주민의 주도성을 보증하기 위해 '민간단체'의 형태를 취한다.[7]

지역관리기업은 '사회적 배제'를 경험하는 지역 주민이 점점 많아지고 전통적인 취약계층을 넘어 다수의 계층에 확산됨에 따라 지역의 사회적 유대가 약화되는 현상에 대한 대응으로 태동했다. 프랑스에서 이러한 현

6) '지역관리기업전국네트워크'는 지역관리기업의 네트워크로서 주어진 조건을 충족하는 기관에 '지역관리기업' 지위를 부여하고 인증 이후에도 주기적인 관리를 통해 이 지위를 유지시키거나 박탈하는 권한을 가진다(CNLRQ, 1991).

7) 프랑스의 민간단체(association)에는 친목회 등 '일반 민간단체(association de fait)'와 '비영리 민간단체(ASBL, association sans but lucratif)'가 있는데 여기서는 후자를 말한다.

상은 일반적으로 '방리우(banlieues : 대도시외곽지역)'라는 용어로 표상되는데, 언론을 중심으로 한 대도시 외곽지역에 대한 관심은 이 지역의 부정적인 측면만을 강조함으로써 역설적으로 배제와 소외 그리고 패배주의를 심화시키는 결과를 초래했다. 대도시 외곽지역은 과거 식민지사회와 유사하게 '문명화'의 대상으로 인식되고 있는 것이다(Juhem, 2000). '제1세계' 내부의 빈곤 지역을 의미하는 '제4세계'의 전형적인 사례인 이 공간은 특히 이민 집단의 이질적이고 야만적인 문화와 위험한 이민 후예들로 표상되고 있다. 그리고 문화적으로 물리적으로 폭력적이라고 간주되어 '안전(security)' 논리에 의해 규율되고 있는 것이다. 이러한 인식과 상황을 변화시키기 위해 지역관리기업은 빈곤한 대도시외곽지역에서 형성되고 있는 긍정적이고 역동적인 측면을 부각시키고 발전시키고자 하였다(CNLRQ, 1993).

'방리우'와 함께 20세기 말 프랑스 사회상을 상징하는 용어가 '동네(quartier)'였다. '동네'는 뒤르켐이 말하는 '기계적 연대'의 공간이자 '배제'의 공간을 의미했다. 근대화 및 도시화 현상이 심화되면서 도시 내부의 '동네'(프랑스어의 quartier, 영어의 district)에 대한 다양한 연구가 있어 왔다. 이 분야의 창시자라고 할 수 있는 시카고학파는 특정 시기에 특정 지역 출신 이민이 대량으로 유입되는 현상을 반복한 미국 사회를 배경으로 종족 공동체와 도심 내 '동네' 간의 관계를 규명하고자 했다. 프랑스에서는 1950~1960년대 도시 외곽의 신시가지 건설에 따른 구도심의 방치와 노후화라는 맥락에서 '동네'에 대한 연구가 시작되었다. 오래된 '동네'는 그것이 지니는 역사적 · 문화적 가치, 파괴적인 개발에 대한 저항의 공간, 연대, 공생, 투쟁 등 긍정적이고 대안적인 기능의 담지자로서의 의미를 부여받았다. 이러한 전투적인 관심과 더불어 1970년대 들어 사생활, 가족의 역사에 대한 학문적 관심을 배경으로 '동네'는 친밀성의 거대한 공간으로 인식되었다. '동네'는 도시적이면서 전통사회에서 '마을'이 수행한 기능을 계승하는 사회적 공간이었던 것이다. 이 후 '동네'는 "물질적 토대이자 문화적 코드", "주민들의 사회적 공간이자 환경", "개인의 기본적인 욕구 충족 · 가족생활 · 소비 · 여가 · 공공서비스의 영역" 등 다양하게 정의되었다(Cabantous, 1994: 428-429). 현재 프랑스에서 '동네'라는 개념은 사회적인 낙인으로 인식되어 주민들이 벗어나고 싶어하는 부정적 함의를 지니고 있다. 이는 특히 1970년대부터 일부 지역이 낙후성을 경험하게 되면서 나타난 현상이다. 주민 참여, 사회적 유대, 삶의 질 개선을 추구하는 지역관리기업에서 동네는 공간적 기반이자 본질적인 요소인 것이다.

한편 대도시 외곽지역의 문제는 이민 문제와 중첩된다. 1980, 1990년대 이래 이 지역에서 제기되고 있는 문제들은 소위 '영광의 30년(les Trente Glorieuses : 1945~1975)'과 그에 뒤이은 장기불황의 산물이다. 즉 이 시기 프랑스의 성장을 이끌었던 이민자들의 임시거주공간으로 기획된 황량한 벌판에 위치한 대규모 주거지구(cité de transit)는 수명이 다했음에도 새로운 주거지구로 이전되지 못한 것이다. 대도시외곽지역은 주거조건의 낙후와 함께 1980년대 이래 장기불황과 포스트포드주의로의 이행이 가져온 대량실업과 비정규직화로 인해 빈곤과 배제, 인종주의 그리고 '게토화(ghettoization)' 즉 이민 출신, 특히 특정 민족 출신자들의 공간적 집중을 경험하게 되었다(엄한진, 2007). 이는 다양한 사회계층과 종족이 공존하던 상황에서 점차 계층별, 출신종족별로 구분되는 현상(ségrégation sociale)을 낳았고 이와 함께 사회적 유대(lien social)가 약화되었다. 이로 인한 문제점은 사회적 배제와 개인주의, 즉 어려운 처지에 있는 이웃을 외면하는 현상으로 축약될 수 있다. 2005년 프랑스 도시 외곽지역 소요사태는 이러한 현실을 상징적으로 드러내 준 사건이었다. 바로 이러한 맥락에서 지역 주민들 간의 공동체적 생활의 기반을 구축할 필요성이 제기되고 그 일환으로 지역관리기업이 태동하게 된 것이다.

IV. 대안적인 지역경영 체계로서의 지역관리기업

사회적 경제 및 사회적 기업의 중요한 존재의미 중 하나는 바로 지역사회에 공헌하는 것이다. 예를 들어 1990년대 새로운 사회적 경제의 대표 주자였던 이탈리아의 사회적 협동조합은 조합원뿐 아니라 지역사회 등 외부의 이해를 고려하는 새로운 성격을 보여 주었다. 주로 중앙정부가 손을 뗀 대인 서비스 분야에서 발전한 이탈리아의 협동조합을 '사회적' 협동조합이라 부르는 것은 바로 지역사회에 개방하고 봉사하는 점 때문이었다.[8)]

---

8) 커뮤니티 비즈니스 역시 '사회적 협동조합'이나 지역관리기업과 유사한 지역개발의 혁신적인 시도라고 할 수 있다. 커뮤니티 비즈니스는 커뮤니티와 비즈니스를 합성한 용어로 지역에 숨어 있는 자원과 인재를 활용하여 지역의 과제를 지역 주민 스스로가 비즈니스 수단을 사용하여 해결하고자 하는 활동(川上聰一, 2007: 297)을 가리킨다. 영국에서 시작되어 일본 등 세계 각지에서 지역사회 재활성화의 수단으로 각광받고 있다. 이러한 기업의 형태가 처음 태동했고 가장 발전한 영국에서는 사회적 기업의 한 형태로 실업 문제 등 사회 문제 해결에 중요한 역할을 해왔다. 일본에서는 특히 마을 만들기에 지역 내부의 자원을 활용하는 차원에서 도입되었다. 마을 만들기 역사가 50년이 넘는 일본에서 최근 커뮤니티 비즈니스에 부쩍 관심을 갖고 다양한 시도를 펼치는 것은 살기 좋은 마을을 만드는 것이 결국 내부의 자원과 잠재력을 어떻게 비즈니스로 살려내는가에 달려 있다는 것을 인식하고 있기 때문이다. 시장의 기업들과 마찬가지로 커뮤니티 비즈니스도 사회복지 서비스, 학교급식, 도심재생, 재래시장 활성화, 지역화폐 운동, 지역 농산물 유통, 방범활동, 희귀동식물 보호, 지역문화재보호, 생태관광 등 다양한 영역에 존재한다. 캐나다 퀘벡주의 커뮤니티 비즈니스 사례에서는 지원 기관의 발전이 특징적이다. 이윤을 우선적으로 고려하지 않는 조직들(not-for-profit organizations)의 네트워크인 커뮤니티 비즈니스 개발회사(CBDCs, Community Business Development Corporations)가 그것이다. 이 회사들은 중소기업과 일자리 창출, 캐나다 동부 농촌지역을 발전시키는 것을 목적으로 하고 있다. 이를 위해 농촌지역의 재활성화에 도움이 되는 활동을 하는 중소기업에 자금 및 정보, 기술을 지원하고 있다.

1. 경제의 재구성 : 경제적인 것과 사회적인 것의 재결합

지역관리기업은 지역개발의 중심에 있으며 '기업'으로서 지역관리기업은 기본적으로 '지역경제' 영역에 위치하는 조직이다. 지역의 발전은 해당 지역에서 이루어지는 경제 · 사회 · 문화 활동에 의해 좌우되는데, 지역관리기업은 특히 경제활동을 중심으로 지역사회의 삶에 개입하며 지자체와 공공시장(public market) 계약을 체결하고 근접 서비스를 발전시키고 고용을 창출하는 등의 방식으로 이를 실현한다. 또한 지역 주민 다수를 대상으로 하는 서비스에 지역 주민을 고용함으로써 직접적으로 지역발전에 기여하기도 한다(http://regiesdequartiers-npdc.fr/index.php, 2009년 5월 8일 검색).

그렇지만 이 기업의 활동은 전통적인 의미의 경제를 넘어선다. 해당 지역의 주민과 공간에서 출발하여 경제적인 것과 사회적인 것, 고용과 삶의 질 제고, 노동을 통한 사회적 약자들의 지역사회 통합과 주민의 민주적 참여를 결합시키는 복합적 성격을 지니는 것이다. 이윤을 추구하기보다는 지역사회라는 집합적 이해를 충족시키기 위해 노력하기 때문에, 지역관리기업의 활동들은 이용자인 주민들에게 우호적으로 받아들여진다. 수혜자가 되는 지역 주민들은 주로 공공임대주택의 입주자들이며, 대부분 경제적 어려움에 처해 있다. 이들은 지역관리기업을 통해 저렴한 비용으로 그들이 필요로 하는 서비스를 제공받을 수 있다. 더 나아가 주민들이 재화와 서비스의 제공자이자 동시에 이용자가 됨에 따라 지역사회에 대한 책임감이 높아져서 주거환경의 보존에 관심을 기울임으로써 관리 비용이 덜 들고 경제적 효율성도 높다. 또한 지역에서 생산된 재화와 서비스가 지역 내에서 소비되는 지역순환경제를 실현하고 있기도 하다.

이러한 새로운 경제관은 지역과 세계에 대한 새로운 인식을 동반하고 있다. 대안지역 운동이자 대안경제 운동으로서의 지역관리기업의 실천은 대안세계화 운동과 맞닿아 있다. 그것은 대안세계화 운동의 특징 중 하나가 바로 지방과 세계의 연계이기 때문이다. 이러한 사고의 배경에는 세계화가 국가와 지방의 의미와 역할에 큰 변화를 가져왔다는 인식이 존재한다. 신자유주의 정책의 특징 중 하나는 경제활동에 대한 국가나 지방자치단체의 사회적 · 정치적 · 생태적 규제가 '시장'이라는 유토피아의 장애물로 여기고 해체하는 것이었다. 이러한 의미에서 경제활동의 재지방화(relocalisation)에 대한 요구가 신자유주의 세계화에 대한 대안의 중요한 구성 요소가 되는 것이다(Azam, Harribey et Plihon, 2007). 경제 주체로서의 지방의 회복은 또한 공간을 이윤 논리에 입각해 바라보는 시각의 극복을 의미한다. 사회적 경제 또는 사회적 · 연대적 경제가 대안경제 운동이며 경제의 재지방화와 민주화의 경험들을 지칭하기 위해 제시된 개념이라는 점은 대안적인 지역사회 패러다임의 제시가 한국의 경우에도 사회적 경제의 핵심적인 요인이 될 수 있음을 의미한다.

2. 사회적 유대의 재구성

'사회적 유대(lien social)'는 주민, 거버넌스 등과 함께 지역관리기업이 강조하는 대표적인 개념 중 하나이다. 이 개념은 또한 프랑스 사회 전체의 화두이기도 하다. 최근 프랑스 사회에서는 '사회적 유대의 위기', '사회적 유대의 재구성'과 같은 표현들이 많이 언급되고 있다. '사회적 유대'라는 표현은 함께 살아가기, 흩어져 있는 개인들을 다시 연결시키기, 사회 전체 차원에서의 결속의 강화와 같은 요구들을 담고 있다.

프랑스를 비롯한 유럽 사회에서 나타나고 있는 사회적 유대의 위기는 새로운 사회 현상과 연관성을 지닌다. 도시는 전통적으로 유동성과 다양한 문화 및 계급의 혼합이 이루어지는 장소였다. 그러나 현재 프랑스 등 유럽의 도시에는 사회적 폐쇄(social closure)의 경향이 강하게 나타나고 있다. 어떤 도시는 주류사회로부터의 분리되어 자신들만의 혜택 받은 공간에서 보호받기를 원하고 다른 도시는 빈민층과 이민자들과 절연되어 살기를 바란다. 이러한 욕구의 가장 극단적인 표현은 움베르토 보시가 이끄는 이탈리아 북부동맹과 같은 부유한 지역의 분리독립 운동일 것이다. 그 반대쪽을 보면 열악한 환경의 '방리우(대도시 외곽지역)'에서는 경제적 어려움이 개선되지 않고 있으며, 이에 대한 대응으로 부유한 지역과는 다른 의미에서 폐쇄적인 태도를 보이게 된다. 이민 집단에서의 이슬람주의의 발전은 대표적인 사례일 것이다(엄한진, op. cit.). 이러한 사회 집단 간 갈등, 사회의 분리(segregation) 현상은 또한 정체성의 위기를 낳는다. 바로 이러한 사회적 맥락에서 사회적 유대에 대한 관심, 개인을 사회에 다시 통합시키기 위한 전략이 논의되고 있는 것이다(Paugam, 2008: 4-5).

프랑스에서 '사회적 유대' 개념이 1세기 만에 다시 부상한 또 다른 배경은 개인주의의 발전이 가져온 문제점에 대한 비판이었다. 이는 기독교 사회주의, 유토피아 사회주의, 사회적 경제 등을 통하여 이루어진 프랑스 사회의 오랜 개인주의 비판의 전통의 맥을 잇고 있는 것이다. 이 개념은 자율적인 개인으로 구성된 사회가 유지 가능한지, 그리고 가능하다면 어떻게 가능한지에 대한 사회학자들의 영원한 관심에서 비롯된 것이다. 초기 사회학자들은 인간사회에 대한 진화론적 시각에서 이 문제에 답하려고 했다. 인간사회에 대한 스펜서, 뒤르켐의 발전단계론이 그 예이다.

뒤르켐에 따르면 근대사회의 도래와 함께 연대는 기계적 연대에서 유기적 연대로 그 성격이 변화하였다. 그는 이러한 연대의 성격 변화를 통해 개인들의 분화 과정과 근대사회의 결속 기제를 분석하였다. 그에게 있어서 전통적인 사회와 근대적인 사회를 구분하는 기준은 사회를 연대하게 하는, 사회를 함께 묶어 주는 요인이 지닌 성격이었다. 그리고 이 연대의 성격이 다른 원인은 바로 분업의 유무였다. 일반적 인식과 달리 유기적 연대의 사회는 기계적 연대의 사회와 비교해 볼 때 집단이 공유하고 있는 관념인 집합의식(collective conscience)은 약화되지만, 분업에 따른 상호작용의 빈도 증가와 의존성의 심화로 인해 더 강한 연대감을 나타낸다. 즉 근대사회로의 이행은 한편으로는 개인화를 진전시키지만 다른 한편으로는 친족, 지역사회와 같은 집단으로부터 분리된 개인들 간의 새로운 연대를 형성시킨다는 것이다(Durkheim, 1991).

한편 우리는 근대적 변화가 사회적 유대에 미친 영향에 대한 보다 미시적인 설명을 짐멜에게서 찾을 수 있다. 그의 논의에 따르면 근대사회에서 사회적 인정은 신분, 가족, 지역 등 집단적인 속성이 아니라 개인적인 속성에 의거해 주어지게 되었다. 개개인의 정체성은 어떤 한 집단이 부여하는 것이 아니라 각 개인이 다양한 집단에의 소속감을 각자에 고유한 방식으로 조합함으로써 형성되는 것이다. 그는 중세사회와 비교하면서 근대사회에서 개인의 소속감이 다양화되는 현상을 설명했다. 다양한 소속감이 한 개인 내부에 공존하게 된 것이다.

> "사회 집단의 분화는 개인이 당초 속해 있던 지리적 · 경제적 · 정신적 경계를 넘어서려는 경향을 심화시키게 된다. 구성원들의 개인화가 심화되고 구성원 상호 간의 반감이 커지면서 구성원들은 그가 속한 사회 집단이 당초 가지고 있던 구심력과 달리 외부세계와 소통하는 원심력을 강화하려는 경향이 나타나며 바로 이 원심력이 개인들을 다른 집단들과 연결시켜 주는 요인이다."(Simmel, 1999: 687)

짐멜에게 인간은 무엇보다도 '유대의 존재(etre de liaison)'이며, 이러한 측면에서 그는 사회적 경제 등 자발적 결사체를 강조하는 진영의 사상적 기초를 제공하고 있다. 사회적 경제가 중시하는 사회적 유대 역시 초기 사회학자들과 마찬가지로 공동체의 파괴가 가져온 위기에 대한 문제의식을 공유하고 있다. 사회적 경제의 창시자들에게 근대는 무엇보다도 개인주의의 발전과 중앙권력의 강화였다. 개신교 신학이 신과 신자와의 직접적인 결합을 강조한 것과 유사한 방식으로 프랑스 혁명은 중앙집권적인 국가와 자유로운 개인을 결합시켰다. 그리고 역사는 이 둘의 동시적 · 상보적 발전을 입증해 주었다. 예를 들어 서구에서 개인주의가 심화될 수 있었던 요인 중 하나는 근대사회가 개인에게 제공한 보편적인 사회보장 체계의 발전이었던 것이다. 이러한 발전이 없었다면 개인은 가족, 마을 공동체 등 매우 작은 범위의 사회 집단에 의존적인 상태로 남아 있었을 것이다(Paugam, op. cit.: 3).

사회적 경제의 의의 중 하나는 근대 국민국가의 형성 과정에서 강력한 중앙권력의 사회적 · 경제적 개입이 마을 공동체나 자발적인 결사체의 자율적인 시도들을 약화시키는 현상에 대한 비판이었다. 사회적 경제가 절대왕정과 프랑스 대혁명, 보나파르트 체제, 공화주의 등 중앙집권적 성격이 강했던 프랑스에서 발달했다는 점이 이를 잘 보여 준다. 국가의 주권은 곧 결사체의 자유와 충돌하게 되었고 혁명의 주체들에게 결사체를 만드는 것은 교회나 길드와 같이 오랫동안 특권을 누려 왔던 매개집단을 만들거나 보다 큰 국가적 이익을 위해 억압될 필요가 있는 반체제적이고 파괴적인 활동의 거점을 만드는 것을 의미했다. 노동자나 고용주의 동업조합 또는 동맹을 금지한 1791년의 샤플리에(Chapelier) 법이나 국가의 승인 없이는 결사체가 불가하다고 천명한 1810년 법은 프랑스 대혁명이 결사의 자유에 적대적이었음을 잘 보여 주는 사례이다.

연대 그리고 연대의 보다 구체적인 형태로서의 사회적 유대를 사회통합의 기제로 고려하는 경우처럼 사회적 유대를 강조하는 것 자체가 근대적 사회질서나 자본주의 체제에 대한 비판의 징표인 것은 아니다. 그렇다면 지역관리기업이 추구하는 사회적 유대는 어떤 점에서 대안적인 내용을 담고 있는가?

지역관리기업은 빈곤화와 사회적 배제와 같은 유럽 사회가 겪고 있는 새로운 사회 문제에 대한 해결을 위해 시민들 간 연대의 원리를 대안으로 제시하고 있다. 현재와 같은 피상적인 연대나 관용이 아니라 적극적인 연대와 사회적 배제의 해결을 통해서만 사회적 유대가 가능하다는 것이다. 이 유대를 건설하기 위해서 다음 세 가지 요인을 제시한다(http://regiesdequartiers-npdc.fr/index.php, 2009년 5월 10일 검색).

첫째, 동네나 같은 아파트에 다양한 계층의 사람들이 섞여 사는 사회적 혼합(social mix).

둘째, 세대 간 혼합(generation mix).

셋째, 문화 간 · 인종 간 혼합(cultural and ethnic mix).

여기에서 우리는 지역관리기업 그리고 프랑스에서 '사회적 유대' 개념이 가지는 의미를 알 수 있다. 달리 말하면 사회적 · 세대적 · 문화적 · 인종적 분리가 프랑스 사회 문제의 중요한 측면이라는 것을 추론할 수 있는 것이다. 게다가 지역관리기업이 주로 위치한 도시 외곽지역에서 사회적 유대가 종족화(Hily & Costa-Lascoux, 2001) 양상을 띠고 있다는 점에서 인종 간 혼합을 통한 사회적 유대 강화 전략은 프랑스에서도 심화되고 있는 미국적인 게토화 현상을 극복하는 필수적인 요소라고 할 수 있다.

3. 릴 피브 지역의 사례 : 주민 참여와 사회적 유대의 실험

피브 지역관리기업의 사례를 통해 대안적인 지역사회 개발 패러다임으로서의 지역관리기업의 면모를 구체적으로 확인해 보자. 프랑스 북부 릴시 외곽도시인 릴 피브(Lille Fives) 지역에는 약 2,000가구가 거주하며 지역관리기업에 고용된 주민은 약 40명이다. '모자르(MOS'A.R.T.)'라는 명칭을 가진 지역관리기업의 창설은 이 지역의 핵심과제였던 주거환경 문제와 실업 문제에 대한 고민에서 비롯되었다. 2006년 4월 지역관리기업 창설계획을 입안하면서 릴 시는 이미 활동하고 있던 민간단체인 모자르를 기반으로 삼았다. 실업 문제 극복을 위해 일하던 이 단체는 이제 단순한 고용 문제를 넘어서 피브 지역 문제 전반에 개입하는 그리고 민간단체, 투자자, 건축회사, 지자체, 지방의회 의원 그리고 다양한 직업의 주민 등 다양한 주체들이 참여하는 개방적인 일종의 '운동'이 된 것이다. 모자르의 인터넷 홈페이지 초기화면의 메뉴를 보면 조직이 주안점을 두는 분야를 알 수 있다. 지역관리기업, 지역개발, 도시 경영 및 관리(gestion et rénovation urbaine), 주민 참여, 삶의 질 개선, 사회적 유대(lien social), 근접서비스(services de proximité), 지역관리기업전국네트워크(CNLRQ)이다. 다음에서는 주민 참여와 사회적 유대를 중심으로 릴 피브의 대안적인 측면을 살펴본다.

모자르의 실험에서 주민들은 '근접도시경영(Gestion Urbaine de Proximité)'이라는 새로운 패러다임의 주체가 된다. 릴 피브 지역에서는 매우 드물게 이루어지는 형식적인 주민 의견 조사 등의 방식을 넘어서 주민들의 실질적이고 직접적인 참여를 가능하게 하는 다양한 방안이 시도되었다. 생활환경에 대한 주민의 의견 수합, 새로 이주한 주민들에게 지역의 정보를 제공하고 만남의 자리를 제공하기, 직접 방문, 포스터 부탁, 회합 등 주민 참여 촉진을 위한 시도, 주민들의 단합을 위한 동네 차원의 조례 제정, 세입자들의 관리비 인하를 위해 세입자들 자신이 청소 등 아파트 관리업무 담당, 주민들과 지역관리기업이 함께 정기적으로 동네의 상황 점검, 지역관리기업에 대한 주민들의 만족도 조사 등이 이를 위한 구체적인 방안들이다. 지역관리기업은 대부분 낙후지역에 위치하고 있다. 이러한 조건은 역으로 지역관리기업이 참여민주주의의 수단이 될 수 있게 한다. 지역관리기업은 실천을 통한 시민권 함양, 정치적 시민권보다는 사회적 시민권의 신장을 추구한다. 이런 의미에서 민주주의의 학교라고 할 수 있다(http://regiesdequartiers-npdc.fr/index.php, 2009년 5월 10일 검색).

지역관리기업은 기업이자 민간단체이며 정치 조직이기도 하다. 설립배경에서 이 점을 확인해 보자. 피브 지역관리기업의 운영책임자인 테오필 프레보스트(Théophile Prevost) 씨에 따르면[9] 피브는 노르파드칼레(Nord-Pas-de-Calais) 지역의 가장 오래된 마을 중 하나이다. 전통적인 노동자 도시로 20년 전만 해도 8,000개의 제조업 부문 일자리가 있었고, 이들은 국영철도회사(SNCF)·의류회사·무기제조회사 등에서 일을 하였다. 그런데 2009년 현재 일자리 수가 400여 개 정도에 그치고 있을 정도로 대부분의 기업이 문을 닫았다. 그동안 이 지역의 주거, 도시 정책, 사회적 유대는 풍부했던 일자리에 의해 규정되었다. 그러나 기업이 문을 닫음에 따라 주거, 도시 정책, 사회적 유대 모두가 해체되었고 빈곤 문제가 심각해졌다.

과거 도시 정책 및 도시 개발은 산업화 및 노동과 밀접히 연관된 것이었다. 집단 거주는 집단 생산, 대량 생산과 밀접히 연관된 것이었고 고용의 쇠퇴는 동시에 지역의 쇠퇴, 사회적 유대의 쇠퇴를 가져왔다. 이러한

---

9) 2009년 2월 21일 필자와의 인터뷰 내용.

조건에서 지역관리기업은 “생활공간을 어떻게 회복해야 하는가?”라는 질문을 중심으로 문제에 접근하였다. 이로부터 다음과 같은 원칙들이 도출되었다.

첫째, 지역 일자리 문제는 주민생활에 맞는 방식으로 형성되어야 하며 주민생활의 모든 측면을 고려해 접근함.

둘째, 일자리, 주거, 사회적 관계를 밀접히 연관된 것으로 고려함 : 지역관리기업은 지역의 불행이 총체적인 현상임을 강조. 즉 고용, 치안, 주거, 의료, 교육, 사회통합 등 개별 영역의 문제들은 다른 영역의 문제들과의 연관성 없이 해결될 수 없음.

셋째, 지역 주민의, 지역 주민에 의한, 지역 주민을 위한 지역개발 : 세금과 집세를 국가와 집주인에게서 되찾아 주민 스스로가 관할하고 주체적으로 지출을 결정함. 이러한 시각은 주거 문제는 실제 그곳에 사는 사람이 결정하는 것이 당연하다는 논리에 기초한 것임.

이 조직의 창설 과정에는 지역의 청년들을 대상으로 하는 설문조사도 실시되었다. 조사의 목적은 주민들에게 그들이 필요로 하는 서비스가 어떤 것인지를 묻는 것이었다. 조사결과를 보면 주민들은 청결과 안전 문제를 선결 과제로 꼽았다. 이에 따라 지역관리기업은 피브 지역 거리의 관리를 위해 릴 시와 12개월간의 계약을 체결했다. 이 사업을 통해 40대 주민 5명이 고용되었다. 당시 지역관리기업 창설에 관여했던 현 릴 시 사회연대경제국 국장 말리카 모니에(Malika Monnier)는 이 사업의 의의를 “주민들 스스로 지역의 청결 문제를 담당하는 것은 매우 중요한 경험이었다. 그들은 이웃들과 대화를 할 수 있었다”라고 설명했다. 이외에도 세탁, 집수리 분야에서도 지자체의 위탁을 받아 활동 첫해였던 2007년에 이미 19명이 고용될 수 있었다(Nord Eclair, 2007년 7월 3일자). 이렇게 지역관리기업 모자르의 활동은 창립 초기부터 지역사회의 요구에 민감하였던 것이다(ibid.).

최근 프랑스에서는 사회적 · 연대적 경제 개념이 유행하고 있는데 이 개념은 인간, 예를 들어 주민을 중심에 두는 것이다. 그리고 이 새로운 개념은 노동에 대한 존중, 거버넌스 방식, 생활양식 존중, 지속 가능한 발전을 특징으로 하고 있다. 사회적 · 연대적 경제의 목표는 사람을 다시 일어나게 하는 것으로 단순히 경제적 성취를 목적으로 하는 것보다는 시간이 오래 걸리지만 사람들을 자기 인생의 주인이 되게 하고 생활상의 실질적인 주인이 되게 하는 의미를 지닌다. 이러한 경향은 동시대 프랑스 사회운동의 경향과 맥을 같이하는 것이다. 1995년 당시 우파 대통령과 우파 내각의 집권기에 추진된 신자유주의 정책에 대한 반대 운동은 기층노동자 중심의 직접행동이라는 새로운 노동 운동의 양상을 보였다. 같은 계열 정당과의 전통적인 관계를 우회하여 직접 정치적 장에 뛰어드는 '정복하는 생디칼리즘(syndicalisme de conquête)' 현상이 대두된 것이다(손영우, 2004: 271-272).

지역관리기업의 운영 방식을 보면 거버넌스적 특징을 보인다. 운영위원회가 주거에 대한 모든 보수와 유지를 책임지는데 위원회에는 지방의 회의원, 주민, 투자자 등이 참여한다. 지방의회 의원과 소유주는 세금과 집세를 받아 일부를 지역관리기업에 제공하는데 세 주체 중 주민의 발언권이 제일 강하다. 이는 주민들이 낸 돈을 주민들이 사는 지역을 위해 주민들 자신이 운영한다는 참여민주주의 정신을 잘 보여 준다. 그 저변에는 주민이 그들 생활의 전문가이고 가장 적절한 주체라는 논리가 자리하고 있다. 이는 경제적 관심을 우선시하며 주민을 배제해 왔던 그간의 정부와 지자체의 지역 정책에 대한 대안의 성격을 띤다.

주택의 청결 문제의 예를 통해 지역 거버넌스 체제 구축에 대해 살펴보자. 주택의 청결상태를 점검하는 사람들(agents de propreté)의 활동이 2007년부터 시작되었고 주거실태를 지속적으로 모니터링하는 위원회(comité de suivi)가 가동 중이다. 이 위원회는 주민, 전문기술자, 지방의회 의원, 기술직 공무원 등으로 구성되어 있는데 가장 중요한 결정권은 주민들이 가지고 있다. 그간의 현실을 보면 지역 문제에 대한 막강한 권한을 가지고 있는 지방의회 의원들은 변화를 두려워하고 동네의 현실에 무지하며 동네 현실의 복합적 성격을 고려하지 않는 단순한 사고를 보여 왔다. 예를 들어 세탁 문제는 의원들의 한계와 지역관리기업의 일처리가 가지는 장점을 잘 보여 주고 있다. 일반적으로 지방의회 의원 등 기성 주체들은 가구가 50가구일 경우 개인마다 사용하는 50개의 세탁기가 필요하다고 생각한다.

그러나 '상호적인' 방식의 해결책이 있을 수 있고 그것이 지역관리기업이 추구하는 바이다. 이들이 제시하는 대안은 건물 전체가 공동으로 사용하는 세탁 시설의 설치이다. 사실 가전제품이 집집마다 있어야 하고 각자 자신의 것을 사용하는 개인적 소비에 익숙한 현대인들에게 이러한 집단적 소비 및 사용은 새로운 방식이다.

지역관리기업은 이렇게 집단적 해결책을 중시하는데 이것은 주민 간 유대 강화의 계기로 작용할 수 있다. 즉 건물 지하에 있는 공동빨래방은 효과적인 주민들 간의 의사소통의 장이 될 수 있기 때문이다. 이와 함께 빨래방의 직원으로 일하는 주민의 노동은 자신들이 잘 아는 이웃이 수행하는 노동이기 때문에 이웃사람들로부터 존중받는다는 장점이 있다. 타인의 노동에 대한 존중(respect du travail de l'autre)이 지역관리기업이 추구하는 중요한 가치 중 하나인 것이다. 이 독특한 형태의 지역 조직이 상정하는 또 다른 전망은 짧은 순환 구조를 가진 경제이다. 즉 동네의 부가 외부로 나가지 못하게 한다는 것인데 이는 로컬푸드(local food) 운동이나 지역화폐(local money) 운동에서 볼 수 있는 것이다. 지역관리기업의 논리에 따르면 이러한 방식의 통합성을 갖춘 경제는 동네 주민들 간의 결속(cohésion)를 유지하는 사회적 통합과 밀접히 연관된 것이다.

건축수리의 사례를 들어 지역관리기업이 일반 기업에 비해 사회적 유대의 창출을 촉진하는 장점을 가지고 있음을 살펴보자. 외부 기업이 맡는 경우 그저 새 건물로 만들어 주는 데 그친다. 이에 비해 지역 내부에서 이 일을 맡는 경우 새집으로 만들어 주는 것 이외에 다양한 장점이 있다. 먼저 지역관리기업과 같은 지역 자체의 기업은 주민들의 요구를 충분한 시간을 두고 수용한다. 그리고 주민을 고용하고 주민을 훈련시키고 주민과의 대화를 중시한다. 이런 식으로 주민이 자신들의 문제의 주체가 되는 것이다.

결과적으로 새 건물뿐 아니라 기술, 연대, 사회적 관계, 고용을 통해 창출되는 부도 남는다. 게다가 수리된 건물도 보다 많은 요인을 고려하고 정성을 들인 결과 더 오래 지속된다. 비용이 덜 들면서도 오래 지속되는 것이다. 이러한 지역관리기업의 운영 방식과 성격은 주민들의 요구를 반영한 것이다. 그런데 주민들의 요구는 복합적이다. 즉 주거, 사회적 관계, 일자리, 자신들의 노동과 삶에 대해 인정받고자 하는 욕구 등이 복합적으로 존재하는 것이다.

도시 외곽지역의 위기(crise des banlieues) 당시 지역관리기업이 있는 지역은 덜 폭력적이었는데, 이것은 지역관리기업이 추구했던 중요한 목표 중 하나가 사회적 유대의 재건이었다는 점과 연관성이 있는 것이다. 지역관리 기업이 추구하는 목적에서 사회적 관계의 복원 또는 형성이 매우 중요하다. 달리 말해 지역에 사는 주민이 사회적 시민권을 얻는 것이 중요한 것이다.

V. 결론

위에서 우리는 역사적 · 현실적 측면에서 대안 운동이 사회적 경제의 본질적 요소임을 확인하였고, 프랑스 지역관리기업의 예를 통해 민주적이고 연대적인 대안 지역사회 형성의 경험을 살펴보았다. 그렇다면 지역관리기업은 한국의 사회적 경제가 직면하고 있는 문제들 즉 경제주의적 한계와 폐쇄성, 국가 및 지자체와의 관계, 민주주의의 문제 등을 어떻게 해결하고 있는가? 이러한 점들을 중심으로 본론의 논의를 요약해 보자.

지역관리기업은 지역경제의 영역에서 활동하며 실업과 배제, 사회적 유대의 파괴와 같은 '도시 문제'에 대한 대응으로 출현하였다. 따라서 본질적으로 도시 전체 또는 마을 차원의 재생을 목적으로 하는 단체이다. 동시에 노동통합기업과 유사하게 프랑스의 가장 중요한 사회 문제인 실업 문제에 대한 해결 방식이기도 하다. 지역사회의 새로운 사회적 유대 창출을 강조하는 것 역시 공화주의적 성격이 강한 프랑스 사회의 특징을 잘 보여 준다. 이들에게 지역사회 또는 '동네'의 재건은 경제적 영역에 국한된 것이 아니라 사회적 유대의 창출 그리고 민주적이고 거버넌스적 성격의 정치적 실천을 포함하는 총체적인 것이다. 이러한 점에서 경제적 영역을 크게 넘어서지 않는 한국의 사회적 경제와 차이를 보인다. 기본적으로 경제적 성격의 단체인 지역관리기업이 포괄적인 역할을 하는 것은 단지 정치, 사회, 문화 등으로 활동영역을 확장한 결과가 아니라 경제에 대한 대안적인 인식이 그 배경에 있는 것이다. 즉 자본주의가 분리시킨 경제적인 것과 사회적인 것을 다시 결합시키는 새로운 경제관에서 비롯된 것이다. 이들의 새로운 경제관은 고용과 삶의 질 제고, 노동을 통한 사회적 약자들의 지역사회 통합과 주민의 민주적 참여를 결합시키는 복합적 성격을 지니는 것이다.

지역관리기업의 경우 중앙집권적인 국가는 동네 또는 마을 차원의 사회적 유대를 약화시키고 자율성을 억제하는 원인으로 간주된다. 자금 및 인프라 지원 · 공공시장(public market) 제공 등 여러 측면에서 관의 협력이 필요하지만, 주민들의 권한이 제일 큰 지역관리기업의 거버넌스 구조가 국가에의 의존을 막아 주는 역할을 하고 있다. 이는 세금을 내는 주민들이 지역 운영의 주체라는 대안적인 정치관에서 비롯된 것이다. 또한 경제적 어려움에 처한 주민들은 지역관리기업이라는 새로운 경제가 제공하는 재화 및 사회 서비스의 수혜자이자 공급자이다. 물론 이러한 장치에도 불구하고 일상적인 조직 운영에서의 주민 참여는 개인화가 한국 사회보다 심화된 프랑스 사회에서 쉽지 않은 과제이다.

참고문헌

고용노동부 고시 제2010-6호. 2010. “최저임금 고시.”

교육과학기술부. 2012. 「대학정보알리미」.

교육인적자원부 · 산업자원부 · 한국산업기술재단. 2006. 『권역별 혁신 성공 사례집』.

구도완. 2009. 『마을에서 세상을 바꾸는 사람들』. 창비.

국가균형발전위원회. 2004. 『이제는 지역이다』. 모브.

국가균형발전위원회. 2006. 『살기좋은 지역 만들기』. 제이플러스애드.

국가균형발전위원회. 2006a. 『대한민국 혁신예보 맑음』. 제이플러스애드.

국가균형발전위원회. 2006b. 「원주 의료기기 산업단지의 클러스터화 추진전략」.

국가균형발전위원회. 2007a. 「초광역경제권 개발 구상」.

국가균형발전위원회. 2007b. 「공공 기관 지방이전 및 혁신도시 건설」.

권영섭. 2006. 「성공적인 R & D 클러스터 구축 과제」. 국토연구원.

김광식. 1999. “사회적 자본 형성에서의 NGC의 역할.” 「제13회 대도시행정세미나 결과보고서」. 서울시립대학교.

김기홍. 2006. “농촌마을 사회적 자본 탐구를 위한 이론의 구성.” 『농촌사회』 15(1): 7-42.

김남선. 2004. “효과적인 지역사회개발을 위한 신조류 이론에 근거한 리더십 측정에 관한 연구: 변혁적, 거래적 리더십 중심으로.” 『한국지역사회생활과학회지』 15(4): 45-60.

김양희 외. 2007. 「국가균형발전모델의 성주류화 전략 개발: 성평등한 지역발전을 위한 사례 분석과 가이드라인 개발」. 한국여성정책연구원.

김영모. 2003. 『새마을운동연구』. 고헌출판부.

김영범 · 이기원 · 안동규. 2010. “자발적 결사체 참여와 지역사회적 자본: 신활력사업 지역을 대상으로.” 『지역사회학』 12(1): 111-130.

김영수 · 박종안. 2009. “한국 커뮤니티 비즈니스의 성공요소에 관한 사례 연구: 농촌체험 관광마을을 중심으로.” 『농촌사회』 19(2): 167-206.

김영수 · 박종완. 2009. “한국 커뮤니티 비즈니스 성공요소에 관한 사례 연구: 농촌체험 관광마을을 중심으로.” 『농촌사회』 19(2): 167-206.

김영정. 2008. “상향식 지역발전 정책의 성공조건과 과제: 신활력사업 사례분석.” 『지역사회학』 10(1): 53-70.

김영정 · 송미령 · 김현호 · 모성은 · 박준식. 2007. 『신활력사업』. 국가균형발전위원회.

김영철 · 이민환. 2007. "양극화와 사회적 일자리 사업: 사회적 경제의 관점에서." 『지역사회연구』 15(2): 79-103.

김용우. 2009. "한국생협운동과 로컬푸드운동." 『대구경북발전연구원세미나자료집』 (2009년 6월).

김일석 · 곽현근. 2007. "동네주민조직 유형별 사회적 자본 분포에 관한 탐색적 연구." 『한국지역개발학회지』 19(4): 151-178.

김일태. 1999. "사회적 자본과 시민사회의 발전." 「제13회 대도시행정세미나 결과보고서」. 서울시립대학교.

김자경. 2010. "로컬푸드시스템 구축을 위한 제주도민의 식생활 현황과 먹을거리 의식에 관한 연구." 『농촌사회』 20(2): 117-161.

김종구. 2007. "우리나라 지역 인적 자본 추정과 지역경제 성장 요인 분석." 『경제연구』 25(4): 10-29.

김종덕. 2005. "지역식량체계 전환의 필요성과 과제." 『농정연구』 5: 101-124.

김종덕. 2007. "지역식량체계에서 소비자의 역할에 관한 연구." 『한국지역사회생활과학회지』 18(4): 617-627.

김진아. 2007. "농촌지역 50대, 노년기 자녀와의 동거 여부에 관한 연구." 한림대학교 사회학과 학사학위 청구논문.

김철규. 2008. "신자유주의 세계화와 먹거리 정치." 『한국 사회』 9(2): 123-146.

김철규. 2011. "한국 로컬푸드 운동의 현황과 과제: 농민장터와 CSA를 중심으로." 『한국 사회』 12(1): 111-133.

김춘동. 2003. "농촌지역의 회생과 지속 가능성 모색." 『민주주의와 인권』 6(2): 107-137.

김춘식. 2007. "사회적 자본이 마을수준의 공동체 형성에 미치는 영향 — 인천시 계양구 효성동, 동구 송림2동 사례를 중심으로." 경희대학교 NGO 대학원 석사학위 논문.

김홍배 · 김대욱. 2000. "인적 자본과 지역성장의 실증분석에 관한 연구." 『지역연구』 16(2): 67-81.

김흥주. 2011. "한국농촌에서 새로운 희망 만들기." 『지역사회학』 12(2): 109-137.

노무현. 2007. "정치 · 복지 · 언론 후진국 벗어나 성숙한 민주주의로." 원광대학교 특강 논문.

로버트 데이비드 퍼트넘(안청시 · 장훈 · 강원택 · 김노학 · 김하영 · 유석진 · 백창재 역). 2000. 『사회적 자본과 민주주의』. 박영사.

사사키 마사유키(정원창 역). 2004. 『창조하는 도시』. 소화.

박길성 · 이택연. 2007. 『경제사회학 이론』. 나남.

박덕병. 2002. "시민사회, 사회적 자본의 형성을 위한 지역사회개발 프로젝트로서 그린투어리즘." 「지역사회발전학회논문집」 27(1): 151-169.

박덕병. 2005. "미국의 local food system과 공동체 지원농업의 현황과 전망." 『농촌사회』 15(1): 133-174.

박병진. 2007. "신뢰형성에 있어서 사회참여와 제도의 역할." 『한국사회학』 41(3): 65-105.

박은식 · 이채식 · 고정숙 · 조영숙 · 황대용 · 박덕병. 2006. "농촌지역사회 리더의 역할지위별 리더십역량 중요성취도 분석." 『한국지역사회생활과학회지』 17(1): 3-10.

박정환. 2008. "춘천시 소비자의 친환경농산물 소비성향." 춘천 지역 친환경농업의 현실과 로컬푸드운동의 과제 토론회 발표문(춘천, 한림대학교 국제회의실, 2008. 11. 15).

박준식 · 윤상우 · 이기홍 · 이영숙 · 이재혁 · 정동일. 2006. 「도농상생발전 모형에 대한 사회학적 연구」. 한림대학교 사회조사연구소.

박준식 · 정동일. 2011. "사회적 자본과 지역사회 리더 교육의 다층적 효과." 『지역사회학』 13(1): 61-90.

박준식 · 정동일 · 성경륭. 2009. "지역 낙후성의 구조와 전환을 바라보는 이론적 접근: 사회적, 창조적 자본이론의 관점." 『지역사회학』 10(2): 31-62.

박한식 · 김남조. 2008. "농촌관광마을 리더의 역량분석과 역량모델 개발." 『관광연구』 23(3): 239-256.

박희봉. 2009. 『사회적 자본』. 조명문화사.

박희봉 · 김명환. 2001. "우리나라 지역사회의 사회적 자본 증진에 관한 연구." 『한국정치학회보』 34(4): 219-237.

배병삼. 2005. 『논어, 사람의 길을 열다』. 사계절.

변용환. 2008. 『수도권 규제완화에 대한 고뇌』. 강원발전연구원.

변용환 · 김중화. 2006. 『바이오 클러스터 구축 전략』. 소화.

복득규 외. 2003. 『클러스터』. 삼성경제연구소.

생활협동조합전국연합회. 2006. 「한국 생협운동의 역사와 현황」.

서익진. 2003. "한국산업화의 발전양식." 이병천(편). 『개발독재와 박정희시대』. 창비.

서종혁 외. 2011. 「춘천권역 친환경 공공급식 시장 개척방안 연구: 춘천푸드 구축을 통한 봄내살림 활성화 방안」. 사단법인 환경농업단체연합회 연구용역보고서.

성경륭. 2011a. “참여정부에서의 갈등양상과 해결경험.” 『분쟁해결연구』 7(2): 27-47.
성경륭. 2011b. “지방분권과 국가균형발전: 지방을 살리는 미래디자인.” 『이기는 진보』. 한국미래발전연구원.
성경전서. 마태복음 22장 37~38절. 대한성서공회 개혁한글판.
소진광. 1998. “사회적 자본형성을 위한 지역사회개발논리.” 경원대학교 학술논문.
소진광. 2004. “사회적 자본 형성을 통한 지방자치와 지역발전의 연계화 방안.” 『지방행정연구』 18(2): 67-90.
손영우. 2004. “프랑스 사회운동, 그 흐름과 논의.” 『정치비평』 2004년 상반기: 267-282.
스테판 가렐리(서소울 역). 2006. 『경쟁의 역설』. 비즈니스맵.
신윤표. 2007. 『지역개발과 새마을운동론: 새마을운동의 발전전략』. 대영문화사.
심재희. 2003. “한국의 광역자치단체에서 인적 자본의 지역성장효과 분석.” 『한국국토도시계획학회지』 38(7): 201-209.
안영진. 2003. “대학의 지식 및 기술이전과 지역발전: 전남대학을 사례로.” 『한국경제지리학회지』 6(1): 171-291.
엄한진. 2007. “프랑스 이민통합 모델의 위기와 이민 문제의 정치화: 2005년 ‘프랑스 도시외곽지역 소요사태’를 중심으로.” 『한국사회학』 41(3): 253-286.
연세의료공학 교육혁신사업단. 2005. 「의료공학 교육혁신사업 실적보고서」.
오원철. 2006. 『박정희는 어떻게 경제강국 만들었나』. 동서문화사.
우장명 · 윤병선. 2009. 『로컬푸드를 활용한 사회적 일자리 창출에 관한 연구』. 충북개발연구원.
원주 의료기기 테크노밸리. 2006. 「지역 혁신 사업 현황」.
유석춘 · 왕혜숙. 2006. “사회적 자본 개념으로 재구성한 한국의 경제발전.” 2006 한국사회학회 전기 사회학대회 발표논문. 전주.
윤병선. 2008. “세계 농식품체계하에서 지역먹거리운동의 의의와 과제.” 『ECO』 12(2): 89-115.
윤수종. 2007. “대안운동의 현황과 방향.” 『사회이론』 2007 가을-겨울호: 255-288.
이강익. 2008. “춘천 로컬푸드 운동의 현황과 과제.” 춘천 지역 친환경농업의 현실과 로컬푸드운동의 과제 토론회 발표문(춘천, 한림대학교 국제회의실, 2008. 11. 15).
이규환 · 남상우. 2008. “사회적 자본 개념요소 연계성에 관한 연구: 충북 청주시를 중심으로.” 『한국지역개발학회지』 20(1): 207-228.
이명진. 2005. “대응분석.” 이재열 편. 『사회과학의 고급계량분석: 원리와 실제』. 서울대학교 출판부. pp.128-159.

이병천. 2003. "개발독재의 정치경제학과 한국의 경험." 이병천(편). 『개발독재와 박정희시대』. 창비.

이승철 · 허종욱. 2010. "어촌지역 전통축제의 사회적 자본 형성." 『KTRA 관광연구저널』 24(4): 5-22.

이재열. 1998. "민주주의, 사회적 신뢰, 사회적 자본." 『계간 사상』 여름호: 65-93.

이재열. 2006. "지역사회 공동체와 사회적 자본." 『지역사회학』 8(1): 33-67.

이재열 · 남은영. 2008. "한국인의 사회적 자본: 인맥의 특징과 중간집단 참여 효과를 중심으로." 『한국사회학』 42(7): 178-214.

이재혁. 1996. "신뢰, 거래비용 그리고 연결망." 『한국사회학』 30(1): 519-542.

이재혁. 2006. "신뢰와 시민사회." 『한국사회학』 40(5): 61-98.

이진천 · 변창용. 2011. 「강원도 춘천 친환경 로컬푸드 사회적 기업 봄내살림」(봄내살림 내부자료).

이해진. 2007. "지역개발정치의 위기 — 갈등 구조와 주민운동의 대응전략: 강원도 고한, 사북 지역 주민운동조직을 중심으로." 『농촌사회』 17(2): 107-154.

이희창 · 박희봉. 2005. "사회적 자본과 지역발전." 『한국행정논집』 17(4): 1183-1206.

임경수 · 소진광. 2005. "지역사회 빈곤퇴치와 사회적 자본." 『한국지역개발학회지』 17(1): 35-54.

자크 드푸르니. 2007. "확대된 유럽에서의 사회적 기업: 개념과 실체." 「자크 드푸르니 교수 초청 사회적 경제 심포지엄 자료집」. 한림대학교 고령친화전문인력육성사업단 케어서비스팀. pp.149-173.

자크 드푸르니 · 패트릭 데벨테르. 2007. "사회적 경제: 전 세계적인 차원에서 제3섹터 생각하기." 「자크 드푸르니 교수 초청 사회적 경제 심포지엄 자료집」. 한림대학교 고령친화전문인력육성사업단 케어서비스팀. pp.45-80.

장상환. 2006. "오늘의 현실에서 다시 본 한국의 농업 정책." 『내일을 여는 역사』 23(봄): 24-43.

장원봉. 2007. "사회적 경제(Social Economy)의 대안적 개념화: 쟁점과 과제." 『시민사회와 NGO』 5(2): 5-34.

정규호. 2007. "풀뿌리 거버넌스와 주민 참여적 지역 만들기." 『ECO』 11(1): 99-131.

정동일. 2008. "구조화된 시장과 구성된 시장: 한국병원의 설립과 도산." 『한국사회학』 42(7): 77-110.

정동일 · 박준식. 2011. "사회적 자본과 지역사회 리더교육의 다층적 효과." 『지역사회학』 13(1): 61-90.

정동일 · 성경륭. 2010. “창조적 지역발전과 그룹지니어스: 신활력사업 대상 낙후지역을 중심으로.” 『한국사회학』 44(1): 60-97.

정동일 · 허목화. 2010. “낙후지역에서 사회적 자본 형성의 전략과 그 함의: 인제군 마을 리더 교육에 대한 탐색적 연구.” 『지역사회학』 12(1): 43-80.

제프 일리(유강은 역). 2008. 『The Left 1848~2000: 미완의 기획, 유럽 좌파의 역사』. 뿌리와이파리.

조대연 · 김제현. 2007. “사회적 자본을 통한 국가수준의 역량개발 가능성 탐색.” 『인력개발연구』 9(2): 105-122.

조중현 · 심정선 · 김용근. 2008. “농촌체험마을의 갈등 원인과 유형에 관한 연구.” 『농촌사회』 18(1): 91-125.

조지 리처(한국이론사회학회 역). 2006. 『사회학 이론과 그 고전적 뿌리』. 박영사.

최종렬. 2004. “신뢰와 호혜성의 통합의 관점에서 바라본 사회적 자본.” 『한국사회학』 38(6): 97-132.

하승우. 2009. “한국의 시민운동과 생활정치의 발전 과정.” 『시민사회와 NGO』 7(2): 39-72.

한국사회연구소. 1991. 『한국경제론: 80년대 한국자본주의의 구조』. 백산서당.

한국사회학회. 2007. 『한국사회학회 50년사』. 한학문화.

한국은행강원본부. 2005. 「강원 의료기기산업 현황 및 과제」.

한영혜. 2004. 『일본의 지역사회와 시민운동』. 한울.

한정희. 2009. “지역 혁신클러스터 육성 정책 방향에 관한 실증적 연구: 사회적 자본 측면에서 본 기업특성과 혁신을 위한 네트워크 활동 중심으로.” 『행정논총』 47(2): 253-280.

한혜경. 2010. “제주지역 생협조합원들의 로컬푸드에 대한 인식과 실천.” 『탐라문화』 36: 261-299.

허장 · 정기환. 2003. “농촌마을의 발전과 새로운 리더십.” 『농촌사회』 13(1): 51-83.

화천군. 2004. 「화천민속지」.

화천군. 「4대 일거리 창출 사업계획서」.

화천군. 「나라축제조직위원회 대외공식 홍보문서」.

화천군. 산천어 축제 공식 홈페이지(http://www.narafestival.com/).

화천군청 공식홈페이지(http://www.ihc.go.kr/).

황규선 외. 2007. 「대학이 지역경제에 미치는 영향」. 강원발전연구원.

황준성. 2005. “사회적 자본으로서의 신뢰와 한국경제.” 『신뢰연구』 15(2): 3-43.

황태연. 1997. 『지역패권의 나라』. 무당미디어.

川上聰一. 2007. "일본 지방자치단체의 커뮤니티 비즈니스 지원 사업에 대한 일고찰." 『일본학보』 73: 297-230.

Allison, Paul D. 2009. *Fixed Effect Regression Model*. London: Sage.

Allport, Gordon W. 1954. *The Nature of Prejudice*. Cambridge, MA: Perseus Books.

Amabile, Teresa. 1996. *Creativity in Context: Update to the Social Psychology of Creativity*. Westview Press.

Amsden, Alice H. 1989. *Asia's Next Giant*. Oxford University Press.

Armstrong, Elizabeth A. 2005. "From Struggle to Settlement: The Crystallization of a Field of Lesbian/Gay Organizations in San Francisco, 1969-1973." in Gerald Davis, Doug MaAdam, Richard Scott, & Mayer Zald (eds.). *Social Movements and Organization Theory*. New York: Cambridge University Press. pp.168-187.

ATTAC. 2003. Construire une économie démocratique, sociale, écologique et solidaire(http://www.france.attac.org/IMG/article_PDF/Construire-une-economie.pdf).

Axelrod, Robert. 1984. *The Evolution of Cooperation*. Basic Books.

Azam, Geneviève, Jean-Marie Harribey, et Dominique Plihon. 2007. "Construire un monde écologique et solidaire." *L'économie politique* 34(avril, 2007): 60-69.

Baldwin, Richard et al. 2003. *Economic Geography and Public Policy*. Princeton: Princeton University Press.

Banfield, Edward C. 1958. *Moral Basis of Backward Society*. Chicago: Free Press.

Barron, David N. 1998. "Pathway to Legitimacy among Consumer Loan Providers in New Your City, 1914-1934." *Organization Studies* 19(2): 207-233.

Bartels, Larry M. 2008. *Unequal Democracy: The Political Economy of the New Gilded Age*. Princeton, N.J.: Princeton University Press.

Becker, Gary Stanley. 1964. *Human Capital*. Columbia University Press.

Benford, Robert D. 1997. "An Insider's Critique of the Social Movement Framing Perspective." *Sociological Inquiry* 67: 409-430.

Benford, Robert D. & David A. Snow. 2000. "Framing Processes and Social Movements: An Overview and Assessmen." *Annual Review of Sociology* 26: 611-639.

Beugelsdijk, S. & S. Smulders. 2004. "Social Capital and Economic Growth." Tilburg University, Department of Economics, mimeo(http://www.dur.ac.uk/economics.guestspeakers/2003_04/Smulders.pdf).

Bickel, Robert. 2007. *Multilevel Analysis for Applied Research*. London: Guilford Press.

Binder, Amy. 1993. "Constructing Racial Rhetoric: Media Depictions of Harm in Heavy Metal and Rap Music." *American Sociological Review* 58(6): 753-767.

Boix, Carles & Daniel N. Posner. 1998. "Social Capital: Explaining Its Origins and Effects on Government Performance." *British Journal of Political Science* 28: 686-693.

Bourdieu, Pierre(Editions de Minuit, 1979). 2006. La Distinction(최종철 역. 2005. 『구별짓기』. 새물결).

Brintain, Mary C. & Victor Nee, 1998. *The New Institutionalism in Sociology*. New York: Russell Sage Foundation.

Burger, Peter L. & Samuel P. Huntington. *Many Globalizations*. Oxford University Press, USA(김한영 역. 2002. 『진화하는 세계화』. 아이필드).

Burt, Ronald S. 1980, "Autonomy in a Social Topology." *American Journal of Sociology* 85(4): 892-925.

Burt, Ronald S. 1992. *Structural Holes: The Social Structure of Competition*. Cambridge: Harvard University Press.

Burt, Ronald S. 2005. *Brokerage and Closure: An Introduction to Social Capital*. New York: Oxford University Press.

Cabantous, Alain. 1994. "Le quartier, espace vécu à l'époque moderne." *Histoire, économie et société* 13(3): 427-439.

CNLRQ(Comité National de Liaison des Régies de Quartier). 1991. Charte nationale des Régies de Quartier.

CNLRQ. 1993. Le Manifeste des Régies de quartier.

Cobb, Tanya Denckla. 2011. *Reclaiming Our Food: How the Grassroots Food Movement is Changing the Way We Eat*. Storey Publishing.

Cohen, Michael D., James G. March, & Johan P. Olsen. 1972. "A Garbage Can Model of Organizational Choice." *Administrative Science Quarterly* 17: 1-25.

Coleman, James S. 1988. "Social Capital in the Creation of Human Capital." *American Journal of Sociology* 94: 95-120(유석춘 외 역. 2003. "인적 자본 형성에 있어서의 사회적 자본." 『사회적 자본 : 이론과 쟁점』. 그린).

Coleman, James. 1990. *Foundations of Social Theory*. Cambridge: Cambridge University Press.

Cox, Kevin R. 2002. *Political Geography: Territory, State, and Society*. Oxford, UK: Blackwell Publishers Ltd.

Deming, W. Edwards. 2000. *The New Economics for Industry, Government, and Education* (2nd ed.). MIT Press.

DiMaggio, Paul J. & Walter W. Powell. 1983. "The Iron Cage Revisited: Institutional Isomorphism and Collective Rationality in Organizational Fields." *American Sociological Review* 48: 147-160.

Durkheim, Emile. 1984. *The Division of Labor in Society*. Translated by W. D. Halls. New York: Free Press.

Eme, Bernard, Jean-Louis Laville, et Jean-Paul Marechal. 2001. *Economie solidaire: illusion ou voie d'avenir*. Université d'été d'Arles.

Evers, A. & J. L. Laville (ed.). 2004. "Defining the third sector in Europe." *The Third Sector in Europe*. Cheltenham: Edward Elgar. pp.11-42.

Fedderke, Johannes, Raphael De Kadt, & John Luiz. 1999. "Economic Growth and Social Capital: A Critical Reflection." *Theory and Society* 28: 709-745.

Festinger, Leon. 1957. *A Theory of Cognitive Dissonance*. Stanford, CA: Stanford University Press.

Fine, Ben S. 2001. *Social Capital versus Social Theory: Political Economy and Social Science at the Turn of the Millennium*. New York: Routledge.

Fishman, Robert M. 2004. *Democracy's Voices: Social Ties and the Quality of Public Life in Spain*. Ithaca: Cornell University Press.

Florida, Richard. 2004. *The Rise of the Creative Class*. New York: Basic Books.

Florida, Richard. 2005. *Cities and the Creative Class*. Routledge.

Fombrun, C. J. 1996. *Reputation: Revitalizing Value from Corporate Image*. Cambridge: Harvard Business School Press.

Frank, Andre Gunder. 1969. *Capitalism and Underdevelopment in Latin America: Historical Studies of Chile and Brazil*. New York: Monthly Review Press.

Fukuyama, Francis. 1995. *Trust: The Social Virtues and the Creation of Prosperity*.

New York: Free Press.

Fukuyama, Francis. 2001. "Social Capital, Civil Society, and Development." *Third World Quarterly* 22(1): 7-20.

Furstenberg, Frank F. & Mary Elizabeth Hughes. 1995. "Social Capital and Successful Development among At-Risk Youth." *Journal of Marriage and Family* 57(3): 580-592.

Gamson, William. 1995. "Constructing Social Protest." in Hank Johnston & Bert Klandermans (eds.). *Social Movements and Culture*. Minneapolis: University of Minnesota Press. pp.85-106.

Gerhards, Jurgen & Dieter Rucht. 1992. "Mesomobilization: Organizing and Framing in Two Protest Campaigns in West Germany." *American Journal of Sociology* 98: 555-595.

Gittell, Ross J. & Avis Vidal. 1998. *Community Organizing: Building Social Capital as a Development Strategy*. Thousand Oaks: Sage.

Glaeser, E. L. 1998. "Are Cities Dying?" *Journal of Economic Perspectives* 12: 139-160.

Glaeser, E. L., D. Laibson, & B. Sacerdote. 2002. "An Economic Approach to Social Capital." *The Economic Journal* 112: 437-458.

Goddard, Roger D. 2003. "Relational Networks, Social Trust, and Norms: A Social Capital Perspective on Students' Chances of Academic Success." *Educational Evaluation and Policy Analysis* 25(1): 59-74.

Goffman, Erving. 1974. *Frame Analysis*. Cambridge: Harvard University Press.

Gould, Roger V. 1993. "Collective Action and Network Structure." *American Sociological Review* 58(2): 182-196.

Granovetter, Mark S. 1974. *Getting a Job*. Cambridge: Harvard University Press.

Granovetter, Mark S. 1982. "The Strength of Weak Ties: A Network Theory Revisited." in Nan Lin & Peter Marsden (eds.). *Social Structure and Network Analysis*. Beverly Hills: Sage. pp.105-130.

Granovetter, Mark S. 1985. "Economic Action and Social Structure: The Problem of Embeddedness." *American Journal of Sociology* 91: 481-510.

Gravier Jean-François. 1947. *Paris and the French Desert*. Paris: Portulan.

Guthrie, Douglas J. 1995. "Political Theater and Student Organizations in the 1989 Chinese Movement: A Multivariate Analysis of Tienanmen." *Sociological*

Forum 10(3): 419-454.

Haggard, Stephan. 1990. *Pathways from the Periphery: The Politics of Growth in the Newly Industrializing Countries*. Ithaca: Cornell University Press.

Hallinan, Maureen T. 1974. *The Structure of Positive Sentiment*. Amsterdam, Netherlands: Elsevier Scientific Publishing.

Hallinan, Maureen T. & Warren N. Kubitschek. 1990. "The Formation of Intransitive Friendship." *Social Forces* 69(2): 505-519.

Halweil, Brian. 2004. *Eat Here: Homegrown Pleasure in a Global Supermarket*. New York: W. W. Norton & Company(김종덕 외 역. 2006. 『로컬푸드: 먹거리-농업-환경, 공존의 미학』. 서울).

Hansen, Michael T. 1999. "The Search-Transfer Problem: The Role of Weak Ties in Sharing Knowledge across Organizational Subunits." *Admini-strative Science Quarterly* 44: 82-111.

Harribey, Jean-Marie. 2002. "L'économie sociale et solidaire, un appendice ou un faux-fuyant?" *Mouvements 19(janvier-février)*: 42-49.

Haunschild, Pamela R. & Anne S. Miner. 1997. "Modes of Interorganizational Imitation: The Effects of Outcome Salience and Uncertainty." *Administrative Science Quarterly* 42(3): 472-500.

Hawley, Amos. 1950. *Human Ecology*. New York: Ronald Press.

Hellevik, Ottar. 1993. "Postmaterialism as a Dimension of Cultural Change." *International Journal of Public Opinion Research* 5(3): 211-233.

Henderson, Elizabeth & Robyn Van En. 2007. *Sharing the Harvest: A Citizen's Guide to Community Supported Agriculture*. New York: Chelsea Green Publishing.

Henderson, G. 1968. *Korea and the Politics of the Vortex*. Boston: Harvard University Press.

Herlbert, Jeanne S., John J. Beggs, & Valerie A. Haines. 2008. "Social Networks and Social Capital in Extreme Environments." in Nan Lin, Karen Cook, & Ronal S. Burt (eds.). *Social Capital: Theory and Research*. Transaction Publishers. pp.209-232.

Hily, Marie-Antoinette & Jacqueline Costa-Lascoux. 2001. "L'ethnicisation du lien social dans les banlieues fraçaises." *Revue européenne de migrations internationales* 17(2): 123-138.

Hirschman, Albert O. 1970. *Exit, Voice, and Loyalty: Responses to Decline in Firms, Organizations, and States*. Cambridge, MA: Harvard University Press.

Hirschman, Albert O. 1988. *The Strategy of Economic Development*. Boulder: Westview Press.

Holland, Paul W. & Samuel Leinhardt. 1970. "A Method for Detecting Structure in Sociometric Data." *American Journal of Sociology* 76: 492-513.

Hooghe, Marc & Stolle, Dietlind (eds.). 2003. *Generating Social Capital: Civic Society and Institutions in Comparative Perspective*. New York: Palgrave.

Huffman, David & John M. Quigley. 2002. "The role of the university in attracting high tech entrepreneurship: A Silicon Valley tale." *Annals of Regional Science* 36: 403-419.

Inglehart, Roland. 1990. *Culture Shift in Advanced Industrial Society*. Princeton: Princeton University Press.

Johnson, C. 1982. *MITI and the Japanese Miracle: The Growth of Industrial Policy, 1925-1975*. CA: Stanford University Press.

Johnston, Hank & Bert Klandermans (eds.). 1995. *Social Movements and Culture*. Minneapolis: Minnesota University Press.

Juhem, Philippe. 2000. "'Civiliser' la banlieue. Logiques et conditions d'efficacité des dispositifs étatiques de régulation de la violence dans les quartiers populaires." *Revue française de science politique* 50(1): 53-72

Kenney, Martin. 2002. *Understanding Silicon Valley: The Anatomy of an Entrepreneurial Region*. Stanford: Stanford University Press.

Koepp, Rob. 2002. *Clusters of Creativity*. West Sussex: John Wiley and Sons.

Laville, Jean-Louis. 2004. Du tiers secteur a l'économie sociale et solidaire: Débat théorique et Euréalitéuropéenne(http://www-sciences-po.upmf-grenoble.fr/IMG/pdf/laville.pdf).

Lawler, Edward & Jeongkoo Yoon. 1996. "Commitment in Exchange Relations: Test of a Theory of Relational Cohesion." *American Sociological Review* 61(1): 89-108.

Levi, M. 1996. "Social and Unsocial Capital." *Politics & Society* 24(1).

Lewin, Kurt, Ron Lippit, & Robert White. 1939. "Patterns of Aggressive Behavior in Experimentally Created Social Climates." *Journal of Social Psychology*

10: 271-301.

Lin, Nan. 2001. *Social Capital: Theory of Social Structure and Action*. Cambridge: Cambridge University Press.

Lizardo, Omar. 2006. "How Cultural Tastes Shape Personal Networks." *American Sociological Review* 71(5): 778-807.

Lounsbury, Michael. 2001. "Institutional Sources of Practice Variation: Staffing College and University Recycling Programs." *Administrative Science Quarterly* 46: 29-56.

Lucas, Robert. 1988. "On the Mechanics of Economic Development." *Journal of Monetary Economics* 22: 38-39.

March, James & Herbert Simon. 1958. *Organizations*. New York: John Wiley.

McAdam, Doug. 1996. "The Framing Function of Movement Tactics: Strategic Dramaturgy in the American Civil Rights Movement." in Doug McAdam, John McCarthy, & Mayer Zald (eds.). *Comparative Perspectives on Social Movements: Political Opportunities, Mobilizing Structures, and Cultural Framing*. Cambridge: Cambridge University Press. pp.338-355.

McCammon, Holly, Karen Campbell, Ellen Granberg, & Christine Mowery. 2001. "How Movements Win: Gendered Opportunity Structures and U.S. Women's Suffrage Movements, 1866-1919." *American Sociological Review* 66: 49-70.

McMichael, Phillip. 2005. "Global Development and the Corporate Food Regime." in F. Buttel & P. McMichael (eds.). *New Directions in the Sociology of Global Development*. Amsterdam: Elsvier.

Meyer, John W. & Brian Rowan. 1977. "Institutionalized Organizations: Formal Structure as Myth and Ceremony." *American Journal of Sociology* 83: 340-63.

Miller, Evonne & Laurie Buys. 2008. "Does Social Capital Predict Happiness, Health, and Life Satisfaction in an Urban Austrian Community?" *Kotuitui: New Zealand Journal of Social Sciences Online* 3: 15-20.

Mutz, D. 2005. "Cross-cutting Social Network: Testing Democratic Theory in Practice." *American Political Science Review* 96(1): 111-126.

Myrdal, G. 1957. *Economic Theory and Underdeveloped Regions*. London: Duckworth.

Nestle, M. 2002. *Food Politics: How the Food Industry Influences Nutrition and Health*. Berkeley: University of California Press.

Newton, K. 1999. "Social and Political Trust in Established Democracies," in P. Norris (ed.). *Critical Citizens: Global Support for Democratic Governance*. Oxford: Oxford University Press.

Newton, K. 2001. "Trust, Social Capital, Civil Society, and Democracy." *International Political Science Review* 22(2): 201-214.

Norberg-Hodge, Helena, Todd Merrifield, & Steven Gorelick. 2002. *Bringing the Food Economy Home: Local Alternatives to Global Agribusiness*. Sterling, VA: Kumarian Press.

North, Douglas. 1990. "Institutions and a Transaction Costs Theory of Exchange." in James Alt & Kenneth Shepsle (eds.). *Perspectives on Positive Political Economy*. Cambridge: Cambridge University Press.

Paugam, Serge. 2008. *Le lien social*. Paris: PUF.

Paxton, P. 2002. "Social Capital and Democracy: An Interdependent Relationship." *American Sociological Review* 67: 254-277.

Polanyi, Karl. 1944. *The Great Transformation: The Political and Economic Origin of Our Time*. Beacon Press.

Polese, Mario. 2009. *The Wealth and Poverty of Regions, Why Cities Matter*. University Of Chicago Press.

Porter, Michael. 1990. *The Competitive Advantage of Nations*. London: Macmillan.

Porter, Michael. 2000. "Clusters of Innovation: Regional Foundations of U.S. Competitiveness." *National Clusters of Innovation*. Washington D.C.

Portes, Alejandro. 1998. "Social Capital: Its Origins and Applications in Modern Sociology." *Annual Review of Sociology* 22: 1-24.

Portes, Alejandro & P. Landolt. 2000. "Social Capital: Promise and Pitfalls of its Role in Development." *Journal of Latin America Study* 32: 529-547.

Putnam, Robert. 1993. *Making Democracy Work: Civic Traditions in Modern Italy*. Princeton University Press.

Putnam, Robert. 1993a. "The Prosperous Community: Social Capital and Public Life." *American Prospect* 13: 35-42.

Putnam, Robert. 2000. *Bowling Alone: The Collapse and Revival of American Community*. New York: Simon and Schuster.

Putnam, Robert. 2002. *Democracies in Flux: The Evolution of Social Capital in Cosmopolitan Society*. Oxford University Press.

Reich, B. Robert. 1993. *The Work of Nations*. New York: Alfred A. Knopf.

Rostow, W. Whitman. 1960. *The Stages of Economic Growth: A Non-Communist Manifesto*. Cambridge: Cambridge University Press.

Rothbart, Myron & Oliver John. 1985. "Social Categorization and Behavioral Episodes: A Cognitive Analysis of the Effects of Intergroup Contact." *Journal of Social Issues* 41: 81-104.

Rothstein, B. & D. Stolle. 2003. "Social Capital, Impartiality and the Welfare State: An Institutional Approach." in M. Hooghe & D. Stolle (eds.). *Generating Social Capital: Civic Society and Institutions in Comparative Perspective*. New York: Palgrave.

Saegert, Susan, Phillip Thompson, & Mark Warren. 2001. *Social Capital and Poor Communities*. New York: Russell Sage Foundation.

Sandel, M. J. 2009. *Justice: What's the Right Thing to Do?* Farrar, Straus and Giroux(이창신 역. 2010. 『정의란 무엇인가』. 김영사).

Sawyer, K. 2007. *Group Genius: The Creative Power of Collaboration*. Cambridge, MA: Basic Books.

Saxenian, Annalee. 1994. *Regional Advantage: Culture and Competition in Silicon Valley and Route 128*. Massachusettes: Harvard University Press.

Schultz, Theodore. 1961(March). "Investment in Human Capital." *American Economic Review* 51(1): 1-17.

Schumpeter, Joseph. 1934. *The Theory of Economic Development*. Cambridge: Harvard University Press.

Scott, Richard. 2003. *Organizations: Rational, Natural, and Open Systems*. New Jersey: Prentice Hall.

Selznick, Phillip. 1953. *TVA and the Grass Roots: A Study in the Sociology of Formal Organization*. Berkeley: University of California Press.

Selznick, Phillip. 1957. *Leadership in Administration: A Sociological Interpretation*. Berkeley: University of California Press.

Seong, Kyoung-Ryung. 2008. "Strategic Regionalism and Realignment of Regional Electoral Coalitions: Emergence of a Conservative Government in the 2007 Presidential Election." *Korean Journal of Sociology* 42(8): 13-38.

Seong, Kyoung-Ryung. 2010. *The Political Economy of Regionalism in Korea: Its Origins and Electoral Dynamics, 1961-2010*. unpublished book manuscript. UCSD.

Simmel, Georg. 1999. *Sociologies: Etudes sur les formes de la socialisation*. Paris: PUF.

Snow, David A. & Robert D. Benford. 1988. "Ideology, Frame Resonance, and Participant Mobilization." in Bert Klandermans, Hanspeter Kreisi, & Sidney Tarrow (eds.). *Structure to Action: Social Movement Participation Across Cultures*. Greenwich, CT: JAI Press. pp.197-217.

Snow, David A., E. Burke Rochford, Steven K. Worden, & Robert D. Benford. 1986. "Frame Alignment Processes, Micromobilization, and Movement Participation." *American Sociological Review* 51(4): 464-481.

Sperling, G. 2005. *The Pro-Growth Progressive: An Economic Strategy for Shared Prosperity*. Simon & Schuster(홍종학 역. 2009. 『성장친화형진보』. 미들하우스).

Stolle, D. 2003. "The Sources of Social Capital." in M. Hooghe & D. Stolle (eds.). *Generating Social Capital: Civic Society and Institutions in Comparative Perspective*. New York: Palgrave.

Strang, David & Dong-Il Jung. 2005. "Organizational Change as a Social Movement: Recruitment to a Corporate Quality Initiative." in G. Davis, D. McAdam, R. Scott, & M. Zald (eds.). *Social Movements and Organization Theory*. Cambridge University Press. pp.280-309.

Strang, David & Sarah A. Soule. 1998. "Diffusion in Organizations and Social Movements: From Hybrid Corn to Poison Pills." *Annual Review of Sociology* 24: 265-290.

Suchman, Mark. 1995. "Managing Legitimacy: Strategic and Institutional Approaches." *Academy of Management Review* 20(3): 571-610.

Suroweicki, James. 2004. *The Wisdom of Crowds*. Anchor.

Tapscott, Don & Anthony Williams. 2006. *Wikinomics: How Mass Collaboration Changes Everything*. Portfolio.

The Brookings Institution. 2006. The Hamilton Project: An Economic Strategy to Advance Opportunity, Prosperity, and Growth.

Travers, Jeffrey & Stanley Milgram. 1969. "An Experimental Study of the Small

World Problem." *Sociometry* 32: 425-444.

Wagner III, J. & R. Gooding. 1997. "Equivocal Information and Attribution: An Investigation of Patterns of Managerial Sensemaking." *Strategic Management Journal* 18: 275-286.

Wallerstein, Immanuel. 1979. *The Capitalist World-Economy: Essays*. New York: Cambridge University Press.

Walker, Gordon, Bruce Kogut, & Weijian Shan. 1997. "Social Capital, Structural Holes, and the Formation of an Industry Network." *Organization Science* 8(2): 109-125.

Washburn, Jennifer. 2005. *University Inc.: The Corporate Corruption of Higher Education*. Basic Books(김주연 역. 2011. 『대학 주식회사』. 후마니타스).

Woolcock, Michael. 1998. "Social Capital & Economic Development: Toward a Theoretical Synthesis and Policy Framework." *Theory and Society* 27: 151-208.

Yamagishi, Toshio. 2003. "Trust as a Form of Social Intelligence." in Karen Cook (ed.). *Trust in Society*. New York: Russell Sage Foundation. pp.121-147.

Zhao, Dingxin. 2010. "Theorizing the Role of Culture in Social Movements: Illustrated by Protests and Contentions in Modern China." *Social Movement Studies* 9: 33-50.

찾아보기

지역 창조의 사회학
지역발전의 새로운 패러다임을 향하여

초판 1쇄 발행 2012년 9월 10일

편저자 성경륭 · 박준식 · 정동일
펴낸이 고화숙
펴낸곳 도서출판 소화
등록 제13-412호
주소 150-037 서울시 영등포구 영등포동 7가 94-97
전화 2677-5890(代)
팩스 2636-6393
홈페이지 www.sowha.com

ISBN 978-89-8410-442-6 93330

값 23,000원